普通高等教育"十一五"国家级规划教材

保护生物学

（第三版）

张恒庆　张文辉　主编

科 学 出 版 社
北　京

内 容 简 介

本书以生物多样性及其保护为主线，共 11 章，重点介绍了各层面生物多样性的起源、演化及所受到的威胁，保护生物学的主要原理及当前的保护实践。内容包括物种形成和灭绝的机制，生物多样性演化历程，不同层面上生物多样性的产生与受威胁的现状及其保护，生物多样性的检测原理及方法，物种保护的优先原则，生物入侵，自然保护区的建立与迁地保护，生物多样性保护的有关法规、行动计划及相关国际组织，以及保护生物学与可持续发展教育。本书涉及的知识领域广，突出了保护生物学综合性强的特点。为了方便学生学习，每章前配有内容提要，之后附有思考题，有利于巩固所学知识。

本书可作为师范院校、农林院校和综合大学的生命科学、生物技术、环境科学的专业教材，也可作为生态学、环境科学硕士研究生选修教材，还可供生命科学相关专业的本科生、研究生和环保工作人员、科研技术人员参考。

图书在版编目(CIP)数据

保护生物学 / 张恒庆，张文辉主编. —3 版. —北京：科学出版社，2017.6
普通高等教育“十一五”国家级规划教材
ISBN 978-7-03-053614-3

Ⅰ. ①保…　Ⅱ. ①张…　②张…　Ⅲ. ①保护生物学－高等学校－教材　Ⅳ. ①Q16

中国版本图书馆 CIP 数据核字(2017)第 137552 号

责任编辑：朱　灵
责任印制：黄晓鸣 / 封面设计：殷　靓

科学出版社 出版
北京东黄城根北街 16 号
邮政编码：100717
http://www.sciencep.com
南京展望文化发展有限公司排版
广东虎彩云印刷有限公司印刷
科学出版社发行　各地新华书店经销

*

2005 年 8 月第　一　版　开本：A4 (890×1240)
2017 年 6 月第　三　版　印张：12 1/2
2025 年 8 月第三十次印刷　字数：400 000

定价：45.00 元

(如有印装质量问题，我社负责调换)

《保护生物学》(第三版)编辑委员会

主　　编　张恒庆　张文辉

编　　委　(按姓氏笔画排序)

刘祥君　李言阔　吴孝兵　张文辉　张恒庆

邵　晨　邵明勤　周其兴　宫　正

第三版前言

保护生物学是一门论述全球范围内生物多样性所面临的威胁及如何采取科学有效的措施防止物种灭绝的综合性学科，它是近20年内生态学和环境科学中最为活跃的研究领域之一，也是我国师范院校、综合性大学和农林院校近年来普遍开设的专业必修课程和公共选修课程。

生物资源是人类赖以生存的基本条件，但是，由于技术的进步和人口数量的不断增加，人类加速了对自然资源的开发和对环境的破坏，导致目前生物多样性正以惊人的速度消失。如何在这种状态下加强对生物多样性的保护，如何运用科学的理论和最有效的方法去指导和实施保护行动是我们今天必须面对的问题，保护生物学的产生使人们看到了绿色的希望。

我国是世界上生物多样性最丰富的国家之一，同时也是一个生物资源大量丧失而亟待保护的国家。为培养具有可持续发展观的人才，很多大学都开设了保护生物学的必修课程或公共选修课程，以培养学生自觉的环境保护和可持续发展意识。根据保护生物学的发展和当前教学改革的要求，结合编者多年来从事保护生物学的教学和科学研究的经验，在科学出版社的组织下，2005年，我们成立了编委会，编写了《保护生物学》教材。经过4年的教学检验，该教材获得了较好的教学效果和社会效益；2009年，本书被评为普通高等教育“十一五”国家规划教材并进行了再版；2013年，《保护生物学》(第二版)被评为辽宁省首批“十二五”普通高等教育本科省级规划教材(辽教发〔2013〕29)。

在广泛征求教材使用学校、同行专家和读者意见的基础上，编委会对教材进行了第三次修订。《保护生物学》第三版在基本保持第二版内容、结构的前提下，对教材的文字表述进行了精细加工，补充了新理论和新的案例；新增内容均属近年来最新研究成果。在编写过程中，本书参考了国内外一些较为经典和优秀的相关书籍、文献和网络资料，本书每章的推荐书目和最后参考文献是课程拓展性学习良好的资源，编者在此向这些作者一并致谢。

本书共分11章，重点论述了保护生物学基本原理与各个层次上生物多样性的检测和保护实践，阐述了物种形成和物种灭绝的机制。同时引用了较新的研究成果，使学生对学科的发展现状能有较全面的了解。为方便学生的学习，每章前附有内容提要，章后附有思考题。

本书编写分工如下：张恒庆教授撰写第1、第9、第11章各节，张文辉教授撰写第2、第5、第6、第8章各节，张恒庆、周其兴教授撰写第3章各节，邵晨、张恒庆教授撰写第4章各节，吴孝兵教授、宫正博士、邵明勤博士撰写第7章各节，吴孝兵教授、李言阔博士撰写第10章各节，全书由主编张恒庆、张文辉统稿。

本书突出了基础性、科学性、创新性和实用性的特点，力求理论联系实际，重点突出，并结合了我国的生物多样性特点。本书在编写过程中得到了科学出版社的大力支持，得到了辽宁省普通高等学校本科教育教学改革研究项目(UPRP20140520)的资助。教材使用学校对教材的修订工作提出了宝贵的意见，晋中学院江春老师等一批保护生物学课程任课教师也对教材的再版工作提出了很好的建议；科学出版社陈露老师为书稿的内容和全书的审校做了大量的工作；穆晓红、贾鑫、王印睿、刘华健、许爽等研究生参与书稿的校对工作并从学生的角度提出了修改建议，本人在此表示衷心的感谢。尽管各位编委为本书做了大量细致的工作，但由于保护生物学还正处在快速发展时期，其理论和方法也都处于不断完善的过程中，加之编者水平有限，书中难免存在不足之处，敬请有关专家和广大读者给予批评指正。

张恒庆

2017年6月

目　　录

第1章 保护生物学的产生与发展

提　要

保护生物学是一门新兴的综合性学科。本章在简要介绍生物多样性概念的基础上论述了保护生物学产生的背景、保护生物学的概念、保护生物学的学科特点、保护生物学研究的意义、保护生物学的主要研究内容和研究方向。

随着科学技术的不断发展,人类改造自然的能力日益强大。人们在全球经济迅猛发展、物质生活水平大幅度提高的同时,也将越来越多的自然生态系统转化为人工或半人工生态系统。然而社会经济的高速发展不仅消耗了地球上大量的不可再生资源,而且还使那些为地球生态系统演化做出巨大贡献的生物资源正在逐步走向灭绝。

当今,全球范围内的人类活动正在破坏着与人类自身共同经历数百万年演化形成的生态系统。土地资源的不合理利用、生态环境的破坏和外来物种的大量侵入使地球上的物种正经历着一个与过去地质时期发生的大灭绝相似的过程。伴随着人类对自然界开发利用强度与日俱增的是资源的枯竭、环境的破坏和生物多样性的锐减。而生物多样性水平的降低导致的直接后果是地球生态系统服务功能的丧失,这种变化越来越不利于人类的生存和可持续发展。

由于森林和湿地大面积的消失、工农业污染加剧,地球正常的生态过程已经受到严重的干扰。目前,我们居住的地球面临的环境问题日益凸显,归结起来有如下 10 点。

1) 沙漠化日益严重,世界沙漠面积正在不断扩大,每年有 2 000 多万公顷农田被沙海吞没。
2) 森林遭到严重破坏,正在以惊人的速度减少,造成严重的水土流失。
3) 野生动植物大量灭绝,动植物的生活环境遭到破坏,许多物种灭绝,影响到生态系统的稳定。
4) 世界人口急剧增长。
5) 可利用的水资源越来越少,人类饮水问题日趋严峻。
6) 渔业资源逐渐减少,一些国家盲目捕鱼使约 25%的渔场遭到破坏。
7) 河水污染严重,大量工业废水流入河中,危害水生资源和人类健康。
8) 大量使用农药,这不仅使农作物受到影响,也给人体带来危害。
9) 地球温度明显上升,对赤道地区和非洲国家影响巨大。
10) 酸雨现象增加。

人类生存与发展依赖于自然界各种各样的生物,生物多样性是对人类具有现实和潜在价值的基因、物种和生态系统资源的总称。可以说生物多样性是保障人类生存的物质基础和环境条件,也是未来工业、农业和医药业发展的基础。然而,在近 30 年的时间里,无所不在的人类活动严重地干扰了自然界的生态平衡。生态系统一旦失衡,自然界将出现持续的物种灭绝。这不仅表现在资源的枯竭方面,还意味着人类生存和发展所依赖自然环境提供的空气、水、原材料、食物、药品及其他物资和服务的终止,甚至导致人类目前生存条件崩溃。可以肯定地说,威胁生物多样性的因素对人类也存在同样的危害。

1.1 生物多样性

我们生活的地球已经存在了大约 45 亿年,地球上生命的出现也有 30 多亿年的历史。经历了几十亿年的发展进化,生命演化出了不同的形式、结构和特征,形成了当今世界纷繁复杂的生物类群。在自然科学产生以前的原始人类社会阶段,自然界是主人,人服从并畏惧自然,那时自然界对人类的影响和制约作用远远大于人类对自然界的作用。随着科学、技术和社会生产的发展,人类对自然规律有了更多的认识,增强了自信心,在社会意识中征服自然、改造自然的观念逐渐出现并日趋强烈。在这种观念的引导下,人类依靠所掌握的科学技术,在空前规模上开始了对自然界的干预进程,然而,对自然界盲目的征服与改造却造成了当今影响人类生存和发展的严重后果。

近 30 年来,随着自然科学的发展和人类生存问题的日益突出,人类开始了重新反思其自身与自然界的相互依存关系:人类只是自然界众多生命形式中的一种,人类只能在保持与自然生态系统的平衡、协调中才能生存和发展。而要实现自然生态系统的平衡与稳定,就必须保持地球上生物的多样性。

1.1.1 生物多样性的概念

20 世纪 80 年代以后,人们在开展环境保护的实践中逐渐认识到生物在自然界中的物质循环、能量流动中发挥着巨大的作用,各个物种之间、生物与周围环境之间都存在着十分密切的联系,因此保护工作仅仅着眼于污染治理是远远不够的,往往也是难于取得理想的效果的。要真正保护好人类的生存环境,就需要对物种及其所在的整个生态系统进行有效的保护。生物多样性的概念正是在这种背景下产生的。

生物多样性(biodiversity)是生物及其与环境形成的生态复合体及与此相关的各种生态过程的总和。它包括数以百万计的动物、植物、微生物和它们所拥有的基因,以及它们与生存环境形成的复杂的生态系统。因此,生物多样性是一个内涵十分广泛的重要概念,包括多个层次和水平。其中研究较多、意义较大的主要有遗传多样性、物种多样性、生态系统多样性和景观多样性四个层次(马克平,1993)。

生物多样性是近年来国内外最为流行的一个词汇,由于自然资源的合理利用和生态环境的保护是人类实现可持续发展的基础,因此生物多样性的研究和保护已经成为世界各国普遍重视的一个问题。

1.1.2 生物多样性是维系生态系统平衡的重要因素

在自然界,生态系统是处于不断演化的动态平衡过程中。生态系统之所以能保持这种相对稳定的动态平衡状态,是因为其自身的结构具有一定的自我调节能力。这种调节能力的大小取决于生态系统中生物成分的多样性和能量流动、物质循环途径的复杂性。

通常在生物组成多样的情况下,生态系统的结构复杂,系统中物质循环和能量流动的途径就多样。因此,在结构复杂的生态系统中,当部分组成成分出现障碍时,可以被其他不同的成分调节而得到补偿,从而保证整个系统功能的稳定。生物组成的多样性可以使生态系统的结构更为复杂,达到系统的最大自我调节能力,保持系统的稳定性。例如,物种组成多样化的原始林就比组成单一的人工林更具有抵御大规模病虫害的能力。

但是,复杂生态系统内部的调节能力也是有限度的,超出了这个限度,调节就不再起作用,整个系统的平衡就会发生改变,导致生态系统的崩溃。这种平衡的破坏,一般表现在由于外界因素的影响而产生的生物多样性下降,使系统的结构与功能失调,物质循环和能量流动受到阻滞,最终导致整个生态系统的瓦解。可见生物多样性在维系整个生态系统平衡的稳定中,是至关重要的。

1.1.3 生物多样性直接关系到人类的生存和发展

生物多样性不仅在维系人类生态系统平衡中起着重要的作用,而且还直接与人类的生存和发展密切相关。

生物多样性的每个层次都有着重要的实用价值和意义。物种的多样性为人类提供了大量野生和养殖的动物、植物及微生物产品;遗传多样性则对培育新品种、改良老品种有着重要的作用,如人们可以利用一些农作物的原始种群、野生亲缘种和地方品种培育高产、优质和抗病的作物。在生态系统中,生物多样性的最重要的作用就是改善生态系统的调节能力,维持生态平衡。因此生物多样性不仅具有为人类提供丰富自然资源,满足人类社会对食品、药物、能源、工业原料、旅游、娱乐、科学研究、教育等的直接价值;还具有维持生态系统调节气候、涵养水源、保持土壤肥力、净化空气和水的功能,从而支持人类社会发展的间接价值。因此,生物多样性是保证人类生存和发展的必不可少的基本条件。

虽然生物多样性给人类带来无尽的福祉，但近现代，特别是工业革命及科技革命以来，人类的活动日益影响着地球的自然环境，生物多样性正遭受着前所未有的破坏，目前世界上每小时就有一个物种消失。这是地球资源的重大损失，因为物种一旦消失，就永不再生。消失的物种不仅会使人类失去一种自然资源，还会通过食物链引起其他物种的消失。

面对目前世界上物种大量而快速的灭绝，世界各国政府和非政府组织、科学家乃至公众都已觉察到这种悄然而至的危机。人们已清醒地认识到当前人类所采取的措施对未来世界将产生深刻的影响，我们的选择将关系到人类文明的前途；我们的行动在很大程度上将决定人类能否在未来继续生存下去，我们的子孙后代能否生活得比我们更好。保护生物多样性、保护丰富的生物资源、保护人类的生存环境已成为全人类的共识。

为了挽救濒临灭绝的野生物种，实现可持续发展，人们需要实施一系列的保护行动，如拯救物种、建立新的保护地区、保护现有的国家公园等。要对受到威胁的物种进行科学有效的保护，就需要一门新的学科知识来告诉人们物种和其所在的生态系统究竟遇到了什么样的困难；如何处理生态系统的复杂性及难以应付的问题；导致物种濒危的真正原因是什么；哪些物种应该得到优先的保护；采取怎样的措施来保护物种和生态系统。为回答上述问题，生物学中一门新兴的分支学科——保护生物学(conservation biology)应时而生，并成为当今生命科学领域的一个研究热点，备受人们的关注。

1.2　保护生物学的概念和学科特点

现今生物界正经历着自白垩纪末期恐龙灭绝以来最大的物种灭绝时期，但是这次引发物种的灭绝和全球生境变化的原因不同于以往，其主要区别是过去灭绝事件是伴随着地质变化发生的，而今天的物种灭绝是由于人类对自然界的干预造成的。人类违反规律改造自然的过程对生物群落造成了严重后果，生境退化与片段化，生物资源过度开发与捕杀，外来物种侵入，环境污染加剧，加快了物种的灭绝速度，而次生灭绝效应会导致物种连锁性消亡。保护生物学的产生使人们看到了一线希望。

1.2.1　什么是保护生物学

保护生物学(conservation biology)这个名词最早出现于20世纪初期，当时提出这个概念的主要目的是为了更有效地利用森林、野生动物和海洋渔业资源而对它们进行科学的管理，真正形成具有完整知识体系的保护生物学学科是20世纪80年代初期。造成当代物种灭绝的原因是复杂的，因而，保护生物学研究内容也是广泛的。保护生物学是一门年轻的综合学科，它综合了基础科学与应用科学，实现了自然科学与社会科学的交叉。本学科的创始人之一Soule(1985)指出"保护生物学是应用科学解决由于人类干扰或其他因素引起的物种群落和生态系统问题的新途径，其目的是提供生物多样性保护的原理和工具"。保护生物学包含这样一个基本过程：评估人类对生物多样性的影响，提出防止物种灭绝的具体措施，拯救濒危物种，研究生物多样性和提出对生物多样性持续、合理地利用的科学方案。

保护生物学是一门论述全世界生物多样性面临严重危机及如何保护生物多样性的综合学科，它既应对当前生物多样性的危机，又着眼于生物进化潜能的保持。保护生物学的研究目标有：① 提供各种科学的保护原理；② 识别需要保护的问题；③ 建立正确的保护程序；④ 加强科学与管理的联系，使科学家对保护问题敏感，使管理人员对生物学问题感兴趣(陈道海和钟炳辉，1999)。

保护生物学是一门综合性的科学，其基本内容以生物学为主，并融合了自然科学中其他学科的内容甚至社会科学的知识和理论。要实现保护生物学的研究目标，需要多学科的协同工作。运用生态学的理论，不仅可以对濒危物种的种群动态进行监测，而且通过种群出生率与死亡率的分析还可找出制约该种群发展的关键因素，以便采取相应的拯救措施。分类学在确定受威胁物种的等级、阐明特定地区生物多样性方面发挥着重要作用。研究小种群的遗传进化问题，避免近亲繁殖对种群造成危害，离不开遗传学理论的指导。对珍稀濒危物种的受精受孕机制开展研究，建立并完善人工授精等先进的繁育技术需要借用生理学和发育生物学的知识。对野生动物种群进行科学管理，合理地利用生物资源，是保护生物学和野生动物管理学共同面临的问题。这样的工作不仅涉及生物学知识,也涉及环境科学和社会科学等方面的知识。因此,保护生物学是一门多学科综合交叉的学科(图 1-1)。作为一门新兴的学科,保护生物学仍处于发展中并不断完善着自身的理论和方法。

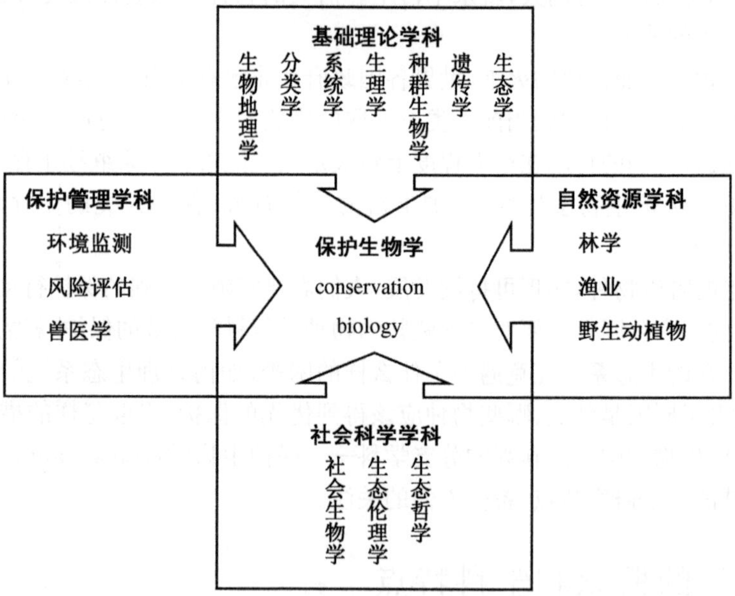

图 1-1 保护生物学是一门多学科综合交叉的学科

1.2.2 保护生物学的学科特点

保护生物学之所以应运而生,是因为没有一个传统学科能够应对当今生物多样性面临的严重危机。保护生物学不同于农业、林业、野生动物管理和渔业生物学,因为这些学科以满足市场需求为目的,仅涉及较少部分的物种管理研究,并且通常忽视研究那些缺少直接经济价值的稀有物种,也不能解决生物群落中全部物种的保护问题,或者只将它们看作次要的研究对象。保护生物学是对这些应用学科的补充,不是将经济因素作为首要问题,而是重视生物群落的长远保护,这就意味着保护生物学要解决好保护优先和人类需求之间的矛盾。种群生物学、分类学和生态学是保护生物学的核心,它能为生物多样性保护提供一个更广泛的理论基础,使人类社会步入可持续发展的轨道。

目前地球上已很难找到未受人类活动影响的自然生态系统,保护工作需要人们直接干预自然生态系统,即使对自然保护区的生物群落,我们也常常需要了解人类活动对物种生存造成的直接或间接影响。保护生物学研究是为了保存不同环境中的生物多样性,保存物种进化的潜力,而现实中人们又常常以简单的方式来调控复杂多变的生态系统,这两者之间的矛盾使保护生物学具有不同于其他学科的特征。

1. 保护生物学是一门处理危机的决策学科

为了保护自然、减缓人类活动导致物种的灭绝速度,人们依据保护生物学的原理每时每刻都在做出管理决策。保护工作者通过对物种多样性的编目监测,建立生物多样性信息库,为宏观管理提供信息,以保存物种和自然生态系统。然而面对当前生物多样性的危机,有时不得不在了解所有信息之前就要求做出决定,人们在实施研究时既要靠信息也要靠直觉。Soule 于 1985 年将保护生物学称为“危机学科”。这种学科往往要求根据不完全的信息进行决策,否则等搜集到足够的信息再决策将会错过机会。保护生物学研究对诸如引入外来物种对当地物种会带来什么后果,自然保护区应建立在什么位置、范围多大,确定某一特定物种能生存的种群必需的最基本条件是什么等问题的解决起到重要的作用。有时迫于形势,保护生物学工作者需要在比较匆忙的情况下做出决策。检验决策正确与否的标准是:珍稀物种是否仍然具有野生状态下的可生存种群;具代表性的自然生态系统是否得到完整保存;对生物资源的利用是否满足当代的需要,又保存了未来利用的基础。

2. 保护生物学是一门处理统计现象的学科

生态系统是复杂的、难以预测的研究对象。因此,保护生物学常常不能对一个环境问题提供简单的答案。环境问题往往是多因子综合作用的动态过程，不确定性是生态与自然保护的固有的客观特征。这并不是由于学科的不成熟或科学家的研究能力造成的，而是由于生态学客观问题的特殊性所决定的。因此，保护生物学常常只能在一定概率水平上给出生态问题和生物多样性问题的答案。

3. 保护生物学是一门有价值取向的学科

科学应当是不涉及人的观点与愿望、无价值取向的、完全客观的东西。然而，科学研究是靠人来完成的，人的经验和目的往往影响科学。在这一点上，保护生物学是为了保护有价值的生物多样性。因此，它是一门有价值取向、使命取向的科学。

4. 保护生物学是具有整体性和长远性的学科

整体性意味着两方面的含义：首先是研究对象的宏观性，如群落、生态系统多样性，以及景观多样性的空间范围及其变化过程涉及面广，简化论不能解释生态系统的复杂性；其次，由于生物多样性灭绝过程特别复杂和深奥，只有集中科学群体协作攻关，才能对付这种空前浩大的危机。长远性是指在时间尺度上与以产业为背景的学科不同，它不是以追求少数经济动植物种类的一时一利为目标，即不着重谋求短期生产产量、利润和美学价值，而是重视物种、群落和生态系统的长期生存力和进化潜力(祁承经，1997；蒋志刚等，1997)。

1.3　保护生物学的形成与发展

20世纪80年代，在生物学的部分研究领域里发生了一些有影响的大事，其中包括对生物多样性的广泛关注和保护生物学的兴起。在这种形势的影响下，保护生物学的学术活动显著增加，并于1986年成立了保护生物学学会。1987年《保护生物学》杂志的创刊，标志着保护生物学学科的诞生。经过资料的积累和广泛深入的讨论，1988年出版了E. O. Wilson主编的《生物多样性》，1990年出版了世界自然保护联盟(IUCN)等5个国际组织联合主编的《保护世界的生物多样性》，从而掀起了世界范围内的保护生物多样性的运动。保护生物学在我国是一个新生事物，在20世纪80年代末才逐渐引起人们的重视。直到90年代初期，我国才将这个领域的研究工作引入，1991年肖前柱等翻译的《自然保护生物学——进化生态学展望》一书出版发行。随后，中国科学院动物研究所和昆明动物研究所成立了保护生物学研究中心，中国科学院还成立了生物多样性委员会，并于1993年10月创办了《生物多样性》学术刊物，这些都推动了保护生物学在我国的发展。

截止2012年，我国已连续召开十届全国生物多样性保护与可持续利用研讨会，取得了较丰富的研究成果。

1.3.1　保护生物学思想的形成

虽然保护生物学作为一门独立学科产生的较晚，但若追溯其思想和理论发展过程则源远流长，其性质的实质是关于人类社会和自然界之间关系的宗教和哲学信仰问题。如中国的儒家、道教，印度的佛教，西方的基督教，其教义均为崇尚自然，并要与万物生灵和平共处。生物多样性对于传统社会具有直接的重要性，那时人们的生活与土地和水紧密相连。人们从心理和生理上将自己与动物、植物和周围环境联系起来。因而人们感觉到在自然界和人类精神世界之间存在着一种直接的联系，这种联系在自然界受到人类活动的改变和破坏时而产生破裂。这时的人认为环境灾难事件，如旱灾、洪水、火山爆发和地震等是由于人们触犯了神(大自然)的旨意。

1. 国外保护思想的形成

圣经中诺亚方舟的故事证实了人类恪守宗教职能解救物种使其免于灭绝。在这个故事里，上帝发出大洪水惩罚了邪恶行径的人类并解救了诺亚全家。上帝指令诺亚建造一叶方舟并载上动物，要求"要他们与你共存"，洪水退后，这些动物被释放出来并在地球上广泛繁衍。此故事可认为是人类对生物多样性的认识和物种保护意识的早期觉醒。

欧洲自然保护运动起源于19世纪，一些受浪漫理想主义思想熏陶的科学家和官员被派往殖民地从事殖民主义扩张，这些训练有素的科学家对生物学、自然历史、地理学和人类学进行了深入的研究，他们中间的许多人发现那些土著居民生活在一个与自然极其和谐的世界里，这与他们所经历的欧洲某些地区由于人类破坏造成的残破的森林和物种贫乏的环境形成了鲜明的对照。一些科学家在对欧洲当时遍及世界各地的殖民地考察中逐渐认识到：保护森林对于防止土壤侵蚀、维持木材供给和防止饥荒都是必需的。这些思想直接促使自然保护法的形成和颁布。如印度洋毛里求斯岛，法国殖民当局于1769年规定要保存25%土地上的森林防止侵蚀，退化的地区应种植树木，而且在水域200 m以内生长的森林要受到保护。

19世纪后期，欧洲开展了对野生动物的保护工作。由于栽培作物面积增长和广泛使用火器狩猎导致野生动物明显减少，在不列颠，许多文化和生态上有重要意义的物种几乎同时从野生状态中消失，如鹳、鹤、海鹰、野猪等，能够保留下来物种的个体数量也在迅速减少。这些惊人的变化促使英联邦自然保护运动形成，最终在1865年成立公用地、空地和步道保护协会，1899年成立皇家鸟类保护协会。

美洲自然保护行动的许多论点可以从J.F.库珀19世纪早期的小说中看到，如《先驱者》(*the Pioneers*)、《大草原》(*the Prairie*)和《屠鹿者》(*the Deerslayer*)。库珀写出了荒野在道德、精神和美学上的价值及对盲目破坏深表惋惜。为自然保护大声疾呼的还有19世纪哲学家R.W.埃默生和H.D.索罗。埃默生在他的先验论中提到自然可视为一座寺庙，在这里人民能与精神世界交流。美国的荒野倡导者缪尔(John Muir)在他的活动中将埃默生和索罗的论点应用于自然保护中。他认为：美丽的自然地区，如森林、山峰、瀑布对于宗教、心智培育和情感恢复都具有很大的价值。缪尔坚信自然美学和精神价值可与商业开发的金钱价值相比较，而且高于开发有形物质所获得的利润。在美国第一批自然保护主义者中，缪尔除了根据人类精神需要提出保护自然之外，还明确地认为自然有其自然本身的内在价值。他根据圣经原理认为上帝是自然和物种的造物主，破坏她就是否定上帝的贡献。在缪尔的观点中，上帝设计的自然界里人与其他物种具有平等地位。随着许多保护组织的兴起，美洲自然保护学术研究也随之发展。相继建立了荒地学会(Wilderness Society)、奥都邦协会(Audubon Society)、鸭类无限组织(Duck Unlimited)和山岭俱乐部(Sierra Club)及国家公园。

现代保护生物学的许多论点在100多年前的欧洲科学著作中就已经有所体现。物种招致灭绝的可能性已被野牛(*Bos primigenius*)从欧洲灭绝所证实。16世纪时欧洲的野牛数量减少，虽然1564年欧洲建立了野牛保护区，但是野牛仍于1627年灭绝。还有毛里求斯特有的渡渡鸟灭绝于17世纪70年代。

2. 中国保护思想的形成

与西方保护思想相比较，我国自然保护意识的萌芽产生的更早，可以追溯到先秦的春秋战国时代。庄子说："天地与我并生，而万物与我为一"。老子说："天之道，损有余而补不足；人之道则不然，损不足以奉有余"。"生而不有，为而不恃，长而不宰，是谓'玄德'"。道教、儒家创始人等贤哲们通过对人与自然关系的思考，提出了很多如何认识自然、保护自然、人和自然要和谐相处的论述。这些哲学言论反映了我国古人深邃的思想、开阔的眼界和对人与自然关系的深刻认识，至今仍是绿色文化的瑰宝，仍为西方一些自然保护典籍所引用。

人们的自然保护意识与文明程度和社会生产力水平密切相关。在采集狩猎文明阶段，尽管不了解自然生态规律，但是长时间的实践使人们明白采集狩猎收获的生物量不能超过自然生物的生长量，否则将会危及未来的利用。这些信条往往以口头的宗教的甚至迷信的方式保存下来。当人类文明发展到游牧、农耕阶段，人类加重了对大自然的开发利用，而保护则相对削弱了。农业是靠种植单一作物群落、牺牲物种多样性来获得来源较可靠的生活资料。当人口不多，游牧业、种植业不会占据太多的野生物种生存空间时，人类与自然仍能保持着和谐的关系。追溯中国的文明史，可以看出中华民族具有热爱自然、保护生物多样性的优良传统。公元前的《周礼》就有"大司徒"掌管全国土地的合理利用，"山虞"掌山林之政令，"林衡"掌巡林麓之禁令，"迹人"掌田猎禁令，"囿人"掌囿游之兽禁和"牧百兽"管兽类资源等记载。历史上一些政治家早已提出了生物资源的合理开发，使其持续利用的主张，如孟轲与梁惠王论证时说："数罟不入洿池，鱼鳖不可胜食也；斧斤以时入山林，材木不可胜用也。"

我国古代为保护自然景观，曾划定过禁猎保护区。周朝时天子贵族都有不同范围的禁猎区，规定"天子百里，诸侯四十里"，不许入内砍伐和捕猎。据《周礼》记载，当时国家专门设置管理机构和人员。而后的许多皇家园林如晋代的"灵禽苑"、唐代的"华清宫"、元代的"琼花岛"、明代的"西苑"和清代的"避暑山庄"等，在客观上都起到了保护中国生物多样性的作用。

中国名山大川的宗教文化圣地和少数民族的"龙山""风水地"都是最早的生物多样性保护区的雏形，是中华民族保护生物资源的朴素形式。"龙山"是西双版纳少数民族的神山或坟地，被水田、植物种植园和村寨所包围。在原始植被大面积砍伐开垦的今天，龙山依旧保存了原始森林的片段，保留了珍贵的热带树木的种质资源。

中国古人曾有科学利用野生动物资源的意识。公元前1066～前771年的西周时期即有“祭祀山林泽川牺牲毋用牝”的约定。同时《月令》明申“夏三月，川泽不入网罟，以成鱼鳖之长”。夏季河流和湖泊不准捕捞鱼虾，以利小鱼和幼鳖生长。宋代政府曾收缴猎具，并明令“民二月至九月，不得采捕虫鱼，弹射飞鸟，有司岁申明之”。可以说这是世界上最早的休渔、禁猎的法规。中国古代贤哲给人类留下的是一份十分宝贵的思想遗产，这些思想对保护生物学的产生起到了积极推动作用。

在近代和现代发展中，中国已经越来越注重开发利用生物多样性。农作物和畜禽品种的改良即是对种内遗传多样性的利用，农业区、森林地区种植植物和牧区养殖物种的多样化是对物种多样性的应用。在生产技术上，农业的轮作套种、林业的间伐和择伐、牧业的轮牧和围栏等都是维护并持续利用生物多样性的成功典范。近年来，中国提出的农业区、牧区和林区多种经营的指导思想，其生物学实质就是要综合利用这些地区的生物多样性。在中国，科学地进行自然保护是始于20世纪50年代的中后期。1956年9月，在第一届全国人民代表大会第三次会议上，秉志等五位科学家提出了“请政府在全国各省(区)划定天然森林禁伐区保存自然植被以供科学研究的需要”的第92号提案，得到了会议的通过。同年，在广东建立了中国第一个自然保护区——鼎湖山自然保护区，开创了中国自然保护的新纪元。

1.3.2 保护生物学的产生

从20世纪50年代开始，随着世界经济高速发展，城市化浪潮席卷全球，人类对自然资源的开发和对自然界的改造与日俱增，同时，人与环境之间的矛盾也日益突出。全世界面临着人口爆炸、资源短缺、能源危机、粮食不足、环境污染这五大问题的挑战。保护生物多样性成为保护自然或保护地球中的一个重要部分。美国的Fairfield Osborn(1948)出版的《我们被掠夺的星球》(*Our Plundered Planet*)一书中已提到了“自然界的各种因素和力量协调地活动”演奏地球交响曲(earth-symphony)，其中特别提到“地球上不能没有森林、草地、土壤、水和动物；如果缺少其中任何一种，地球将死亡，会变得像月亮一样”。在同一本著作中Osborn也预见到人口膨胀的问题，这本很有预见性的书被人们认为是Osborn作为保护自然先驱的一本代表性的著作(Western et al.,1989)。

60～70年代期间，越来越多的人清醒地认识到人类对自然的改造已经严重地干扰了地球生态系统中生物的演化过程，生物多样性危机正在演变成一场对人类自身的浩劫。生物学家和环境保护工作者不断向世人发出警告，一批环境生态学名著，如《寂静的春天》等的出版也给世人敲响了警钟。

与此同时，生态学经过E. P. Odum和H. T. Odum兄弟的加工宣传，生态系统理论已变得完整和充实，并逐渐为广大生态学家和人们所接受。人们开始将人类自身放在生态系统之中，正确全面地看待人在生态系统中的地位和作用，尝试利用生态学来解决一些人类面临的实际问题，协调人类既是栖息者又是改造者之间的关系，以求达到人类社会在经济生产和环境保护之间协调发展。这个时期群落生态学和岛屿生物地理学的发展更是丰富了保护的理论和实践。

1972年，联合国召开的斯德哥尔摩人类环境会议是国际社会就环境问题召开的第一次世界性会议，共有113个国家和一些国际机构的1 300多名代表参加了会议。这次会议标志着全人类对环境问题的觉醒，是世界环境保护史上第一个路标，对推动世界各国保护和改善人类环境发挥了重要作用和影响。这次会议的主要成果之一是发表了《人类环境宣言》，该宣言提出：“人类负有特殊的责任保护和妥善管理由于各种不利的因素而现在受到严重危害的野生生物后嗣及其产地。因此，在计划发展经济时必须注意保护自然界，其中包括野生生物。”

从20世纪70年代起，科技界和许多国家政府开始重视人类经济活动对环境的污染和野生物种的生存威胁，但是当时没有专门研究生物多样性的学科，有关物种生存条件、灭绝机制及环境保护的研究多散见于各个基础生物学科之中。随着生物多样性问题的日益突出及有关研究资料的积累，有关保护生物学研究人员迫切需要交流信息，于是，1978年，在美国圣地亚哥动物园召开了第一届国际保护生物学大会。此后，生物多样性危机受到普遍关注，保护生物学作为一门新兴学科迅速发展起来。1985年，保护生物学学会(Society of Conservation Biology)成立并成为北美会员人数增长最快的一个学会；1987年的*Conservation Biology*杂志创刊标志着该门学科的成熟。

1.3.3 保护生物学的发展

保护生物学是由多门学科综合而成的新学科。它以资源学科和生物学科为主,也涉及环境科学和社会科学。保护生物学的研究目的是为保护地球上的生物多样性提供科学原理和方法。自 1985 年成立了保护生物学学会以来,该学科得到了长足的发展,不仅在规模上得到了迅速的扩充,而且成为当今科学研究的热点之一。保护生物学现已成为许多重大国际会议的主要议题,如 1989 年在罗马召开的第 5 届国际兽类学大会上,涉及保护生物学的专题组就有 7 个。

保护生物学研究还得到了政府的支持和社会的资助。美国国家科学基金设立了一个专门的项目支持保护生物学,麦克阿瑟基金会 1992 年出资 1 700 万美元用于生物多样性保护,1992 年以后,联合国和世界银行建立的全球环境署(Global Environment Facility)每年提供数千万美元资助多样性保护工作。保护生物学的野外工作则受到联合国教科文组织、国际自然与自然资源保护联盟(IUCN)、世界自然基金会(WWF)、国际野生生物保护学会和美国史密斯桑尼亚研究院等国际性组织和大型机构的重视和支持,迅速发展起来。

现今,人们已经认识到生物多样性是人类的共同财富,生物圈是一个相互关联的功能整体,物种的分布和迁徙没有国界,局部的污染和生物多样性变化将影响整个生物圈。野生生物的国际贸易导致富国对穷国生物资源的破坏,因此,生物多样性保护是一项全球性的任务,需要各国协调行动,共同努力。自从 1973 年《濒危野生动植物物种国际贸易公约》(CITES)签订以来,国际上已经签署了一系列国际公约。最重要的一次国际会议,是 1992 年 6 月在巴西里约热内卢召开的联合国环境与发展大会,会上签署了《生物多样性公约》(Convention on Biological Diversity)、《里约宣言》(The Rio Declaration)和《气候变化框架公约》(Convention on Climate Change)。这表明各缔约国政府已经就保护生物多样性达成共识、开始协调步伐。

美国的保护生物学教育在 20 世纪 80 年代兴起,康奈尔、斯坦福、马里兰等大学纷纷建立了保护生物学研究方向或专业,成为大学生喜欢选修的热门专业。截至 1990 年,至少有 16 所美国大学建立了保护生物学研究生计划。1992 年,皮尤慈善托拉斯以 1 550 万美元资助给生物多样性研究和研究生计划,用以培养"保护和持续发展"的研究生。迄今,欧美各国至少有 200 所以上的大学开设有保护生物学课程。这些都说明了保护生物学在未来科学研究领域具有较强的发展潜力。

中国是世界上物种多样性最丰富的国家之一,同时亦是生物多样性受威胁最严重的国家之一。为保护生物多样性,国家制定了一系列的保护法规,建立了各种自然保护区,对我国生物多样性保护起到了重要作用。但是,与发达国家相比,我国大部分保护区建立较晚,保护生物学的基础研究较薄弱。在我国,大多数物种受威胁状况不明,受威胁原因不清,重点保护野生动植物也缺乏长期的、系统的有效监测;一些重要研究领域,如种群生存力分析、景观生态学和岛屿生物地理学等在我国才刚刚起步;许多新方法和新技术还没有应用;许多自然保护区虽然已经建立,但其设计与管理水平有待进一步提高。我国在保护生物学的基础学科和相关学科,如分类学、基础生态学和野生生物管理等方面有一定的研究基础。但总的来说,保护生物学的新理论和新技术在我国的研究和应用还很不够。尽管 1956 年中国科学院在鼎湖山建立了中国第一个自然保护区,但真正意义上的生物多样性保护和研究却开始于 80 年代后期。

虽然我国保护生物学研究起步较晚,但发展较快。1990 年,中国科学院成立了生物多样性工作组,1992 年 3 月改立为中国科学院生物多样性委员会,统一协调中国科学院生物多样性研究工作。1993 年,《生物多样性》杂志创刊发行。1994 年,中国政府颁布了《中国 21 世纪议程》和《中国生物多样性保护行动计划》,以履行生物多样性保护国际公约。这些均表明中国加快了生物多样性研究和保护的步伐。1994 年 8 月,中国科学院生物多样性委员会、林业部野生动物和森林植物保护司和中国植物学会青年工作委员会联合召开了第一届全国生物多样性保护与持续利用研讨会,到 2016 年 10 月,已连续召开了 12 届。同时《生物多样性研究的原理与方法》(中国科学院生物多样性委员会,1994)、《保护生物学》(蒋志刚等,1997)、《濒危植物裂叶沙参保护生物学》(张文辉,1999)和《保护生物学基础》(季维智,2000)等专著的出版也标志着我国保护生物学已有较大的发展,并已具有较高的水平,而且保护生物学研究的热点已从学科及其方法的介绍转到了生物多样性保护与区域可持续发展的研究上。

与我国的保护生物学研究工作相似，保护生物学教育工作起步于20世纪90年代中期，但近年来有了较大的发展。到2003年，全国已有30多所大学和科研机构招收保护生物学方向的硕士研究生，已有20余个单位招收保护生物学方向博士研究生。目前，全国大多数师范、农林院校和综合性大学已经将保护生物学课程列入了生命科学、环境科学、资源管理、林学、农学等专业的本科培养计划中，一批优秀的、具有专业特色的保护生物学教材也相继出版。

1.4 保护生物学的研究内容

保护生物学是一门综合性的交叉学科，有着广泛的研究领域。该学科要解决的首要问题是了解目前人类面临的一系列生物多样性危机的原因和需要优先考虑并加以保护的问题。保护生物学认为维持群落结构的关键是物种，然而，物种正以惊人的速率消失。这种非演替性的灭绝正在不断减少物种的多样性，也预示着生存环境的恶化。即使有些濒危物种还不会立即消失，但拯救和恢复其自然种群必须要经历几代人长期的努力。拯救濒危物种是保护生物学当前的紧迫任务，需要从不同角度进行实践的和基础理论的研究。

在20世纪80年代里，保护生物学研究的重点在小种群问题，主要考虑的是对已经变小的种群如何进行妥善保护。因为种群很小，研究的焦点集中于种群动态或遗传变异相关的问题。与此同时，人们也越来越关注导致生物多样性危机的原因，寻找减轻或扭转受威胁物种继续生存的胁迫因子。有关这方面的研究重点不是那些对小种群生存造成威胁的随机性遗传学因素，而是那些造成种群缩小的确定性生态或人为过程。然而，由于每个物种濒危的起因各不相同，因此，这类的研究工作不大可能出现普遍适用的一般性理论。事实上，到目前为止也没有出现这样的理论。

目前保护生物学的工作主要集中在灭绝、进化的潜能、群落和生态系统、生境的恢复、物种的回归自然和圈养繁殖、生物技术在物种保护中的应用6个方面。

1.4.1 灭绝

灭绝(extinction)是保护生物学的主要研究内容，研究灭绝的目的是要预测生物多样性灭绝的趋势，阐明灭绝的原因，采取措施防止灭绝现象的发生。

物种灭绝作为地球上生命进化史的一种自然现象，本是正常事件，如2.5亿年前的三叶虫、6 500万年前的恐龙灭绝。但自从人类出现以后，特别是工业革命以后，由于人类只注意具体生物资源的实用价值，而忽视了生物多样性间接和潜在的价值，对生物资源肆意地加以开发，使地球生命保障系统遭到了人类活动的干扰，同时生境丧失与破碎、环境污染、外来种的引入和工业化导致全球的气候变化，使物种灭绝的时间大大地提前了。科学家估计，由于人类的强烈干扰，鸟类和哺乳类动物灭绝的速度提高了100～1 000倍。

2004年3月出版的《科学》杂志上发表的英国野生动物调查报告称，一直被认为是有很强恢复能力的昆虫也和众多更大型动物和植物一样，正在面临灭绝的命运，如蝴蝶，其物种灭绝速率甚至比鸟类还大。研究者说，如果证据表明这种情况是世界规模的，那就可以说，地球正面临第六次生物大灭绝。其规模与史前包括恐龙灭绝在内的前五次大灭绝相当，第六次生物大灭绝因人类而起，同时，人类也可能位列此次灭绝之中。

灭绝不仅意味着一个物种的消失，也意味着物种所带有的遗传基因的消失，意味着对于生态系统和整个生物圈的破坏。因此，预报灭绝，解释导致灭绝的原因和防止灭绝的发生，根据过去灭绝的模式推测其原因，并找出与未来灭绝的关系，是保护生物学研究的一个重要内容。

当然对于灭绝的预测，常常有这样一些较难回答的问题。例如，岛屿化生境中的物种是否像海洋生物一样漫游？我们能否假定森林物种是饱和的？森林的丧失率范围是多少？我们是处在生态学的危机，还是物种的危机？在更新世(从2 588 000年前到11 700年前)的大灭绝中，是否有我们未知的大量的昆虫和植物的灭绝？这些问题有的属于经济的，有的属于人的价值观，而有的则不属于生物学的问题。生物学家必须继续深入研究，建立一些方法和可检测的理论来预测未来(季维智等，1994)。

1.4.2 进化的潜能

种群为什么会灭绝？一种简单而直接的回答是所有的物种个体被消灭了。但实际上并不如此简单，很多研究表明灭绝是种群丧失了进化潜能(evolutionary potential)。这就是种群生存力分析(population viability analysis,PVA)所要解决的问题(Gilpin and Soule,1986;Soule,1987)。PVA是种群生物学(population biology)的一个分支,也是保护生物学所要研究的内容,它从遗传、种群统计、环境和时空关系(包括种群变化)间的复杂作用,综合、系统地探讨种群灭绝的可能性。

灭绝是物种及其生态系统长期受到损害的累积。因此,在考虑种群的保护时,应了解物种的基本分类情况、遗传结构、种群大小、繁育系统与生活史之间的关系。具有不同交配系统的植物种群有不同的资源分配对策。资源分配理论可以解释植物繁育系统的多样性,尤其是能够说明为什么大多数植物都是雌雄同体的。自交对植物种群遗传结构的影响是减少种群内的遗传变异,增加种群间的遗传分化。长期以来人们一直猜测,自交者可能会丢掉一些长期进化的潜能,目前这个假说得到了一些支持。应用PVA理论,在指导和管理圈养繁殖时,要考虑适当的交配方式和最小生存种群(minimum viable population,MVP)。一般来说,大型的进化位置较高的哺乳动物和食物链位置较高的食肉动物就应是首先考虑的特别保护的对象。通过保护这些动物,我们可以保护大量家域(home range)较小的动物,较快地恢复物种的数量。此外,就是优先考虑保护生物学家常常提到的旗舰种(flagship species)。这类物种的存亡可能对保持生态过程或食物链的完整性和连续性没有严重的影响,但是由于它们的魅力(外貌或其他特征)而为人们所喜爱和关注(如我国的大熊猫)。对这类动物的保护,更能唤起人们的同情,得到更多的资金以帮助保护大片生境。

另外,所有的生物学家或保护生物学家都同意通过协调政策来保护大多数珍稀种类。其原因是现有的大多数保护区对于保持诸如关键种的种群生存力和生态能力显得太小。在保护区内生物和生态系统单一化的速率与其大小成反比。也就是说,在小的保护区内,生态系统退化速率较高(Soule and Simberloff,1986;季维智,1994)。

1.4.3 群落和生态系统

物种丰富度的丧失、生态特征和行为的变化,表示其对于群落和生态系统(communities and ecosystems)有一个适应极限。不同的生态学理论,对于在生态系统和群落中应该保护什么存在不同的观点。简化生态系统论者(the reductionist theory of ecosystems)认为,生态系统在不同层次(水平)的特征都是组成它的较低层次系统的总和。如果这一理论正确,那么首先要保护物种。完整生态系统理论(the holistic theory)则认为,生态系统并不包含每一单位(层次)的特征。如果这一理论正确,就应该保护基因库(gene pool)。也就是要保护整个生态系统,而不是有机体(McNaughton,1989)。

确立生态系统多样性和稳定性之间的关系,对于保护和管理都有重要的意义。Walker(1989)认为,生态系统有不同形式的相互作用。根据亚系统和外界环境的不同,可将其分为三类。第一,弱的相互作用;第二,强的相互作用;第三,群体内部的相互协调作用。由于目前理论上的不完善和争论,常常在保护和管理中引起一些问题。例如,是否所有的物种都具有同等的生存价值和重要性?我们需要去保护那些成千上万尚未命名的昆虫,还是去保护那些大型的动物?诸如此类的问题还有待进一步完善有关群落和生态系统的理论去解释。

利用现有群落和生态系统的理论,在一些地区的保护和管理中也取得了很大的成功。例如,在非洲Serenget平原的研究表明,该地的草只有被动物采食,并接受动物的尿液后才能保持并旺盛生长。这种群落只有被利用才能保持其多样性和产量,这些草能利用尿液的氮保持土壤肥力而不至于退化。另外,在东非的一些地方,如撒哈拉,由于过度的放牧使草原破坏而不能恢复,也就是人类经济活动的干扰,容易使生态系统遭到不能恢复的破坏(Walker et al.,1981)。

尽管对群落和生态系统理论的观点不同,但在物种多样性(物种的丰富度和均匀度)和持久性比组成的单一性好,以及物种和生态系统都应受到保护方面的看法是一致的。人类必须尽力保护那些复杂的生态系统,使许多物种能够共同生存。作为好的保护管理应该是保持生态系统的内部过程和促进多样性和持续性;只有当系统内的丰富度低于正常水平时才能进行干预;或者,在物种水平上,当生态的关键环节或群落的有机体处于濒危时才进行干预(Western,1989;季维智等,1994)。

1.4.4 生境的恢复

由于自然生境的丧失,随之引起生物群落的结构功能的一系列变化。在重建一些新的保护区时,我们所面临的是退化的土地和枯竭的生物群落生境的修复，这是保护生物学在21世纪的一项重要的工作。它包括：① 土地退耕。一些地方，农产品已超过市场的需求。粮食的过剩可减少或停止使用化肥使土地退耕。欧共体决定将10%的土地退耕(Green,1989)，英国计划把1/3的耕地退耕，我国也进行了大范围的土地退耕还林、还草工作。② 土地的合理使用。新的工业区应建立在退化的或过剩的土地上。被抽干的湿地和沼泽应重新灌水，尽可能恢复到原有的状态，使野生动物得到恢复并成为都市人休憩和活动的地方，以及作为较低技术的污水处理地。欧阳志云等(2002)对卧龙自然保护区大熊猫生境恢复过程研究中对比了自然恢复与人工种植对大熊猫生境恢复的影响后发现，人工种植不是恢复大熊猫生境的有效方式，因为人工种植的竹类资源生物量较低，更新能力也较差；另外，植树后最初的抚育对竹子幼苗的更新也有限制作用，而且人工种植生境的群落结构与自然恢复生境的群落结构相比差异也比较大，如乔木层树木过密、树径变异小、乔木层树种优势度过高等，与其他自然恢复生境的群落相似性也较小。而自然生长可有效地恢复其生境，但所需时间较长，人类可在生境演替的不同阶段适当引种竹类及树木，加快生境的恢复过程。

可以肯定，只有极少数的生境能恢复到原始状态。这有一个重要的前提就是人类要有一个较高的生活水平和人口必须稳定或下降。在本世纪保护生物学可能会从保护一些自然生境而转变为建立一些近似自然的人工多样性景观(季维智，1994)。

1.4.5 物种的回归自然和圈养繁殖

人为干扰和环境的破坏，不仅使物种的个体数量减少，而且还直接导致物种栖息地的丧失，大量物种受到灭绝的威胁。人工饲养繁殖一些濒危物种，是迁地保护(ex-situ conservation)的一种方法。其目的是物种的复壮甚至重建野生动物种群。动物园和植物园是目前圈养繁殖的主要场所，也是物种迁地保护普遍采用的形式。由于圈养繁殖个体数量的限制和缺少必要的种源补充，在人工饲养和栽培的物种中，很容易因近亲交配而产生遗传多样性退化，因此，对圈养繁殖的物种进行遗传管理是十分重要的。IUCN圈养繁殖专家组要求各动物园和各养殖单位，包括一些宠物拥有者，建立动物的谱系档案，进行计算机联网，统一在国际物种信息系统(ISIS)编号，进行管理。这样有望调节种群的“爆炸”或崩溃，调节种群的年龄结构，淘汰退化个体等(Soule,1989)。

濒危物种的栽培和饲养是保持和扩大个体数量的一种有效的方法，把人工饲养繁殖的物种再引入自然或半自然的生境，实现野生种群的重建和复壮是保护生物的一种重要手段。目前，人们正在运用所掌握的有关濒危物种的知识，尽力通过人工的方式维持濒危物种的数量，以达到保护的目的。然而，通过人工栽培和繁殖的动植物在向野外释放的过程中仍然存在许多问题。这不仅涉及人工繁育物种生态习性和生物学特征的改变，也与引入地的生态系统结构有关。一般来说，重新引入较高等的脊椎动物比低等生物需要更多的准备训练，但低等的昆虫和植物也需要特殊的生境。尽管如此，已有一些重新引入物种成功的例子，如中国的麋鹿、阿拉伯大羚羊、普氏野马等(Stanley,1989)。

如前所述，圈养繁殖已使一些濒危物种的数量得以增加，但是也带来一些难以解决的问题。例如，圈养动物的行为发生变化，许多幼仔断奶之后即与它们的双亲隔离，其结果使它们自己生殖时就不能很好地照顾自己的后代。金丝猴就是一个例子，在人工饲养的条件下它们的行为已经发生改变，人们发现再把它们放回大自然时，这些金丝猴几乎丧失野外生活的能力。对圈养的高等动物，在放归自然之前，人们不得不花费大量的精力和财力训练它们适应野外生存的能力。为了保持动物的自然习性，即使暂时无法放归自然的圈养动物也需要进行野化训练。例如，2003年，我国将两只华南虎的幼子“希望”和“国泰”送往南非的野化训练基地进行为期5年的野化训练。

1.4.6 生物技术在物种保护中的应用

保护生物学的发展依赖于新技术的出现和应用，生物技术将在保护生物学中发挥越来越重要的作用。生物技术对保护生物学的可能贡献主要体现在以下5个方面。

1. 对未知物种的定名和描述，完成物种的调查和编目工作

要预测生物多样性的未来，保护和持续利用生物资源，首先要对地球上物种多样性的量进行一个全面的调查。多数分类学专家都承认至今尚有许多物种未定名，尤其是在热带雨林的树冠部分和深海中存在着大量未定名的物种,估计全球物种的数量在500万～3 000万(Wilson,1989)。然而要定名和描述如此众多的物种,对于现有的分类学家和传统的分类方法来说,几乎是不可能的。只有借助于生物技术在分子水平并结合一定的形态学的描述才能完成这一工作。

2. 可解决小种群遗传多样性损失和近交衰退问题

在小种群中,遗传多样性的丧失和有害等位基因的固定是不可逆。这个问题对生物进化具有极大的危害,而且它具有潜在性。通过近缘物种基因的转入或合成基因的办法恢复基因的多样性,有可能阻止基因的有害转变。现代基因工程技术可以成功的克隆和转移这类基因,在人类和植物的一些基因疾病的研究中,已证明了这一点,并且可能用这样的方法清除早期发展的有害基因。

3. 种群遗传结构和适应潜力的分析

遗传多样性水平的高低和在种群中的分布是物种长期演化的结果,同时遗传多样性和遗传结构也在很大程度上决定了物种在变化着的生态环境中的命运。了解濒危物种的遗传多样性的水平和分布情况是分析濒危原因和制订科学的保护措施的前提。现代分子生物学技术为我们提供了诸如等位酶、RAPD、RFLP、ISSR、AFLP、SSR等大量的可以在群体水平上分析遗传多样性的分子标记。微观上的遗传数据与宏观上生态环境的变迁相结合,使从机制上阐述物种保护途径和方法成为可能。

4. 物种和群落的长期保存

生物技术有可能对从基因、细胞到群落和生态系统在内的生物多样性进行长期保存。保护生物学家希望能够找到保存一个完整的生态系统的有效方法,基因库、种质资源库和超低温冷冻保存技术提供了这种可能。细胞冷冻技术、动物的胚胎移植技术和克隆技术是保存物种的有效技术;人们也曾设想建立一种拉链式冷藏袋,把整个生物群落,包括传粉昆虫、土壤动物和寄生虫都冷冻起来,以备未来恢复和重建生态系统而用。有人甚至认为这样的方法要比传统建立保护区省钱得多(Benford,1992)。

5. 生物安全问题

现代生物技术使基因可以在人、动物、植物和微生物之间进行人为的相互转移,随着生物技术的广泛使用,生物安全问题也越来越引起人们的重视。生物技术如果使用不当也会对生物多样性、生态环境和人体健康造成潜在的不利影响,尤其是当人类不能确保正确合理操作和运用这项技术时,这种影响可能是灾难性的。生物技术生产的转基因生物(genetically modified organism,GMO)最有可能在以下两方面给生态系统造成一些不良后果。

生态环境方面:存在于转基因植物中的具有某种抗性的基因有可能通过杂交转移到其野生或半驯化种中去,这种转移的结果是在特定条件下将增强这些植物杂草化的特性,并最终造成生态环境的破坏。一些具有抗虫特性的转基因植物,除了能对害虫产生毒害而使其死亡外,对许多有益生物也可产生直接或间接的影响。

生物多样性方面:转基因动物一般都具有某种普通动物所不具备的优势特征,如果逃逸到自然环境中,将有可能通过改变物种间的竞争关系而破坏原有自然生态平衡。转基因植物可能因其较强的野外适合度对生物多样性和生态平衡造成影响,如一棵抗以松树种子为食的害虫的转基因松树会由于种子的抗虫害作用而大量保留下来,最终个体数量会远远超过其他物种,导致森林群落遭到破坏。转基因微生物也存在取代其他物种的可能性,并导致生物多样性发生无法挽回的损失。

为了保护生态系统和人类自身的安全,促进生物技术健康的发展,加强对转基因生物的风险评估和安全监测也是非常必要的。

1.5 保护生物学的研究趋势

经过20多年来的实践和探索,保护生物学的研究积累了丰富的结果和经验,展示出自身的多样性。20世纪早些时候发展的保护方法在现代保护生物学中仍有它们的地位,动物园、水族馆和野生动物公园中的圈养繁殖对抢救某些濒危物种仍然起到一定作用。但是在如今,自然状态下保护生物多样性已成为保护生物学工作者共同奋斗的目标。生物多样性的保护主要是保持自然种群的生存力和它们的生态系统,而自然栖息地的保护则尤为重要。因为圈养繁殖不可能是拯救稀有物种的有效的和通用的策略,其原因在于这种方法是很强烈的人工干预的保护手段，花费的资金较多；动物园、水族馆和野生动物公园缺乏能满足物种所需的资源或栖息地；并且，物种长期处于监禁状态，会丧失其在野生环境中生活所必需的遗传和行为适应性；圈养繁殖也不能保护物种生活的栖息地，更谈不上保持物种的进化潜力。

保护生物学的诞生无疑将为生物多样性保护及物种进化潜力的保存提供强有力的支持。目前保护生物学方面较活跃的研究领域主要有以下几个方面。

1. 小种群生存概率

由于生境的异质性和个体扩散，自然界的物种通常是由若干个种群组成的，随着人类活动对自然环境的干扰加剧，很多物种自然分布区被分割成小种群。一个物种的命运最终取决于构成该物种的所有小种群的命运。随着小种群内近交系数的逐代上升，遗传杂合性逐代降低，导致种群的适合度下降，最终导致小种群的灭绝。在迁地保护物种时，保存的种群大小涉及资金的投入和保护的效果。因此，物种的最小可生存种群应如何确定是一个热点问题。

2. 确定和保护生物多样性热点地区

世界上物种最多的地区是热带雨林、珊瑚礁和热带湖泊。从全球来看，物种多样性以赤道地区为高。位于生物多样性高的热带地区的国家大多缺少保护所需的资金，如何保护这些国家的生物多样性是一个现实问题。

3. 物种濒危灭绝机制

搞清物种受威胁状态和濒危原因，是制定保护政策的主要依据。物种灭绝后的遗传损失大小与物种分类地位有关。当今生物多样性保护的着眼点首先是减缓现有物种的灭绝速率，特别是减缓那些单种科、单种属的灭绝；其次是研究防止那些生态系统中的旗舰种(flagship species)、关键种(keystone species)灭绝的措施；此外，从物种生存的生物学机制和外部生态环境着手，探讨物种灭绝的可预防性。

4. 生境破碎问题

在这方面的研究热点有生境破碎的动态过程、生境破碎与生境异质性、生境斑块的隔离程度、边缘效应与岛屿效应，生境斑块中种群生灭动态、生境斑块的微气候环境及在破碎生境中维持生物多样性的措施等。

5. 自然保护区理论

建设自然保护区时，保护区的位置、大小、形状，保护区之间的网络联系，怎样减少自然保护区内的边缘效应和破碎效应，怎样建设自然保护区间的生境走廊，怎样管理和利用自然保护区等都是人们所关心的问题。研究确定保护区地点的标准，保护区的合理数量，满足保护目标的保护区大小，保护区的最佳形状，保护区的边界划分和保护区缓冲带建立。探讨保护区之间建立走廊的必要性和可能性，以及如何科学管理、评价保护区是今后保护生物学的重点研究内容。

6. 立法与公众教育

制定生物多样性保护法律法规，规范全民保护生物多样性的行为。在普及自然野生动物保护法知识、提高公众的生物多样性保护意识、总结少数民族利用和保护生物资源的经验、进行生物多样性保护与持续利用宣传教育等方面，许多工作正在进行。只有抓好科普宣传教育，才能使生物多样性的损失保持在最低程度、才能使生物资源达到合理管理的近期目标，也才能实现帮助人们采用持续的合理的方法对生物资源进行利用和管理，实现整个生物多样性不减少的长远目标。

生物多样性是宝贵的自然遗产，如果人类社会生产力的发展危害了野生生物的生存，必将危害人类的自身生存。我们只有将保护环境、保护生物多样性放到与经济建设同等重要的地位，才能为当代的发展和未来世代保存一个绿色的环境和充足的资源。

思 考 题

1. 保护生物学的学科特点。
2. 保护生物学产生的时代背景。

3. 保护生物学的主要研究内容。
4. 保护生物学的研究热点问题。
5. 公众生态意识的提高对保护生物多样性的意义。
6. 生物多样性概念。
7. 生物多样性有哪些重要作用。

推荐参考书

蒋志刚,马克平,韩兴国.1997.保护生物学.杭州:浙江科学技术出版社.
祁承经.1996.保护生物学概论.长沙:湖南科学技术出版社.
钱迎倩,马克平.1994.生物多样性研究的原理与方法.北京:中国科学技术出版社.
陈道海,钟炳辉.1999.保护生物学.北京:中国林业出版社.
Richard P,季维智.2000.保护生物学基础.北京:中国林业出版社.
迟德富,孙凡,严善春.2005.保护生物学.哈尔滨:东北林业大学出版社.
李俊清,李景文.2006.保护生物学(第二版).北京:中国林业出版社.
http://www.wwfchina.org/content/press/publication/2015/地球生命力报告·中国2015.pdf

第2章 物种起源与生物多样性演化

提 要

本章重点论述了物种概念、物种起源与形成方式，生物进化规律及其原因；生物多样性进化的主要历程；生物多样性与环境关系；生物多样性演化与地质历史、第四纪冰期、大陆漂移和青藏高原升起的关系；进化系统与生物分类不同学派，生物分类。

任何生物都有起源、发展演化与衰亡的过程。物种是生物多样性的基本层次，是遗传基因的载体，也是生态系统的组成成分。讨论物种起源对理解遗传多样性、生态系统多样性的起源、演化有重要意义。在生物多样性面临空前威胁的当今社会，只有对物种起源与生物多样性的演化过程及其影响因素有充分理解，才能更好地保护利用生物多样性，人类才可能正确利用与保护生物资源。

自然界多种多样的植物、动物和微生物为人类提供了不可缺少的食物、纤维、药物和工业原料，可以说，生物多样性是当今人类最关注的生态学问题和最重要的实践问题，研究生物多样性是生态学研究的一个重要组成部分，在生态学领域处于重要的地位。

达尔文进化论与生态学有着十分密切的关系，正是对自然资源和生物多样性的探索使达尔文形成了完整的进化思想。在《物种起源》中，达尔文清楚地意识到生物多样性的重要作用，"自然生态整体中最突出的特征是它的物种多样性，这种多样性不仅对生态整体的稳定性有积极的影响，也是竞争与共生现象的原因"，并且，达尔文还曾试图解释生物多样性的由来，因此，他被许多当代生物学家视为生态学的创建者。

2.1 物种与物种形成

物种是生物存在的基本方式。任何生物在分类学上都具有一定的进化位置。生物进化过程也是物种不断多样化的演化过程，是旧的物种不断灭绝、新的物种不断产生的过程。达尔文之所以把他的进化论名著定为《物种起源》，就说明了物种形成与生物进化之间的密切关系。

2.1.1 物种的概念

早在17世纪，约翰·雷(1686)认为，物种是一个繁殖单元。他说："经过长期而大量的观察后，我相信在确定一个物种时，除了可以把通过种子繁殖，使之永远延续的特点作为标准外，没有其他更适合的标准了……"

18世纪中叶，林奈等按照这种认识，做了许多植物杂交试验后提出，物种是由形态相似的个体组成，同种个体可自由交配，并能产生可育的后代，而异种间杂交则不育。林奈肯定了物种的客观性和稳定性，为物种问题的进一步研究提供了基础，同时，也否定了当时流行的动植物的自然发生说。但是，林奈把物种的稳定性绝对化了，他主张"物种是不变的、独立的，种间没有亲缘关系"，这无疑是一个错误。

达尔文提出，物种是显著的变种，是性状差异明显的个体类群。他肯定了物种的可变性并指明了物种之间的亲缘关系。这对奠定生物学的科学基础和破除物种不变论是一个伟大的贡献。但是，达尔文在某些论述中，对物种的稳定性缺乏应有的重视，甚至怀疑种的客观存在，他过分强调个体差异和种间的连续性，把物种看作人为的分类单位，认为物种是为了方便起见任意地用来表示一群亲缘关系密切的个体的。这是他的不足之处。

对于什么是物种的问题，近代学者也都进行了认真的研究，并提出种种不同的看法。美国遗传学家杜布赞斯基认为,同一物种是享有一个共同的基因库,能进行杂交的最大的生殖类群。也就是说,属于同一物种的个体在原则上彼此可以通过有性繁殖过程交换基因。前苏联学者 M.C.基里亚罗夫认为,物种是形态学上相似、有杂交能力、要求相似环境条件的生物综合体,它在自己的分布区内不是连续的分布,而是呈点状的分布,每一个点代表一个种群。中国学者陈世骧认为,物种是生物的繁殖单元和进化单元,进化是通过物种的繁衍、演变而进行的,这是他关于物种的通俗定义。以上这些关于物种的看法,虽然具有一定的代表性,但至今还没有一个完整的公认的定义(李难,1983)。

目前,大多数学者认同:物种是占有一定分布区域,具有极其相似的形态特征,生物学、生态学特性,个体间可以自然交配产生正常后代的生物类群;从物种结构上来看,物种是由许多个体组成,个体之间有性别、年龄等差异;分布在某一个区域(或群落)里的所有同种个体就是一个种群,种群是物种的基本结构单元;受生存条件的影响,种群一般变动较大,有些繁荣,有些衰退,生物类型分歧就发生在种群之中。当变异达到一定程度就会形成亚种、变种。亚种和变种是种内个体在发生地理、生殖隔离后形成的群体,在形态上、生理上与原种有明显差异,一般情况下,学者容易区分。

对真核生物来说,无论它们在形态上的差别有多大,生殖隔离应该是两个群体能否真正分化成不同物种(成种,speciation)的关键,这种隔离机制可以是地理的、行为的或其他方式;而生殖隔离总会伴随着一些形态或遗传上的变化,虽然这些特征可能与生殖隔离本身并无多大关系,但往往成为分类学家或分子进化生物学家区分种的依据。另外,对化石物种来说,无法验证是否存在生殖隔离。因此,古生物学家不得不寻求其他方面的证据,如结构的相似性等,这样,所判定的化石种(通常停留于较高的分类单元如科)就具有更多的必然性(谢平,2016)。总体来看,不同学者对物种定义有不同看法,对于物种概念这一问题,可能还要继续研究和探讨下去。

2.1.2 物种的形成

1. 达尔文的物种形成观点

达尔文认为,使新物种从旧物种中产生的主要因素是自然选择。自然选择以微小的不定变异为原始材料,通过生存斗争,保存和累积有利的变异,经过许多世代,才形成新的生物类型。自然选择能引起性状分歧,并且能使改进较少的及中间类型生物大量灭绝。根据这些原理,各个纲生物之间的亲缘性质,以及它们彼此之间所具有的明显区别,就可得到解释。

(1) 性状分歧

在研究物种的起源问题中,达尔文首先注意到,在同属异种间常呈现着巨大的差异。所谓性状分歧(character divergence)是指生物生活在各种环境里,向不同方向变异和发展,形成多种性状的现象。性状分歧将最终导致新物种的形成。

性状分歧对生物的生存和发展是有利的。就简单的情况而言,任何一个物种的后代,其所有的构造、体质及习性越分歧,在自然界中也越能攫取许多特殊的地位,使他们的数目增加。以植物为例,其生理生态学特性和形态分化越大,占据的空间也越大,有些植物可以适应不同气候土壤区域,分布广泛、数量也多。同样,肉食动物的生活习性分歧越大,就越能占据更多的空间和资源,适应能力也强。

按照自然选择的原理,对生物有利的变异不但可以保存,而且能得到发展。例如,某一生物类型,起初个体之间的差异不大;在历史过程中,它们的后代不断地产生微小的变异。由于性状分歧的利益,越向不同方向发生变异的个体,越能得到生存。于是,性状越分歧的个体就可能有越多的后代。这样,经过许多世代的选择作用,一个生物类型就会逐渐分化成多个类型。这种类型继续分化,最终将形成新物种。

(2) 中间类型的灭绝

达尔文认为,在物种形成的过程中,除了性状分歧之外,还必须要结合中间类型的灭绝,才能使新物种逐渐形成。所谓中间类型是指性状分歧不大,介于较早发生和较晚发生之间的变异类型。这种类型最容易灭绝,因为它们在习性、体质和结构上彼此最相近,所需要的生活条件也最相近,由于剧烈的生存斗争,有可能被淘汰。而分歧显著、具有更有利变异的个体,则具有更多的生存机会,于是逐渐形成了种与种之间的界限。达尔文根据性状分歧有利的原理,结合自然选择和灭绝原理,比较合理地说明了物种形成的过程。

2. 现代达尔文主义的物种形成观点

虽然达尔文进化论的基本原理今天仍然被大多数科学家所接受,但是随着各学科,特别是物理和化学学科与生物学科的紧密交叉与深入发展，使生命科学的发展进入了实验生物学与分子生物学阶段。特别是20世纪初期，众多杰出科学家论述了物种形成的各种观点。例如，杜布赞斯基(T. Dobzhansky)的《遗传学与物种起源》(1937)，赫胥黎(J. Huxley)的《进化：现代的综合》(1942)等，使科学家普遍认识到有必要以崭新的科学成果对达尔文进化论的内涵进行实质性的修正、补充和提高。由于上述科学家的出色工作，在生物进化领域逐渐形成了被后人称为现代达尔文主义的新学说。依据这个学说，生物进化是一个永恒的演化过程，这个过程包括突变、遗传平衡及各种隔离等基本要素。在物种形成问题上，现代达尔文主义基本上同意达尔文的观点，认为物种形成过程中主要有3个环节：① 突变和基因重组；② 自然选择；③ 隔离。杜布赞斯基等科学家特别在隔离问题上进行了深入的研究，充实和丰富了达尔文关于物种起源的学说。

物种起源的主要问题是生物类型如何在进化中出现间断性，即出现明确界限。我们知道，同一物种的个体差异(即种内差异)和不同物种的个体差异(即种间差异)是有明显区别的。种内差异经常是连续的，即种内若干显著类型(例如亚种)之间常常存在着中间类型，例如，狐分布在几乎整个欧洲，有20个亚种，形成一个由中间类型连续的系列。种间差异则是不连续的，例如，狮子和老虎之间未发现中间类型，在老虎和豹之间也未发现中间类型。种内可以自由交配并产生后代，种间一般不能杂交或杂交不育。但是，种间的差异又是由种内的差异发展来的。从遗传机制上分析，物种一旦形成，就意味着这个物种的遗传基础(基因)只能在物种内部相互交流，而在不同物种之间不能交流(李难，1983)。

2.1.3 物种形成的方式

达尔文认为物种主要是以渐变的方式形成：一个物种在一个生活区生活，随着时间的转移，逐渐进化为另一个物种，这就是现在所谓的继承式物种形成；一个物种分布在不同地区，分化为两个以上的新物种，这就是所谓的分化式物种形成。

现在大部分学者同意达尔文关于物种形成方式的看法，并做了许多补充和发展。认为物种形成有多种方式，其中最基本的是渐变式和骤变式。渐变式物种形成又可以分为两种方式，即继承式的物种形成和分化式的物种形成。前者是指一个种在同一地区内逐渐演变成另一个种；后者是指一个物种在其分布范围内逐渐分化成两个以上的物种。渐变式的物种形成主要通过变异的逐渐积累而形成亚种，再由亚种形成一个或多个新种。骤变式物种形成是一种比较迅速的物种形成方式，一般不通过亚种的阶梯。其中又可以分为以下3种类型：通过杂交产生新种；通过染色体结构变化产生新种；通过多倍体形成产生新种(李难，1983)。

物种的形成是生物进化的基本问题，没有物种的形成就没有进化，也无从谈起生物界的系统发育。物种的形成是生物谱系进化的起点，它为生物进化的不可逆性奠定了基础，同时物种的形成为生物的进化开辟了广阔的前景。

在达尔文看来，多样化的生物是生物遗传和进化的载体，多种多样的生物构成了一个巨大的天然基因库，形成了一个巨大的生物网络，为生物的进化提供了基础，为人类对遗传、进化的研究也提供了现实材料。达尔文的自然选择理论中最重要的一条就是物种是互相联系的，种群间和种群内的进化或者不同物种之间的协同进化是多样化生物共同作用的结果，与自然选择一样，生物的多样性促进了生物的进化。

2.1.4 生物进化的规律

生物进化的研究包括有两个级别，小进化和大进化。小进化以现代生物种群和个体为对象，研究其短时间内的进化，即某种群从一代到下一代等位基因(alleles)频率的改变。大进化是长期(几千至几百万年)的基因变异方式及物种形成的过程。长时间尺度的进化方式不易被搞清，但我们可以查明过去所发生过的事实，从而解释过去发生这些变化的方式。至于小进化和大进化的关系，一些人认为，大进化只是小进化长期变化的积累，而另一些人则认为大进化肯定还涉及了其他机制。

1. 进化的方式

(1) 线系渐变(phyletic gradualism)与间断平衡(punctuated equilibrium)进化

线系渐变模式认为生物逐代的微小变化可以随时间积累导致主要的进化。因此物种形成是个缓慢过程。新种形成于老种的较大的种群，在这种大种群内，基因漂移及突变基本上不起作用，而自然选择在种形成过程中起主要作用。

间断平衡进化模式观点认为,进化的主要方式由长期的进化停滞期(stasis)和短期的快速进化期组成。物种形成主要出现于种群分布范围边缘的小型、分离的种群。由于互交,突变可以迅速地在小种群内扩散开来;在这种小型、分离种群中,随机的基因漂移及基因突变起主要作用,而自然选择只起次要作用;主要的进化出现于种形成时期,当新种形成后,就很少有进化改变(郝守刚等,2000)。

(2) 适应辐射(adaptive radiation)进化

适应辐射指的是从一个祖先类群迅速地产生许多新物种,其中一种情况是:当某一类群产生了一种进化革新,使得它们能更好地适应环境或开拓新的生活方式。如三叶虫在早寒武纪开始由于获得了硬壳,在短期内就演化出了 30 个科(Harrington,1959);再如鸟类,由于出现了羽毛,并发展了飞翔新功能,在白垩纪得到初步发展并从新生代初开始了适应辐射,占据了整个空中领域。

此外,当集群灭绝(mass extinction)发生之后,由于种间竞争压力减小,使得某些生物在腾空的生态环境中得以适应辐射。地史中有许多这方面的例子,如中生代末爬行动物尤其是恐龙的灭绝,使得哺乳类在新生代开始辐射演化,形成了约 30 目的哺乳动物。类似的情况还有一类生物迁移到一个新的地区并得以适应辐射,如有袋类在澳大利亚的适应辐射。

如果进化的方向较少,则称为分化或趋异(divergence)进化。

(3) 趋同(convergence)与平行进化(parallel evolution)

趋同是指不同祖先的生物类群,由于相似的生活方式,整体或部分形态构造向同一方向改变。例如,哺乳类的海豚、爬行类的鱼龙及鲨因适应在水中的快速游泳,均具有流线形的体形;昆虫、翼龙、鸟、蝙蝠因适应飞翔生活而具有翅,也是一种趋同。但昆虫与鸟类的翅膀结构却完全不同,像这些不同类群的生物由于趋同演化而形成的同样功能的器官称为同功器官(analogy),而翼龙、鸟及蝙蝠的前肢的起源相同,称为同源器官(homology)。

平行进化是指不同类型的生物由于相似的生活方式而产生相似的形态。平行进化往往指的是亲缘关系较近的两类或几类生物。例如,当有袋类在渐新世末期最终迁移到澳大利亚后,由于缺乏真兽类(即有胎盘类)的竞争而得到辐射发展,产生了与旧大陆哺乳动物相似的类型,包括袋狼、袋猫、袋飞鼠、袋鼹、小袋鼠等。但是,也有人把这作为趋同演化的例子(郝守刚等,2000)。

(4) 重演律(recapitulation law)及异时发生(heterochrony)

重演律是德国的海克尔(E. Haeckel)根据动物形态学和胚胎学的研究成果所提出的定律,即生物在个体发育(这里指其胚胎发育)过程中,重演其祖先的主要发育阶段。例如,哺乳动物的早期胚胎都很相似,都有鳃裂,似乎重现了它们远古生活于水中的共同祖先的特征。当然,个体发育重演系统发育只是一种简单的、迅速的重演,不是完全重演。后来的研究表明许多个体发育阶段并不重演它们祖先的成体形态。德国比较解剖学家冯 · 贝尔(von Baer)认为在大部分动物个体发育中,一般性状比特化性状出现要早,也就是说,高等动物的胚胎不与低等动物的成体形态相同,而只是与低等动物的胚胎相同。

(5) 重复进化(iterative evolution)

重复进化是在一个演化支系的历史中,在不同时间重复衍生出形态相似的分支,在每个重复分支之间常有上百万年的间隔。重复进化只能在化石记录特别完整、地理分布广泛、高精度采样的情况下建立。重复进化常常是从一个不太特化而且形态往往很少演化的基干线系发生。分支出来的相对特化种容易灭绝,但当环境允许时,可以从基干线系再重新演化出来。

(6) 协同进化(coevolution)

协同进化指的是密切联系的不同物种之间的互补性的进化。一个物种由于另一个物种影响而发生遗传进化的进化类型。例如,一种植物由于食草昆虫所施加压力而发生的遗传变化,这种变化又导致昆虫发生遗传变异。类似的例子存在于许多寄生物与寄主的关系,海洋环境和非洲大草原的群落中也普遍存在(李难,1983)。

2. 进化趋势

进化趋势(evolutionary trends)指的是在相对较长的时间尺度上,一个线系或一个单源群的成员表型进化改变的趋向。一个线系在其生存期间表型进化改变的趋势称线系进化趋势(phyletic trend),又称小进化趋势(microevolutionary trend)。亲缘相近的一组线系或一个单源群在其生存期间的谱系分支及其后裔的平均表型变化的趋向称谱系趋势(phylogenetic trend),又称大进化趋势(macroevolutionary trend)。最著名的例子是马的进化史,常作为直生论(orthogenesis:认为进化有既定的方向和路线)、柯普法则(Cope law:

生物演化过程中个体增大的现象)、线系进化等的例子。然而马类从最早的始祖马开始到现代马的进化包括了许多分支,实际上是属于谱系趋势的范畴。马的进化过程包括了个体体型由小到大、由四趾到三趾,最后到单趾。

造成谱系趋势可能有多种原因,但最终都或多或少地与自然选择联系起来。例如,定向性的种形成及灭绝可以造成系统进化趋势,此外也有人认为随机的谱系漂移也可造成谱系趋势。物种选择(species selection)最初由斯坦利(Stanley,1979)提出,是指物种之间有差异的存活及繁殖,物种的形成速率及存活的时间对物种的选择起重要作用,两者在不同方向上的差别可以造成系统进化趋势。物种选择的作用机制就是所熟悉的生态学中的限制因素,包括竞争、捕食、生境的改变及种群规模的随机变化(郝守刚等,2000)。

3. 进化速率

进化速率(evolutionary rate)为单位时间内生物进化改变的量,包括可度量的形态特征变化、分类单元(科、属、种)的产生或消失的数目及氨基酸或核苷酸的替换数等(郝守刚,2000)。

(1) 形态学进化速率

形态学统一度量单位可以用荷尔丹(J. B. Holdance)建议的达尔文单位(d),这样就可以用来比较不同门类之间的形态学进化速率。一个达尔文单位相当于每百万年改变形态值的一个自然对数单位,这样,形态学进化速率就可表示为

$$v_{形} = (\ln X_2 - \ln X_1)/(t_2 - t_1)$$

式中,X_1为初始形态值,即祖先的形态度量值;t_1为初始时间(祖先生存的时间);t_2为进化终止时间(即后裔生存的时间);X_2为终止形态值,即经过$t_2 - t_1$时间的进化过程所达到的形态。

(2) 分类学进化速率

包括线系进化速率、谱系进化速率两种。线系进化速率用每百万年中每条线系产生的时间种来表示。由于时间种的寿命的长短反映了线系进化的快慢,我们可以用时间种寿命的倒数作为衡量线系进化速率的尺度。例如,一个寿命为 2 Ma(百万年)的时间种,其线系进化速率可表示为 1/2,即 0.5 时间种/Ma。谱系进化速率涉及 3 个量:种形成(分支)速率、灭绝速率和种数净增率,它们分别以字母 S、E 和 R 代表,其关系为:

$$S = R + E$$

其中 R 可表示为:

$$R = (\ln N - \ln N_0)/t$$

这里时间 t 的单位为百万年,N_0为初始种数,N 代表经过时间 t 以后的种数。

通过以上几种进化速率的表示方法,我们可以比较不同类群间进化速率的大小。但是实际情况往往要复杂得多,需要综合考虑(郝守刚等,2000)。

4. 集群灭绝

据估计,地球上曾经存在过的物种大约有 99%都已经灭绝了。当环境变化得太快,或当物种缺乏合适的基因变异,以适应变化的环境,或者由于其他先进物种的竞争与排挤,该物种不能适应就会灭绝。然而最近有证据表明,灭绝常常是任意的,即某一物种的存活与其对环境的适应程度无关。化石证据表明,地史中的生物灭绝基本上可分为两类:① 常规灭绝(normal extinction)或背景灭绝,指在各个时期不断发生的灭绝;② 集群灭绝(mass extinction),指的是在相当短的时间内出现大规模的生物灭绝,往往涉及一些高级分类单元,如科、目、纲级别上的灭绝。此外,生态上和分类上无关的类群往往近于同时灭绝。集群灭绝之后往往伴随有适应辐射,因此在生物演化中起着重要作用。

显生宙期间公认的有 5 次集群灭绝:奥陶纪末、晚泥盆世、二叠纪末、三叠纪末及白垩纪末,其中白垩纪末的灭绝因包括了巨大的恐龙而格外引人瞩目,但对集群灭绝发生的原因仍然有较大的争论,可以肯定的是决不能用常规灭绝的原因来解释集群灭绝。地质因素包括气候变化、海平面升降、剧烈的火山活动、板块构造运动、洋流的变化、海洋化学状况的改变(如盐度、氧气含量的变化)、大气层成分的改变等。自从 20 世纪 80 年代初提出地外撞击作为白垩纪末灭绝事件的主要原因以后,新灾变论被许多人认为是集群灭绝的主要原因。然而不同的集群灭绝要具体分析,首先要搞清其灭绝的方式,然后再探讨灭绝的直接原因,最后来分

析其主导因素是地内还是地外的，这才是一种正确的途径(郝守刚等，2000)。

2.1.5 生物进化的原因

达尔文学说认为，决定生物进化的因素主要是遗传的变异和选择。现代达尔文主义认为，决定生物进化的因素是变异(加上基因重组)、选择和隔离。

1. 遗传变异

所谓变异是指同种生物世代之间或同代之间不同个体之间的差异(不包括年龄、性别或不同时期生活史方面的差异)。一切生物都有变异的特性，世界上没有两个完全相同的生物。按变异有无方向可分为一定变异(definite variability)与不定变异(indefinite variability)，按变异能否遗传又可分为可遗传变异(inheritable variation)与不可遗传变异(non-inheritable variation)。现在遗传学指出，由于遗传物质的变化(如基因突变等)所造成的变异，一般是遗传的，这种变异称为遗传变异。现代达尔文主义论认为，遗传变异的主要原因在于遗传基础或基因型的变化，即突变(包括基因突变、染色体畸变)和基因重组。

2. 自然选择

在自然界里，适合于环境条件(包括食物、生存空间、风土气候等)的生物被保留下来，不适合的被淘汰，这就是自然选择。但达尔文说过，他提出的"自然选择"这一名词并不确切，这仅仅是为方便而采用的比喻语句。自然界里并不存在有意识的选择，自然只是起着选择的作用而已。自然选择是保留有利、淘汰有害性状的过程，它是通过生存斗争而实现的，也是一个缓慢、长期的历史过程。自然选择是一个很复杂的现象，大体可分为：稳定性选择、单向选择和分裂性选择。自然选择的实质是定向改变群体的基因频率(gene frequency)，即改变一个群体里某一个等位基因的数量。引起基因频率改变的因素有：突变、遗传漂变(genetic drift)、基因迁移、选择(selection)。

3. 隔离

物种之所以出现这个明确的界限(即间断性)，其重要原因在于隔离。达尔文和华莱士很早就认识到隔离在物种形成中的重要作用，他们的工作为隔离现象的进一步研究提供了基础。现代研究认为，隔离一般按性质可以分为两类：一类是空间性的地理隔离，另一类是遗传性的生殖隔离。

地理隔离也称空间隔离(spatial isolation)，通常是由于地理屏障将两种群隔离开，阻碍了种群间个体交换，使种群间基因流受阻。例如，对于陆生生物，这种障碍可能是水域(如海、河)、山脉或沙漠等。对于水生生物来说，障碍一般是陆地。不同地理区域的种群各自发生不同的突变和重组，产生不同的变异。经过自然选择，基因和基因频率定向地发生变化，于是形成了不同的"地理族"，即亚种。亚种之间的性状分歧发展到隔离，到再相遇时已不能进行基因交换，这样就产生了生殖隔离，形成了不同的物种。地理隔离在物种形成中起着促进性状分歧的作用。分歧的程度与隔离时间的长短有一定的相关性，它是生殖隔离必要的先决条件。自然界中现存的物种和亚种差不多都各有特殊的分布区。以美洲棉尾兔分布为例，在美国东部有 8 个种，而在西部多山地区则有 23 个种，说明在多山环境中地理隔离在物种形成中起了重要的作用。

生殖隔离也称生理隔离(physiological isolation)，即物种由于群体间基因型上的差异而使其之间的基因交换受到限制或抑制。生殖隔离包括生态隔离(ecological isolation)、季节隔离(seasonal isolation)、性别隔离(sexual isolation)、机械隔离(mechanical isolation)、配子或配子体隔离(gametic isolation)等 8 个方面。这些类型的生殖隔离，从实质上看都是阻碍不同生物间基因的交流。各个隔离种群有较强的遗传稳定性，可以保证在自然选择下各自按着与环境相适应的方向发展。因此，在物种形成的过程中，遗传性的生殖隔离是最重要的一个步骤。现代进化论的研究认为，物种是生殖隔离的种群，由地理隔离发展到生殖隔离是大多数物种形成的基本因素。

关于地理隔离和生殖隔离的划分，杜布赞斯基认为，前者归根到底是由空间的变数所造成；而后者则是由生物学上的因子，即一种特别的遗传差异所造成。

2.2 生物多样性进化的主要历程

原始生命从诞生的第一天起，随时随地都受到紫外线及其他宇宙射线的辐射(当时地球外层大气由于缺乏臭氧层等天然屏蔽，到达地表的射线比现在强得多)，再加上频繁的火山爆发、沧海桑田的巨大变更及狂风骤雨的严峻考验等，许多细胞型原始生命纷纷被淘汰。有些原始生命受到诱变，产生各种变异。在大自然漫长无情的选择压力下，生物逐渐演化。一方面多种多样的生物渐次出现，另一方面有些生物历经曲折的演变，依次跃上一个个进化的里程碑。时至今日，地球表面物种数有 500 万～3 000 万种(Wilson，1988)，但是即使以保守的估计而言，历史上曾在地球上繁衍过的生物物种至少是现存物种的 100 倍。古生物学家根据不同地层中发掘到的化石划分了地质年代，作为地球演化阶段的参照系。以生物进化的主要纪元为主线，各主要门类生物出现及演化的基本历程经过了太古代、元古代、古生代、中生代和新生代(刘广发，2001)。

2.2.1　太古代

从原始生命诞生之日起(约 38.5 亿年前)至约 20 亿年前，这一段时期称太古代。这是原始生命诞生并艰难发展的年代。最早诞生的原始生命形式应是一些单细胞厌氧的异养型原核生物——类似细菌的生物。在此之后大约 5 亿年的时间里，这些单胞菌——地球上的第一批生灵，在尽情地消耗原始海洋中的营养物质，极大地扩大种群的同时，也使自己逐渐陷入有机营养日渐枯竭的境地。这时，在各种射线诱变下，已经逐步建立起具有光合系统Ⅰ(PSⅠ，能进行光合作用，但不能光解水放氧)的光合细菌。由于它们能利用取之不尽的阳光和二氧化碳为自己合成必需的有机物，因此渐渐繁茂开来。大约在 27 亿年前，由于随机诱变与自然筛选的持续进行，地球上出现了首批构造复杂的具有细胞核和多种细胞器的真核细胞，从此开创了真核生物进化的新纪元。约 24 亿年前，有些生物(细胞)终于建成了光合系统Ⅱ(PSⅡ)。这个 PSⅡ能以环境中含量最多的介质——水作为供氢体，在水光解中获得电子、质子(H^+)，进行光合作用的同时，把副产物——氧气源源不断地释放到大气中。这样既满足了光合生物自身快速生长的需要，又从此揭开了大气层由还原型向氧化型演变的序幕。同时，光合作用放出的氧气，在高层大气中逐渐形成一层臭氧屏障，保护地面生物免受紫外线的致命辐射，为生物圈的生存和发展提供了必不可缺的前提。随后，大量的厌氧菌逐渐衰亡，取而代之的是兼性厌氧菌、好氧菌及各种蓝藻和绿藻。

太古代是生命发生、原核生物发展、光能自养原核生物(光合细菌、蓝菌)出现及真核细胞显露的年代。尤其值得一提的是，光合放氧蓝藻和绿藻的出现在生物进化史上具有特殊重要的意义。它们能借助光合作用将大气中的二氧化碳固定并还原成糖类等有机物，为异养生物提供生存的物质基础(刘广发，2001)。

2.2.2　元古代

太古代之后，地球表面地壳运动趋于减弱，出现一段较为温暖平静的时期，这就是从约 20 亿年前至约 5.7 亿年前的元古代。在这个时期，真核单细胞生物，包括原生动物和单胞绿藻等原生生物开始出现，动、植物亦从此分道扬镳。

真核细胞的起源是一个至今尚未根本解决的重大理论问题。1970 年，马古里斯(L. Margulis)等学者提出了著名的真核细胞起源于原核细胞的内共生学说。该学说认为，叶绿体和线粒体是由远古时期被原始细胞吞食的原核生物(蓝细菌和细菌)，与原始细胞发生某种共生关系而被遗留并遗传下来的。后来，沃尔斯(C. R. Woese，1977)等研究了真核细胞和原核细胞 rRNA 的核苷酸序列，认为真核细胞不是源于原核细胞，它们可能与原核细胞一道，共同“发迹”于原始海洋中的原始生命，而后原核细胞和真核细胞很早就踏上了各自进化的“征程”(图 2-1)。

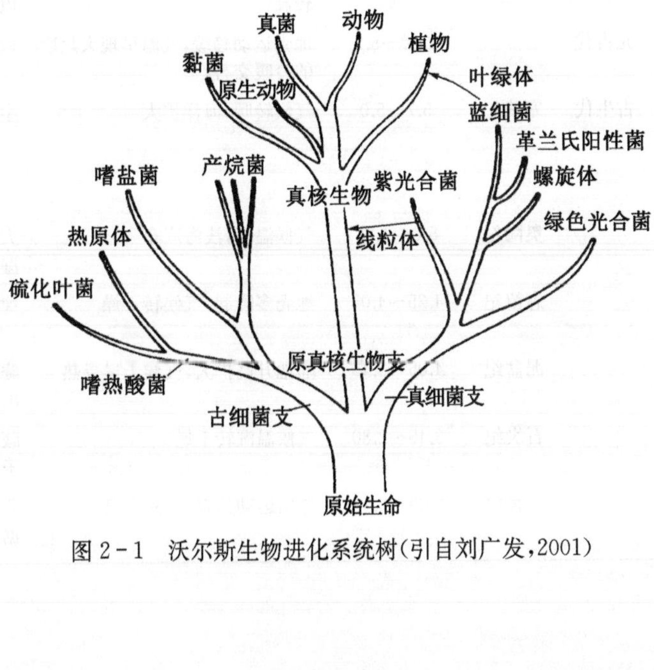

图 2-1　沃尔斯生物进化系统树(引自刘广发，2001)

元古代还是一个多种生物爆发式出现的时期。在植物界，已经从单胞绿藻进化产生了细胞间稍有分化的大型藻类。在动物界,海绵动物与腔肠动物已经成了原始海洋中的优势生物。在此时期,生物演化的一项重要指标——有性生殖机制及生殖器官开始出现。1999 年在我国河北兴隆—宽城地区发现的红藻的精子囊(雄性生殖器官)和囊果(雌性生殖器官)化石,把生物出现有性生殖器官的时间推进到了 18 亿年前的元古代早期(刘广发,2001)。

2.2.3 古生代

在距今 5.7 亿年前后,气候温暖,伴随着多次的造山运动,生物发展进入了爆发式发展的古生代。根据地质学和古生物学的特征,通常还将古生代划分为 6 个纪(表 2-1)。寒武纪前期发生了第一次生物多样性爆发式增加。那时,地球上可能出现了多达 100 个生物门(Phyla),藻类和盘状软体动物数目开始增加,同时出现了昆虫、海星和软体动物。然而,这 100 多个生物门中仅有 30 个门生存到了现代。若以生物门为单元来描述生物多样性的话,那么,寒武纪的生物多样性较以后的任何地质年代都高(Gould,1989)。寒武纪后,经过了约 6 000 万年,古生代生物类群辐射进化,发生了生物多样性第二次大爆发。二叠纪生物大灭绝发生后,现代生物类群出现了,生物多样性逐步增加。在古生代,植物界的苔藓植物、蕨类植物及裸子植物依次登场,苔藓植物成了生物界尝试登陆的先锋。不过蕨类植物和裸子植物由于发展出了维管束这种输导水分和有机物的特化、高效组织,才成为真正登陆成功、占据大片山川原野的高等植物。我们现在开掘的煤矿,很多都是当年高大的蕨类、乔木经造山运动等剧烈的地层变动而深埋地下,经高温高压形成的。与此同时,动物界的无脊椎动物进入了十分繁盛的时期。扁形动物、线形动物、环节动物、软体动物、节肢动物及棘皮动物相继产生。此后,鱼类、两栖类乃至爬行类也陆续进化发生。古生代的代表性生物是三叶虫(图 2-2)。在古生代寒武纪初期,三叶虫已出现许多科、属、种。志留纪以后三叶虫逐渐衰退,到二叠纪末完全灭绝。全世界已发现三叶虫化石约 1 万种,我国有千余种。令人赞叹不已的是,和三叶虫几乎同时出现的节肢动物鲎(图 2-2)竟能历经几亿年沧桑磨难,至今仍在福建、广东和广西等省(区)沿海繁衍,生生不息,真不愧"活化石"的美称(刘广发,2001)。

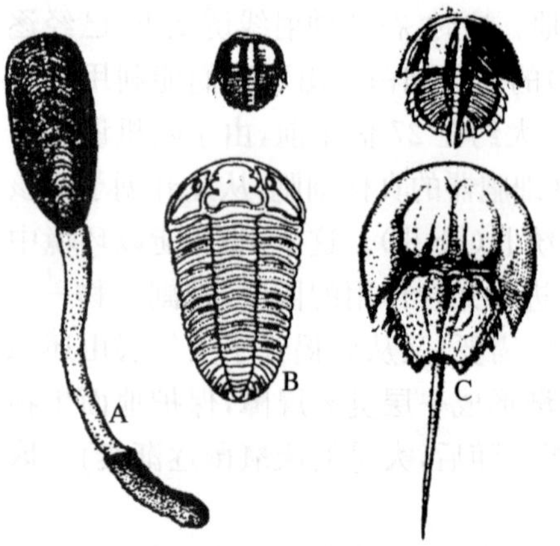

图 2-2 古生代三叶虫化石与活化石鲎比较(引自刘广发,2001)

A. 活化石海豆芽;B. 三叶虫幼虫与成虫化石;C. 活化石鲎的幼虫与成虫

表 2-1 地质年代和生物演化表 (引自刘广发,2001)

代	纪	起止时期/亿年前	地质气候变化	植物界	动物界
太古代		38.5～20.0	地壳不稳定,变化剧烈,气温较高	第一批原始的原核单胞异养厌氧菌在原始海洋的水陆交界处诞生,以后逐渐演化出光合细菌和蓝藻(菌)	
元古代		20.0～5.7	地壳运动趋缓,气温呈现大尺度的冷暖交替	蓝藻兴盛,真核藻类兴起	海绵动物、腔肠动物出现
古生代	寒武纪	5.7～5.0	气候转暖,海洋扩大	生物大爆发,各种藻类大量出现	扁形动物、环节动物、软体动物、节肢动物、棘皮动物,甚至最原始的脊索动物海口虫(鱼)、昆明鱼等都出现,三叶虫繁盛
	奥陶纪	5.0～4.25	气候温暖,浅海广布	大型藻类出现,陆地边缘开始有湿生苔藓植物	贝类繁多,三叶虫为优势动物,低等脊椎动物甲胄鱼类出现
	志留纪	4.25～4.05	地壳多隆起,气候转干燥	裸蕨等陆生维管植物出现	三叶虫仍繁盛,无颌类发育,原始鱼类兴起
	泥盆纪	4.05～3.45	陆地升高扩大,气候干旱炎热	蕨类植物昌盛,原始裸子植物出现	三叶虫衰退,鱼类兴盛,昆虫和原始两栖类出现
	石炭纪	3.45～2.80	气候温湿转干燥	蕨类植物继续繁盛,种子蕨及裸子植物占优势	两栖类发展,爬行类出现,昆虫繁盛
	二叠纪	2.80～2.48	造山运动频繁,气候干热	蕨类植物衰退,裸子植物兴盛,占据大片陆地	三叶虫灭绝,昆虫仍兴盛,两栖类衰退,爬行类渐起

续表

代	纪	起止时期/亿年前	地质气候变化	植物界	动物界
中生代	三叠纪	2.48～2.13	大陆隆起，气候干燥转湿热	裸子植物仍然繁盛，由于地壳运动，许多植物被深埋炭化成煤	爬行类恐龙兴起，无尾两栖类发展，原始哺乳类出现
	侏罗纪	2.13～1.44	内陆可见大量浅海，气候温暖潮湿	苏铁、银杏等裸子植物兴盛，被子植物兴起	恐龙兴盛，始祖鸟、孔子鸟等原始鸟类出现，袋鼠类出现
	白垩纪	1.44～0.65	山岳大规模运动，火山活动，大陆漂移，后期气候转冷	裸子植物衰退，单子叶植物兴起	恐龙衰灭，鸟类兴盛，哺乳类分化，灵长类兴起
新生代	第三纪	0.65～0.02	前期气温下降，由于洋底甲烷大量释放后期气温又急剧上升，各大洲定型，喜马拉雅山隆起	被子植物兴盛，分化出各科、属、种	许多洋底单胞生物灭绝，鸟类、哺乳类发展，类人猿和人类祖先南方古猿等现猿人出现
	第四纪	0.02～0.00	四次冰川期及间冰期反复出现	被子植物繁茂，草本植物发达	人类经猿人、智人逐渐进化，有些大型兽类灭绝

2.2.4 中生代

从约2.5亿年前起，数块大陆板块陆续隆起，造山运动频繁，气候从干燥逐渐转成湿热，后期又渐渐变凉，生物发展进入了中生代。本时期裸子植物从兴盛转向衰退。被子植物在早白垩纪起源，在双子叶植物蓬勃发展的形势下，单子叶植物悄然兴起，展现出勃勃生机。中生代是爬行类恐龙逐渐兴起、兴盛，最终又走向灭亡的时期。原始哺乳类和原始鸟类分别在中生代的早期（三叠纪）和中期（侏罗纪）开始出现。中生代后期（白垩纪），高等哺乳类——灵长类诞生。灵长类动物通常群栖于树上，杂食，它们眼睛朝前，眼周围有骨环，锁骨发达，拇指（趾）与其他指（趾）对生，能够握物，具指（趾）甲，有尾。灵长类的发生与发展，为人类的出现奠定了基础（刘广发，2001）。

2.2.5 新生代

6 500万年前至今，各地质板块趋于定型。由于印度次大陆板块与欧亚板块相互挤压，喜马拉雅山日益隆起，气候经历了多次明显的冰川期与间冰期的反复交替。在严酷的自然选择压力下，以恐龙为代表的一大批过于特化、过于大型化的动物灭绝了。裸子植物持续走下坡路，数量减少。相反，被子植物由于自身构造的优越性使它们经受住了一系列严峻考验，数量迅速增加一直繁茂到现在。与此同时，哺乳类和鸟类也都分化出众多分支，驶入了爆发式发展的“快车道”。在400万～500万年前，南方古猿在非洲南部等地出现，开始了人类进化的历程。

综上所述，生物生活于地球上，它们与环境的相互关系错综复杂。在漫长生命演化过程中，环境条件和生物进化无不相互联系、相互作用。各种环境因子作用于生命体，可能引起细胞中的DNA发生突变，在这些突变积累的同时，外环境持续对生物的各种突变进行选择，最终不仅导致生物的进化与多样化，同时也使生物逐渐适应环境的变化并以各种方式对环境施加或大或小的影响。五彩斑斓的生命世界是大自然历经30多亿年“独具匠心，精雕细刻”的不朽佳作，每个物种的消亡都是一个无可挽回的损失，人类作为地球上的“后起之秀”应该对此具有明确清醒的认识（刘广发，2001）。

2.3 生物进化与环境因素

生物生活在环境中，生物与环境之间呈现出十分错综复杂的相互关系。任何物种无论从种系发生还是遗传变异无不受到环境因素影响。生物适应环境会产生变异，反过来极端环境因素也会影响生物，会促使其产生遗传上的分化。环境因素每时每刻都影响生物，生物也适应环境。两者互作，孕育千姿百态生物世界。

2.3.1 生物与环境的关系

1. 光及其作用

太阳光是地球上一切生物能量的源泉。光能经绿色植物（还有少量光合细菌）的光合作用转变成有机物中化学键的键能。它除了维持植物自身生活以外,还是一切动物和微生物生存的基础,是生态系统中物质循环与能量传递的首要环节。

(1) 光的强度

地球大气层上界直接暴露于阳光的照射之下,它接受的太阳辐射基本上是一个恒定的数值,约 8.12 J/(cm^2 · min),该数值称为太阳常数。阳光通过大气层时,由于尘埃的散射、反射及气体和水蒸气的吸收等作用,光强逐渐减弱。在晴空万里的夏季,到达地表的平均光强仅为 5.0～5.5 J/(cm^2 · min),即 10 万 lx(烛光)左右。

影响光照强度的因素主要有:光的入射角度、生物所处地球纬度、生物所处的海拔等。同时,光照强度也随时间的推移产生年周期的季节变化和日周期的昼夜变化。这些因素的变化会直接影响光照强度的变化,也影响光的性质,因此处于地球不同位置的生物受到光照的影响是不同的。

(2) 光的性质与作用

阳光内含多种波长的射线,这些射线通常可划分为 3 种类型,其性质与作用各不相同:

1) 红外线:波长 5 300～710 nm,红外线占日光辐射能的 50%～60%。这类射线我们的眼睛虽然看不见,但却能以皮肤感觉到它产生的热效应。红外线能使生物或非生物的温度上升,促进种子和幼叶的萌发,使茎加速生长。

2) 可见光:波长 710～380 nm,由赤、橙、黄、绿、蓝、靛、紫七色光组成,可见光占日光辐射能的 40%～50%。光线通过大气层将产生散射和折射;通过水层时,光线还将被大量吸收。对于生物而言,可见光犹如生物钟的一种信号,无论是动物还是植物,绝大多数生物都是随一天中光线的规律性变化而呈现出有节律的应答。对植物而言,红光能促进叶绿素的生成和茎的伸长。红橙光能被叶绿素强烈吸收,它们的光合作用效率最强。蓝光虽也能被胡萝卜素吸收并传递到叶绿体进行光合作用,但效果较差。相反,蓝光和紫光具有较明显的抑制植物生长,使其粗壮的作用。绿光不能被植物利用。

3) 紫外线:波长 380～200 nm,人眼不可见。紫外辐射按照波长的大小分为 3 个区:UV - A 区,波长 380～315 nm,可促进人及动物表皮中的固醇类物质转化成维生素 D;UV - B 区,波长 315～280 nm,能损伤眼角膜和眼晶体,引发白内障,可被 DNA 强烈吸收,杀伤细胞或引起细胞癌变,但臭氧层能挡住 UV - B 紫外线使生物免遭厄运。在自然条件下紫外线可抑制或减缓茎的生长,提高植物向光的敏感性,促进花青素及各种红色素的形成。UV - C 区,波长 280～200 nm,这类紫外线不能穿透大气层到达地面,不造成不良影响(刘广发,2001)。

(3) 生物对光的适应

光无论对于动物还是植物都产生十分明显的影响。与此相对应,几乎所有生物对光强、光质、光周期变化都有其特殊适应机制并且形成了生态类型。如植物在长期适应中形成了极喜光、喜光、耐阴等植物类型。动物对光照有着同样的适应机制,如候鸟的迁移,有些动物的休眠等都是动物适应光的行为生态类型。

2. 温度

适当的温度是维系生命过程必不可缺少的条件之一。通常从零上低温开始,随着温度的上升,微生物、植物和变温动物的代谢水平与生命活动逐渐增强,直到每种生物的最适温区为止。温度超过一定限值,各种代谢活动又趋于下降。温度作为一种外因,对生物的生长发育影响巨大。无论生物处于地球的何种位置,均受到温度的季节变化、昼夜变化及所处的海拔和纬度的影响。与此相对应,植物适应温度的变化,也形成了很多生态类型。

(1) 季节

由于地球自身倾斜角度的变化引起地球上多数地区,尤其是温带和亚热带地区具有明显的春、夏、秋、冬四季变化。在不同地理纬度,季节变化引起的温度变幅差异很大。植物适应季节性变化也形成了很多生态类型。如大部分温带树木冬季落叶,并具有芽龄等特征,主要是适应冬天的寒冷。有些动物为适应冬季的寒冷,毛皮增厚。这些都是生物对温度季节性变化的适应。

(2) 昼夜

一天中最高气温与最低气温之间的差值称日温差。日气温最低值一般出现在日出前的黎明时分。正午过后，地面储热达到最高值，但将这些热量传递给近地大气还需一段时间，因此通常在14时左右才达到当日气温的最高值。不同的纬度、季节、海拔、气候及海陆间的差异，都对日温差产生较大的影响。处于不同地区的动植物，适应昼夜温度的变化，形成了特殊的生理代谢机制。

(3) 纬度

一年中最热月份与最冷月份平均气温之差称年温差。赤道两侧的热带地区由于受到阳光的直射或接近直射，终年高温多雨，年温差很小，各种生物全年都能旺盛地生长。在亚热带到温带的广大地区，年温差扩大到20℃上下，不少生物在干燥、寒冷的秋冬季生长缓慢，甚至停止生长。在北温带到寒带的高纬度地区，年温差扩大到30℃以上。

一入初秋，候鸟纷纷南迁；冬季冰天雪地，植物落叶，有些动物进入冬眠，万物萧条。处于不同维度的生物对温度适应形成了不同类型。例如，喜温植物、耐寒植物等类型。

(4) 海拔

海拔高低对温度的影响与纬度高低类似。海拔愈高，大气愈稀薄，热量经散射、透射而大量损失。海拔每升高100 m对流层气温所降低的数值称气温直减率。对流层不同高度的气温直减率略有差异，平均为每100 m下降0.65℃。

3. 水

水是生命的第一需要。没有水一切生命活动就会停止，哪里有水哪里就可能有生命。水有液态、气态和固态三种形态；水具有沸点高、高比热和固体膨胀等特性，这是由水所具有的独特理化性质决定的。对于生物而言，水为生物提供了生存环境。同时缺水引发的干旱，降水引发的洪涝灾害等，也能对动植物产生危害。全球遭受干旱威胁地区日益增加，干旱原因主要是降雨量小于蒸发量。干旱缺水导致动植物生长发育不良甚至死亡。在长期与干旱胁迫斗争中，动植物为适应水分变化，形成了很多变异类型，如旱生型、中生型、水生型等。

随着工业化进程，森林、草原植被的破坏，植被水源涵养生态防护能力降低，干旱、雨涝频繁发生，给人类带来巨大灾害，也给动植物带来巨大灾害和生存威胁。人类已经认识到水资源匮乏所带来威胁，世界各国都制定各类措施，应对面临的日益严重的缺水与干旱威胁。

4. 土壤

土壤是岩石历经风吹日晒雨淋风化的产物，是由土壤水分、矿物质和土壤生物构成的生物生态系统。土壤的形成与阳光、温度和水分等气候因素密切相关。每形成1 cm厚的土壤需200～400年。肥沃的耕地土壤厚度有20 cm，需4 000～8 000年方能形成。各种生物在促进土壤的形成及保持土壤的肥力等方面发挥了不可替代的作用。

土壤包含有大大小小的沙粒，或多或少的无机盐和矿物质，各种生物死亡分解后产生的腐殖质，含量不等的水分及微生物和原生动物。土壤的肥力对植物的生长发育或植物群落的生产力产生重大的影响，也决定了以其为栖息地动物的种类和个体数量。因此，有人把土壤比作生命的摇篮是很恰当的。由于自然和生物因素作用，土壤在长期的进化过程中形成了不同的类型。例如，根据土壤的化学性质可以将土壤分为酸性土、盐碱土、钙质土等。与之相适应植物也形成很多适应类型，如喜酸性植物、耐盐碱植物和喜钙性植物。微生物与动物对土壤的适应也有相似的生态类型。

5. 大气

各种生物赖以生存的地球被多层厚厚的大气层包围着。大气层上界距地面约1 000 km。各种生物都生活在大气的最低层——对流层。大气各组分中，氮气的含量超过75%，氧气21%，二氧化碳0.03%～0.04%，此外还有少量的水分、各种惰性气体和尘埃等。应该指出，至今大气中的各种组分仍处于波动之中，在某些地区或年代这种波动甚至还相当显著。如二氧化碳含量自20世纪初以来一直逐年上升，某些工业化大城市上空的氧气含量已低于20%等。

大气层对于地球上生物的作用是多方面的，其中最主要的是保护作用、保温作用，例如，厚厚的大气层阻挡了宇宙辐射对生物的侵害；通过大气层吸收或折射、散射维持着地球周围的温度。大气层也是生物代谢过程中气体原料来源和排放空间。例如，氧气促进了生物的需氧代谢与进化，氧气是生物代谢所必需的原料；动植物只有在有氧情况下才能维持着生命的正常代谢和生长发育。氮气只有通过物理、化学、生物作用被转化成氨态氮和硝态氮，植物才能吸收利用，进而在生物系统中循环。氮是生物有机体及蛋白质组成部分，也是支撑整个生物界乃至生态系统的基石之一。二氧化碳气体是植物光合作用的原材料：空气中的二氧化碳是绿色植物进行光合作用形成有机体的原料。没有二氧化碳，绿色植物就不能进行光合作用。但是，大气中二氧化碳含量过高，可引发增温效应。现在各国政府和科学家正在采取措施，遏制二氧化碳排放量上升的势头。

总之，生物赖以生存的环境因子中，阳光、温度、水分、土壤和大气缺一不可。由上述 5 个要素形成了地球上 3 个层次的无机环境：大气圈、水圈和土壤岩石圈。这三个“圈”通过水循环而联成一体，形成了一个生物最为集中的区域，称为生物圈。这是一个充满生机的生物圈范围，上至 10 km 近乎真空的平流层，下到太平洋 11 km 深的寒冷且无光的世界。生物圈上下跨越空、陆、海三界，足见生命之顽强与多样性之复杂。尤其是在森林植被区，各种木本、草本、藤本和蕨类植物生机盎然，各类飞禽、昆虫、走兽和根际生物适得其所，具有典型的生物多样性。生物之间、生物与环境之间复杂的关系，促进了生物进化及生物多样性形成。这些复杂的环境因素其中之一发生变化，也可能导致生物进化或群落的演化方向发生变化。

2.3.2 生物物种间关系

自然界中，各种各样的生物可以大体上划分为 3 种类型：生产者、消费者和还原者。绿色植物及所有自养微生物都属于生产者，它们是地球上有机物质的主要生产者，处于食物链的最底层。各种动物都是消费者，它们依据各自的生态位分别处于初级消费、次级消费及高级消费等层次。各类细菌、放线菌和真菌是生态系统中的还原者，它们将植物和动物的遗体分解，让各种物质重归自然。从这三类生物盘根错节的相互关系中，我们可以理出 6 种比较重要的种间关系，其中共生、共栖、协作为互助性关系，竞争、寄生、捕食为对抗性关系(刘广发，2001)。

1. 共生

两个物种共同生活在一起，相依为生，其中一种生物甚至可能生活在另一种生物体内。它们互相“帮助”，相得益彰，彼此都不能离开对方而生活。如豆科植物(花生、大豆等)与根瘤菌，满江红(红萍)与鱼腥藻，白蚂蚁与鞭毛虫及地衣(绿藻与真菌的共生体)等都是生物共生的典范。

2. 共栖

两种都能独立生活的生物共居一处，通常是单方受益，另一方所受损益现象不明显。如海藻、海葵和藤壶附生于贝类之外等。

3. 协作

两个物种共同生活于同一环境中，在它们各自独立的生活中也使对方间接受益。许多昆虫都喜欢到花丛中采蜜。在它们收获花蜜的同时，“顺便”也为被子植物异花授粉做出了贡献。同种生物的各个个体之间亦常相互协作。

4. 竞争

物种在群落中所处的生态地位称生态位，它包括空间生态位和营养生态位两种类型。如果两个或两个以上物种由于生态位相近，彼此相互争夺类似的生存空间及生活资源，它们之间这种关系就称竞争。竞争是生物界永恒的主题。同种生物间除了有部分协作之外，同时也存在竞争。竞争是推动生物进化的外因。

5. 寄生

一种生物寄居于另一种生物的体内或体表，以摄取寄主的营养物质维持自身生活的现象称为寄生。寄生物与寄主之间往往具有较高的特异性。一方受益，一方受害，但寄生物一般不导致寄主迅速死亡。有些寄生物与寄主之间会形成相互制约、共同进化的机制。

6. 捕食

捕食指一种生物以另一种生物为食的种间关系。前者为捕食者，后者为被捕食者。例如，狼与兔子。捕食者往往感官和运动系统发达，能奔善跑，长有尖牙利爪。被捕食者在与捕食者的协同进化中根据各自的特点演化出了多种多样的防御与逃生手段。刺猬长刺、龟鳖披甲、鼠辈打洞、甲虫装死、尺蠖拟态等都是弱小动物求生的高招。有些素食动物以群居的方式迎击或逃避肉食动物的进犯。

2.3.3　大陆漂移与生物多样性

1. 大陆漂移与板块构造

1912年，德国气象学家魏格纳提出了大陆漂移学说，他认为，大约在2亿年以前，地球上各大洲是相互连接的一块大陆，它的周围是一片大洋。以后，原来的大陆分裂成几块，慢慢地漂移分离。经过了漫长的岁月，逐渐形成了今天七大洲、四大洋的分布状况(图2-3)。这种海陆分布，现在还在极其缓慢地变化着。根据测量，大西洋在扩张，太平洋在收缩。20世纪60年代，人们通过进一步的研究，认为大陆漂移是板块运动形成的。板块构造学说认为：由坚硬岩石组成的地球表层，并不是整体一块，而是分成六大板块。亚欧板块、太平洋板块、美洲板块、非洲板块、印度洋板块、南极洲板块；六大板块是不断运动着的。当板块运动时，地球表面分属不同板块的大陆，便出现漂移现象；板块与板块交界的地带，地壳比较活跃，多火山、地震。由大西洋两岸的许多生物和古生物的亲缘关系来看，大陆漂移是影响生物多样性的一个重要宏观因素。

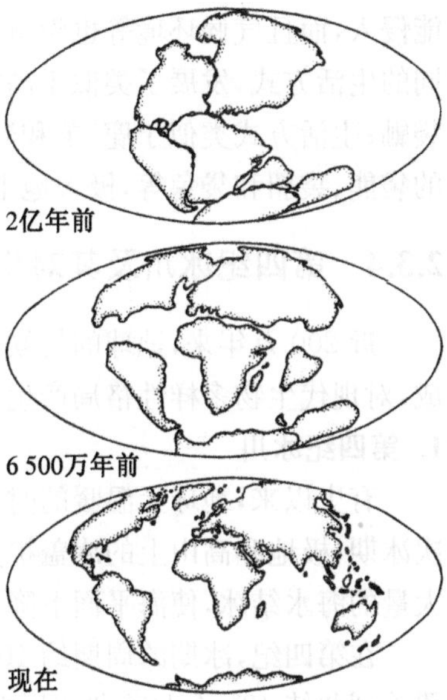

图2-3　大陆的漂移示意图

2. 大陆漂移及其对生物多样性影响

5.2亿年前的远古代寒武纪，地球上海洋面积较今日要大得多，那时冈瓦纳古大陆刚出现，由非洲板块、南极洲板块和澳大利亚板块构成。当时这些陆地板块面积小，地势较平坦，山体较少。洋流和大气环流均较现代弱，气候较现代温暖，地球上从北纬55°到南纬55°之间的地区都是热带珊瑚带。这期间，海洋无脊椎动物、原生动物、真菌和细菌均已出现。

古生代末期的石炭纪，冈瓦纳古陆与北方的大陆板块如北美板块、欧洲板块和印支板块碰撞后，形成了古地中海(Tethys)和泛古陆。这时印支板块是冈瓦纳古陆的一部分，现代中国南部的一部分则位于印支板块上。由于大陆板块的相互碰撞，这一时期是地球上山体形成最频繁的时期之一。那时的气候较寒武纪寒冷，热带在北纬25°至南纬25°之间。冈瓦纳古陆和泛古陆的北缘出现了冰帽。当时，海洋中无脊椎动物和鱼类都处于鼎盛时期。陆地上，蕨类植物生长茂盛，裸子植物出现了，陆栖无脊椎动物、两栖爬行动物也出现了。

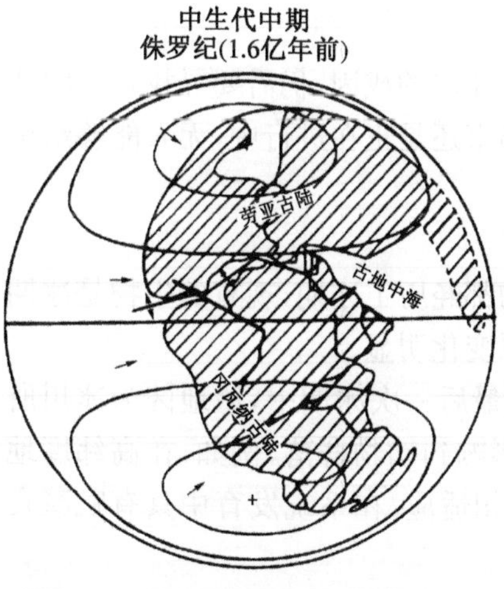

图2-4　侏罗纪时期(1.6亿年前)的大陆板块(引自Dott and Batten，1988；蒋志刚等，1997)

在中生代侏罗纪(图2-4)，气候转为温暖潮湿。温带的森林以针叶树种为主，产生于古生代后期的铁树、银杏的数目下降，松树产生了，并迅速扩展到阿拉斯加(Dott and Batten，1988)。昆虫的种类和数目开始增长，昆虫为虫媒花植物授粉，促进了植物的有性生殖过程。在这一过程中许多有花植物和昆虫特化，植物和昆虫相互作用、协同进化的结果，增加了昆虫和有花植物的多样性。

大陆板块的漂移和碰撞不但改变了古地理，而且影响了古气候。浅海生境减少了，陆地面积增加了，对太阳能的反射的加强导致了气候逐渐变凉。在陆地上，针叶林的分布向南扩展。很可能由于降雨减少，地表径流减少，带入大洋的养分也减少了，于是，海洋的生物生产力下降。对深海海底的研究发现，在白垩纪末，单细胞原生海洋生物的数目急剧减少，由于单细胞原生海洋生物是大气层和海洋中自由氧的主要来源，原生海洋生物的减少可能对生态系统产生深刻的影响(Dott and Batten，1988)。

现生的有袋类动物均分布于大洋洲及南美洲的草原地带，不过在白垩纪晚期及第三纪早期的时候，可能遍布于世界的大部分地区。由于大陆漂移导致生态隔离环境，才保留或者是分化出袋鼠这样独特的有袋类物种来。有袋类是哺乳类中一个古老的类群，随着高等哺乳动物——真兽类的兴起，在生存竞争上处于劣势，特别是成为食肉类动物的捕食对象，使其在亚洲、欧洲和非洲等大陆相继绝迹。而在此之前，大洋洲就已经与其他大陆分离开来，形成一个“世外桃源”，孤立于太平洋与印度洋之间，不仅食肉类等高等哺乳动物未能侵入，而且气候环境等也没有太大的变化。这使得有袋类动物能够幸运地生存至今，并且由于适应各种不同的生活方式，发展了类似于高等哺乳动物的各种生态类群，如生活方式类似于狼、鼬等食肉类动物的袋狼、袋鼬；生活方式类似于鹿、羊和羚羊等食草类动物的袋鼠；生活方式类似于旱獭、松鼠、野兔等啮齿类或兔类的袋熊、袋貂和袋兔等，极大地丰富了大洋洲的物种多样性指数。

2.3.4 第四纪冰川及其对生物多样性的影响

近200万年来，地球的气候变冷。气候的变化不仅影响了植被和动物区系的变化，而且影响了物种的形成，对现代生物多样性格局产生了深刻的影响。

1. 第四纪冰川

有史以来，地球上温暖的时期占90%以上。但是进入第四纪以来，全球性大气候变冷，地球上出现了多次冰期，极地和高山上的冰盖扩大，冰川向中纬度地区和低海拔地区推进，常常覆盖大片的陆地。同时，由于大量的海水结冰，使海平面下降，这就是第四纪冰川。

在第四纪，冰期的周期约10万年。全球陆地1/3的面积在第四纪曾被冰川覆盖。在欧洲大陆，冰川曾覆盖到北纬48°，在北美洲冰川则南侵到北纬38°。期间，重要的冰期和间冰期间歇性出现过4次，动植物随之迁移，分布区域发生变化。有些类群灭绝，有些类群出现。尽管冰川移动的速度相对人的感觉来说很慢，但冰川南侵时，冻死了植物，当气候转暖、冰川向北退缩时又为野生生物让出了新的生存空间。第四纪冰川是决定现代物种分布、形成与灭绝的重要因素，影响了现代生物多样性的格局。

关于冰期形成的原因，人们提出了许多猜测。20世纪30年代，南斯拉夫天文学家米兰科维奇(Milankovitch，1992)认为，地球轨道偏心率的变化影响了地球表面所接受的太阳辐射量，进而影响了气候，产生了冰期。通过对海洋有孔虫化石的氧同位素分析，发现古温度曲线与米兰科维奇曲线吻合。米兰科维奇理论已经为进化生物学家所接受(Vrba，1992)。

英国气象学家辛普森认为，冰川是由于太阳辐射强度的周期变化引起了地球上降水、气温的相应变化而形成的。当太阳辐射增加时，雪线上升；而当太阳辐射下降时，冰川发生。美国地质学家弗林特(Flint，1971)则认为：第三纪的造山运动加上太阳辐射量的变化引起了第四纪冰川。1994年，美国加州大学科学家发现，大西洋中海脊上宇宙尘埃的周期性与第四纪冰期的周期性相似，因而，他们推测第四纪冰期与宇宙尘埃有关。

上述理论都试图解释第四纪冰川的成因。但是，要完整地说明第四纪冰川的成因，仍需要寻找直接的证据。发生在第四纪这一相对较短的地质时期中的复杂气候变动，是已经结束还是正在进行中，无人能够给出确切的答案。然而，第四纪冰川对现代生物多样性的影响却不胜枚举。

2. 冰期对动植物区系的影响

第四纪冰期发生时，现代生物类群已经形成，地球上所有的动物、植物都经历了冰期，现有的生物是冰期的幸存者。冰期中生活在冰川南缘，没有被冰川覆盖地区的动物植物区系变化明显。

以美洲五大湖地区为例，1.6万～1.8万年前那里曾经密布冷杉林，在最后一次冰期中，该地区为冰川所覆盖。1.2万年前，冰川开始北退，冷杉林重新回到该地区。植被的变迁影响到动物群落，例如，在高纬度地区出现了大面积的针叶林，由于针叶林籽实丰富度有明显的季节性，与之相适应，在系统发育中具有贮藏食物习性的红松鼠、花鼠成为当地动物群落中的优势种类。

冰期中，由于海平面下降而露出水面的海底陆地形成陆桥，为陆栖动物提供了扩散的通道，对于现代生物多样性格局有特别的意义。化石证明，在新生代的大部分时间内，白令海峡形成了连接西伯利亚和北美洲的陆桥，亚洲和北美洲两地间存在过双向的物种迁徙。

Geist(1986)认为，现在分布于北美洲的美洲马鹿(*Cervus elaphus nelsoni*)是由于个体扩散机制而形成的。冰期中，起源于欧亚大陆的马鹿通过白令海峡陆桥扩散到辽阔的北美平原。这些扩散个体的体型较大，具有较强的繁殖、竞争与扩散能力，能从其核心生境向周边的空生境扩散。在竞争配偶时，个体取胜的概率常常与其体型大小呈正比。较大的体型通过遗传漂变和性选择而固定下来，形成了体型大于其母群体的新类群(图2-5)。

图 2-5 欧亚马鹿向北美扩散后的体型变化
(引自 Geist,1986;蒋志刚等,1997)

a. 梅花鹿;b. Hangul 鹿(马鹿的一种);c. Buchara 公鹿(马鹿的一种);d. Izubr 鹿(马鹿的一种);e. 马鹿;f. 东欧马鹿

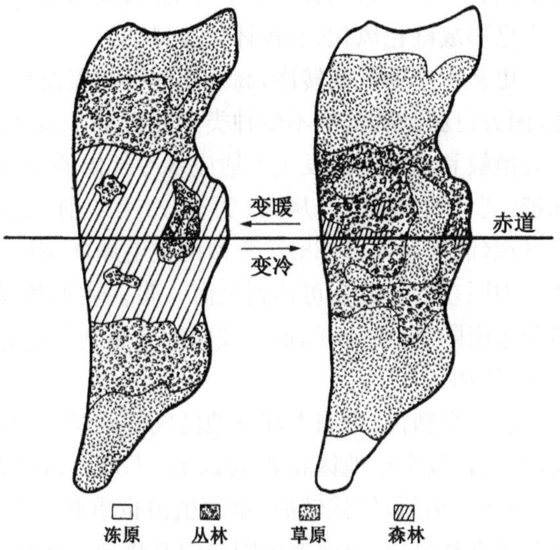

图 2-6 在一个假想的横跨赤道的大陆中,气候周期变化对植被的影响(引自 Vrba,1992;蒋志刚等,1997)

Vrba(1985,1987)认为种群异化与种群扩散是由于物理环境变化和生境替代所造成的。一个物种经历生境替代后可能灭绝,也可能演化为新的物种。生境替代和扩散而造成的种群异化是关于哺乳动物多样性演化的生境理论核心。Vrba(1992)设想在一个假想的横跨赤道的大陆中,绝大多数哺乳动物物种以生境替代来度过气候周期。这些物种永远生活在相同的生境之中。非洲从赤道到高纬度地区依次分布着森林、稀树丛林、稀树草原和半荒漠这 4 个相邻的生物带。当气候由冷转暖、继而由暖转冷时,特定纬度地区的植被类型发生变化,栖息于植被之中的哺乳动物区系也随之变化。于是,该纬度地区生物多样性也随之发生变化。当冰块覆盖着地球的两极、纬度间的热量分布差异明显时,赤道周围的生物带中物种灭绝和新物种形成的速率较高纬度地区高。气候温暖时,赤道地区分布着大片的森林,草原则分布在大陆的南北两端。森林与草原之间分布着稀树丛林。当气候转冷时,赤道附近的森林几乎消失,稀树丛林与草原的分布区向赤道靠拢,大陆的南北两端出现了冻原。于是,栖息于稀树丛林、草原的动物随着植被的变化而迁移,而栖息于森林之中的动物则由于生境消失而逐渐灭绝。因此,赤道周围的生物带中新种形成与物种灭绝的速率都较高(图 2-6)。

冰川活动也可能是鸟类迁飞的原因。不过目前尚不清楚鸟类的迁飞是热带鸟类为利用冰川后退留下的空生境,还是温带鸟类为逃避严酷的冬天而产生的行为生态学机制。总之,第四纪冰期对全球的气候产生过深刻的影响,是生物进化历程中的一个瓶颈,作为影响生物多样性的宏观因素,为现代人类社会产生以前的生物多样性格局描绘了基本色调(蒋志刚等,1997)。

3. 第四纪冰川对中国生物多样性的影响

第四纪冰川也曾深刻地影响了中国,青藏高原及东部高山都发育过冰川。约 7 万年前,中国沿海海面比现在高 10 m 左右,在最后一次冰期的盛期(约 1.5 万年前),中国沿海海平面比现在低 110 m 左右,长江口向东移了 600 km。由于大陆面积扩大造成气候干燥、降水减少,华北和东北平原有暗针叶林和草原分布。黄海大陆架分布着稀树草原和森林草原(杨怀仁等,1988)。

庐山是否发育过第四纪冰川尚存在争议。但是,在更靠南的贵州省、湖南省却发现了不少第四纪冰川遗迹。当时湖南的古气候较现代低 12~14℃。根据孢粉分析,发现湖南境内的长江南岸地区曾有落叶松(Larix)分布。局部的地形常常影响植物的分布,如洞庭湖区是冬季季风通道,湘西北、湘东北山区是冬季季风的阴影地带。湘西北张家界地区现在仍有喜热的第三纪孑遗植物——水杉和珙桐。而靠南 4~5 个纬度的城步老山(海拔 1 700 m)和今改称炎陵县(淮南)八面山北坡却残余着冷杉(张之桐,1988)。

约 500 万年前的上新世,中国气候由温转凉,草原面积扩大。唐古拉山地区、渭河平原、华北平原的孢粉组合以草本植物为主。北京地区的一些上新世孢粉组合中,草本植物也占 75%以上(浦庆余等,1988)。此期间发生过两件影响现代中国地貌的大事。① 248 万年前中国西北黄土高原的黄土开始沉积,晚更新世的黄土南界一直分布到长江中下游地区;② 更新世中期中国东部气候温热,土壤发育形成网状红土,现在网状红土已形成红色风化壳(杨怀仁等,1988)。

更新世中期气候转冷,高纬度地区冰盖发育,中纬度地区山地冰川扩大,迫使众多的南方型哺乳动物南迁,南方巨猿动物群的不少种类如乳齿象、大陆龟灭绝,多数哺乳动物体型增大(周明镇,1963)。中国晚更新世的植被和动物类群发生了适应寒冷气候的变化。长江下游的低山和丘陵地区则发育着以冷杉为主的针叶林带(刘兰锁,1988)。从 2.1 万～1.2 万年前,芜湖一带的森林为草原植被所代替,相当于现代山西北部的自然景观(浦庆余等,1988)。喜冷的披毛犀(*Coelodonta antiguitatis*)在欧洲和西亚的分布只达北纬 36°地区,而在中国东部的分布可达到上海一带。主要生活在苔原地带的猛犸象(*Mammuthuo primigenluo*)在欧洲的分布南限是北纬 40°,而在我国的分布则南达北纬 38°,说明中国晚更新世气候比欧洲同纬度地区寒冷(周本雄,1978)。

进入全新世,中国大部分地区气候转暖。但在全新世中期气候有短期冷暖变化。例如,1.2 万～1 万年前,北京丘陵平原地区植被为以椴(*Tilia*)、桦(*Betula*)和栎(*Quercus*)为主的暖温带落叶阔叶林;距今 1 万～9 000 年间,气候转凉,草原植被也重新出现;距今 9 000 年以后,气候转暖,华北平原生长着松林,山区分布着森林草原,上海地区则呈中亚热带阔叶林景观。在以后 5 000 年中,除了距今 5 600～5 000 年间的短期低温外,年平均气温比现代高 2～3℃。浙江河姆渡遗址中发现了大象牙齿和犀牛遗骸等,半坡遗址中有獐、竹鼠和貉等动物骨骼,并发现了竹灰和竹节炭,说明现在华南地区的竹子当时曾分布到黄河中、下游地区。距今 3 500 年,全球气温逐渐降低,北京地区出现了以松属为主的针叶林(李华章等,1988)。

在 3 万～1 万年前的第四纪晚期,由于冰期气候变冷,海平面下降,台湾曾与大陆相连。地质学研究也证明中国东部海平面在 1.5 万年前下降到一个低点,比现代海平面低 140～160 m(杜恒俭等,1979)。从整体上看,第四纪晚期澎湖海沟的古动物群与江淮平原相似,说明第四纪冰期曾经影响到华东和台湾的动物区系。

2.3.5 青藏高原隆升对高原生物多样性的影响

第四纪中,中国的宏观环境发生了较大的变化,如青藏高原的隆升、早更新世的大成湖时期、中更新世的大红土时期及晚更新世的黄土高原形成等。但其中对现代中国生物多样性格局影响较大的是青藏高原的隆升。

1. 青藏高原

中国的西南部突兀屹立着一个地势高峻的地理平台,其面积为 192.2 万 km^2,平均海拔约为 4 000 m,其南北两侧为连绵横亘的陡峭山峰,这就是举世闻名的青藏高原。青藏高原的南缘为喜马拉雅山,全长 2 400 km,宽 200～300 km,主峰为珠穆朗玛峰,海拔 8 844.43 m。喜马拉雅山系的南侧地势陡峭,从珠峰峰顶到恒河平原落差约 6 000 m。喜马拉雅山系的南部降雨量充沛,而喜马拉雅山北麓地势较平缓,从山顶到河湖平面的落差 1 000～1 500 m。喜马拉雅山中段和西段的北麓处于雨影区,降水稀少。

青藏高原地势高,终年积雪,与终年冰雪覆盖的南、北两极相似,故被称为世界第三极。由于高原阻断了来自印度洋的暖湿气流,因此造成高原上雨量分布特异。研究表明,青藏高原不仅影响了北半球的大气环流,在夏季其影响可能远达赤道地区。

青藏高原隆升前是古地中海的海底。据电子计算机模拟分析,现代冬季存在于西伯利亚地区的冷高压在青藏高原隆升前并不存在,现代印度地区的夏季低压也不存在。当海底抬升、部分露出水面时,现代的青藏高原地区的古气候是湿热型气候,当海底全部露出洋面时,古气候是干热型。但当时青藏高原地区夏季盛行西北气流,冬季盛行偏南气流(中国科学院青藏高原综合科学考察队,1984)。

青藏高原的最初隆升始于晚白垩纪,那时,印度板块与欧亚板块全面碰撞,在印度板块的推挤下,现在的青藏高原及相邻地区逐渐隆升。但在中新世中期到上新世末(1500 万～280 万年前)青藏高原的隆升较缓慢,上升不超过 200 m,平均每年上升约 10 mm。进入第四纪,青藏高原多次隆升。有人认为最近一次隆升发生在距今 3 万年前(朱允铸等,1994)。

青藏高原也存在过冰期。将 400 万年前至今的气候冷暖变化周期和干冷、温湿趋势进行组合,可划分出 6 次较大的冰期与间期,与我国其他地区的冰期相仿,其自晚中新世以来的气候变化也与世界其他地区相似。

2. 青藏高原隆升对生物多样性的影响

第三纪末、第四纪初青藏高原的隆升影响了高原地区的生物物种分布和多样性。但是，由于青藏高原抬升较晚，距今仅 200 万～300 万年的时间，因此高原动植物区系演化分异多见于种、属阶段。目前，在青藏高原的植物、鱼类、两栖类、爬行类、鸟类和哺乳类中，尚未发现分布于青藏高原的特有科。在昆虫中迄今也尚未发现仅分布于青藏高原的特有科。青藏高原特有的植物属有画笔菊属（*Ajaniopsis*）、球菊属（*Bolocephalus*）、藏瓜属（*Indofevillea*）、翅果蓼属（*Parapteropyrum*）和冬麻豆属（*Salweenia*）等 5 个属，加上喜马拉雅地区特有属、西藏和横断山脉特有属和西藏与中亚特有属，则青藏高原植物共有特有属 36 个，约占西藏种子植物属的 4.37%（陈伟烈，1988）。

到始新世，西藏南部发育着以桉树，如窄叶桉（*Eucalyptus angusta*）、盖氏桉（*E. geinitize*）为主的亚热带硬叶常绿阔叶林。那时西藏的气候仍相当于现代的南亚热带。到了上新世末，西喜马拉雅山、冈底斯山和喀喇昆仑山等山脉的隆升阻断了来自印度洋的季风，于是西藏气候变得干旱，山间盆地出现了中生草甸和旱生草原植被，但山坡仍为森林覆盖（李渤生，1988）。在藏南生活着吉隆短耳兔（*Ochonatona gyirongensis*）、吉隆三趾马（*Hipparion gyirongensis*）、西藏大唇犀（*Clilotherium xizangensis*）和葛氏羚羊（*Gazella gaudryi*）等森林—草原型动物群（计宏祥等，1980）。在第四纪冰期和间冰期，青藏高原森林与草原、荒漠植被交替出现（李渤生，1988）。

西藏哺乳动物特有种约 33 种，如白唇鹿（*Cervus albirostis*）、马麝（*Moschus sifanicus*）、高原兔（*Lepus oiostolus*）、高原松田鼠（*Pitymys xanthotis*）等，占西藏哺乳动物种数的 26%左右。然而，青藏高原的特有哺乳动物属仅藏羚（*Pantholops*）一属。牦牛是适应高寒生境的牛科动物，但其分类地位为牛属中（*Bos*）的一亚属（*Poephagus*）。高原隆升对鼠兔多样性产生的影响最显著。现存 16 种鼠兔中，有 9 种分布于青藏高原。高原上的鼠兔脑颅鼓凸，栖息于海拔 3 000 m 以上的鼠兔的头骨具孔，据推测是为适应空气稀薄环境，减少颅内压。高原隆升使得新的鼠兔种的形成速率加快，鼠兔的物种多样性上升（冯祚建等，1986）。

关于青藏高原的生物区系的起源、演化，存在着两个学派。一派认为，第四期冰川完全毁灭了青藏高原的生物区系，青藏高原的现有植物区系是高原周边地区向高原核心地区迁移而形成的。另一派则认为高原的生物区系起源于高原本身，高原隆升导致了青藏地区生物区系变化和生物多样性演化。中国学者多同意第 2 种观点，吴征镒考察研究了青藏高原植被后，赞同第 2 种观点；冯祚建等（1986）研究了西藏的哺乳动物区系后，也同意第 2 种意见。

回顾了影响生物多样性的宏观因素之后，可以看到生物多样性处在不断地变化之中。宏观环境的变迁影响着生物的生存和物种的演化。陆地形成、造山运动、大陆漂移、气候周期和大陆碰撞都是生物多样性演化的契机。尽管地质变化和气候周期在今天仍在继续着，仍在影响今天的生物多样性，然而人类活动对生物多样性的格局和演化方向起了决定性的作用。

2.4　进化系统与生物分类

进化系统与生物分类是生物进化和多样性演化结果总结，也是人类认识生物多样性、利用生物多样性、保护生物多样性的途径。千姿百态的生物界只有通过系统分类，才可能被人类认识，才可能对不同类群进行深入研究，发现利用其基本规律，为人类物质与精神需要服务。

2.4.1　系统学与分类学的概念

进化是一切生命科学的理论基础和指导思想，也是一切生命现象与生命科学的概括和联结。现代生物是由古生物进化、环境选择，并经过千百万年互作、进化（演化）而来的。生物系统建立，不仅离不开对现代生物各类认识，也要对古生物及古老祖先有充分的了解。古生物学本身也是进化系统生物学中不可分割的一个组成部分，一方面，需要吸取它们的营养，使自己发展并用来检验自己的理论；另一方面，作为一个分支能为进化论的研究做出贡献。

分类的目的是认识生物及其系统发育的次序；阐明生物各类群之间亲缘关系。一般学者或学生只要通过认识(鉴定)生物种类或生物类群名称就能了解其进化位置、近缘类群。辛普森(Simpson,1961)和梅耶(Mayr,1962)曾对系统学、分类及分类学做出如下的定义:系统学(systematics)指生物分异度及它们中任何的各种关系的科学研究;分类(或归类,classification)是指根据生物间的关系组成类群或类,以及确定它们在分类命名体系中的等级;分类学(taxonomy)是指对生物进行分类的理论和实践所应遵循的学说。在这里,分类强调的是给类群命名和等级排列的实践,而分类学则强调对这些分类下定义及其等级排列所应遵循的法则。要识别生命中的自然次序,就需要对所研究的对象进行系统分类。界、门、纲、目、科、属、种就是现代生物分类命名体系中的等级。

早期的系统学家遵循亚里士多德的传统,认为生命的次序(系统)可以被想象成一个阶梯,其完善和复杂程度越来越高,最终是以人类作为顶点。因此,系统分类的问题即是确定一个或一群有机生命在阶梯中的位置。

达尔文关于自然选择实现进化的理论为解释生命次序的原因提供了可依据的理论,使系统学有了活力。多种多样的生命,经过不断地分化,导致了形态、生理、行为趋异的各种变化,它们从原始的类型进化而来,产生了生命的次序。分子生物学为解释如何产生变化提供了理论依据,种群生物学和种群遗传学提供了解释变化存在与否的方式和原因。进化论也支持这样一种观点,生命的谱系允许我们把生命视为等级层次,但是这种层次不是不言自明的,是以分类的形式予以表述的。同时它也是一种自然的客观存在,不依赖于我们为了识别它所做出的努力。

我们如何发现并表述这种生物系统发育的次序,这是各个分类学派争论的根源。达尔文的进化论提供了理论基础,但没有提供任何规则。祖先早于后裔,进化随时间而发生,进化是完善适应的过程。因此,古生物学家也应承担揭示生物系统发育的义务。事实上,对于许多无脊椎动物及脊椎动物类群,古生物学家就是系统发育学家。因为只有化石才能提供系统发育的证据(郝守刚等,2000)。

2.4.2 主要分类学派

生物分类是一个极其复杂的科学实践和理论探索过程,随着生物科学和相关科学的发展,人类对生物进化、系统分类的认识不断在提高,所建立的生物系统和分类学体系与客观存在越来越接近。同时,由于本学科的复杂性也形成了不少学派,学派之间也在不断相互借鉴、共同发展。其中表型学派、进化学派、分支学派是比较突出的,现分别介绍如下。

1. 表型学派

表型学派认为真正的系统发育的分类是不可知的,是无法达到的目标。他们的分类并不试图代表系统发育。他们根据总体的相似性对分类单元归类并确定级别,而相似是从许多不加权衡的性状或状态的有无综合得来。他们假定,两个物种关系越近,其共有的相似性状就愈多,性状的相似性被假定是由共同的基因所决定的,因此意味着相互的遗传关系。所有的性状都被视为具有同等的重要性,分类单位之间的亲缘关系常用相似系数的矩阵来表达。因此,表型分类也常被称作是数值分类。这个分类不是用系统演化关系来阐述,它不考虑性状上的进化起源,趋同及分异(郝守刚,2000)。

2. 进化学派

辛普森(Simpson,1961)、梅耶(Mayr,1963;1969)等提出经典的进化分类学。这是以达尔文进化论和现代生物物种的概念为基础。自然选择导致进化,类群中特征的相似性是由于从共同的祖先继承的结果,差异则是后裔变异的结果,变异是由于基因的改变、环境和隔离所造成的。生物种既是进化的单位,也是分类的单位,新的类型是通过遗传变异的逐渐积累而实现,新类型的出现是由于遗传谱系的分裂—成种作用,或是由单个的分化谱系的世系渐变而完成。他们的"自然"分类是以具备共同的祖先和后裔的类群为特征。所以他们区分类群是依据:全面比较形态的相似性和非相似性、共同祖先的密切程度及对特定的环境的适应性。

这一学派的特点是不仅重视式样,还同样重视过程,因而也重视祖先问题。确定原始的祖代的生物类群是它的一个重要目标,进而得出可以被理解为代表进行谱系树的片段并显露出祖先—后裔进化可能途径的分类(郝守刚,2000)。

3. 分支学派

20世纪60年代后期兴起了一个新的学派,被称为"分支系统学派"(cladistics)。创始人是德国昆虫学家和分类学家亨尼希(W. Hennig)。这一学派认为生物界是单系地、历史地进化形成的,只有建立在系统发育,亦即亲缘关系基础上的分类才能全面地反映生物间的关系。他强调生物进化除特征之外是物种的分裂,形成姐妹群,这就是分支系统的原则。一个物种在两次分裂之间,无论形态上发生变化与否都应视为一个种。相反,如果发生了不再作为一个繁殖群体的那次分裂,那么不管其中的子种与母种形态上差异有多少,都应该视为不同的种。这可以用图 2-7 表示,左边的树形段弯曲的地方代表形态的改变。根据传统的分类不管其分裂与否都应该划分为不同的种(A、B_1、B_2、C_1、C_2、D 和 E),而根据分支系统原则却应如图 2-7 的右图所示,形成的物种为 A、B、C、D 和 E。

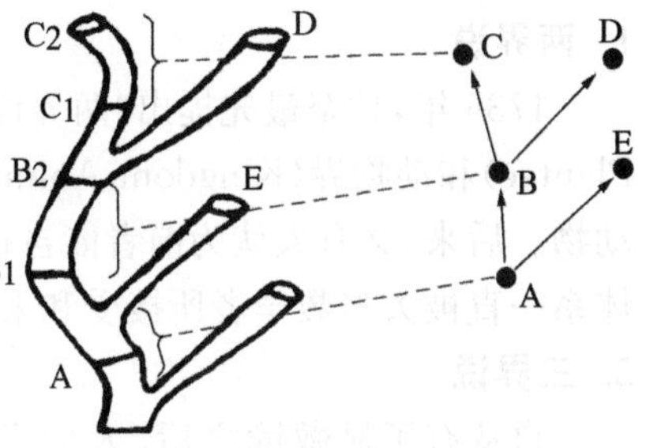

图 2-7 时间尺度中的两种分类方法

横坐标代表形态的变异,纵坐标代表时限(引自 Hennig,1966;郝守刚等,2000)

这一学派还强调种以上的高级分类必须严格按下述原则组成:即每一个分类单元只能有一个最近的祖种;同一祖种的所有后代必须无一遗漏地包含在该单元内,这就是单系类群。若是偏离了上述的原则就会导致复系(polyphyletic)或并系(paraphyletic)的分类单元(图 2-8)。

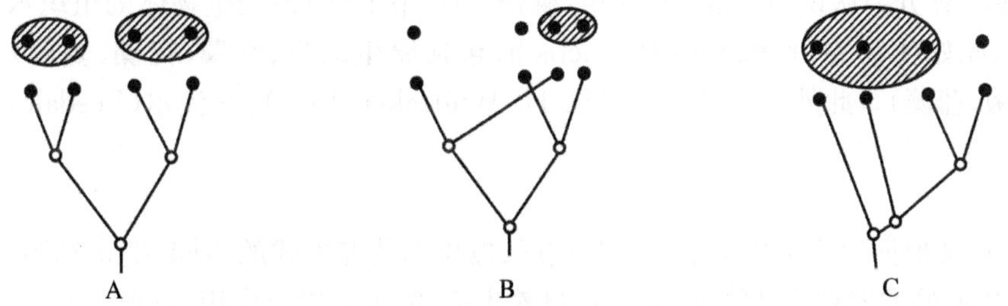

图 2-8 分支学派分类单元

A. 按分支系统原理划分,为单系分类单元;B. 按形态分类原理划分,产生复系分类单元,这是依据趋同划分的类群(分类单元中包括了 2 个最近的祖种);C. 按形态分类原理划分,产生并系分类单元,这是依据近祖共性划分的类群(分类单元中没有包括一个祖种的所有后代)(引自 Hennig,1966;郝守刚等,2000)

在进行生物分类时,分支系统学从研究系统发育出发,以亲缘关系为分类依据。亲缘关系有两种形式:一是祖裔关系,指祖先与后裔的关系;另一个是姐妹关系,指后裔之间的相互关系。具有姐妹关系的类群称为姐妹群,依据近裔性状(apomorphy)来确定姐妹群,它是前进进化的性状,根据近裔共性(synapomorphy)建立的亲缘关系是单系类群。真正的羽毛是鸟类的近裔性状,按照共有羽毛就只能将鸟类归入真正的鸟类,它们之间的关系是单系关系。近祖性状(plesiomorphy)是生物滞进进化的产物,根据近祖共性建立起来的亲缘关系是并系关系。脊椎是鸟类的近祖性状,按照共有脊椎讨论鸟类,就会在鸟类中混有鱼类、爬行类及哺乳类,结果是鱼龙混杂成为不伦不类的鸟类,这样的“鸟类”是并系类群。趋同性状是生物趋同进化的产物,根据趋同共性建立起来的亲缘关系的类群是复系类群。具翅是鸟类和其他会飞的蝙蝠、昆虫类的趋同性状,以翅膀来区分鸟类,就会在“鸟类”中混入昆虫等,这样的“鸟类”是并系类群。

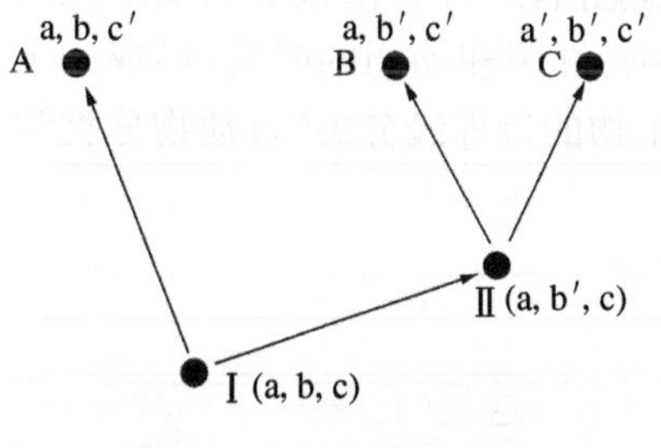

图 2-9 近裔性状原则

设祖种Ⅰ具 a、b、c 3 个性状,Ⅱ具 a、b′、c 3 个性状。A 种与 B 种共有 a,但 a 为祖种Ⅰ之未变性状(近祖性状),表明两者关系远;B 种与 C 种共有 b′,b′系祖种Ⅱ从Ⅰ变化得来,即近裔共性,表明两者关系近;A 种与 C 种共有 c′,c′在祖种Ⅰ、Ⅱ中皆未有,系分别从Ⅰ、Ⅱ变化而来的趋同性状(Hennig,1966;郝守刚等,2000)

从以上的讨论看出,生物间的性状包含了 3 种状况:近裔性状、近祖性状和趋同性状。分支系统强调只有近裔共性才是主要的分类依据,能反映出从祖种最后分出的时间,这就是“近裔性状原则”(图 2-9)。近裔性状是重要的,如何判断哪些性状是近裔性状,人们也提出了判断工作的程序。现在在许多实际的分类工作当中,人们已多采用这一分类的观点和方法,活跃了生物分类学界的思想,促进了学科的发展(郝守刚,2000)。

2.4.3 生物分类

真核细胞产生以后,生物界很快发生了大分化,产生不同的系统群(界)。

1. 两界说

1735年,林奈最先提出“两界说”。他以生物能否运动为标准,把生物界分两大界,即植物界(Kingdom Plantae)和动物界(Kingdom Animalia)。他认为,“能生长而生活的是植物”,“能生长、生活且能运动”的是动物。后来,又有人认为前者能自行制造养料,而后者则靠摄取现成的有机质为生。200多年来,这种分类体系一直被大多数学者所接受和采用。

2. 三界说

自从有了显微镜之后,人们发现了许多单细胞的微生物,它们兼有动植物的某些特征。就拿眼虫(*Euglena*)来说,其具有叶绿体,可以光合作用制造有机物进行自养,又可以用鞭毛在水中游泳;它还具有能感光的红色眼点。这一类生物究竟是属于动物还是植物,往往很难分清。于是,霍格(Hogg)、海克尔提出“三界说”,即把生物界分为植物界、动物界和原生生物界(Kingdom Protista)。所谓原生生物界,包括没有细胞核的原核生物(细菌、蓝藻)、单细胞真核生物(真菌、原生动物和低等藻类植物等)和单细胞群体生物(海绵)等。此后,谷那特(Conard,1939)、陶特生(Dodson,1971)曾分别提出其他的三界说。

3. 四界说

随着人们对生物界分类认识的发展,1938年,科普兰(Copeland)根据生物体的组织水平提出“四界说”,即植物界、动物界、原始生物界(Kingdom Protoctista,包括原生动物、红藻、褐藻、真菌)和菌界(Kingdom Mychota,包括细菌、蓝藻)。此外,还有惠特克(R. H. Whittaker,1950)、李代尔(Leedale,1974)也分别提出其他的四界学说。

4. 五界说

1969年,惠特克又根据现代生物学中的一些进展,按生物营养方式的不同,把多细胞生物中主要以摄食为生,在体内有消化道的类型划为动物界;能进行自养生活,能进行光合作用,有根茎叶分化和明显世代交替的多细胞生物划为植物界;能进行腐生生活的多细胞生物划为真菌界(Kindom Fungi)。又根据身体细胞的多少把真核生物中的单细胞和无组织分化的单细胞群体生物划为原生生物界;把原核生物列为原核界(Kingdom Monera)。

此外还有人提出六界学说,即动物界、植物界、真菌界、原生生物界、原核界和病毒界(Kingdom Archetista)。

值得注意的是,随着多界分类的发展,又出现了界上增级的趋向。胡先骕把生物首先分为两大类,称“Suprastatus”,地位处于界级之上,相当于“总界”。两大类的名称是始生(Protobiota)总界和胞生(Cytobiota)总界,前者包括非细胞形态的病毒,后者包括细胞形态的生物,从细菌到人。陈世骧等对生物界问题,提出自己的见解。他们认为:“生命的历史经历了三个主要阶段:非细胞阶段、原核阶段和真核阶段”。原核阶段是细菌和蓝藻的时代,形成为一个菌、藻生态系统;真核阶段是植物、真菌和动物的时代,形成一个植、菌、动生态系统。这样,就形成了总界下的五个界的系统(详见陈世骧“生物的世界级分类”,《动物分类学报》第四卷1期)。

1 总界 Superkingdom Acytonia

1.1 原核总界 Superkingdom Procaryota

1.1.1 细菌界 Kingdom Mycomonera

1.1.2 蓝藻界 Kingdom Phycomonera

1.2 真核总界 Superkingdom Eucaryota

1.2.1 植物界 Kingdom Plantae

1.2.2 真菌界 Kingdom Fungi

1.2.3 动物界 Kingdom Animalia

5. 界以下分类等级及其各自关系

为了更细致分类,在界以下有门、纲、目、科、属、种等主要等级。在生物命名法法规中(以国际植物命名法规为例),为了更确切说明各种生物的分类等级或进化位置,允许在主要等级之下再增加次要等级“亚”(sub),如亚门、亚纲、亚目、亚科、亚属等。如果在表述中要省略,只能省略次要等级,不能省略主要等级。原则上每一个生物都必须在完整等级体系中。例如,猫和月季分类位置如下。

猫	月季
界—动物界	植物界
门—脊索动物门	被子植物门
纲—哺乳纲	双子叶植物纲
目—肉食目	蔷薇目
科—猫科	蔷薇科
属—猫属	蔷薇属
种—猫	月季

思 考 题

1. 简述一般的物种概念和现代达尔文主义的物种形成的主要观点。
2. 简述隔离在物种形成中的重要作用。
3. 生物进化有哪些主要规律？
4. 简述影响生物进化有哪些原因？
5. 简述生物多样性进化的主要历程。
6. 简述生物进化与环境的关系。
7. 简述生物物种间主要关系类型。
8. 简述第四纪冰川对生物多样性的影响。
9. 简述青藏高原隆升对生物多样性的影响。
10. 简述生物分类主要学说(两界、三界、四界、五界学说)内涵和分类等级。
11. 解释概念：物种、进化速率、集群灭绝、表形学派、分支学派、进化学派。

推 荐 参 考 书

郝守刚，马学平，董熙平，等.2000.生命的起源与演化——地球历史中的生命.北京：高等教育出版社.

李星学，周志炎，郭双兴.1981.植物界的发展和演化.北京：科学出版社.

刘广发.2014.现代生命科学概论(第三版).北京：科学出版社.

李难.1983.生物进化论.北京：人民教育出版社.

蒋志刚，马克平，韩兴国.1997.保护生物学.杭州：浙江科学技术出版社.

陈伟烈.1988.(西藏)植被的植物区系特征//中国科学院青藏高原综合科学考察队.西藏植被.北京：科学出版社：41－84.

曹伯勋.1995.地貌学及第四纪地质学.武汉：中国地质大学出版社.

冯祚建，蔡桂全，郑昌琳.1986.西藏哺乳类.北京：科学出版社.

计宏祥，徐钦奇，黄万波.1980.西藏吉隆沃马公社三趾马动物群.西藏古生物第一分册.北京：科学出版社：18－31.

李渤生.1988.西藏植被发展历史概述.见：中国科学院青藏高原综合科学考察队编.西藏植被.北京：科学出版社：23－40.

中国科学院青藏高原综合科学考察队.1984.西藏气候.北京：科学出版社.

朱允铸，钟坚华，李文生.1994.柴达木盆地新构造运动及盐湖发展演化.北京：地质出版社.

Dott R H, Batten R L. 1988. Evolution of the Earth. New York：McGraw-Hill Book Company.

Flint, R. F. 1971. Glacial and Quaternary Geology Wilex. New York：John Wiley and Sons.

Mayr E. 1969. Principles of Systematic Zoology. New York：McGraw-Hill, Inc.

Wilson E O. 1988. Biodiversity. Washington, D. C.：National Academy Press.

第3章 物种多样性及保护

提 要

本章介绍了物种多样性的概念，全球物种数目、物种多样性特丰富国家、物种多样性时空格局及形成机制、物种多样性降低的原因、容易灭绝物种的特征、IUCN 与 CITES 濒危物种等级划分标准及中国濒危物种等级体系、中国物种多样性概况等。

3.1 物种多样性概念

物种多样性(species diversity)是生物多样性在物种水平上的表现形式。物种多样性有两方面的含义，一是指一定区域内物种的总和，也称为区域物种多样性；二是指生态学方面的物种分布的均匀程度，也称生态多样性(ecological diversity)或群落物种多样性。

区域物种多样性研究中主要测度的指标有：① 物种丰富度：指一个区域内所有物种数目或某特定类群的物种数目；② 单位面积物种数目或物种密度：从物种—面积关系考虑把物种数目和区域面积取对数求比值；③ 特有物种比例：指在一定区域内特有物种数与区域内物种总数的比值。

群落物种多样性研究中主要测度的指标有：① α 物种多样性指数：是测度群落内的物种多样性，包含群落所含物种的多寡(物种丰富度)及群落中各个种的相对密度(物种均匀度)；② β 物种多样性指数：是测度群落间的物种多样性差异，反映的是沿着环境梯度的变化物种替代的程度，不同群落或某环境梯度上不同点之间的共有种越少，β 多样性越大；③ γ 物种多样性指数：是指随着测量范围的扩大，区域内物种多样性变化的速率。

本章主要是从物种多样性的前一种含义，即区域物种多样性方面进行讨论。

3.2 全球物种多样性概况

3.2.1 物种数目

生物分类学的首要任务就是发现和描述物种，进而对地球上的物种多样性进行研究和保护。然而，地球上的物种是如此的浩瀚无穷，在相当长的历史时期，彻底认识所有生物物种还只能是人们梦寐以求的向往。尽管每年都有新物种被发现和描述，但是，可以肯定的是，我们永远也不能描述和命名所有的物种(截至 1995 年已经被描述过的大约有 175 万个物种)，现实情况下，只能尝试性地对地球现存物种的数量进行必要的估计。

最常用的物种数量估计方法是先抽样，然后按比例推算总量。Erwin(1982)在研究热带林冠甲虫区系的时候，曾使用树冠喷雾剂(杀虫剂)来收集某种树上的甲虫。他先是数出该种树上的甲虫种类，再乘以林中的树木种类，然后估计出该热带林冠可能有 800 多万种甲虫。进一步假定，甲虫只占全部树冠节肢动物的 40%，而树冠节肢动物又仅占林中所有节肢动物的 2/3，最后竟推算出该热带林共有 3 000 多万种节肢动物！显然，这一估计的假设太多，因此受到了后来的质疑，引起过很大的争议，尤其不应该假设所有热带树种都能养活这么大量的特化性昆虫。以后再出现的物种估计量就明显降低了，有的在推算比例上更为保守，有的则是按各类群新发现物种的比例来进行推算。目前，物种总估计值的差别已经缩小，大多数学者对地球物种总数的估计值在1 000万～1 500万种(Heywood et al.,1995),随着研究的深入,这一数值还将不断被修订,或增加或减少。

在人们认知的范畴里,相对来说,对高等植物和脊椎动物的了解相对比较清楚,对其他类群如昆虫、低等无脊椎动物、真菌等还不很清楚。在已记载的动物中,一半以上物种是昆虫,而人们了解最多的类群如兽类和鸟类,虽然大部分物种都已经被描述过,但它们实际上在全部物种中只占很小的一部分。毫无疑问,在物种估计值与已知物种的差值中,绝大多数是昆虫、蜘蛛、藻类、菌类及深海无脊椎动物,它们将是未来新发现物种的主体(表3-1)。

表3-1 全球主要类群的物种数目 (引自Heywood等,1995)

类 群	已描述的物种数目/万种	估计可能存在的物种数目/万种
病 毒	0.4	40
细 菌	0.4	100
真 菌	7.2	150
原生动物	4.0	20
藻 类	4.0	40
高等植物	27.0	32
线 虫	2.5	40
甲壳动物	4.0	15
蜘蛛类	7.5	75
昆 虫	95.0	800
软体动物	7.0	20
脊椎动物	4.5	5
其 他	11.5	25
总 计	175.0	1 362

3.2.2 物种多样性特丰富国家

虽然生物物种数目是如此庞大,但物种并不是均匀地分布于世界各地,绝大多数的生物仅分布于热带和亚热带地区,占全球陆地面积7%的热带森林容纳了全世界半数以上的物种。位于这些地区的少数国家拥有了全世界最高比例的物种多样性(包括海洋、淡水和陆地上的物种多样性),这些国家被称为生物多样性特丰富国家。其中巴西、哥伦比亚、厄瓜多尔、秘鲁、墨西哥、刚果(金)、马达加斯加、澳大利亚、中国、印度、印度尼西亚、马来西亚12个生物多样性特丰富国家拥有全世界60%～70%甚至更高的物种多样性(McNeely et al.,1990)。

以巴西为例,巴西的国土面积为851.49万km^2,人口为1.91亿(2010),是世界上物种多样性最丰富的国家,而且很多类群的生物多样性都居世界第一位,如灵长类动物有55种,两栖类动物有516种,陆生脊椎动物有3 010种,种子植物55 000种,淡水鱼类3 000种以上。据估计,以上类群至少还有一半以上物种没有被科学描述过。至于在其他类群方面,巴西即使不是最丰富的国家,但也都在世界前列。如爬行动物有467种,占第4位;鸟类有1 622种,占第3位;棕榈类387种,占第3位;哺乳动物428种,占第3位。

从表3-2可以看出,各类群物种数最多的前10个国家对该类群的生存起着关键性的作用,在全球生物多样性保护中也有重要的战略意义。

表3-2 重要生物类群物种数目最多的前10个国家 (引自McNeely et al.,1990)

(1) 哺乳动物		(2) 鸟类动物		(3) 两栖动物	
国 家	物种数	国 家	物种数	国 家	物种数
印度尼西亚	515	哥伦比亚	1 721	巴西	516
墨西哥	449	秘鲁	1 701	哥伦比亚	407
巴西	428	巴西	1 622	厄瓜多尔	358
刚果(金)	409	印度尼西亚	1 519	墨西哥	282

续 表

(1) 哺乳动物		(2) 鸟类动物		(3) 两栖动物	
国　家	物种数	国　家	物种数	国　家	物种数
中国	394	厄瓜多尔	1 447	印度尼西亚	270
秘鲁	361	委内瑞拉	1 275	中国	265
哥伦比亚	359	玻利维亚	1 250	秘鲁	251
印度	350	印度	1 200	刚果(金)	216
乌干达	311	马来西亚	1 200	美国	205
坦桑尼亚	310	中国	1 195	委内瑞拉和澳大利亚	197
(4) 爬行动物		(5) 燕尾蝴蝶(凤蝶)		(6) 被子植物	
国　家	物种数	国　家	物种数	国　家	物种数
墨西哥	717	印度尼西亚	121	巴西	55 000
澳大利亚	686	中国	99～104	哥伦比亚	45 000
印度尼西亚	600	印度	77	中国	27 000
巴西	467	巴西	74	墨西哥	25 000
印度	453	缅甸	68	澳大利亚	23 000
哥伦比亚	383	厄瓜多尔	64	南非	21 000
厄瓜多尔	345	哥伦比亚	59	印度尼西亚	20 000
秘鲁	297	秘鲁	58～59	委内瑞拉	20 000
泰国和马来西亚	294	马来西亚	54～56	秘鲁	20 000
巴布亚新几内亚	310	墨西哥	52	俄罗斯	20 000

3.2.3 物种多样性时空格局

1. 物种多样性的时间格局

物种多样性的时间格局是指物种多样性在时间维度的变化规律。在生物进化的历史长河中，新的物种不断地产生，已存在的物种也在不断地消失，几乎所有生物类群的物种，都经历发生、发展、分化或绝灭的过程。在研究这一自然过程的科学规律时，所选的时间尺度可以小到如季节变换和生态演替，也可以大到在数亿年的大范围内寻找物种数量变化的周期性规律。由于选择的时间尺度不同，所得到的物种多样性变化的时间格局也会不同。

(1) 进化尺度(大尺度)的时间格局

有关地质历史时期物种多样性的资料都是通过化石记录得到的，尽管由于化石记录的不完整性使有关物种多样性的结论一直有争议，但总的轮廓是被普遍接受的，那就是从大的时间尺度上看，物种多样性是增加的，不管是陆生脊椎动物(图 3-1)、海洋无脊椎动物(图 3-2)，还是陆生植物(图 3-3)，都是如此。

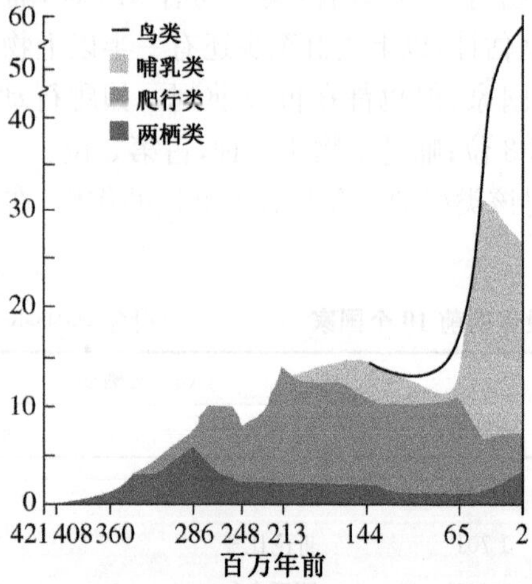

图 3-1 地质历史时期陆生脊椎动物物种多样性变化(引自蒋志刚等，1997)

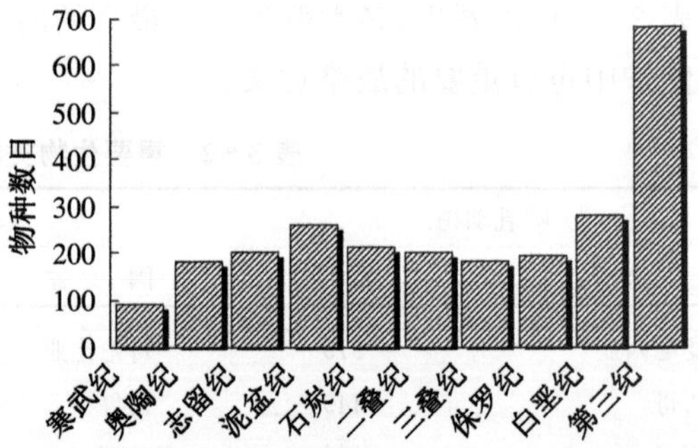

图 3-2 地质历史时期海洋无脊椎动物物种多样性变化(引自蒋志刚等，1997)

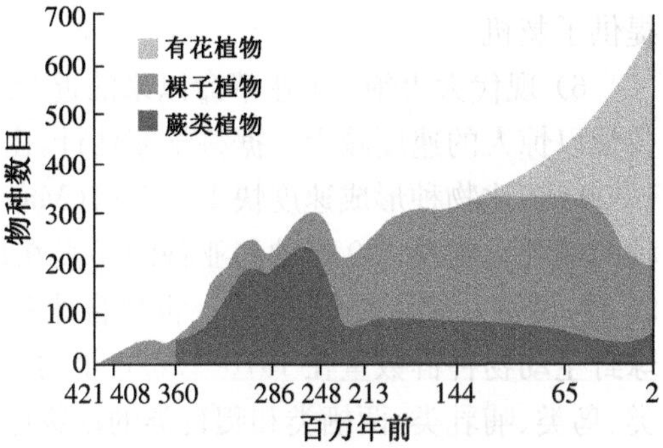

图 3-3 地质历史时期陆生植物物种多样性变化(引自蒋志刚等,1997)

但是,任何物种都不能永远生存下去,科学研究表明,一种生物从诞生到灭亡平均寿命是500万年左右,有些物种寿命很长,如银杏(*Ginkgo biloba*)、水杉(*Metasequoia glyptostroboides*)、鹦鹉螺(*Nautilus pompilius*)、文昌鱼(*Branchiostoma belcheri*)等,化石记录其寿命都超过1亿年,而猛犸象在地球上仅生存了30万年左右。生物在漫长的历史进程中,有些会适应环境而逐渐进化,有些则不适应环境,数量减少以至灭绝,这是自然选择的结果。

灭绝不是匀速的,在地球历史的某一时段内,灭绝速度是缓慢的,是小规模的,该时段内的生物生存于稳定的环境下,其灭绝原因主要是竞争和捕食;而在另外的时段内,灭绝速度是快速的,是大规模的,是由于环境巨变的结果。化石记录表明,从5亿年前的寒武纪多细胞生物大爆发开始,生物界至少经历过5次大规模的灭绝时段(学术界称为大灭绝事件)。大灭绝是指在一个较短的时期内,在多个大范围的生物地理区内,许多生物类群受到重创或灭绝,造成全球性的生物多样性的突然下跌。大灭绝有以下几个特点:首先是数量大,生物历史上的几次大灭绝,一般都有20%以上的科、50%以上的属和75%以上的种灭绝了;其次是范围大,灭绝是在全球范围内发生的,而不只是在一个局部的地区内;另外,灭绝只限于短暂的地质时期内(指地质学时期)。以下是历史上几次大的灭绝事件。

1) 晚奥陶纪大灭绝:晚奥陶纪大灭绝发生在距今4.38亿年古生代的海洋里,主要是珊瑚类、腕足动物类、三叶虫类物种数量的急剧下降。灭绝的原因可能是气候的剧变引起,首先是古冈瓦纳大陆冰层形成导致气候变凉、海平面下降,使许多生活于浅海的生物类群绝灭(冰期持续了50万年);随后又由于气候变暖、冰层消融、海平面迅速上升而引起水体缺氧,而使其他幸存的浅海生物消亡。最近有学者研究认为奥陶纪大灭绝与超新星爆炸有关,紫外线长驱直入,辐射度至少是正常水平的50倍,足以杀死暴露在地表的生命,而那些生活在深水中的动物却安然无恙。伴随高强度紫外线辐射形成的褐色烟雾也导致地球变冷,使地球进入冰期。此次灭绝使当时85%的物种消失了。

2) 晚泥盆纪大灭绝:晚泥盆纪大灭绝发生在3.6亿年前,此次大绝灭的影响范围较大,总体上超过20%的科、50%的属和80%的种均遭绝灭。其中,对浅海海域底栖和海洋浮游生物的影响最明显。多数腕足动物、珊瑚类都绝灭了,游泳生物中的棱角石类全部灭亡。其原因可能是全球气候变干,温度下降,洋流以新的形式涡动,使海洋进一步降温,表层水的盐度更高,海洋中的含氧量下降到很低的水平。这一时期可能至少有3个或多至6个来自太空的巨大天体坠入海洋中,陨石的撞击可能还引起更多的气候变化。

3) 晚二叠纪大灭绝:晚二叠纪大灭绝是发生在2.5亿年前的生物历史中规模最大的一次灭绝。此次灭绝有近50%的科、80%的属和95%的种级分类单元永远消失。大量繁盛于古生代的海洋底栖动物(如腕足类及有孔虫、海百合、苔藓虫、菊石、鱼类等)都受到了重创,古两栖、爬行类中有27个科灭绝。这次大灭绝使得占领海洋近3亿年的主要生物从此衰败并消失,让位于新的生物种类,生态系统也获得了一次最彻底的更新,为恐龙等爬行类动物的进化铺平了道路,它标志着古生代的结束、中生代的开始。这次绝灭的可能原因有火山爆发和海平面升降两种假说。

4) 晚三叠纪大灭绝:晚三叠纪大灭绝发生在2.05亿年前,在这次大灭绝中,有23%以上的海洋和陆地动物的科灭绝了。包括海绵、腹足类、双壳类、昆虫和各种海洋爬行动物及许多脊椎动物类群都受到了重创,头足类丧失了58个科,菊石仅剩下1个科,而爬行动物有5个科全部灭绝,灭绝的物种达76%。本次大灭绝的原因不详,尚有待于进一步探讨。

5) 晚白垩纪大灭绝:晚白垩纪大灭绝发生在0.65亿年前,这次大灭绝标志着中生代的结束、新生代的开始。它重创了海洋浮游和游泳生物,菊石和箭石等均告灭绝。尤其是当时称霸地球的爬行动物——恐龙全部灭绝,成为这次大灭绝的一个最醒目的标志。海绵动物、陆生植物也受到了重创,而海洋底栖生物的受害程度较小。由于白垩纪的地层中最显著的特征是铱的含量为地球正常值的50倍,而与天体的陨石成分含量一致,因此,目前认为天体撞击地球可能是这次生物大灭绝的诱发因素。该次灭绝事件中有75%~80%的物种消失了,其最大的影响是使地球上处于霸主地位的恐龙等爬行类消失,为哺乳动物及人类的最后登场提供了契机。

6) 现代大灭绝：工业革命以来的近200年，伴随着人口数量膨胀和经济快速发展，野生动植物的种类和数量以惊人的速度减少。据科学家估计，由于人类活动的强烈干扰，近代物种的丧失速度比自然灭绝速度快1 000倍，比物种形成速度快100万倍(May，1995)。据《世界濒危动物红皮书》统计，20世纪有110个种和亚种的哺乳动物及139个种和亚种的鸟类在地球上灭绝了。16世纪以来，地球上灭绝的鸟类约150种，兽类95种，两栖及爬行类约80种。世界自然基金会(WWF)在《2016地球生命力报告》指出人类活动将会造成全球野生动物种群数量在1970～2020年的50年间减少67%。该报告提到，最新数据表明，1970～2012年，鱼类、鸟类、哺乳类、两栖类和爬行类的动物已经减少了58%。这意味着当前趋势下全球野生动物种群数量有可能在2020年减少到2/3。根据这样的速度及可以预知的人类社会的生产发展速度，说现在已经处于第六次大灭绝时代绝不为过。

全面研究历次生物类群大灭绝事件，我们不难发现，每次大灭绝事件，总有一些生物属和生物种幸免于难，其中一部分是大灭绝事件之后生态系统复苏的原动力。可是，一旦生态系统的平衡受到严重破坏，要恢复原来的生机，则需要相当长的时间。恐龙等生物在白垩纪末期灭绝之后，古新世时的哺乳动物经过长期缓慢的适应辐射，才占领了因恐龙等生物灭绝空出来的生境，直到始新世初期才恢复到白垩纪时的生物多样性水平。二叠纪末期大灭绝事件空出的生境，也是经过了三叠纪早期缓慢的适应辐射，才被后继的海洋无脊椎动物重新占领。如果现代的灭绝趋势不能得到有效遏止，人类可能成为现代大灭绝的灭绝物种。即使人类能幸免于灭绝的厄运，其生存环境也将极其恶化，生存质量将明显降低。因此，保护物种多样性，防止大灭绝事件的发生，是极其必要且刻不容缓的。

(2) 生态学尺度(中小尺度)的时间格局

1) 生态演替时间尺度：在一个特定的区域，一次干扰(如火灾或农业耕作)后动植物种类及其他生物重新在那里定居，所有的物种形成一个基本有序的定居次序，而且有一部分物种相互替代，这一过程称作演替(次生演替)。通常认为，在一定时间和空间内随着群落演替的进行，植物的物种多样性是逐渐升高的。然而，Houssard等(1980)发现经过长达10年的稳定后，法国Montpellierais地区的植物多样性开始下降。Whittaker(1970)也发现在纽约Brookhaven地区一片松林的物种多样性经过6年后达到顶峰，在随后的6年降低约50%。能够肯定的是，在生态演替过程的最初几年物种多样性是升高的，但是，物种多样性最高时期是在演替顶级之前的某个时间点上还是在演替顶级时期，还没有定论。

2) 季节变化时间尺度：生物的季节变化是物候学的基础，也是物种多样性时间变化的特殊模式，这方面比较明显的例子是动物迁徙和昆虫物种的季节变化。英国有193种筑巢鸟，76种属于雀形目，117种为非雀形目鸟。非雀形目鸟中有41种(占35%)是迁徙的，雀形目鸟中有27种(占35.5%)是迁徙的。因此，英国的鸟类多样性在一年内来回摆动。除了这些迁徙者以外，还有100多种是在夏天或春天从别的地方飞来，这又增加了鸟类生物多样性的年周期循环。热带和亚热带实际上也存在物种多样性的季节性变化。澳大利亚亚热带一个港湾的大型水底生物呈现年周期循环模式，冬春季节的种类是夏秋季节的2倍(Saenger et al.，1988)。

2. 物种多样性的空间格局

物种多样性的空间分布格局是物种多样性的重要自然属性，主要包括面积、纬度、海拔和栖息地等方面。

(1) 面积与物种多样性

面积对物种多样性的影响是显而易见的，如果选择更大的样地面积，就能发现更多的物种。Watson早于1859年以前就运用物种—面积曲线解释了面积与物种多样性的关系。物种多样性与面积的关系并非只有一种模式，而是有多种模式，这里仅简要介绍大陆型模式和岛屿型模式。

1) 大陆型模式：大陆型模式用于探讨在足够大的陆地范围内，物种多样性和面积之间的关系。一般认为，在陆地范围内，更大的面积拥有更大的物种多样性。主要原因有3种可能的解释：① 更大的面积内拥有更多的个体；② 更大的面积内拥有更多的栖息地(生境)；③ 更大的面积内拥有更多的生物地理区系成分。物种—面积关系在生物区系调查中是显而易见的，如果仅在一个区系内进行调查，大多数人都相信，在一定范围内，物种多样性与面积成线性增长关系，当面积增加到一定程度，物种数量增加会趋缓或者不再增加。所以，要研究一个地区的生物区系，就必须调查足够大的面积，如果研究面积太小，就不可能完全包括某一物种所有的各类栖息地。要调查全球陆地物种多样性，面积就需要包含各个大陆，甚至整个地球上陆地生态系统。

2）岛屿型模式：岛屿的定义很模糊，曾经有人用“被水所环绕的陆地”或“不能接近到达的地方”来描述它。但是更明确的解释表明，岛屿是一个自我维持的区域，区域内的物种完全来源于从外部向内的迁移（迁移是指不在岛屿上生存的物种的种群在岛屿上出现）。因此，迁移对岛屿上物种多样性非常重要，涉及大陆物种库、迁移速度、能否成功定居几个关键因素。

一个岛屿上动植物区系的种数是不断地从最近的陆地（种库）迁入，又在该岛上不断地减少以至绝灭，当迁入的速率和绝灭的速率相等时，则该岛上生物区系的种数最终处于平衡的状态，这种平衡是动态的。这就是岛屿生物地理的平衡理论。当然，除了岛屿外物种向岛屿内的迁移率及岛屿内物种的灭绝率外，物种间的相互作用（如竞争、捕食）间接影响迁移率与灭绝率，也会影响岛屿的物种多样性。

就岛屿的物种—面积曲线变化趋势而言，岛屿生物地理学理论预测：大的岛屿将拥有更为丰富的物种多样性，这是因为大的岛屿将比小的岛屿有更多的栖息地和更大的繁殖群体，大的群体会降低灭绝率，栖息地的增多也能影响到灭绝率和迁移率。无论在什么情况下，更大的岛屿面积将拥有更高的平衡点。

（2）纬度梯度与物种多样性

对大多数陆生植物和动物来说，极地的物种多样性是最低的，随着纬度的降低，物种多样性增加，在热带雨林达到最大值。无论是从区域物种多样性水平上还是从群落物种多样性水平上，都表现出这样的规律。

地衣、寄生蜂、土壤线虫等生物类群表现出了例外，其物种多样性不是随纬度的降低而增加。在干旱、寒冷的区域，地衣的物种多样性往往最高（Lindsay，1977），因此，北极和南极地区，地衣的多样性相对较高。在中纬度地区，寄生蜂和土壤线虫的物种多样性最高。

（3）海拔梯度与物种多样性

环境因素及生物群落类型在沿海拔和沿纬度梯度变化方面有很大的相似性。沿海拔梯度每升高1 000 m，气温降低6℃，相当于沿纬度梯度往北递进500～750 km。随着海拔升高，鸟类、维管植物的物种多样性都表现出降低的趋势（Whittaker，1977）（图3-4，图3-5）。

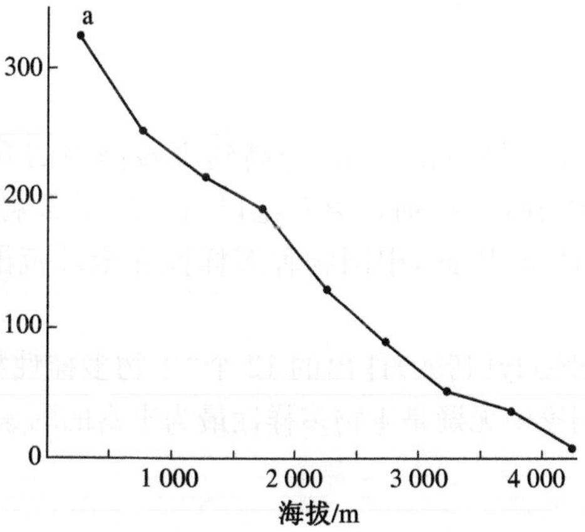

图3-4　新几内亚鸟类物种丰富度随海拔的变化规律（引自蒋志刚等，1997）

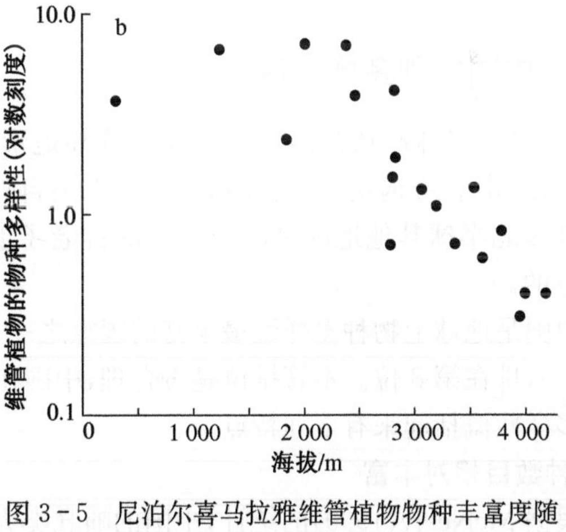

图3-5　尼泊尔喜马拉雅维管植物物种丰富度随海拔的变化（引自蒋志刚等，1997）

（4）栖息地与物种多样性

每个物种都需要一个或一系列合适的栖息地才能生存，才能得到生存所需要的食物和避难所。如果我们对物种生活史有足够的认识，就可以很好地评估栖息地对物种生存的重要性。栖息地变化越大，物种多样性就越大。

MacArthur对鸟类栖息地的研究就是一个很好的例子。从1958年开始，MacArthur系统地研究了美国东北部森林草地系统中鸟类的栖息地模式与物种多样性的关系，证实了栖息地生物群落的水平结构和垂直结构越复杂，鸟类物种多样性越大（MacArthur，1964）。

3. 物种多样性空间分布格局的成因

有关物种多样性空间分布格局的形成机制有多种假说，这些假说有些是用环境因子进行解释的，有些是用生物因子进行解释的，但每种解释都不能完全令人满意。

(1) 灾难假说

该假说认为，所有稳定的环境都会在时间上促使生物多样性的形成。热带地区生态环境的稳定时间比温带的长，因为温带经历过冰期气候的灾难性变化，冰期之后的生态位还在不断地被新种所填充。因此可以预料，低纬度地区会有较大的物种多样性。不过，珊瑚礁应该属于海洋灾难性变化的产物，但它却具有极高的物种多样性，因而与上述假说相悖。

(2) 进化速度假说

该假说认为，热带的条件比较适宜，生物发育较快，世代交替时间短，单位时间内能产生更多的后代，可以为自然选择提供更多的机会。通过加速自然选择，保存变异个体，促进物种形成，进而导致较大的物种多样性。

(3) 中度干扰假说

生态系统总是处于各种干扰状态下，如火灾、风灾、水灾、虫灾等。有证据表明，长期低强度干扰，会导致演替后期出现的物种变成排外的优势种，不利于提高群落的物种多样性。程度很高的干扰，则会使许多相对特化而又不能适应环境快速变化的物种消失，同样不利于形成和保持物种多样性。而局限在群落中小斑块内的适度干扰，既能允许演替初期的物种存在，也不会排斥太多的特化性物种，因而有利于形成较高的物种多样性。

(4) 能量输入假说

该假说认为，某个给定区域的物种多样性与可获得的太阳能量有关。热带比极地接受的太阳能要多，所以可以预料到热带比极地的物种多样性要高。尽管有许多证据都支持这一假说(Turner et al.,1978)，但是，批评者指出，热带荒漠是稳定地接受高能量输入的区域，而那里的物种多样性却很低。因此，很有可能，高的能量输入和适宜的水分供给才是导致高水平物种多样性的原因。

3.3 中国物种多样性概况

3.3.1 中国物种多样性特点

中国地域辽阔，从东到西为连续三阶梯地形，海拔从东部沿海的数米，升高到青藏高原的 5 000 m。气候复杂，南北跨越热带、温带和寒带。中国自然历史条件独特，特别是第三纪以后受冰川影响较小，保留了许多北半球其他地区早已经灭绝的古老孑遗动植物种类，因此，中国物种多样性在全球范围内是很有特色的。

中国是地球上物种多样性最丰富的国家之一，属于 McNeely(1990)评出的 12 个“生物多样性特丰富国家”之一，排在第 8 位。不管排位是否合理，中国在北半球国家中无疑是生物多样性最为丰富的国家，中国的物种多样性概括起来有下列特点。

1. 物种数目相对丰富

根据 McNeely(1990)的统计，中国的哺乳类为世界第 5 位，鸟类为世界第 10 位，两栖类为世界第 6 位，种子植物为世界第 3 位。而根据陈灵芝(1993)的统计，一些类群的排位还有可能前移。如哺乳类是 499 种，前移至第 2 位；爬行类是 376 种，前移至第 7 位；两栖类是 279 种，前移至第 5 位。由于各个国家都有新分类群和新纪录种在不断发表和增加，因此，随着时间的推移，各个类群的数量和排序还会有变化。但是，中国的物种多样性相对丰富，在世界物种多样性格局中占有重要位置是毋庸置疑的。

2. 特有物种繁多

有些物种仅生长在某一有限的地区或某种局部特殊生境，我们把这些物种称为该地区或该生境的特有种。如果某个属内所有物种仅分布于某一有限的地区或某种局部特殊的生境，称此属为该地或该生境的特有属。如果某个科内所有物种仅分布于某一有限的地区或某种局部特殊的生境，称此科为该地或该生境的特有科。特有性反映了一个地区的生物演化特殊性和分类多样性，特有性丰富的地区是最值得保护的地区。中国辽阔的国土，古老的地质历史，多样的地貌、气候和土壤条件，形成了多样的生境，加之第三纪、第四纪冰川的影响不大，这都为特有属、特有种的发展和保存创造了条件，致使目前在中国境内存在大量的特有种类(表3-3)。

表3-3 中国部分生物类群特有种数统计 (引自陈灵芝，1993)

类群名称	中国已知种数	中国特有种数	百分比
哺乳动物	499	73	14.6
鸟类动物	1 186	93	7.8
爬行动物	376	26	6.9
两栖动物	279	30	10.8
鱼类动物	2 804	440	15.7
高等植物	30 000	17 300	57.7

3. 区系起源古老

我国丰富的生物多样性是自然地理环境的多样化与物种进化分异的结果。在数十亿年以前，陆地连成巨大板块，随着历史变迁，板块分离、漂移。中亚的地壳受到印度板块的冲击和挤压，造成喜马拉雅山的隆起。我国生物区系古老、丰富的主要原因之一是在第四纪冰川时期，我国绝大部分地区未受冰川覆盖。我国古地理的优越环境成为古老物种赖以生存的避难所，或是新生孤立类群的发源地，许多古老物种都有明显的区域特征(赵建民，2003)。

(1) 植物区系起源

根据古地理研究，我国白垩纪至第三纪时期，大部分地区气候暖热。第四纪冰期，也仅受到寒冷气候影响或一些地方受到山地冰川影响。由于我国地处中低纬度，加之地形复杂，便成为许多古老植物的避难所或新生孤立类群的发源地。因此，我国具有许多古老的孑遗植物及系统演化上原始或孤立的科属。我国现有种子植物2 980属中，单型属(只含1种)422属、少型属(含2～6种)713属，合计占全国属数的38%。我国特有的190多属中，单型属和少数型属的比例更高达97%。只含1属1种的科也有16个之多。这些种类多是第三纪古热带植物区系的孑遗或更古老的成分。如水杉(*Metasequoia glyptostroboides*)、银杏(*Ginkgo biloba*)、鹅掌楸(*Liriodendron chinense*)等号称活化石。此外还有银杉(*Cathaya argyrophylia*)、金钱松(*Pseudolarix amabilis*)、白豆杉(*Pseudotaxus chienii*)、柳杉(*Cryptomeria fortunei*)、水松(*Glyptostrobus Pensilis*)、台湾杉(*Taiwania cryptomerioides*)等古老的裸子植物，以及被子植物中钟萼树(*Bretschneidera sinensis*)、连香树(*Cercidiphyllum japon-icum*)、青钱柳(*Cyclocarya paliurus*)、珙桐(*Davidia involucrata*)、金钱槭(*Dipteronia sinensis*)、杜仲(*Eucommia ulmoides*)、马尾树(*Rhoiptelea chiliantha*)、水青树(*Tetracentron siense*)等。它们主要产于我国亚热带、热带森林中。

我国温带针阔叶混交林也残存着一些古老成分，如木兰属(*Magnolia*)、五味子属(*Schisandra*)、猕猴桃属(*Actinidia*)、南蛇藤属(*Celastrus*)、鹅耳枥属(*Carpinus*)、梣属(*Fraxinus*)、胡桃属(*Juglans*)、黄檗属(*Phellodendron*)及葡萄属等的个别种。西北荒漠植被中，也保存许多古地中海或古南大陆的古老或孑遗成分，如蒺藜科的白刺属(*Nitraia*)、骆驼蓬属(*Peganum*)、油柴属(*Tetraena*)、木霸王属(*Zygo-phyllum*)，豆科的沙冬青属(*Ammopiptanthus*)，蔷薇科的绵刺属(*Potaninia*)等。由此可见，我国各地区的植物区系大多是起源古老的，而与之相应的就是这些地区的优势植被类型有些也是古老的。

(2) 动物区系起源

我国陆栖脊椎动物系的起源也可追溯到第三纪上新世的三趾马动物区系。该区系后来演化为南方的巨猿动物区系和北方的泥河湾动物区系，前者再进一步发展成为大熊猫—剑齿象动物区系，后者发展成为我国猿人相伴动物区系。晚更新世以后，继续发展、分化，到全新世初期，其面貌已与现代动物区系相似。秦岭以北的东北、华北和内蒙古、新疆至青藏高原，与广阔的亚洲北部、欧洲和非洲北部同属于古北界；而南部在长江中下游流域以南，与印度半岛、中南半岛及其附近岛屿同属东洋界。我国所产的2 200多种陆栖脊椎动物中不少为古老种类如羚牛、大熊猫、白鳍豚、扬子鳄、大鲵等(赵建民，2003)。

(3) 海洋生物区系

海洋生物区系也以起源古老、种类繁多为特征，其地理分区大致以北纬32°为界，以北为太平洋温带区的东亚亚区，以南包括两个部分：大陆架海区为印度—太平洋热带区的中—日亚区；大陆坡及深海槽为印度—太平洋热带区的印—马亚区。在我国海域还保存有一些古老的孑遗物种如鲎和鹦鹉螺等，素有活化石之称(赵建民，2003)。

3.3.2 中国物种多样性现状

1. 植物物种多样性

(1) 种类丰富

中国幅员广阔，自然环境复杂，自然历史悠久，且受第三纪、第四纪冰川影响较小，因此，植物种类非常丰富。据统计，我国被子植物 24 357 种，占世界比例 10.8%；裸子植物 193 种，占世界比例 28.5%；蕨类植物 2 600 种，占全世界比例 22%；苔藓植物 2 200 余种，占世界比例 9.1%(吴征镒，1991，傅德志等，1995)。

(2) 特有性高

中国仅高等植物特有种就达 17 300 种，特有比例高达 57.7%，其特有性程度在世界上处于第 7 位(WCMC，1992)。研究物种的特有现象，对了解特定地区的动植物区系的性质、组成、特点、发生与演变及科学制定物种保护措施都具有重要的意义。

(3) 特有物种分布很不均匀

中国的特有植物主要集中分布于中南部，有 3 个植物多样性热点地区：横断山脉地区、华中地区和岭南地区，它们的植物多样性和特有性程度都很高，其中横断山脉地区尤为突出。根据中国植物特有属分布区的分析，大致有川东—鄂西、川西—滇西北和滇东南—桂西三大特有现象中心。

以被子植物为例，中国被子植物特有属、种主要分布于秦岭—大别山一线以南，横断山脉以东的东南部地区，其中又有 3 个特有属、种分布相对集中的特有现象中心：① 川东—鄂西—湘西北中心，这里的被子植物特有木本属几乎都为落叶乔木或灌木，具有温带性质；② 川西—滇西北中心，即横断山脉南段，这里的草本属在全部属中占的比例较高，被子植物的木本属几乎全为落叶乔木或灌木，青藏高原的快速和强烈隆升使本区产生大量新特有种，极大地丰富了中国被子植物的多样性；③ 滇东南—桂西中心，由于地理位置偏南，处于北回归线附近，在泛北极植物区和古热带植物区的分界线上，其乔木特有属中几乎一半为常绿植物，特有藤本全部为木质藤本植物，它们所隶属的科均为热带分布的科，带有明显的热带性。

(4) 多样性面临严重威胁

中国人口众多，开发历史悠久，对植物资源的破坏极其严重。以裸子植物和被子植物为例，可以明显看出这些植物所面临的种种威胁。

虽然中国具有极为丰富的裸子植物物种资源，但由于多数裸子植物树干端直、材质优良，由其所组成的针叶林常作为优先采伐的对象，使得裸子植物资源受到了强烈的人类活动的威胁和破坏。例如，20 世纪 50 年代，中国最大的针叶林区——东北大兴安岭、小兴安岭及长白山区的天然林被不同程度地开发利用，60～70 年代，另一大针叶林区——西南横断山区的天然林又相继被强烈采伐。随着各类天然针叶林采伐和破坏，原有生态环境发生改变，加快了林下生物消失和濒危的速度。同时，具有重要观赏价值和经济价值的裸子植物亦破坏严重，如攀枝花苏铁(*Cycas panzhihuaensis*)、贵州苏铁(*C. guizhouensis*)、多歧苏铁(*C. multipinnata*)和叉叶苏铁(*C. micholitzii*)均在新发表或新的分布点发现后就遭到大肆破坏。三尖杉属(*Cephalotaxus*)和红豆杉属(*Taxus*)植物自 60 年代和 80 年代末至 90 年代初发现为新型抗癌药用植物后，就立即遭到大规模采伐破坏，使资源急剧减少。

在被子植物中，材质优良的森林树种和药用、经济植物从来都是开发的重要对象，因其树干、根或全株作商品贸易而遭到严重破坏，致使各自的分布区面积急剧缩减，野生资源明显减少，许多种类处于濒危状态。如兰科(Orchidaceae)植物、樟树(*Cinnamomum* spp.)、楠木(*Phoebe* spp.)、牡丹(*Paeonia* spp.)、黄连(*Coptis* spp.)、贝母(*Fritillaria* spp.)、红豆树(*Ormosia howii*)、核桃楸(*Juglans mandshurica*)、黄檗(*Phellodendron amurense*)、格木(*Erythrophleum fordii*)、降香黄檀(*Dalbergia odorifera*)、紫荆木(*Madhuca pasquieri*)、榉树(*Zelkova schneideriana*)、油丹(*Alseodaphne hainanensis*)、海南大风子(*Hydnocarpa hainanensis*)、金丝李(*Garcinia pauci-nenvis*)、野人参(*Panax ginseng*)、姜状三七(*P. zingiberensis*)、屏边三七(*P. stipuleanatus*)、甘草(*Glycyrrhiza uralensis*)、黄芪(*Astragalus membranaceus*）、剑叶龙血树（*Dracaena cochinchinensis*）、肉苁蓉（*Cistanche deserticola*）、草苁蓉（*Boschniakia rossica*）、巴戟天（*Morinda officinalis*）、刺参（*Oplopanax elatus*）、刺五加（*Acanthopanax senticosus*）、库页红景天（*Rhodiola sachalinensis*）等，据估计，中国被子植物约有 4 000 种受到各种各样的威胁，列入濒危保护的植物约 1 000 种。

2. 动物物种多样性

(1) 无脊椎动物多样性

全球无脊椎动物已描述的物种数（132.5 万）占全部已描述动物种数（137 万）的 96.71%，占已描述全部生物种数（173.9 万）的 76.19%。对于全球无脊椎动物的多样性的知识目前尚很不完备，现在每年描述的新种约 15 000 种。按这样的速度，即使以最低的估计种数，也需约 100 年才能完成对所有种类的描述。无脊椎动物的门类和种数不但在整个动物界中占主要地位，在全部生物中亦占优势，要最终搞清全球的物种数，研究无脊椎动物物种多样性是一项刻不容缓的任务。

中国地域广大，物种丰富，通常认为中国的无脊椎动物种数一般占全球总数的 10%左右。中国种数占世界种数的百分比不足此数的类群（如多孔动物门）可能是由于调查不足之故。有的类群由于多系世界种（如轮形动物、甲壳动物中的枝角类），或一些生活在海洋的类群（如毛颚动物、帚形动物、刺胞动物中的角珊瑚），较少受地理隔阻，而且国人对这些类群调查得较清楚，所以占世界比例甚高。如角珊瑚（87.5%）、软水母（84.7%）、毛颚动物（52.4%）、花水母（44%）、帚形动物（40%）、轮形动物（40%）、枝角类（35.7%）。

中国无脊椎动物特有种很多，如刺胞动物门水螅虫纲的桃花水母属（*Craspedacusta*），全球仅 5 种及 4 亚种，而中国分布有 4 种，其中 3 种和 4 个亚种为中国特有种。扁形动物门涡虫纲中细涡虫属（*Phagocata*）3 种中的 2 种为中国特有种，多目涡虫属（*Polycelis*）9 种和枝肠涡虫属（*Dendrocoelopsis*）2 种全为特有种，中国已知 43 种星虫中有 8 个特有种，11 种螠虫中有 4 个特有种。淡水或内陆生活的动物类群特有性更高，如软体动物蜗牛类有 132 个特有种，双壳类的淡水蚌有 26 个特有种，甲壳动物门中桡足类有 96 个特有种，淡水溪蟹有 250 个特有种。

由于绝大多数无脊椎动物个体小，它们受威胁及灭绝的情况通常不引起人们的注意，以致许多稀有或濒危无脊椎动物甚至在被描述或列入保护名单之前就已销声匿迹了。例如，在海南尖峰岭有一种大型的捕鸟蛛科（Theraphosidae）的种类，非常珍稀，目前可能已灭绝。到目前为止，中国列入保护动物名单的无脊椎动物不足百种，据推算，这一保护名单应达到 1 万种才接近实际情况。

(2) 脊椎动物多样性

中国脊椎动物共 5 200 种，约占世界总数的 11.4%（宋延龄，1998）。中国特有脊椎动物 667 种，约占中国脊椎动物总数的 12.8%。中国脊椎动物种类丰富且特有程度高，是复杂的动物区系历史和多样的生态地理条件相互作用的结果。众多的特有物种使得中国在世界脊椎动物物种多样性中占有十分重要的地位。

举世闻名的大熊猫（*Ailuropoda melanoleuca*）代表着中国特有的科，现存仅 1 属 1 种。白鳍豚（*Lipotes vexillifer*）、麋鹿（*Elaphurus davidianus*）、藏羚羊（*Pantholops hodgsonii*）、沟牙鼯鼠（*Aeretes melanopterus*）、复齿鼯鼠（*Trogopterus xanthips*）等，均为中国特有的属，现存的也都仅有 1 种。金丝猴属（*Rhinopithecus*）除 1 种分布于越南外，其余 3 种均为中国特有。岩松鼠属（*Sciurotamias*）的 2 个种，均只见于中国。马鸡属（*Crossoptilon*）除藏马鸡（*C. corssoptilon*）还分布于邻近国家外，其余只分布于中国。长尾雉属（*Syrmaticus*）除 1 种还见于邻国外，均为中国特有。世界珍稀物种鳄蜥（*Shinisaurus crocodilurus*），为中国特有，分布区限于广西瑶山地区。世界著名的扬子鳄（*Alligator sinensis*）只见于中国长江中下游，为古老的残遗物种。世界上现生的鼍属（*Alligator*）动物只有 2 种，一种分布于中国，另一种分布于美国的密西西比河流域。髭蟾属（*Vibrissaphora*）4 种都是中国特有，均为分布十分局限的稀有物种。白鲟（*Psephurus gladius*）为中国特有，是匙吻鲟科（Polyodontidae）仅有的两个现生种之一，另一种分布于美国的密西西比河流域。

3. 微生物物种多样性

(1) 原核微生物多样性

原核微生物是具有很高利用价值的生物资源，但是，国内外对微生物资源都缺少全面系统的调查研究，一方面是由于原核微生物分类困难,另一方面是从事原核微生物分类学研究工作的学者缺乏。下面仅就有限的资料介绍我国利用价值较高的原核微生物物种多样性情况。

1) 放线菌:目前,国际上已经描述和发表的放线菌近60个属、2 000多种,中国已对40个属中的一部分种进行过分类研究,现保藏有36个属、450种、1 332个菌株;其中8个属是中国研究工作者描述和建立的,它们是类链霉菌属(*Streptomycoides*)、小链孢菌属(*Microstreptospora*)、异壁放线菌属(*Actinoallotaichus*)、三歧泡菌属(*Trichotomous*)、双孢放线菌属(*Actinobispora*)、游动四孢菌属(*Planotetraspora*)、动孢链霉菌属(*Streptoplanospora*)和白黄孢囊菌属(*Cathayosporangium*)。

2) 根瘤菌:根瘤菌与豆科植物共生结瘤是陆生生态系统中最重要的供氮体系,它们在所有固氮体系中固氮作用最强,绝大多数豆科植物能与根瘤菌共生结瘤固氮,已记录的豆科固氮植物有1 500种。目前国际上已描述的根瘤菌有4属15种,根据全国根瘤菌资源调查,我国已纯化根瘤菌近2 000株,并建立了一个新属中华根瘤菌(*Sinorhizobium*),包括两个新种。另外,在紫云英结瘤的根瘤菌已定名为华癸根瘤菌(*Rhizobium huakuii*),从新疆干旱地区发现一个新种定名为天山根瘤菌(*Rhizobium tianshanellse*)。从大豆中分离出超慢速生长的大豆根瘤菌定名为辽宁根瘤菌(*Bradyrhizo-bium liaoningense*)新种,中慢生根瘤菌属(*Mesorhizobium*)是在中国最近发现的一个新属。

(2) 真核微生物多样性

1) 中国真核微生物的估计种数:真核微生物有黏菌、真菌和卵菌三大类。英国、芬兰、瑞士等国家的研究资料表明,真菌与维管束植物已知种数存在4∶1～6∶1的数目比例关系。中国维管束植物近30 000种,若按6∶1的比例推算,中国的真菌种数可达15万种左右,占世界的10%。

2) 中国真核微生物的已知种数:中国已发表的黏菌、真菌和卵菌的种数超过10 000种,但其中存在不少同物异名的情况,实际可承认的种大约8 000种,仅占估计种数5.3%,占全世界已知种数(72 000种)的11%,其中黏菌约260种、真菌7 500种、卵菌300种。

3) 中国真核微生物各类群的多样性:菌物界已知的约100个目中,半数以上在中国尚无人进行研究。在20余个已有人进行研究的目中,大半仅涉及其中若干科或属。海洋真菌和卵菌在中国基本上没有资料,仅有零星的有关海洋酵母的调查报告。生活在淡水中的真菌种数仅有零星的有关卵菌(主要是水霉和腐霉)的报告。水生丝孢菌的研究刚刚起步,仅知50余种(全世界200余种)。虫生真菌仅知180种(全世界已知900种)。土壤真菌缺少完整数据,研究较多的曲霉属(*Aspergillus*),已知有89种(全世界已有350个名称),青霉属(*Penicillium*)约70种(全世界有96种)。外生菌根菌已知有29科68属642种,其中担子菌类22科59属612种,子囊菌类7科9属30种。内生菌根菌(VA菌根菌)已报道的约40种。地下菌(俗称块菌和假块菌)有极高的商品价值,全世界已知1 000多种,而中国已报道的仅有60余种。其他的在植物组织内的内生真菌和寄生、共生或共栖在蜘蛛、多足类、甲壳类、水生昆虫、海洋浮游生物和草食哺乳动物胃里的真菌在中国尚无人研究。

4) 中国真菌的特有性:中国真菌特有种十分丰富,已发表的名录中大约有2 700个是根据来自中国的模式发表的。但中国的特有种大约有2 000种,约占已知种数的25%。在中国科学院微生物研究所真菌标本馆保藏的1 000余个除台湾省以外的中国模式标本中,约有40%的模式产地为云南、四川及西藏东部,其中云南的模式标本最多,其次是海南和广东,约占模式标本15%。由此可见特有种最集中的地区是青藏高原东部及其东缘地区。台湾也是中国物种丰富度最高的地区之一,已知有真菌4 300种,约为中国已知种数的一半,且特有程度很高。就锈菌而言,在已知的50属400种中,特有种占30%。

3.3.3 中国物种多样性关键地区

世界各地都有一些植被保存较好、生物种类丰富且特有程度较高的地区,人们称为生物多样性关键地区(陈灵芝,1993),通常情况下,也称为物种多样性关键地区。一般来说,作为生物多样性的关键地区,至少具备下列3个条件中的一个:① 具有世界意义的物种丰富区域;② 特有种多的区域;③ 遗传资源丰富或濒危物种较多的区域。

根据陈灵芝等(1993)的资料,中国具有国际意义的陆地生物多样性关键地区有14个,分别是吉林长白山地区,河北北部山地地区,陕西秦岭太白山地区,四川西部高山峡谷地区,云南西部高山峡谷地区,湖南、贵州、四川、湖北交界的山地地区，广东、广西、湖南、江西交界的南岭山地地区，浙江福建山地地区，台湾中央山脉地区，西藏东南部山地地区，云南西双版纳地区，广西西南石灰岩地区，海南岛中南部山地地区，青海可可西里地区。无疑，这些地区在中国物种多样性研究和保护方面将起重要作用。

3.4　物种多样性降低的原因

自然界生存的物种总是处于动态变化之中，有旧物种的消亡，也有新物种的诞生。尽管自然界经历过多次大的集体灭绝事件，但是，每次大灭绝之后，经过或长或短的恢复期，物种数量总体上不降反升，只是物种类别和生物群落面貌发生了变化。因此，站在自然界的立场上，灭绝并不可怕。但是，站在人类的立场上，快速的物种灭绝是难以承受的，因为物种快速灭绝将摧毁人类赖以生存的自然环境，地球上能够供养的人口将大幅度减少，人类的生活质量将大幅度降低，人类也将走向灭绝。人类本身是不希望降低生活质量的，更不希望在可以预见的时间内走向灭绝，因此，需要关注物种多样性的变化，了解物种多样性降低的原因，有针对性地采取措施，减缓物种灭绝速度。

人类诞生前发生的物种快速灭绝主要是环境改变的结果，如天体运行轨道变化、大规模火山爆发、地外天体对地球的碰撞等，既可以直接摧毁局部自然生态环境，也可以通过改变地球温度而影响到海陆分布，进而改变自然环境，使一些物种不能继续生存。但是，随着人类改造自然能力的提高，人类活动已经将许多物种推向灭绝。近代的物种灭绝事件中，超过99%是由人类活动造成的，因此，了解人类活动对物种多样性降低的影响，对于物种多样性保护事业有重要意义。以下是人类活动导致物种濒危和灭绝的主要原因。

3.4.1　生境丧失

生物多样性的主要威胁是生境的消失，生境消失被确认是大多数目前正濒于灭绝的脊椎动物所遭受的基本威胁，生物因生境消失而失去食物来源和隐蔽场所。研究认为，生境面积减少90%时，生存于其中的物种将灭绝50%左右。在57个旧大陆(相对于美洲新大陆)热带国家中，有47个国家的原有森林消失率已超过50%，如非洲的冈比亚(89%)、加纳(82%)、肯尼亚(71%)、马达加斯加(75%)、卢旺达(80%)、扎伊尔(57%)、津巴布韦(56%)，亚洲的孟加拉国(96%)、印度(78%)、印度尼西亚(51%)、缅甸(64%)、菲律宾(97%)、斯里兰卡(86%)、泰国(73%)、越南(76%)。中国的海南岛20世纪50年代初有天然林1 300万亩①，森林覆盖率26%；到1979年仅余497万亩，覆盖率降为9.8%；西双版纳在50年代初有森林1 730万亩，森林覆盖率为60%左右；到1985年，森林面积仅存780万亩，覆盖率降到27%。

由于生境的丧失，许多生物的分布区在缩小，处于局部灭绝状态(若一个物种在其原有分布区的某个区域再也没有被发现，但在原有分布区的其他区域有野生种群生存，即被认为是局部灭绝)。如分布在东南亚的灵长类动物猩猩(*Pongo pygmaeus*)的原有分布区55.3万km^2，现存分布区20.7万km^2，消失率63%；越南金丝猴(*Rhiopithecus avurcul*)的原有分布区29.6万km^2，现存分布区7.23万km^2，消失率76%；爪哇叶猴(*Presbytis aygula*)的原有分布区4.33万km^2，现存分布区0.16万km^2，消失率96%(IUCN/UNEP，1986)。

生境丧失的根源是人口增长对土地的需求，大面积的森林、草地、沼泽等变成了城镇、村庄、道路、农田和牧场。史前全世界热带雨林面积达1 600万km^2，1982年仅剩950万km^2，1985年剩850万km^2，目前仍以每年18万km^2的速度在消失，按目前消失速度，到2040年，将没有完整无缺的热带雨林了。由于常绿阔叶林和落叶阔叶林分布区的气候适合人类居住，开发历史悠久，目前保留下来的原始林已经很少。草甸草原土壤肥沃、水分适宜，也基本都改造成了农田，如美国伊利诺伊州和印第安纳州曾经有1 500万hm^2高秆草大草原，现今只剩下1 400 hm^2，是原有面积的万分之一，其他的均被改造成了农场。热带珊瑚礁虽然仅占海洋面积的0.2%，却分布有1/3的海洋鱼类，目前已有5%～10%的珊瑚礁被破坏，在随后几十年中将有50%左右被破坏，届时将有许多依赖于特定珊瑚礁生态系统的海洋生物失去栖息地，走向灭绝之路。红树林是热带

① 1亩≈666.7 m^2

地区一个最重要的湿地群落,红树林占据海岸地区为咸水淹没的地带,是虾类和鱼类重要的繁殖和捕食场所,在澳大利亚,渔民商业捕捞的种类中有 2/3 在某种程度上依赖红树林生态系统。虽然红树林具有极高的生态价值,在我国却常常被砍伐,用以修建虾类养殖场和种植农作物,使依赖于红树林生态系统的物种丧失生境。

生物多样性所受的威胁主要是生境丧失,因而保护生物多样性最重要的手段是保护生境。特别容易受到破坏威胁的生境是雨林、热带干性森林、各个气候带中的湿地、温带草原、红树林及珊瑚礁。因此,在这些地区建立自然保护区是非常必要的。

3.4.2 生境破碎

生境破碎(又称生境片段化)是指由于某种原因而使一块大的、连续的生境被分割成 2 个或更多片段的过程,这样的片段经常被高度修饰或退化的景观彼此隔离(图 3-6)。这种片段化的生境,类似于海洋中的岛屿,被人类占据的空间所包围。

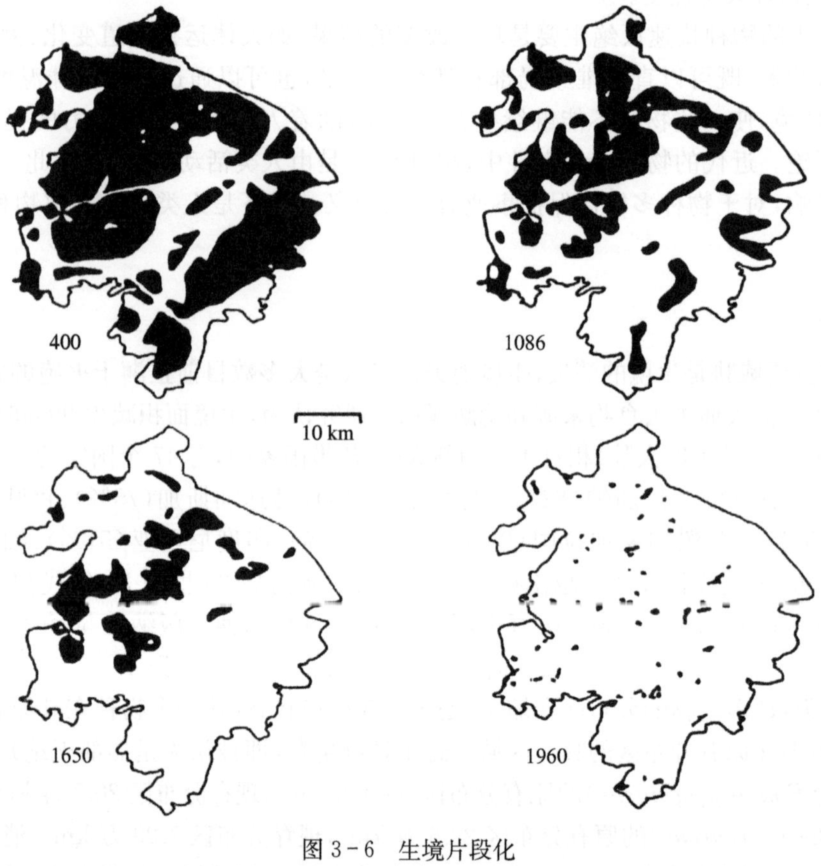

图 3-6 生境片段化

从公元 400～1960 年,英格兰 Warwickshire 地区的森林(黑色显示)不但面积减少了,而且片段化了(引自 Richard Primack,2000)

片段化的生境与原来生境有两点重要区别:① 单位面积生境中,片段化后具有更长的边界线;② 对每一生境片段来说,中心到边界的距离较近。以猫对森林中鸟类的威胁为例可以阐述这些特点及由此引出的问题。设想有一个方形保护区,其每边长为 1 000 m,其总面积是 1 km^2(100 hm^2),周长(边界)总共是 4 000 m,保护区中心至边界最近点的距离是 500 m。如果家猫由边界深入保护区内 100 m 捕食,使该范围内的鸟类不能成功地保护它们的幼雏,这样仅有保护区内部的 64 hm^2 适合于鸟类的繁育,而不适合于鸟类繁育的边缘生境有 36 hm^2(图 3-7A)。现在假设该保护区被一条宽 10 m、南北向的公路和一条也是 10 m 宽、东西向的铁路分割成大小相等的 4 个片段化的生境,其周长则是 7 200 m。每个片段化生境中心至边界最近点的距离是 245 m,可供鸟类安全繁育的面积是 8.7 hm^2,合计 34.8 hm^2(图 3-7B)。虽然公路和铁路仅占去了保护区 2%的土地,但是,它们却使适合于鸟类繁育的生境减少了大约一半。

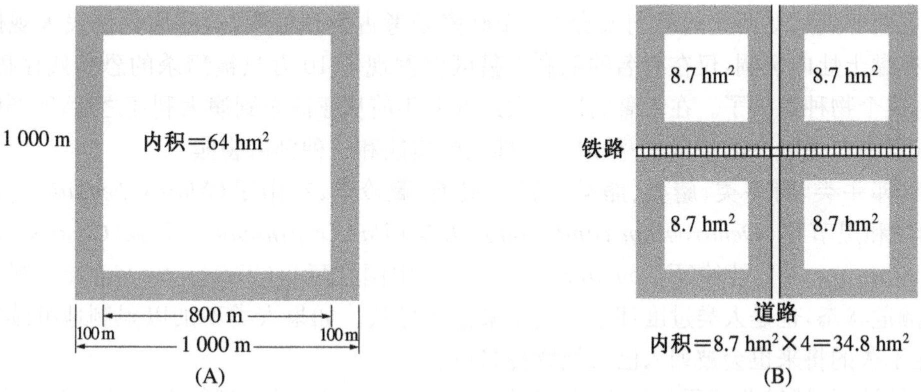

图 3-7　一个显示生境面积由于破碎而减少及边缘效应的假设例子

(A) 一个 1 km²的保护区。假设边缘效应(阴影区)能够渗透该保护区 100 m 的纵深地带，大约有 64 hm²能够作为营巢鸟类可用的内部生境。(B) 一条公路和一条铁路使该保护区破碎，尽管它们并没有占用多少实际面积，但扩大了边缘效应的影响，因此几乎一半的营巢生境被破坏了(引自 Richard，2000)

生境片段化后，有可能限制一些物种潜在的散布。由于在通过隔离区时有被捕食的危险，许多生活在森林内部的鸟类、兽类和昆虫将不敢穿越隔离区，其结果是一方面使物种的基因交流受限，导致近亲繁殖；另一方面使部分空出的生态位不能被重新占据，等同于丧失了生境。鸟类的迁徙能力是非常强的，但相距仅数千米的两个森林片段中的鸟类竟然有 50%以上不同(文贤继，1997)，可见生境破碎对物种扩散的影响之大。生境片段化对植物扩散也有影响，不但那些依据营养繁殖物种扩散受限，依靠动物传播种子和依靠昆虫传播花粉的植物也将受到影响。生境片段化还能降低动物的觅食能力，由于资源的季节性和分布的不均衡性，有些动物需要不断迁徙运动以获得足够的资源，当生境破坏后，动物只能留在原地啃食少量资源，这不但使生境退化，还将由于饥饿而减少繁殖或导致死亡。当物种在一个个片段化的生境内灭绝后，最终将导致其在整个分布区内灭绝。

3.4.3 生境退化

生境类型虽然不变，但由于受到了干扰和破坏而使质量下降，这就是生境退化。如东北的红松针阔叶混交林破坏后转变为落叶阔叶林，内蒙古典型草原过度放牧后转变为荒漠化草原。杀虫剂、除草剂、重金属等是重要的污染物质，环境污染和对生物资源的过度利用常导致生境退化。无论是污染导致的生境退化还是过度利用导致的生境退化，都将改变生物赖以生存的环境，使一些生物无法生存下去，降低退化生态系统的生物多样性。

据对武汉东湖的长期监测，水体富营养化和强化渔业导致的生境退化使沉水植物群落大量萎缩乃至消失，依托沉水植物而生活的许多动物因而失去了合适的栖息场所。研究结果表明，东湖中轮虫在 20 世纪 60 年代有 80 多种，而到 90 年代下降到仅 50 多种。腔轮虫属(*Lecane*)中许多种类及盘状鞍甲轮虫(*Lepadella patella*)、侧棘伏嘉轮虫(*Wolga spinifera*)等均从水体中消失了。

美丽的翠鸟需要在清澈的河流捕食小鱼维持生存，由于欧洲河流在 20 世纪污染严重，使翠鸟的生存十分艰难，种群数量大幅度下降。英国皇家鸟类保护协会(RSPB)在最近公布的一项研究中声称，由于污染的河流得到了治理，英国的翠鸟数量在近年来已开始有所上升。

3.4.4 资源过度利用

猛犸象、大角鹿、剑齿虎、旅鸽等许多动物的灭绝，均与人类的过度捕杀有关。一些美国科学家肯定地认为，早在哥伦布到达美洲之前很久，印第安人的祖先就用火把、陷阱和简易的狩猎武器消灭了很多种动物，因为恰恰是在这些石器时代的人们于 15 000～12 000 年前从白令海峡来到美洲的时候，31 种大型哺乳动物和鸟类开始绝种，包括猛犸象、美洲乳齿象、大野牛、大地懒、雕齿兽、袋剑齿虎等。19 世纪，英国殖民者在新西兰耕田的时候挖出了当时已经绝迹的大型鸟类的骨骼(高达 3.6 m、重约 250 kg 的恐鸟)，直到前不久，人们还一直认为是一次自然原因导致了它们的灭亡，但最新的发现却将主要责任推到了大约 1 000 年前作为首批居民从波利尼西亚到达新西兰的毛利人身上。100 多处考古发现证明，这些原始居民大规模地杀害了恐鸟并将它们放在黏土灶内烹调，仅在有名的毛利人猎区就发现了 10 万只被猎杀的恐鸟残存物，在 500 年之内，毛利人就将这个物种消灭了。在土著居民于大约 6 万年前从亚洲来到澳大利亚之后，90%的大型有袋目动物已经绝种，其中包括巨大的袋鼠、一种犀牛一样大的袋熊和一种剑齿袋熊。

鲸类、鹿类、犀牛类、野牛类、麝类、熊类、鸟类、狼类、藏羚羊、穿山甲(*Manis pentadactyla*)、鳇(*Huso dauricus*)等动物和黑节草(*Dendrobium candicum*)、人参(*Panax ginseng*)、天麻(*Gastrodia elata*)、黄柏(*Phellodendron amurense*)、杜仲(*Eucommia ulmoides*)、中国红豆杉(*Taxus cuspidate*)、观赏价值高的兰花类等植物的濒危状态，也是人类过度捕杀和过度采挖所导致。如果人类不加以限制地继续捕杀和采挖这些生物，它们在不久的将来也会被列入已灭绝物种名单。

据 1993 年统计，与捕鲸业开展前相比，蓝鲸减少 94%，露脊鲸减少 74%，座头鲸减少 92%，南右鲸减少 97%。1960 年，非洲犀牛还存活 10 万头左右，到 1980 年只剩下 1.5 万头了。肯尼亚曾是犀牛较多的国家之一，至 1985 年只剩下了 550 头，进入 1988 年下半年，几乎很少见到犀牛的踪迹了。赞比亚也是出产犀牛的国家，1981 年还有 8 000 头，但 1985 年邻近的中非和布隆迪在本国捕杀绝尽之后，又进入该国行猎，使赞比亚到处是犀牛的尸体，而今，仅剩不足百头的犀牛。

旅鸽曾经分布在美国和加拿大的广大地区，鸽群的规模经常超过 10 亿只，尽管它的数量如此之大，却也难逃灭绝的命运。由于这种鸽子总是几千只彼此挤作一团，所以它们经常还来不及逃走便被屠杀。仅在 1879 年，密歇根州的市场上就出现了 10 亿只腌制或被冷冻的旅鸽，而仅仅是由于腐烂的缘故，真正死去的鸽子肯定是这一数字的几倍。22 年后，即 1900 年 3 月 24 日，最后一只野生旅鸽被人射杀。1914 年，最后一只养殖的旅鸽也死去了。人类无节制的猎杀活动，使这种北美洲一度最常见的鸟类在 40 年之内被彻底消灭了。

据 18 世纪的估计，在 1700 年前后，美洲有草原野牛 6 000 万头左右(每头重达 900 kg)，它们一直是土著印第安人赖以生存的捕猎对象，在当时看来，这似乎是一项取之不尽、用之不竭的食肉和兽皮资源。但是，随着移民大军向西部推进，野牛也逐步被压缩到越来越小的范围之内。贪婪残暴的人们肆无忌惮地射猎野牛，据一位目击者描述说，一个猎人"在不到三刻钟的时间里打死了 212 头野牛"。印第安人猎牛是为了剥皮吃肉，而殖民者猎杀野牛只取走牛舌和牛皮，其他的一切就丢弃在草原上。就这样，欧洲人只用了 100 多年时间就几乎将其赶尽杀绝。据 1889 年统计，原野上的野牛只残存 541 头了。就在这个物种眼看要被灭绝的关键时刻，美国一些著名的动物学家发起组织"美洲野牛保护协会"，得到了自然保护者的广泛支持，美国总统也担任了这个协会的名誉会长。他们大力倡导禁止狩猎野牛，并把野外的野牛收集起来，集中在黄石国家公园和一些自然保护区中，使其十年之内数量增长了 27 倍，摆脱了灭绝的命运(唐锡阳，1993)。

云南滇池内中国特产的两种螺蛳[螺蛳(*Margarya melanioides*)、光肋螺蛳(*M. mansuyi*)]，它们的肉和雄螺生殖腺(俗称"螺黄")味道鲜美，经济价值高，近年来，由于该湖严重污染和过度捕捞而濒于灭绝。作为当地重要资源的葛氏米虾，原在大理洱海产量很高，自 20 世纪 80 年代起已采不到标本。

"鹿因茸死，獐以麝亡"，野生动物及其制品的非法走私是现代许多物种遭到过度捕杀的根本原因。目前每年全球与野生动物有关的非法走私贸易额至少达到 60 多亿美元，是仅次于军火、毒品走私的第三大非法贸易。1 只训练有素的猎隼价格 5 000～20 000 美元，1 只鹦鹉的价格 4 000～40 000 美元，1 kg 麝香的价格是 50 000 美元，1 kg 犀牛角的价格超过 20 000 美元，1 条藏羚羊绒围巾的价格是 35 000 美元，1 株兰花的价格也可高达 2 000 美元，1 株大烛台仙人掌竟可高达 7 000 美元。看到这样一连串数字，也就不难理解野生动植物合法及非法贸易为什么会大行其道了。

3.4.5 外来种入侵

外来入侵种是指通过有意或无意的人类活动将物种引入到其自然分布区以外的自然或半自然生态系统中建立种群，并对引入地的生物多样性造成影响或破坏的物种，外来入侵种是外来物种的一部分。据统计研究，所有被引入的外来物种中，大约有 10%在新的生态系统中可以自行繁殖，在可以自行繁殖的外来物种中又有大约 10%能够造成生态灾害成为外来入侵种。外来入侵物种对生物多样性的影响表现在两个方面：一是外来入侵物种本身形成优势种群，使本地物种的生存受到影响并最终导致本地物种灭绝，破坏了物种多样性，使物种单一化；二是通过压迫和排斥本地物种导致生态系统的物种组成和结构发生改变，最终导致生态系统受破坏。

病原微生物对野生生物和圈养生物种群的感染都很普遍，黑足鼬最后一个野外种群的毁灭，就是犬温热病毒引起的。坦桑尼亚的塞伦杰提国家公园，大约有25%的狮子被犬瘟热病杀死。鼠疫、天花曾对人类种群有过重大威胁。寄主与病原微生物之间经过长期的协同进化，通常病原微生物是不会对寄主构成毁灭性打击的，但是，如果寄生物是外来物种，由于寄主没有足够时间进化出抵抗能力，常导致其濒危或灭绝。因此，疾病传播导致的物种濒危和灭绝，可以看做是外来种入侵的特殊类型。关于外来种入侵，请参阅本书第9章“生物入侵”。

以上5类物种濒危和灭绝原因只是表面的，易于察觉的，而深层次的原因则是人口激增和奢侈的消费观念导致的资源过度消耗和环境的严重破坏。1万年前全球只有500万人口，现在则是60多亿。美国平均一个人消耗的自然资源是发展中国家平均一个人的十几倍。另外，人类对自然资源的价值评价不科学，只看重眼前利益和实物价值，忽视长久利益和生态价值，以及生态价值和实物价值的获得者分属不同利益集团等因素都导致对环境和资源的破坏，威胁到物种的生存。

3.4.6　容易灭绝的物种

生存于地球上的物种很多，目前已经知道的物种数接近200万种，可能存在的物种数在1 000万～1 500万种。在这众多的物种中，有些灭绝的可能性大一些，有些则不容易灭绝。有证据表明，具有下列一个或多个特征的物种是容易灭绝的物种。

1. 地理分布区狭窄的物种

一些物种仅见于一个狭窄的地理分布区中的一个或几个地点，因此一旦整个分布区受到人类活动的影响，这些物种就有可能灭绝。如局限于单个海洋性岛屿上的鸟类和单个湖泊中的鱼类。

2. 仅有一个或几个种群的物种

地震、火灾或疾病暴发，可能导致某个物种的任何一个种群的区域性灭绝。因此，具有许多种群的物种要比那些仅有一个或几个种群的物种灭绝可能性小一些。

3. 小规模种群的物种

由于近亲繁殖和遗传漂变等，小规模种群比大规模种群更容易灭绝。因此，具有典型小规模种群的物种，如大型食肉动物和特异性极高的物种，要比那些具有典型大规模种群的物种更容易灭绝。

4. 种群大小正在衰落的物种

种群变迁的趋势倾向于连续性，因此，显现衰落迹象的种群易于灭绝，除非引起衰落的原因得到确认和修正。

5. 种群密度低的物种

对种群密度低的物种来说，如果人类活动导致分布区破碎，会使每个片段内只能保存小规模的种群。由于每个片段内的个体数量少，以至于物种无法长期持续下去，最终使其在整个分布区内消失。

6. 需要大面积家域的物种

单个个体或单个社群需要在一个宽广的地区觅食的物种，当它们的部分分布区由于人类活动被破坏或破碎后，则倾向于陆续死亡直至绝迹。

7. 体型大的物种

与小型动物相比，大型动物倾向于占用较大的个体分布区，需要较多的食物，易于成为被捕杀的对象。因此，它们或是因为得不到足够的食物而使种群衰退，或是因为被大量捕杀而灭绝。

8. 不具备有效散布途径的物种

在自然界，环境变迁促使物种或是从行为上、生理上去适应改变了的环境条件，或者迁移到适合其生存的新环境中去。不能适应环境的物种和不能及时迁移到适合其生存的新环境中去的物种，只能是灭绝。由于人类引起的环境变化速度太快，物种来不及适应，从而使迁移成了唯一的选择。在这种情形下，迁移能力差的物种（不具备有效散布手段的物种）将无法逃脱灭绝的命运。

9. 季节性迁移的物种

季节性迁移的物种依赖两种或多种截然不同的生境类型，任何一类生境被破坏或迁徙（洄游）路线被阻断,这个物种就有可能无法生存下去。如每年往来于加拿大与新热带地区之间迁徙的120种上百万只的鸣禽和被大坝阻断不能到达产卵场地的鲑鱼。

10. 遗传变异极低的物种

种群内的遗传变异有时可以使物种适应一个变化的环境,当环境中出现了一种新的疾病、一种新的捕食者或其他不利于物种生存的变化时,仅有极低或根本没有遗传变异的物种具有更大的灭绝危险性。

11. 需要特殊小生境的物种

一旦一个生境被人类活动所改变,它将可能不再适合于特殊的物种。例如,当人类活动影响到某个地区的水文时,那些需要极特殊、极规律水位变化的湿地植物将可能快速灭绝。那些具有高度特殊化食物需求的物种同样处于危险之中,如仅从单一鸟类物种的羽毛上取食的一些蜱螨类,一旦这种鸟类灭绝,与其羽毛相连的蜱螨类物种也会有同样的结局。

12. 特异性地生活于稳定环境中的物种

许多物种仅适应于那些极少受到干扰的环境,如古老持久的热带雨林或温带落叶林的中心地带。当这些森林被砍伐、放牧、焚烧或者被人类活动所改变,许多当地物种不可能忍受改变后的微气候条件(更多的光照、更低的湿度、更大的温度变化),以及由此导致的外来物种的流入。另外,稳定环境中的物种典型地表现出繁育年龄推迟并只产生少数后代,这些物种常常不能在一次或数次生境干扰事件后,重建自己的种群以避免灭绝。

13. 构成永久或临时群集的物种

在特殊地区聚为一群的物种对地区灭绝有高的危险性。例如,有的蝙蝠种夜间在宽广的区域觅食,但白天则在特殊的山洞中特异性地栖息在一起,白天进入山洞中的猎人能够快速地捕获种群中的每一个个体。野牛群、藏羚羊群、鱼群、已经灭绝的旅鸽群等,都属于这类物种。当一些社会性动物种类的种群大小降到某一特定数字时,由于再不能发挥集体觅食和集体防御的优势、找不到合适的配偶等,它们可能无法持续下去。

14. 遭受人类猎杀和采集的物种

这些物种通常是经济价值比较大的物种,过度开发能够快速减少这类物种的种群大小。如果猎杀和采集得不到法律或者当地习俗的调节,这类物种就会灭绝。已经灭绝的隆鸟、恐鸟、旅鸽、渡渡鸟、猛犸象、大角鹿等和已经濒危的犀牛、虎、鹿、麝、貂、熊、鲸、人参等都属于这类物种。

3.5 物种濒危等级

3.5.1 濒危等级划分的意义

物种濒危等级划分的意义有两个方面:科学方面意义和实用方面意义。从科学的角度来说,划分濒危等级能对物种的濒危现状和生存前景给予一个客观地评估,并且提供一个可以相互比较的基础,在一定程度上既是以往调查和研究结果的汇总,又提出了需要深入和补充研究的内容。从实用的角度来说,物种濒危等级划分能将物种按其受威胁的严重程度和灭绝的危险程度分等级归类,简单明了地显示出物种的濒危状态,为开展物种保护及制定保护优先方案提供依据。一些国际和国内的物种保护行动计划(包括有关的公约和立法)也以此为依据,IUCN的红皮书和红色名录为这两方面提供了最好的例证。

濒危等级划分的标准兼顾科学性和实用性。科学性要求这类标准客观、准确和精细,尽可能地使用定量而不是定性地依据,要求所使用的数据尽可能地全面、充足和精确。实用性强调标准的简单、实用,要满足不同水平操作者和各个类群的实际需要及特殊情况下的应急需要。因两方面的要求有时是相互矛盾的,所以标准的制定常处于一种两难的境地。为了达到科学严谨和实用方便两者之间的平衡,学者对IUCN(世界自然保护联盟)物种濒危等级和CITES(濒危野生动植物物种国际贸易公约)附录等级标准进行了反复修订。对于物种濒危等级的标准,在早期主要使用了容易操作的定性指标(IUCN,1984,1988;Rabinowitz,et al.,1986),为了克服定性指标的主观性和随意性,现在越来越多地引入了更客观的定量指标(Mace and Lande,1991;IUCN,1994)。确定物种濒危等级的主要定性指标如:种群数(现状:多或少;变化趋势:增加或减少)、种群大小(现状:大或小;变化趋势:上升或下降)、种群特性(是否都是小种群)、分布范围(宽或窄)、分布格局(有无破碎化或岛屿化现象和趋势)、栖息地类型(单一、少数或多样)、栖息地质量(现状：好或坏；变化趋势：改善或退化)、栖息地面积(现状：大或小；变化趋势：增大或减小)、致危因素(存在与否)、灭绝危险(有或无)。主要定量指标如：种群个体总数(特别是成熟个体数)、亚种群数、亚种群个体数(特别是构成小种群的阈值)、分布面积(或占有面积)、分布地点数、栖息地面积及在一段时间内(年或代)以上各指标的上升或下降的比率和物种或种群灭绝概率(用PVA方法计算)。

3.5.2 世界自然保护同盟(IUCN)濒危等级标准

世界自然保护同盟(IUCN)濒危等级标准是该组织编制世界濒危物种红色名录和许多国家编制本国濒危物种红色名录所依据的标准，各等级定义如下。

1. 灭绝(EX)

如果有足够理由确认该物种最后的个体已经死亡，即可列为灭绝。如生存于远古时代的所有恐龙、分布于欧亚大陆和北美大陆的猛犸象(*Mammuths primigenius*)、分布于马达加斯加的体重达500 kg的巨大鸟类——隆鸟(*Aepyornis titan*)、分布于北美大陆且数量达几十亿只的旅鸽(*Ectopistes migratorius*)等。已经列入灭绝名单中的物种，也有可能因重新被发现而从灭绝名单中除去，如新荷兰鼠、恐蜥、短翅水鸡、高山侏儒负鼠、百慕大海燕、老挝岩鼠、拉帕尔马巨型蜥蜴、腔棘鱼、水杉等。

2. 野生灭绝(EW)

一物种如果已知仅生活在栽培和圈养条件下或仅作为一个(或多个)驯化种群远离其过去的分布区生活时，即为野生灭绝。如分布于我国的麋鹿(*Elaphurus davidianus*)在野外灭绝了，但在世界许多国家圈养和半野生环境下生存良好。野生灭绝而圈养或栽培条件下仍在生存的物种数量现在还很少，但是，随着时间的推移，其名单将不断增加。

3. 极危(CE)

一物种在野外随时灭绝的概率极高，符合IUCN关于“极危”的标准时，即可列为极危。如百山祖冷杉(*Abies beshanzuensis*)、华南虎(*Panthera tigris amoyensis*)、白鳍豚(*Lipotes vexillifes*)等。

4. 濒危(EN)

一物种虽未达到极危，但在不久的将来野生灭绝的概率很高，符合IUCN关于“濒危”的标准时，即可列为濒危。许多猛禽和食肉哺乳动物都已列入了濒危物种名单。

5. 易危(VU)

一物种虽未达到极危或濒危，但在未来的中期内野生灭绝的概率较高，符合IUCN关于“易危”的标准时，即可列为易危。

6. 低危(LR)

一物种经评估不符合列为极危、濒危或易危任一等级的标准，即可列为低危。列为低危的物种可分为3个亚等级：依赖保护、接近受危、略需关注。

7. 数据不足(DD)

对一物种无足够的资料，仅根据其分布和种群现状对其灭绝的危险进行直接或间接的评估，即可列为数据不足。将一些物种列入该等级表示需要获得更多的资料及承认可能通过今后的研究将其归入适合的濒危等级。

8. 未评估(NE)

未应用有关的标准评估的物种可列为未评估。

3.5.3 濒危野生动植物物种国际贸易公约(CITES)附录等级标准

第二次世界大战以后，世界范围内的野生动植物贸易不断发展，由于这种贸易的增长对野生动植物保护产生十分不利的影响，1963年国际自然和自然资源保护联盟就呼吁制定国际公约予以控制。1973年2月召开了关于缔结濒危野生动植物物种国际贸易公约的全权代表会议，并签订了《濒危野生动植物物种国际贸易公约》，公约共有25条，4个附录，于1975年7月1日生效。《濒危野生动植物物种国际贸易公约》(CITES)附录的制定和历次修订，在很大程度上依据IUCN红皮书及红色名录的濒危等级。至1994年年底，已经有

126 个国家签署了该公约,对于濒危物种的保护起到了重要作用。

附录 1 列入了所有受到和可能受到贸易的影响而有灭绝危险的物种 800 种,这些物种的贸易必须加以特别严格的管理,以防止进一步危害其生存,并且只有在特殊情况下才能允许进行贸易(包括出口、进口、再出口和从海上引进)。

附录 2 列入了所有那些目前虽未濒临灭绝,但如对其贸易不严加管理就可能成为有灭绝危险的物种 2.7 万种,如果这类物种的种群数量降低到一定程度,则会被列入附录 1 进行全面的贸易限制。

附录 3 列入任一成员方认为属其管辖范围内,应进行管理以防止或限制开发利用,而需要其他成员国合作控制贸易的物种。

3.5.4 国内动植物濒危等级标准

1. 植物

1992 年,《中国植物红皮书(第一册)》正式出版,全书共列 388 种植物。采用濒危、稀有、渐危三个等级。

(1) 濒危

物种在其分布的全部或显著范围内有随时灭绝的危险。这类植物通常生长稀疏,个体数和种群数低,且分布高度狭域。因栖息地丧失或破坏或过度开采等,其生存濒危。

(2) 稀有

物种虽无灭绝的直接危险,但其分布范围很窄或很分散,或属于不常见的单种属或寡种属。

(3) 渐危

物种的生存受到人类活动和自然原因的威胁,这类物种由于毁林、栖息地退化及过度开采等在不久的将来有可能被归入"濒危"等级。

2. 动物

《中国濒危动物红皮书》也已经陆续出版,4 卷共收录了 592 个濒危动物物种。使用了野生灭绝(Ex)、国内绝迹(Et)、濒危(E)、易危(V)、稀有(R)和未定(I)6 个等级。

(1) 野生灭绝(Ex)

一物种因繁殖失败,以致该物种所有野生个体死亡,但该物种人工饲养或放养的种群尚有残存。如麋鹿。

(2) 国内绝迹(Et)

一物种或亚种的野生种群在国内已经消失,但并没有在国外的分布区内灭绝。如高鼻羚羊。

(3) 濒危(E)

一物种的野生种群数量已经降低到濒临灭绝或绝迹的临界程度,且其致危因素仍然存在。

(4) 易危(V)

一物种的野生种群数量已明显下降,如不采取有效的保护措施,势必沦为"危"者;或因接近某"濒危"级别,而必须加以保护以确保该"濒危"种的生存。如云豹、鹩哥。

(5) 稀有(R)

一物种从分类定名以来,总共只有为数有限的发现记录;或者从发现起就数量少,且其数量少的原因不是人工或环境影响所致。

(6) 未定(I)

一物种的情况不甚明朗,但有迹象表明可能属于或疑为濒危或渐危。如普氏原羚、假吸血蝠。

我国《国家重点保护野生动物名录》使用了两个等级,将中国特有、稀有或濒于灭绝的野生动物列为一级保护,将数量较少或者有濒于灭绝危险的野生动物列为二级保护动物。

3.6 物种多样性保护

1. 就地保护

物种多样性降低的主要原因是生境丧失、生境破碎、生境退化、资源过度利用等,在生物多样性关键地区设立保护区并对保护区科学管理，可以有效保护物种多样性（详见第7章“自然保护区的建立与管理”）。

2. 迁地保护

当濒危物种生境受到严重破坏且在短时间内无法恢复，或濒危物种数量极其稀少，在野生状态下灭绝风险很大时，采用迁地保护的方式是防止这些物种灭绝的有效方法（详见第8章“迁地保护与动植物园管理”）。

3. 科学技术与物种保护

科学研究对物种多样性保护有重要意义，人类需要了解自然界有多少物种、哪些物种受到了威胁、威胁程度如何、致危因素是什么、需要采取怎样的具体保护措施等。其中，物种多样性编目和分类是最基础的工作，GSP、GSM和GIS技术可以监测动物行为，为采取有效保护措施提供依据。

人类的生产生活依赖于各种生物资源，生物多样性丧失主要是对资源的过分利用。科学和技术的进步可以提高资源利用率，减少生物资源需求量，还可以通过开发非生物替代资源以减少对生物资源的依赖，实现保护物种多样性的目的。

例如，建立种质资源库（又称基因库），即发掘和收集各种植物品种种子，科学地加以贮藏，使种质在几十年甚至数百年之后仍具有原有的遗传特性和很高的发芽率，对于品种改良，培育高产、优质、抗逆性强的新品种效果显著，从而使物种不会灭绝或者物种多样性降低。

4. 政治经济法律与物种保护

通过法律途径，可以在一定程度上限制人类过度开发利用生物资源的行为，达到保护物种多样性的目的。如《环境保护基本法》、《野生生物海洋环境保护法》、《野生生物陆地栖息环境保护法》、《保护区管理法》、《野生生物物种保护法》等。

政治动荡的国家和腐败严重的国家，或由于法律不健全、或者法律难以执行、或者对生物资源的依赖性强，导致资源过度利用情况难以遏止，加速了这些国家和地区物种多样性丧失的速度，如非洲的部分国家、政府官员参与濒危物种走私活动猖獗。

经济发展对物种保护有两面性：一方面加速了对资源的开发利用，不利于物种多样性的保护；另一方面能为物种多样性的保护提供资金和技术，有利于物种多样性的保护，因为物种多样性关键地区往往是经济欠发达地区，对这些地区提供经济援助，可以减缓对生物资源的利用速度，有效地保护当地物种多样性。因此，许多国家在发展的过程中，常常是发展的初期对环境和资源破坏严重，而后又投入大量资金用于恢复和保护。

5. 宣传教育与物种保护

向公众传播生物多样性保护方面的知识，使之了解生物多样性的价值、濒危现状、有效的保护措施等，将会带动更多人直接或间接参与生物多样性保护行动中来。目前，电视专题节目、影像资料、科普图书、学校开设的有关课程等，都在发挥着重要作用。有证据表明，民众对生态环境及物种保护的有关知识及对濒危物种的保护意识等，都呈现明显上升态势。

6. 动植物产品进出口检验检疫与物种保护

外来物种入侵是导致物种多样性降低的原因之一，由于国际贸易越来越频繁，给外来物种入侵提供了更多的机会，因此，各国政府都非常重视动植物及产品进出口检验检疫工作，防止可能对当地生态系统带来危害的物种入境。

思考题

1. 为什么要保护物种多样性？
2. 为什么已知物种数目远低于估计物种数目？
3. 为什么热带雨林是物种多样性特丰富区域？
4. 全球物种丰富度梯度变化的原因是什么？
5. 历史上曾发生的物种大灭绝事件的可能原因是什么？
6. 现代物种灭绝的主要原因是什么？

7. 中国的物种多样性具有哪些特点？
8. 简述物种濒危等级划分的意义。

推荐参考书

马克平，韩兴国. 1997. 保护生物学. 杭州：浙江科学技术出版社.
宋延龄，杨亲二，黄永青. 1998. 物种多样性研究与保护. 杭州：浙江科学技术出版社.
〔英〕Andrew S P. 2005. 保护生物学. 贾竞波译. 北京：高等教育出版社.
格莱希，等. 2001. 生命数据. 马剑，等译. 贵阳：贵州科技出版社.
Richard P，季维智. 2000. 保护生物学基础. 北京：中国林业出版社.
Peggy L F，Peter M K. 1998. Conservation Biology：For the Coming Decade. 2nd ed. New York，N. Y.：Chapman & Hall：International Thomson Pub.

第4章 遗传多样性及保护

提 要

遗传多样性是种上水平各类多样性来源的重要基础，也是保护生物学研究的核心内容和热点问题，遗传多样性的保护是目前保护生物学的主要任务。本章就遗传多样性的概念及研究意义、遗传多样性的表现形式，各水平遗传多样性的来源、影响因素和检测方法，遗传多样性的保护与管理等进行了论述。

遗传多样性(genetic diversity)是生物多样性的重要组成部分，也是保护生物学研究的核心内容。遗传多样性是物种多样性和生态系统多样性的前提和条件。一方面，任何一个物种都具有其独特的基因库和遗传组织形式，物种的多样性也就显示了遗传多样性；另一方面，物种是构成生物群落进而组成生态系统的基本单元，生态系统的多样性离不开物种的多样性，也就离不开物种所具有的遗传多样性(葛颂等，1994)。保护生物多样性的最终目的是要保护好遗传多样性，因为一个物种的稳定性和进化潜力依赖其遗传多样性，而物种的经济和生态价值也依赖其特有的基因组成。遗传多样性广泛地存在于生物界，由遗传上的纯合个体组成的群体，不能有效地适应不断变化的环境选择压力，因此，高度的遗传多样性是维持物种长期生存和进化的基础。对生物遗传多样性的研究具有重要的理论和实际意义，它不仅在于可揭示物种的起源与进化历史，为动植物的分类、进化研究提供有力的证据，而且可为保护区规划、遗传资源的保存及动植物的育种和遗传改良等工作提供理论依据。因此，遗传多样性的保护是对人类及生活环境中可再生生物资源保护的一个极其重要的方面(黄百渠等，1996)。

4.1 遗传多样性概述

4.1.1 遗传多样性的概念

对遗传多样性概念的理解有广义和狭义之分。McNeely 等(1990)把遗传多样性定义为“蕴藏在地球上植物、动物和微生物个体基因中的遗传信息的总和”。这是一个广义的遗传多样性概念，其实质是指地球上所有生物所携带的各种遗传信息的总和。我们通常提到生态系统多样性或物种多样性时也就包含了其各自广义上的遗传多样性。而我们一般谈到的作为生物多样性一个重要层次的遗传多样性所指的是狭义的种内遗传多样性，它主要是指种内不同群体之间或一个群体内不同个体的遗传变异的总和。《全球生物多样性策略》文件(WRI et al.，1992)中将其定义为“遗传多样性是指种内基因的变化，包括同种显著不同的群体间或同一群体内的遗传变异”。

物种内的遗传多样性是物种以上各水平多样性的重要来源。不同水平层次的生物多样性是相互联系、密不可分的；上一级水平的多样性是由下一级生命实体的不同组合方式形成的。由遗传的多样性导致了物种的多样性，而物种不同形式的组合则决定了生物群落乃至生态系统的多样性。自然界中的物种是由个体组成的，除了孤雌生殖、同卵双生子及无性繁殖以外，生物界没有两个个体具有完全一致的基因型或基因组，这就是遗传变异最基本的特征。根据定义我们知道遗传多样性是用以衡量一个种、亚种或种群内基因变异性的概念，它最直接的表达形式就是遗传变异性的高低。然而，对任何一个物种来说，个体的生命是短暂的，从进化的角度看，个体必须组成群体或群体系统(地理宗、生态型、变种、亚种等)才能在时间上连绵不断，才具有进化意义。群体或群体系统在自然界有其特定的分布格局,故遗传多样性不仅包括遗传变异高低,也包括遗传变异分布格局,即群体遗传结构(population genetic structure)。遗传多样性是生命进化和物种分化的基础,群体遗传结构上的差异是遗传多样性的一种重要体现。繁育系统、生活史特点、种群动态及其遗传结构等决定或影响着一个物种与其他物种及环境之间相互作用的方式。每一个物种所保存的遗传基因可被看做是一个基因库(gene pool),一个物种所包含的遗传变异越丰富,基因库规模越大,它对环境的适应能力越强;反之,遗传多样性贫乏的物种通常在进化上的适应性就弱。

物种的遗传信息存贮在其细胞的染色体和细胞器基因组的 DNA 的序列中,各种生物都具有准确地复制自己的 DNA,将自己的遗传信息一代一代遗传下去,从而保持自身性状稳定的能力。然而,有许多因素能影响 DNA 复制的准确性产生遗传变异,这些因素可能来自外界,也可能来自本身。随着变异的不断积累,遗传多样性的内容得到不断丰富。另外,有性生殖中的减数分裂、基因重组等过程也导致子代与亲代、子代与子代之间的遗传差异。现代实验证明,种内普遍存在着等位基因的多态性(alletic polymorphism),种内的遗传变异通常可分成以下 4 个类型:① 局部群体内的变异;② 生活在相似气候和土壤条件下隔离群体间的变异;③ 生长在不同环境条件下、产生独特生态型的群体间的变异;④ 分类学上亚种间的变异。

一个物种的进化潜力和抵御不良环境的能力既取决于种内遗传变异的大小,也有赖于群体遗传变异的结构。物种的遗传多样性可以从形态特征、细胞学特征、生理特征、基因位点及 DNA 序列变异等不同方面来体现(葛颂,1994,1997)。

4.1.2 遗传多样性的表现形式

从本质上说,遗传多样性都是由于进化过程中各种原因而引起的,发生在物种基因组分子中 DNA 排列顺序的变化,但遗传多样性的表现形式却是多样的,可以表现如下。

1) 表型水平上的个体外部形态上的差异,如豌豆种皮的颜色、鸡冠的形状、人类的肤色等。

2) 细胞水平上的染色体倍性、数目、结构的差异,如多倍体、单体、三体等。

3) 生理、生化水平上的差异,如光合作用的途径和强弱、酶活性的高低及等位酶谱带的差异等。

4) 分子水平上的差异,如 DNA 序列的变化、DNA 甲基化的差异等。

值得注意的是,遗传多样性是仅指那些可遗传的变异,那些由于发育或环境条件改变所引起的表型或生理代谢途径的改变应排除在遗传多样性范畴之外。

4.1.3 遗传多样性的研究意义

遗传多样性的研究具有重要的理论意义和实际应用价值。从达尔文《物种起源》发表开始,到孟德尔与摩尔根著名遗传学定律都是以遗传多样性分析为基础的。从保护生物学的角度对物种遗传多样性的了解,有助于物种濒危原因的探讨和物种保护策略的制定。遗传多样性研究不仅可以反映物种过去的演化历史,而且能够预测物种发展的未来。遗传多样性研究结果也是制定合理保护对策的科学依据。

我国是世界上物种多样性最丰富(巨生物多样性,megadiversity)的国家之一,各种栽培植物和家养动物及其地方品种、野生近缘种都拥有异常丰富的遗传多样性,这是一种宝贵的遗传资源。因此,对遗传多样性的深入了解不但是目前保护工作的需要,也是为未来人类需求的变化培育相应的品种做好资源储备,特别是随着当代生物技术的迅猛发展和基因转移技术的日益成熟,这种研究更具现实意义。

1. 群体的遗传结构可以反映物种的进化历史

群体的遗传多样性大小和分布是物种长期进化的产物,也是其生存适应和发展进化的前提。理论推导和大量实验证据表明,生物群体中遗传变异的大小与其进化速率成正比。目前我们所检测到的遗传多样性是物种在进化过程中所积累的变异,并且这部分变异是经过自然和历史事件的选择而保留下来的变异。因此,对群体目前遗传多样性的研究,可以揭示物种的起源时间、发生中心的地点、群体扩散的途径,也能为进一步分析其进化潜力提供重要的资料。许多物种独特的群体遗传结构反映了进化历史上的一些特殊事件,例如,在对我国特有的单型属银杉(*Cathaya argyrophylla*)的遗传多样性研究中,葛颂等(1997)通过 5 个位点的酶电泳检测和汪小全等(1996)通过 21 个引物的 RAPD 分析,结果都发现这一孤立分布在湖南、广西、四川等地的孑遗物种具有很低的遗传多样性,但群体间分化却很大。即使在相距仅几公里的小群体间也出现了明显的遗传差异，这说明这些银杉群体在历史上发生了严重的瓶颈效应，也表明了银杉的古老性和残遗性。宿兵等(1994)在对来自 8 个山系的 12 只大熊猫的 36 种血液同工酶的 40 个遗传位点检测中发现，39 个位点表现为单态，只有一个位点上有两个等位基因，显示了大熊猫极低的遗传多样性水平。而同样实验条件下的 17 只亚洲黑熊(*Selenarctos thibetanus*)却表现出了丰富的遗传多样性。据此，他们推测，在晚更新世气候剧变而导致动物大量死亡以至灭绝，大熊猫可能仅有少量个体存活，这种历史事件的打击及随后发生的不可避免的近亲繁殖造成了物种遗传多样性的贫乏，从而最终导致其种群衰竭。

2. 探讨物种濒危机制，制定科学合理的保护策略

导致物种濒危的原因是复杂的，遗传多样性研究是从遗传学角度揭示濒危机制的一个重要方面，也是国际上讨论的热点之一。了解种内遗传变异的大小、时空分布及其与环境条件的关系，是我们制定科学有效的措施来保护人类赖以生存的遗传资源(基因)、挽救濒于灭绝的物种、保护受到威胁的物种的前提条件。

早在 20 世纪初，一些学者就指出稀有或特有种往往出现遗传上的衰退，即遗传多样性水平的降低，后来的许多研究也证实了这种现象。造成遗传衰退的原因有选择作用、群体有效大小降低、遗传漂变及自交等，较低的遗传多样性会导致种群较低的适应环境能力和易于受到生态环境突变的影响(洪德元等，1994)。

在自然群体中，个体数量下降和生境片段化会明显地改变群体的遗传结构，增加近亲繁殖和遗传漂变，导致遗传异质性和基因多样性一代代地丧失，从而使物种适应环境的能力下降。因而通过评估遗传变异水平和分布格局，保护工作者能够估计群体水平上的近亲繁殖程度、有效种群大小、亲系鉴定、种群间迁移和基因流程度、检测种群间杂交和基因渗透等情况。这些参数对了解物种濒危的原因、制定合适的保护策略将起着十分重要的作用。例如，在采用 RAPD 的方法对 7 只笼养的藏马鸡(*Crossoptilon harmani*)的亲缘关系进行研究时，选用了 53 个 10bp 的随机引物对每只藏马鸡的基因组 DNA 进行扩增后获得了 14 个有效引物，并得到了 226 个扩增片段。根据各扩增片段的碱基序列构建的聚类分析树状图最终确定了 7 只藏马鸡的亲缘关系。这将有利于该物种在人工繁殖中避免近亲繁殖，降低遗传多样性的丧失风险(丁炜，2005)。采用 ISSR 分子标记方法检测濒危植物华山新麦草(*Psathyrostachys huashanica*)的遗传多样性时发现，该物种的自然种群有相对较高的遗传多样性，并且约占总体 70%的遗传多样性存在于亚种群内。同时各亚种群之间也因为具有一定的基因交流而保持了种群之间的联系，使种群之间的遗传分化不十分显著。因此认为造成该物种濒危的原因不是由于遗传多样性低所导致，而是由于人为干扰和它对特殊生态环境的要求而限制了其进一步发展和扩散，使其形成目前狭窄的分布格局。因此，只要能够保证目前华山的生态环境不被进一步破坏，华山新麦草就能得到很好的保护而不会因种内遗传多样性降低而灭绝(杭焱等，2004)。采用形态、等位酶、RAPD 三个层次的方法研究明党参(*Changium smyrnioides*)的濒危机制及其保护对策时发现，党参的分布呈岛屿状，并且由于生境的片段化和破碎化使得种群产生了遗传漂变和自交衰退等不利的遗传效应，同时由于种群之间的基因流过小从而导致种群出现遗传分化。进一步对明党参的遗传多样性进行研究发现，该物种的遗传多样性主要存在于各种群之间，而种群内部则相对较均一。因此在制定保护对策时，除了对该物种的所有种群进行就地保护外，包括选择遗传多样性程度较高的种群进行重点保护，还应对该物种进行迁地保护，并在取样中，至少选择 6 个以上的群体才能保存其 95%的遗传多样性(邱英雄等，2001)。

制定特殊物种的有效保护措施取决于遗传结构信息，特别是遗传变异能力的空间分布。只有掌握物种多样性水平高低及其群体的遗传结构，才能制定有效的保护策略和措施。否则，任何在物种水平上的保护生物学活动都可能成效不大。显然对一个遗传变异主要存在于群体之内的物种(如大多数风媒异花授粉的裸子植物)和一个遗传变异主要分布于群体之间的物种(如许多自花授粉的一年生草本植物)应具有完全不同的取样和保护方针。在濒危物种，特别是高度特化的单型种的研究和保护中，我们必须充分重视物种的遗传多样性和群体遗传结构。

3. 种质资源的保存及取样策略

保护一个物种，特别是珍稀濒危物种，不管是就地保护还是迁地保护，都要考虑保存一定的个体数量和足够的遗传变异。取样策略(sampling strategy)的问题最早产生于种质资源的野外采集和保护。Allard 于 1970 年提出了最佳取样策略的概念。他强调许多物种内存在着大量的遗传变异和不同的基因型，但在资源的采集过程中由于受到人力和物力的限制，只能采集到其中的一部分基因型或遗传变异，因此存在着如何使一定数量的样本包含尽可能多的有用变异的问题。

生物多样性的研究同样存在取样策略的问题。与种质资源的野外采集和保护相比,生物多样性研究的取样策略不仅要考虑在某一生物种群或研究空间中如何使获取的样本包含尽可能多的遗传变异,而且还要根据研究的目的使获取的样本具有一定的代表性和统计学意义,同时还要求该样本的数量应该在可操作的范围内。因此,遗传多样性的取样策略是指对一定地理分布范围内的生物个体取样时,使样本具有代表性和包含尽可能多的遗传变异的最佳取样方法,包括取样数目(一个给定区域的种群数和一个种群的个体数)及取样方式。

取样方案的制订,需视群体中遗传变异的分布情况而定。如果该物种的所有种群都具有几乎相同的等位基因频率,那么充分地取一个种群的样品就可以获得种内相当多的遗传变异。可是许多物种的种群之间会出现广泛的变异,这就必须在许多种群中取样,以保证获得足够多的变异。所以在此情况下的取样方案中,通常必须考虑3个主要因素:① 每个种群采集的个体或种子数;② 取样种群的数目;③ 这些取样种群在该物种分布区内的分布(Hedrick,1984)。当我们对取样缺乏足够的知识时,通常以尽可能多取一些种群为好,取样种群的选择要根据物种的分布式样和环境异质性而定。另外,取样策略还与取样的目的有关,是为了遗传多样性的保护和可持续利用,还是为了进行某一方向的研究;是考虑整个物种,还是考虑该物种在特定区域的种群之间或者是种群内的遗传多样性等。如果研究对象是整个物种,那么样本要能够代表该物种的整体遗传多样性水平,应该尽可能覆盖该物种的分布区;如果研究对象是物种在特定区域的种群间的遗传多样性水平,那么就应该在该区域合理地选取具有代表性的种群;如果同时还要考虑其他因素对该物种的影响,则取样时要设计各因素的梯度或对照(金燕等,2003)。在估计野生资源植物或作物的野生近缘种的遗传多样性时,还要考虑三个方面的特性,即经济性状、对病虫害的抗性、遗传的形态标志。在制定取样方案时,应考虑不同种群对各种环境的适应性(黄瑞复,2000)。

由于遗传变异与环境因子是相互作用的,它们不能看做是两个独立的影响因子。从长远来看,濒危物种保护对策的制定必须同遗传因子和环境因子结合起来考虑。遗传多样性的取样策略是与生物多样性保护、研究和可持续利用生物资源紧密相关的重要问题,直接关系到保护的对象是否真正得到了保护,还关系到我们的研究结果是否具有代表性和重要参考价值。由于研究对象自身复杂的生物学特性和受不同环境条件的影响,使得物种的种群间和种群内的遗传多样性水平和分布式样都有很大的变化,只有了解这些变化的规律并结合取样的目的来制定不同的取样策略,才能够在所采集的有限样本中包含尽可能多和能代表研究对象特点的遗传多样性。否则,任何物种保护措施的实施,都不会取得实质性的成效。由此不难看出,遗传多样性研究是制定合理保护方案的科学依据。

4.1.4 种群遗传结构

遗传多样性的存在形式,主要体现在种群遗传结构的组成和变化上。种群遗传结构泛指遗传物质在种群水平上的存在格局或特征,包括基因频率、基因型频率、交配与繁殖模式、种群遗传分化、种群间基因交流模式等。

种群遗传结构的研究成果对制定物种的保护策略起着极其重要的作用。遗传结构的相关参数是定义进化显著单元和实施迁地保护与就地保护计划的基础,因为在对濒危物种实施保护计划过程中,就地保护地点的选择和迁地保护策略的采用均需要物种遗传结构的资料作为基础。在相关研究中,Balakrishnan 等(2003)通过对坡鹿(*Cervus eldi*)的三个亚种的线粒体控制区序列的变异来揭示该物种的种群遗传结构和进化历史。线粒体的单倍体数据显示在历史上该物种的地理扩散在亚种间和各亚种内部的种群之间都受到了限制,也就是说亚种间及亚种内部种群间的基因流程度很小。同时对线粒体的单倍体多样性研究发现,各亚种种群较高的遗传多样性特征没有受到近期种群数量下降的影响。基于各亚种之间较小的基因流、明显的遗传分化及较高的遗传多样性水平,确定了三个进化显著单元,并据此对坡鹿的保护和管理提供重要的参考依据。此外,一些动植物遗传结构的研究成果,还被应用于制定物种恢复和复壮的保护计划之中。

4.2 遗传多样性的来源

4.2.1 遗传多样性产生的基础

遗传和变异是生物的主要特征之一。没有遗传,物种就不能保持性状的相对稳定,变异不可能得到积累，也不可能产生多样性。但是，物种的稳定性是相对的，没有变异，仅凭遗传带来的简单重复，就不可能有新的性状和物种的产生，生物就失去了进化的动力和原材料。

种内遗传变异的来源主要有遗传重组、染色体畸变和基因突变。新的变异可以看做是变异积累的结果，在自然选择的背景下，大量的与环境不适应和有严重缺陷的突变体被选择淘汰出群体，而那些对选择有益的突变，则由于能够增加有机体生存和繁殖的能力而被得以积累和保留。另外的一些中性突变则随机率被整合到种群的基因库中。

1. 遗传重组

遗传重组(genetic recombination)是生物界有性生殖物种普遍存在的遗传现象。重组是通过有性生殖过程将群体中不同个体具有的变异进行重新组合，形成新的变异的过程。在生殖细胞发生时通过减数分裂形成了配子，雌雄配子随机结合完成受精过程组成了具有不同遗传特征的合子。由于所形成配子的多样性及配子结合的随机性，这种方式所形成的合子发育成的新个体的遗传组成与其亲代及所有同种生物其他个体之间产生差异，这是一个非常重要的遗传现象。作为遗传物质的载体——染色体在这个过程中有两种变化形式：一种是DNA分子间没有发生物理交换；另一种是发生了物理交换，使遗传物质产生了新的排列和组合。遗传重组的类型有很多，主要的有同源重组(homologous recombination)、位点专一性重组(site-specific recombination)、转座重组(transposition recombination)和异常重组(illegitimate recombination)四种类型，相关的知识内容请参考普通遗传学教材(张飞雄，2004)。

从广义上讲，遗传重组包括任何造成基因型变化的基因交流过程，这个过程在生物界是一种普遍现象。对异体受精的生物来说，绝大部分的基因型变异是多代以来存在于群体内基因的相互分离和重组的结果。例如，当我们将自花授粉植物的单株后代种在一致条件下时，子代的遗传组成是非常一致的。但同样处理异花授粉植物，其后代的变异就大得多。由于重组过程不仅能产生大量新的变异，而且产生变异的速度要比突变更快。通过重组，生物体获得了遗传多样性，加快了对环境的适应能力和生物进化的进程。

2. 染色体畸变

染色体是遗传物质的主要载体，每种真核生物中染色体数目是相对恒定的，都含有一套以上的基本染色体组(genome)。构成染色体组的若干个染色体在结构和功能上各有差别，但有相互协调，共同控制着生物的生长和发育。染色体结构、数目的稳定是保证物种遗传稳定性的基础。然而，染色体的稳定性也是相对的，生物体内外环境条件的影响有可能引起种内染色体结构、数目的变化。遗传学上将染色体结构或数目的改变称为染色体畸变(chromosomal aberration)。

染色体畸变分为结构变异和数目变异。结构变异包括缺失(deletion)、重复(duplication)、倒位(inversion)和易位(translocation)，它们都是由于染色体断裂而引起的。

1) 缺失：染色体上的某一区段及其所携带的基因一起丢失的现象。包括中间缺失(interstitial deletion)和末端缺失(terminal deletion)。

2) 重复：一条染色体上某一部分出现两份或两份以上的现象。重复可分为顺接重复(tandem duplication)、反接重复(reverse duplication)和替位重复(displaced duplication)三种类型。

3) 倒位：一条染色体上同时出现两处断裂，中间的片段扭转180°重新连接起来而使这一片段上基因的排列顺序颠倒的现象。有臂内倒位(paracentric inversion)和臂间倒位(pericentric inversion)两种类型。

4) 易位：非同源染色体之间片段的转移所引起的染色体重排。包括简单易位(simple translocation)、相互易位(reciprocal translocation)和整臂易位(whole-arm translocation)三种类型。

染色体数目变异分为两大类：一种是染色体组数目的增减产生的变异，称为整倍体(euploid)变异，包括单倍体(haploid)和多倍体(polyploid)；另一种是染色体组内个别染色体数目的增减产生的变异，称为非整倍体(aneuploid)变异，包括有单体(monosomic)、缺体(mullisomic)、双单体(double monosomic)、三体(trisomic)、四体(tetrasomic)和双三体(double trisomic)等。

种内染色体的整倍性变化在动物中是不常见的，但多倍性在植物中却是较为普遍的现象，大多数有染色体资料的被子植物科都有一些种呈现种内多倍性。例如，在大约200个种的委陵菜属(*Potentilla*)中就有60个种具有种内多倍性变化。除了整倍性的变化外，染色体数目的非整倍性变化在不少的动植物中也是常见的现象。与染色体数目的多态性相比，染色体结构变异在种内更为常见。

染色体畸变是遗传变异的重要来源,许多物种,尤其是存在大量杂交、多倍化、单性生殖和营养繁殖的植物类群,染色体畸变十分常见。

3. 基因突变

突变(mutation)是生物界较为普遍的一种遗传状态,一切能够通过复制而遗传的DNA结构的任何永久性改变都叫突变。突变可以发生在染色体水平上(染色体畸变),也可以发生于基因水平上。基因突变(gene mutation)是指染色体上一个位点内遗传物质的变化。只要细胞仍然在生长、繁殖,就必然会有突变的发生,如细菌的抗药性、玉米种子的颜色、黑腹果蝇的白眼性状等。

DNA的复制错误、化学损伤及辐射、化学诱变剂等都可能引发基因突变。根据突变产生的原因,通常将突变分为自发突变和诱发突变两大类:

1) 自发突变(spontaneous mutation)是指在自然条件下发生的突变。自发突变一方面是外界环境条件对细胞或个体的影响所致,如个体生活的环境中各种辐射、化学诱变剂对遗传物质的损伤所导致的突变。另一方面来自生物体内的生理代谢产生的自由基,过氧化物造成碱基的氧化、脱嘌呤、脱氨基等引起突变。同时,由于存在碱基异构互变效应,DNA在复制过程中出现碱基配对错误也能导致发生突变。

2) 诱发突变(induced mutation)是指人工运用物理方法或使用化学诱变剂诱发的突变。高能量射线、紫外线照射及碱基类似物、烷化剂和吖啶类染料都能诱发遗传物质产生突变。诱发突变与自发突变的本质是相同的,只不过诱发产生突变的频率大大提高。

根据突变的分子基础,可以将基因突变分为碱基替换、移码突变和缺失突变等。

1) 碱基替换(base substitution)一种碱基被另一种碱基替换。发生替换时,如果一种嘌呤被另一种嘌呤替代或一种嘧啶被另一种嘧啶替代称为转换(transition);如果嘌呤被嘧啶或嘧啶被嘌呤替代则称为颠换(transversion)。

2) 移码突变(frameshift mutation)是指一个或几个碱基对的增加或减少,使该处后面的全部遗传密码的可读框发生改变,从而使蛋白质序列发生较大的改变。增加1~2个碱基的改变称为插入突变,减少1~2个碱基的改变称为删除突变。

3) 缺失突变(deletion mutation)指缺失了一个较大片段的DNA(缺失的片段范围可以从十几到几千个碱基)。

无论是自发突变还是诱发突变,不管引起突变的原因是什么,产生突变的过程有何不同,突变的结果在本质上都是一样的,即原来正常的DNA结构或序列发生了改变,使得遗传信息随之改变,其后果是影响了基因的正常功能,并以生物体各种表型性状特征、生理生化过程表现出来。

突变是基因的三大功能之一。突变的结果就是从一个基因变成它的等位基因,继而产生新的基因型。具有某种新的基因型的细胞或个体常具有某种突变表型,这种携带有突变基因的细胞或个体就称为突变体(mutant)。生物变异主要来源于减数分裂过程中等位基因发生分离、非等位基因自由组合,其源头之一就是基因突变,丰富的变异类型为生物进化提供了原材料。

为保持物种遗传的稳定性,生物体或细胞自身具有各种对DNA修复机制,因此,生物个体在正常生活环境中每个基因位点的自发突变率很低。但由于一个物种拥有许多个体,每个个体又具有许多基因位点,所以新的基因突变能在自然界不断地出现。

此外,基因流(gene flow)、杂交(hybridization)、选择(selection)和遗传漂变(genetic drift)等也会造成群体之间出现各种不同形式的分化和隔离,也是产生种内遗传变异的因素,形成种内不同的遗传变异分布格局,即特定的群体遗传结构(葛颂等,1994)。

4.2.2 影响遗传多样性的一些重要过程

在自然界,种群遗传结构或遗传多样性往往受到多种生物学、生态学过程的影响。各种因子可对种群遗传结构或遗传多样性产生影响,如选择压力、基因突变、生殖方式、小种群效应、迁移扩散等。

1. 小种群效应

生境的破坏、种群的分割及环境压力都会限制或缩减动植物种群大小。对小种群潜在的遗传效应研究,目前主要集中在瓶颈效应、遗传漂变、近交及基因流等领域。小种群效应的重要性,一方面,在于其遗传多样性比大的种群更容易波动；另一方面，多数濒危物种处于小种群状态。

2. 生殖方式

生物体不同的生殖方式将直接影响基因频率的变化，随机交配的群体与非随机交配的群体其基因频率变化规律具有很大的差异。理论上，在随机交配(random mating)的群体内任何个体与所有异性个体都有相同的交配机会，而实际上，性选择、社会习性、环境阻隔等因素引起的非随机交配，则导致种群遗传结构偏离遗传平衡。其中，小种群的近交程度增加，近交又导致繁殖成功率降低或后代生存力下降，而远交则由于从不同亲代遗传而来的染色体和酶系统缺乏亲和性，其子代可能衰弱或不育。

3. 基因流动

基因突变、遗传漂变和选择压力使得种群间的遗传差异逐渐变大，从而使物种出现遗传上的分化甚至形成新的物种。基因交流的作用则恰恰相反，使种群间保持遗传上的相似性，共享基因库。导致群体间基因交流的因素主要有三种：个体的迁移、配子的运动、群体的灭绝与重建。群体间的基因交流的强度和模式，及其与种群遗传结构的关系，是遗传多样性研究的一个重要内容。

4.3　遗传多样性的检测方法

随着生命科学的飞速发展，各项研究技术取得了重大的进步，尤其是分子生物学领域的实验技术和方法日趋完善，使遗传多样性的检测手段也日益成熟和多样化。研究者针对遗传多样性的 4 种不同表现形式，发展了：① 形态标记；② 细胞学标记；③ 生理、生化标记；④ DNA 分子标记的遗传多样性检测技术，可以从不同角度和层次来揭示物种的遗传变异。

4.3.1　形态标记

从形态学或表型性状上来检测遗传变异是最古老也是最简便易行的方法。它甚至可以在野外直接利用所采集的样本进行分析，尤其是需要在短期内对变异性有所了解或在生理生化、分子生物学方法无法开展时，形态学标记成为研究者首选的方法。受个体自身的遗传组成和所处生态环境两方面影响，形态性状既具有变异性又具有稳定性，是生物适应其生存环境的表现形式。通常所利用的表型性状主要有两类：一类是符合孟德尔遗传规律的单基因性状(如质量性状、稀有突变等)，另一类是根据多基因决定的数量性状(如大多数形态性状、生活史性状)(葛颂等，1994)。形态标记是指生物体特定的外部特性和特征，如株高、茎径、叶形等，包括与色素、生殖生理特性、抗病抗虫特性等有关的标记。由于简单直观、易于观察记录，长期以来，形态标记一直作为物种分类，资源鉴定评价及育种材料的选择等方面的主要指标。但是形态标记也受到数量少，多态性差，遗传表达不稳定，易受环境条件或基因显隐性的影响限制。

表型性状的变异通常是由物种的遗传起源、自然选择压力和人工选育目的不同形成的。对形态性状变异的度量、描述和分析可以分为以下几个步骤。

1. 性状的选择

性状选取是在表型水平上研究遗传变异性的第一步，也是至关重要的步骤。因为生物体的任何特征都有可能反映个体在遗传上的差异，而每一个生物都具有数目众多的表型性状，所以，要对生物所有的性状都进行深入研究是不可能的，人们只能根据各自的研究目的选取具有代表意义的性状进行研究。如研究生物适应和进化的机制就应该选取那些具有较大进化意义的生活史、出生死亡等性状；而在新品种的培育和筛选中，就应该选择那些具有生产意义的如动物的产仔数量、肉质、产奶量，以及作物的产量、抗性等性状。

2. 确定性状变异的遗传基础

表型性状是环境和遗传因素共同作用的结果。表型和基因型之间存在着基因表达、调控、个体发育等一系列复杂的中间环节，因此，表型与基因型之间并不是一一对应的关系，那么，如何根据表型性状上的差异来反映基因型上的不同就成为检测遗传变异的关键。对于由单基因控制的质量性状的分析较为简单，通常可采用类似孟德尔豌豆杂交试验的经典方法来完成；而对于由多基因控制的数量性状(quantitative trait locus，QTL)的分析，必须采用特定的试验方法进行分析，以确定性状变异中遗传所决定的比例，包括简单的移栽试验、人工杂交和子代测定等，甚至需要较为复杂的田间区组正交设计及配合力分析等数据统计和数量遗传学方法。例如,王洪新等(1994)报道了毛乌素沙地柠条(*Caragana* ssp.)的形态变异,分析了生长在硬梁、软梁、滩地和沙丘等不同景观生态类型的9个自然柠条种群的具有分种意义的形态特征,证明荚果的长度在一个植株内是相当稳定的性状,植株间荚果的长度变异主要是遗传因素,并检测到荚果长度的遗传变异主要发生在种群内不同植株之间。唐顺学等(1997)在对我国偃麦草(*Elytrigiga repens*)进行遗传多样性研究时为了消除形态变异中环境因素的影响,将来自不同地区的20个群体的野生偃麦草移栽于相同的环境下,经过几年的观察,在株高、株型、叶形、抽穗期性状上,来自不同地区的群体间差异都达到了极显著的水平,说明这些性状都是由遗传因素造成的。

3. 遗传变异的度量和分析

对于选定的性状,通常采用长度、高度、角度、质量,以及配合解剖镜、显微镜下对一些细微结构的观测,取得这些性状在个体和群体间的变异数据。结合多元统计分析方法,可以揭示出这些性状受遗传控制的大小,进而估计群体遗传变异的大小和遗传结构。例如,赵桂仿(2004)等在进行云南金钱槭(*Dipteronia dyeriana*)形态变异与遗传变异的相关性研究中,共选取了云南金钱槭的枝、叶、果实、种子和单位面积的气孔数等27个形态学指标进行测量,并采用了多元统计分析的方法,对所获得的数据进行了统计分析,利用这些结果进行了基于形态水平的群体间的聚类分析,分析结果显示,云南金钱槭的形态变异与海拔及土壤有机质等生态因子有着显著或极显著水平的相关性,但与遗传变异的相关性则未达显著水平,说明云南金钱槭的形态变异虽然具有一定的遗传基础,但可塑性及环境压力对形态变异的产生作用更大一些。

在利用数量性状来研究遗传变异时,还有另一种更为科学和严密的方法,即数量遗传学方法。这种方法是通过特定的杂交试验和后代测定来分析性状在亲子代间的传递规律,将影响数量性状变异的遗传因素同环境因素区分开来,确定遗传因素在性状变异中的相对重要性;同时分析遗传和环境交互作用,甚至可以估算控制数量性状多基因的位点数目。数量遗传学方法估算的许多重要遗传参数不仅能用来度量种群之间和种群之内遗传变异的大小,而且能推断类群中已发生过的进化事件及预期未来进化因素将如何影响类群,这对珍稀濒危物种保护措施的制定和实施如就地保护或迁地保护具有重要的价值(葛颂,1994)。

由于天然群体中单基因控制的性状很少,我们目前能够准确分析的基因位点数量还不多。所以,仅凭形态学资料我们还很难全面、准确地估计生物的遗传变异性,这也是利用形态学性状研究遗传多样性中存在的缺陷。另外,动植物的形态及表型是遗传性和环境相互作用的综合结果,表型的多样性并不能准确或全面地反映遗传的多样性。利用数量遗传学的方法虽然可以将产生变异的遗传因素和环境因素区分开,但这类研究必须进行严谨的实验设计和繁重的杂交及子代测定工作,而且对寿命很长的木本多年生植物及杂交难以实施的类群很难开展。

4.3.2 细胞学标记

细胞学标记主要是指利用生物体核型和带型的差异,确定物种遗传变异的类型及分布(又称染色体标记)。染色体是遗传物质的载体,是基因的携带者,染色体上所发生的变化,必然导致遗传信息的改变。20世纪初,由于显微镜的发明,促进了染色体的研究和细胞遗传学的发展,使生物多样性的研究从物种多样性的研究水平深入到种下和种内细胞水平。在细胞分裂中期,染色体由两条姐妹染色单体组成,它们仅在着丝粒处相连。着丝粒是染色体的一个重要组成部分,它在不同的染色体上的位置是一定的。根据着丝粒位置的不同,可把染色体分为中部着丝粒染色体、近中部着丝粒染色体、近端部着丝粒染色体和端部着丝粒染色体四种基本类型。核型(karyotype)通常是指体细胞染色体在光学显微镜下所有可测定的表型特征的总称。核型分析(karyotype analysis)就是对核型的各种特征进行定量和定性的描述。遗传多样性在染色体水平上的表现是通过核型分析来发现的。

核型分析是对细胞分裂中期的染色体进行的分析,因为它达到了最大收缩、形态最典型。用秋水仙素(colchicine)或放线菌酮(cycloheximide)等纺锤丝阻断类药物作用处于分裂状态的细胞,可使细胞分裂停止于中期。再经过制片和染色过程,我们就能够在光学显微镜下观察到染色体的形态。细胞水平遗传多样性的研究依赖于染色体制片技术的发展,染色体制备技术的改进,也大大地推动了遗传多样性研究。如低渗处理技术的发明使染色体能够充分散开,确定了人类的染色体为46条,从而使争论了30年的人的染色体数目问题在1956年得以确立。细胞培养技术的发展,使我们可以更方便地取得分裂细胞的材料。如在人及动物外周血培养中加入PHA(植物凝集素),可以刺激淋巴细胞进入细胞周期进行分裂,经秋水仙素阻断,可以获得大量的有丝分裂相。将铺展好的中期染色体拍照,对每条染色体进行一系列的测量,确定着丝粒指数、相对长度、臂比等数据,以决定核型中每条染色体的标号位置。

1. 染色体数目的变异

染色体数目变异包括整倍性和非整倍性变化。种内染色体的整倍性变化在动物中是不常见的,但在植物中却广泛存在着这种变异。许多植物种内染色体数目变化很大,除了整倍性变化外,染色体数目也可以不成倍地增加,即非整倍的变异。尽管非整倍体通常会造成发育失败或不正常,在进化中的意义不大,但在一些动植物种内,非整倍现象仍是较为普遍。表4-1列举了一些具有丰富种内染色体数目变异的植物种类。

表4-1 植物中一些典型的种内染色体数目变异 (引自葛颂等,1994)

物 种	染色体数目变异	资料来源
	整倍性变异	
Artemisia douglasiana	18、36、54	洪德元,1990
Fraxinus chinensis	46、92、138	李懋学等,1991
Lesquerella engelmannii	12、24、36、48	洪德元,1990
Najas guadalupensis	12、36、42、48、54、60	游浚,1992
Sedum wrightii	24、48、72、96	洪德元,1990
	整倍性和非整倍性变异	
Cardamine pratensis	16、24、28、30、32、38、40、42～55、56、60、64、73、56～80、84、90、96	Heywood,1976
Chaytonia douglasii	12、13、14、15、18、24、25、26、27、28、36、38	Stussy,1990
Claytonia virginica	12、13、14、15、18、19、20、22、24、26、28、30、31、32、34、36、41、48、72	Stussy,1990
Ottelia alismoides	22、28、38、40、42、44、48、50、52、55、56、60、64、66、68、72、110、132	何景彪,1991
Polygonatum verticillatum	16、18、22、24、28、30、54、58、60、64、66、84、86、90、91	杨继等,1992

染色体数目异常的主要原因在于生殖细胞分裂过程中出现了染色体的行为异常。导致整倍体产生的原因主要是双雄受精、双雌受精和核内复制造成的;导致非整倍体产生的原因主要是染色体不分离、染色体丢失而引起染色体数目比二倍体增加或减少一条或几条。我们把染色体数目不同于二倍体的细胞或个体统称为异倍体。

2. 染色体结构变异

许多动植物个体的细胞内存在着形态、大小相近的染色体,特别是种下水平群体间,其组型和染色体特征差别不明显。如果仅用Giemsa染色,我们只能识别核型中的最显著的几条染色体,无法分辨染色体上更精细的变异和准确鉴定每一条染色体。染色体分带(chromosome banding)技术的发明,不仅可以使我们准确定位一条完整的染色体,而且可以鉴别倒位、易位、缺失、重复等染色体结构上的变异。它是细胞遗传学、分子遗传学、细胞工程学研究中的又一大突破。

1968年,Capersong首次报道了用荧光染料氮芥喹吖因技术处理的染色体,在紫外光线激发下染色体臂显示出不同的带纹。进而推进了染色体带型研究技术的开发,如:G-带(giemsa binding)、C-带(constitutive heterochromatin banding)、R-带(revetse banding)、N-带(nucleolar organizer region banding)等(图4-1),这些分带的研究对于鉴别染色体有重要意义。

利用分带技术也研究了许多物种的核型演化。在许多情况下,相关的种类核型是十分相似的。作为分带研究的直接结果,核型的改变可能是由几种机制所引起的,其中Robertson融合(或断裂)可以导致亲缘关系相近的物种之间染色体数量的减少(或增加)。例如,赤麂(*Muntiacus muntjak*)是脊椎动物中已知染色体数目最少的动物($2n=$♂7,♀6)。它有三对常染色体:一对中着丝粒大染色体;一对亚端着丝粒染色体;一对近端着丝粒染色体。近端着丝粒染色体的顶端可易位有X染色体,通常称这个染色体为X染色体。而在雄性中,其无易位X染色体的同源染色体则称为Y_1染色体。另外,还有一个小的亚中着丝粒的Y_2染色体。赤麂的近缘种小麂(*M. reevesi*)的染色体数为$2n=46$,都是近端着丝粒染色体。这两个外部形态相似而核型差别巨大的近缘种可以杂交。徐道觉推测,在进化过程中,小麂的染色体可能经串联易位,相互连接,并合

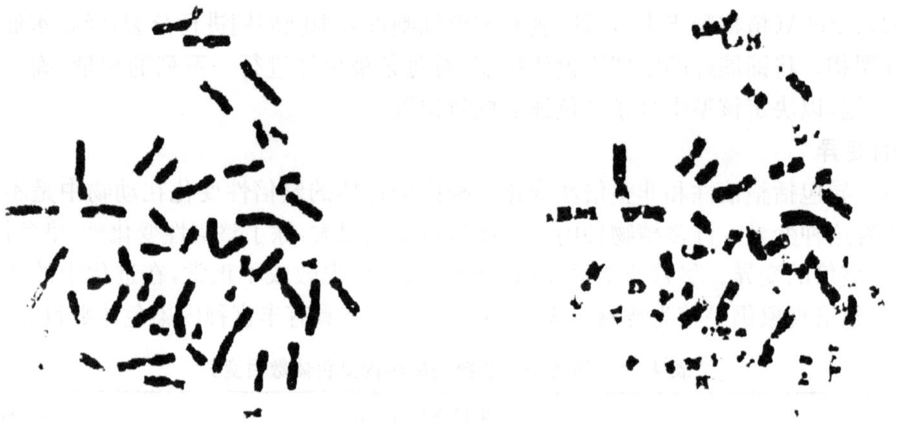

图 4-1 由人淋巴细胞培养所制备的染色体(引自汪堃仁等,1998)

右侧为 Giemsa 染色无带型显示,左侧为 G 带

而成赤麂的染色体。施立明等对雄性赤麂和雌性小麂杂交后产生的杂种麂进行核型分析,发现雄性杂种 $2n=27$,XY_1Y_2,雌性杂种 $2n=26$,XX。核型中包含有赤麂和小麂的染色体组分。另外,杂种麂染色体的 G 带分析结果表明,两亲本染色体的带纹也有一定的相似之处,为小麂染色体串联易位为赤麂染色体的设想提供了实验上的证据。类似的事件也发生在人与类人猿(*great apes*)的演化过程中。人的染色体 46 条,类人猿染色体为 48 条,有 1 对染色体的差异,由于融合而导致人的染色体的减少。

与形态学变异不同,染色体变异必然导致遗传变异的发生。有研究表明,染色体结构变异(如倒位)在一些种内只出现在某一条染色体上,而在另一些种内则出现在所有染色体上;很多物种染色体倒位的类型和频率与季节、纬度和海拔表现出与生境变化有很强的相关性。因此,染色体多态现象具有重要的生物学功能,是物种适应环境的一种重要的方式。

值得注意的是,在染色体变异研究中,观察和统计的细胞数目及个体数目越多,其准确性越可靠,也容易发现变异情况。更重要的应该考虑到观察的个体数,个体越多才越具有代表性。

4.3.3 生化标记

20 世纪 60 年代初,出现了同工酶标记,可从蛋白质水平来反映生物的遗传变异。作为基因产物的蛋白质,其结构的多样性在一定程度上可以反映出生物 DNA 组成上的差异和生物体遗传的多样性。但并不是任何基因的蛋白质产物都具有这样的特点。首先,作为分析样本的蛋白质,在品种间要有丰富的多样性;其次,这种蛋白质应该易于检测。生物体内执行各种生理功能的酶正符合这两个条件。根据酶蛋白所携带的电荷多寡或分子质量大小的差异,应用简单的电泳方法,可以将它们分离,并通过适当的染色技术显现不同的酶的谱带。

1. 什么是等位酶

生化标记主要是指同工酶标记,它是从基因表达产物——蛋白质水平来反映生物的遗传变异。Markert 和 Moller 于 1959 年报道了乳酸脱氢酶在不同组织、不同个体及不同种内的不同存在形式,提出了"同工酶(Isozyme)"的概念,同工酶是生物有机体产生的催化同一种反应但具有不同分子形式的酶。Prakash 等 1969 年提出了把同一基因位点的不同等位基因所编码的一种酶的不同形式称为"等位酶"(allozyme),它是借助于特定的遗传分析方法确定的一种特殊的同工酶。从等位酶的概念中我们知道,等位酶只是同工酶中由等位基因编码的那部分酶。对转录后产生的酶变体,由于没有相对应的编码基因,不能将它们作为等位酶处理。因为等位酶谱带同等位基因之间的明确关系,排除了生理和人为因素的干扰,酶谱作为基因编码的产物,酶蛋白中多肽链上的氨基酸顺序直接反映了 DNA 序列,其变化能很好地代表 DNA 分子水平上的变化,表明等位基因和位点变化的存在,使其成为一种十分有效的遗传标记。

有机体中存在的酶蛋白在结构或组成上的多态性是生物长期进化中的一种适应,正因为有机体中存在酶的多种分子形式,当一种酶分子受到抑制或破坏,另一种形式的酶分子可以保证代谢的正常进行,这样,当环境或代谢发生变化时,同工酶和等位酶的存在为有机体提供了适应的可能(王中仁,1996)。

分析等位酶谱带的根据如下。

1）酶在电场里移动性的改变反映了编码它的 DNA 顺序上的改变，所以酶谱的类型是遗传的。

2）等位酶标记是共显性的，即一个基因位点上的两个或多个等位基因都是能表达的，由它们编码的多态链所构成的酶，经过组织化学染色后，在凝胶上作为酶基因的表现型都能显示出来。

通过将一批等位酶位点作为基因组的随机样本，利用群体遗传学的知识，可以计算出如多态位点的百分数 P（percentage of polymorphic loci），平均每个位点的预期杂合度 He（mean expected heterozygosity per locus）、平均每个位点的实际杂合度 Ho（mean observedheterozygosity per locus）、内繁育系数 F（inbeeding coefficient）、基因分化系数 G_{ST}（coefficient of gene differentiation）、遗传一致度 I（genetic identity）等样品的遗传多样性指标。由此可以有效地揭示生物群体的遗传学结构，了解群体内、种内、种间乃至种上遗传多样性的情况；而且还可以用来判断其繁育系统的性质、生殖方式。结合种群的生态条件进行同工酶和 DNA 分析，则可以了解生物适应生态环境的遗传学基础。因此，等位酶是蛋白质水平上的一种十分有效的遗传标记，是近 20 年来检测遗传多样性应用最普遍的方法。迄今已积累了十分丰富的资料，并在采样原则、实验方法、数据处理和结果分析方面形成了一套统一的标准，尤其是建立了度量遗传变异和群体遗传结构的定量指标，使整个生物界遗传多样性的研究结果可以在共同的基础上进行比较。

2. 等位酶的检测方法

由于等位酶标记具有共显性方式遗传、在生物界中广泛存在、材料来源丰富、实验技术简单、结果易于比较等特点，是检测遗传多样性的有效技术手段，成为目前大多数研究者首选的方法。尤其是"水平切片淀粉凝胶电泳"（horizontal sliceable starch gel electrophoresis）技术问世以来，由于该技术具有无毒高效、快速简单、价格低廉等优点，更适于大量样品的群体遗传结构研究。

等位酶水平切片凝胶电泳的基本程序为：样品采集、研磨提取、制胶、上样、电泳、凝胶切片、染色和酶谱带记录的步骤。等位酶分析还要求对酶谱进行遗传学解释和计算，"水平切片淀粉凝胶电泳等位酶分析"的基本工作流程如图 4－2 所示。

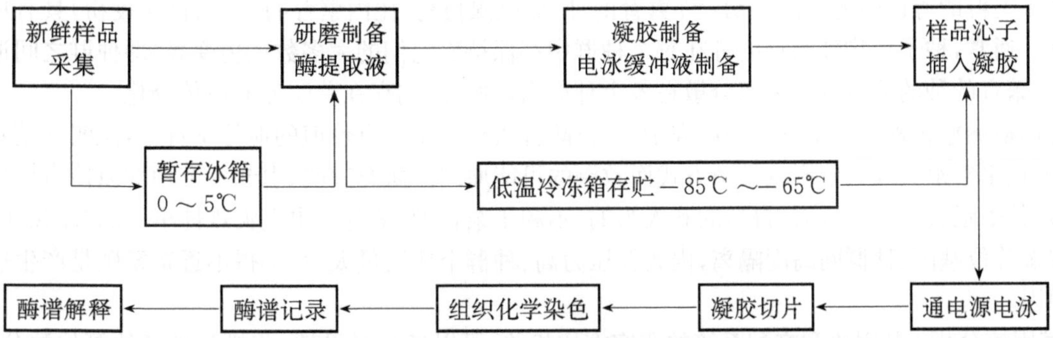

图 4－2 水平切片淀粉凝胶电泳等位酶分析的基本步骤（引自王中仁，1996）

等位酶分析所有的样品最好是鲜活的材料，但是，在多数情况下，大量的野外群体取样可能需要持续较长的时间，或许有的样品来自遥远的地区，不可能同时采到。在凝胶电泳时，我们希望能够把来自不同群体的样品放在同一块胶上进行比较。对于能够在短期内完成电泳的材料，可以在冰箱中存放几天至一个星期时间，只要材料没有变色，就可以使用；而对于无法在短期内完成电泳的材料，最好的办法是把活材料研磨后的提取液或蘸有提取液的纸沁子放入低温冷冻箱，大多数酶在－85℃～－65℃条件下可以保存数月乃至 2 年以上而不失去活性。水平切片淀粉凝胶等位酶分析的具体操作要求，请参考王中仁(1996)编著的《植物等位酶分析》。

3. 等位酶分析的应用

等位酶分析方法不仅能定量地估计遗传变异水平的高低，还可以有效地度量群体的遗传结构，即遗传变异在群体中的分布。了解群体的遗传结构对保护生物学研究尤为重要。因为不同的群体遗传结构是各种演化因素共同作用的结果，决定了物种保护应采取什么样的策略和措施。由于其经济方便、易于操作，已广泛应用于群体遗传学、系统进化和作物品种质量鉴定等方面的研究。

（1）等位酶分析的种下应用

1）了解天然群体的遗传结构：物种是以种群形式存在的，进化也是以种群为单位的，而种群是由拥有一个共同基因库(gene pool)的许多个体组成的。这些个体在遗传上存在着差异,构成物种的各个种群的遗传组成在空间上和时间上并不是均匀随机分布的,种或种群在空间上的遗传组成与分布情况即为该种或种群的"遗传结构"(genetic structure)。在科学的采样策略下,等位酶作为一种稳定的遗传标记,它所揭示蛋白质多态性可以被看做对整个基因库的随机取样,从而对种群的遗传结构做出估计。通过对等位酶谱带的分析,就可以找出各种酶基因位点的等位基因,并计算出等位基因频率(allelic frequency)、多态位点的百分数 P、平均每个位点的杂合度 H 等一系列遗传多样性指标,从而可以推断出一个种群内其他基因位点的等位基因的组成、频率、分布、变异性大小等情况。有了每一个种群的资料,就可以了解一个物种在其分布区内的基因丰富程度,遗传变异在种群内和种群间的分布,以及遗传多样性在空间上的变化。例如,葛颂等(1997)采用水平淀粉凝胶电泳技术对分布于湖南八面山的濒危植物银杉(*Cathaya argyrophulla*)的遗传多样性和群体分化进行了研究。对 13 个酶系统 25 个等位酶位点的检测表明,该地区的银杉林群体遗传变异水平很低,但 3 个小群体间存在着明显的遗传分化,基因分化系数高达 $G_{ST}=0.26$。八面山银杉林低水平的遗传变异和明显的群体分化,一方面反映了银杉的古老性和残遗性,另一方面也说明在银杉的进化过程中可能发生了严重的遗传漂变,而且群体之间的基因流明显受阻。

2) 研究物种的繁育系统:繁育系统(breeding system)在物种进化中起着最根本的作用,它不仅只是繁殖作用,而且决定着种群内和种群间遗传变异的分布,产生各种基因型供自然选择,影响种群的遗传结构。等位基因标记比形态特征对研究繁育系统更具优越性,它是共显性标记,在很多位点上有较高的多态性。通过对一个种群等位酶分析,进行杂合频率、内繁育系数或固定指数的计算可以了解一个种的非随机交配或内繁育的程度,进而推断它是有性生殖还是无融合生殖、散布方式等。例如,李斌等(2004)应用淀粉凝胶电泳技术分析了白皮松(*Pinus bungeana*)天然群体的交配系统,结果表明白皮松天然群体的多位点异交率在松属中处于较低水平。分析认为导致白皮松异交率低的原因是白皮松天然群体面积较小,呈片段状,群体间基因流动很弱,因此白皮松的交配主要在群体内的个体间进行,群体内个体数量的多少将对异交率产生直接的影响。

对许多类群的等位酶的检测表明:外繁育的种(如风媒植物)比内繁育的种(如自花授粉)具有更高的遗传变异性。通常,种子植物外繁育的种在每个种群中都保持着它们的大多数遗传变异,即种群之间遗传分化较小;而内繁育的种的遗传变异大都分散在各个种群内,种群之间存在着明显的遗传分化。

在对珍稀濒危物种的繁殖方式的研究中,等位酶分析将提供极有价值的遗传学背景,说明其繁殖方式和状况,帮助找出繁殖上或其他影响繁殖方式而致濒的可能原因。研究表明,引起一个种群遗传多样性贫乏的因素很多,其中强大的选择压力(自然的和人为的)不利于杂合型、某些历史上灾难性事件的"瓶颈作用"使它丢失了许多等位基因、种群间高度隔离,内繁育压力高、种群个体数量太少,不得不近亲繁殖是产生这种结果的可能原因。

3) 基因流分析:基因流和交配系统的研究密切相关,可以通过对母株、花粉和种子的等位酶分析,对比它们等位基因成分、等位基因频率和基因型频率等的变化,来了解外交率、传粉、基因流等方面的情况。通常,随着种群被割裂,种群间的距离加大,相互之间的基因流减小,内繁育机会增大,种群间遗传分化将加大。因此,种群之间的遗传距离往往和他们的空间距离呈正相关。

4) 物种适应机制及濒危物种保护策略的研究:物种的遗传多样性是长期进化的产物,也是其生存和发展的前提。对稀有和濒危物种遗传多样性和群体遗传结构的研究,是揭示其进化历史和适应潜力的基础,也是进一步探讨稀有和濒危的机制,从而为制定科学的保护措施提供重要依据。

天然种群对环境变化适应的遗传机制和濒危物种保护策略是保护生物学研究的重要内容,通过等位酶分析,了解种群内、种群间的遗传分化、基因流、繁育系统、等位基因的地理分布、种群遗传变异的空间结构等对阐明生物适应环境变化的遗传学基础具有重要作用。从现有的文献分析来看,一些物种的生态学特征和生活史特征与等位酶变异性的水平和分布之间确实存在着相关性。在对珍稀濒危物种进行保护时,无论是就地保护还是迁地保护,在制定保护方案时,都要考虑不同的种群及其相关的遗传结构,以及其对繁育系统的影响,以便保护尽量多的等位基因和最佳的遗传结构。曾杰(2003)等应用等位酶技术分析了广西区西南桦天然种群遗传多样性,通过 10 种酶 15 个等位基因位点的分析,发现在 11 个所研究的西南桦(*Betula alnoides*)种群内,实际杂合度(*Ho*)均高于预期杂合度,出现杂合子过量,其原因可能是存在利于杂合子的自然选择。在这11个种群中来自靖西地州、平果海城、田林者苗3个种群包含了绝大部分的等位基因，而且具较高的遗传多样性，建议对这3个种群必须加以重点保护和管理，将其作为基因资源就地保存的基地。

除上述内容之外，等位酶分析在种下方面还被广泛地应用于种内遗传多样性、父系分析、种群间分化时间、亚种和变种与野生近缘类群之间的起源关系和组织培养中再生植株的来源研究中。

(2) 种上的应用

由于等位酶标记的共显性特征，使判断指定基因位点上的不同等位基因成为可见的并且不受染色体配对或不配对的影响的遗传标记。对于具有多位点的酶来说，每个位点在特定组织中表达的类型在进化上常常是保守的，组织特定表达对确定类群间位点的同源性是重要的，通过研究组织特定表达而确定的等位酶变异特征可以提供有价值的系统发育信息，为种上分类单元的研究提供灵敏的遗传学证据。

在种上研究水平，等位酶分析主要有以下几个方面的应用。

1) 系统学和进化研究。

2) 进化的速率和推算分化时间。

3) 测定杂种的起源。

4) 确定多倍体植物的起源。

5) 探讨物种形成。

6) 追溯栽培作物的起源。

此外，等位酶分析资料还可以被用来研究植物和昆虫的相互作用、表现型和环境的关系、变异性和特有现象、检查形态学或细胞学和多态性之间的一致关系等(王中仁，1996)。

4. 等位酶分析方法的优缺点

任何一种分析技术，都有它的适用性和局限性。等位酶分析在遗传学研究中占有重要的位置，它是形态学、细胞学和DNA分析方法所不能替代的，有着广阔的应用前景，但它也不是万能的，了解等位酶分析方法的优缺点，我们才能在一定的条件下，为了特定的目的，恰当地使用它。

(1) 等位酶分析方法的优点

1) 等位酶的遗传和表达是遵循孟德尔定律的，便于遗传学研究。

2) 可以从遗传学上把类群间的亲缘关系量化，增加了系统学和进化研究的可实验性和可重复性。

3) 不容易产生环境饰变。

4) 实验取材和操作简单易行。

5) 结果“有”“无”明确，可比性强，一目了然。

6) 可以检测物种隐藏的变异性。

7) 可以不用人工杂交而迅速地确定亲本来源关系。

8) 定量分析无性生殖类群的亲缘关系和研究它们的物种形成、进化机制。

(2) 等位酶分析方法的缺点

1) 有限种类的酶分析会带来一定的偏差。

2) 所选择酶的所有基因未必都能表达在酶谱上。

3) 酶的变异未必都和形态变异或生态适应性直接相关，有时酶变异反而太少。

4) 大量的鲜活材料取样可能会遇到困难。

5) 可能会有非遗传性的或人为的带干扰酶谱解释。

6) 酶的表达存在着组织器官和发育时间的特异性。

4.3.4 DNA分子标记

DNA分子标记是指以DNA多态性为基础的遗传标记。与前面的3种遗传标记相比，DNA分子标记具有如下优点：① 直接以遗传物质DNA为分析对象，不受环境、季节及个体发育状况等其他因素的影响；② 多态性高；③ 表现为中性标记，既不影响目标性状的表达，又与不良性状无必然的连锁；④ 大多数分子标记表现为共显性(codominance)，能有效鉴别出纯合基因型和杂合基因型，从而提供系统完整的遗传信息；

⑤ 样品来源广泛。

1. DNA 限制性片段长度多态性(RFLP)分析

RFLP(restriction fragment length polymorphism)标记是利用限制性内切酶酶解不同生物体的 DNA 分子后，用特异探针进行 Southern 杂交，通过放射自显影来揭示 DNA 的多态性。

(1) RFLP 标记的基本原理及特点

1) 原理：限制性内切酶在 DNA 分子上有特定的识别和切割位点。不同个体基因组 DNA 中存在不同的酶切位点，因此，用同一种限制性内切酶酶解后将产生不同数量和大小的 DNA 片段。采用放射性同位素标记的探针可以检测这些 DNA 片段。遗传距离近的个体其片段数量和大小差异小，遗传距离远的个体差异大。所以，采用 RFLP 标记可以分析生物遗传变异的大小和在种间、群体间的分布形式，研究生物的进化史和亲缘关系等。

RFLP 所检测的 DNA 多态性来源于：① 如果特定限制性内切酶的识别序列发生突变，结果是将失去这一切点；同样，DNA 的突变也可能产生新的切点，这都会导致酶切片段的数量产生变化。② 两个限制性内切酶酶切位点间因 DNA 插入、重排或缺失造成的酶切片段大小的变异。

2) 特点：① RFLP 标记为共显性遗传标记。② 分析的 DNA 片段相对较大，基因数目较多。③ 其结果有着很强的重复性和准确度。

(2) RFLP 标记的实验流程

RFLP 实验包括以下 5 个主要步骤。

1) 基因组 DNA 的制备。

2) 基因组 DNA 的酶解。

3) 电泳检测酶切的效果。

4) Southern 杂交。

5) 显影检测。

(3) RFLP 标记的应用

RFLP 技术广泛应用于群体水平的遗传多样性分析，如群体内和群体间的遗传变异度、群体间基因流的评价、有效群体大小的确定、生物地理格局的形成历史及谱系和亲缘关系的分析等。例如，郑冰蓉等(2004)对洱海的 3 种鲤鱼——洱海鲤(*Cyprinus barbatus*)、春鲤(*C. longipectoralis*)和杞麓鲤(*C. carpio chila*)线粒体 DNA(mtDNA)进行了 RFLP 分析和 mtDNA 控制区(dloop)序列测定。RFLP 分析结果表明，16 种限制性内切酶在洱海鲤、春鲤和杞麓鲤 3 个种共 14 个个体上，仅 *Dra* Ⅰ 在春鲤的一个个体上检出一个位点的限制性片段长度多态，独立为单倍型Ⅱ，3 个种的其余 13 个个体共享单倍型Ⅰ，种间遗传距离为 0%～0.007 5%，此种间差异值比已报道的鱼类的种间差异甚至种内差异都低得多。对洱海鲤属鱼类种间如此小的遗传差异唯一合理的解释就是它们是由同域分化而形成的。

(4) RFLP 的局限性

1) RFLP 的分辨率具有一定的限度，并非所有的变异都能检测，只是在限制性内切酶识别位点上的变异才能检出。

2) RFLP 标记对 DNA 的需要量较大(5～10 μg)，质量要求较高。处理过程比较冗长，步骤烦琐，有一定的技术难度，且费用较高，因此，在使用上受到了一定的限制(吴谡琦等，2001；邱芳等，1998)。

2. 扩增片段长度多态性(AFLP)分析技术

AFLP(amplified fragment length polymorphism)是基于 PCR 技术的一种分子标记技术，它既具有 RFLP 标记的专一性、可靠性，又具有 RAPD 标记的随机性、方便性，具有良好的应用前景。

(1) AFLP 标记的基本原理及特点

1) AFLP 标记的基本原理：AFLP 技术的基本原理是对基因组酶切片段进行选择性扩增。具体是首先利用限制性内切酶切割基因组 DNA，形成末端不同、分子质量大小不等的随机性酶切片段；然后将双链接头连接到 DNA 片段的末端，以接头序列和相邻的限制性位点序列作为引物进行 PCR，酶切片段可得到扩增。物种间酶切片段长度存在多态性，可用于分析其遗传差异。AFLP 可在一次 PCR 反应中检测到大量的扩增片段，因此，是一种功能强大的 DNA 指纹技术。

2）AFLP标记具有以下特点：① 由于AFLP分析可采用多种不同类型的限制性内切酶及不同数目的选择性碱基，因此理论上AFLP可产生无限多的标记，并可覆盖整个基因组。② 多态性高。AFLP标记具有比RFLP、RAPD、SSR标记可靠、经济、有效的揭示物种多态性水平的能力。每个反应产物经变性聚丙烯酰胺凝胶电泳可检测到的标记数为50～100个，能够在遗传关系十分相近的材料间产生多态性，被认为是指纹图谱技术中多态性最丰富的一项技术。③ DNA用量少，检测效率高。一个0.5 mg的DNA样品可做4 000个反应。④ 可靠性好，重复性高。分析采用特定引物扩增，退火温度高，使假阳性降低，可靠性增高。⑤ 对DNA模板质量要求高，对其浓度变化不敏感。AFLP反应对模板浓度要求不高，在浓度相差1 000倍的范围内仍可得到基本一致的结果。但该反应对模板DNA的质量要求较为严格，DNA的质量影响酶切、连接扩增反应的顺利进行。⑥ 选择上为中性。可用于亲本对后代群体种质贡献及基因追踪的研究。引物在不同物种间是通用的，可用于没有任何分子生物学研究背景的物种。

（2）AFLP标记的实验流程

AFLP分析的主要步骤包括模板DNA制备、酶切片段扩增及凝胶电泳分析3个基本步骤(图4－3)。

1）模板DNA制备。

2）酶切。

3）接头连接。

4）预扩增。

5）选择性扩增。

6）聚丙烯酰胺凝胶电泳检测。

7）多态性统计分析。

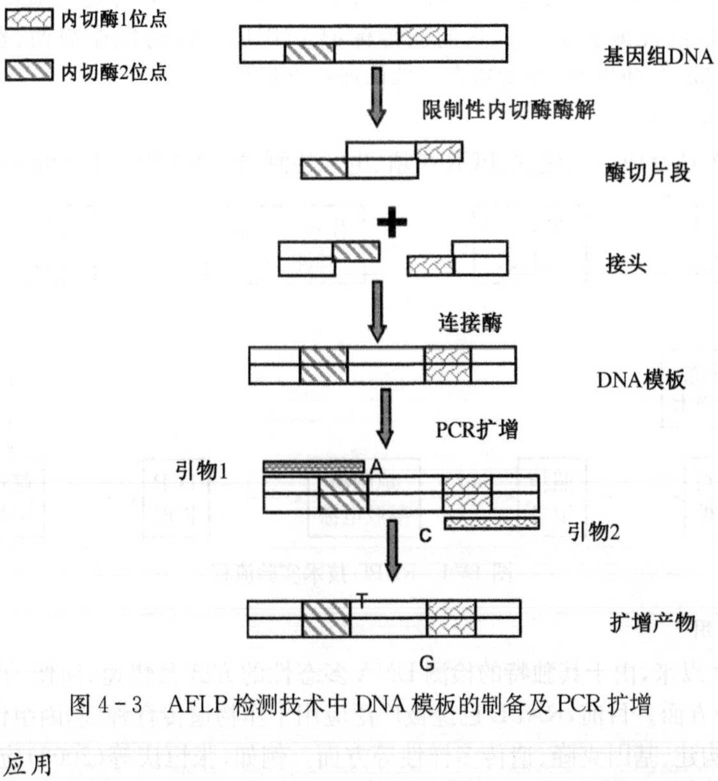

图4－3 AFLP检测技术中DNA模板的制备及PCR扩增

（3）AFLP标记的应用

目前，AFLP标记在遗传多样性检测、群体遗传结构和遗传分化分析、物种亲缘关系分析、种质资源鉴定、基因流测定等方面已得到了较为广泛的应用。近年来，用AFLP标记进行遗传多样性研究的文献比率呈逐年上升趋势。例如，任军等(2002)利用12对AFLP引物组合检测了19个中国地方猪种、1个培育猪种和4个欧美引进猪种混合基因组DNA的遗传变异，发现中国地方猪种与欧美引进猪种之间的遗传分化十分明显。结果证明AFLP标记具有很高的多态检测效率，非常适合动物遗传多样性分析和品种鉴定。周春玲等(2002)利用AFLP技术，对菊属植物12个分类群进行了分析，结果表明所选的两个栽培品种‘滁菊’和‘亳菊’可归并为一个品种，该品种与毛华菊、野菊、甘菊亲缘关系相对较近，紫花野菊次之，小红菊相对最远。

各野生种间，野菊、甘菊和菊花种间的亲缘关系极近，且同一分布区内的不同种间有比较频繁的种质渗入。研究表明 AFLP 技术是进行菊属植物亲缘关系研究极为有效的工具。张俊彬等(2004)针对广东、海南省 4 个不同地方(阳江、湛江、榆林、琼海)网箱养殖的紫红笛鲷(*Lutjanus argentimaculatus*)群体和在三亚采集的野生紫红笛鲷群体，利用 AFLP 分子标记技术分析我国南方养殖的紫红笛鲷的遗传多态性。发现 4 个养殖地的紫红笛鲷群体之间的遗传距离差异较小，但与野生群体的遗传距离相对较大，UPGMA 聚类分析明显将养殖群体与野生群体分开，表明紫红笛鲷养殖群体已经与野生群体存在一定程度的遗传隔离。

(4) AFLP 标记的局限性

AFLP 标记的不足之处在于操作程序比较烦琐、技术难度较大等方面。

3. 随机扩增多态 DNA(RAPD)分析技术

1990 年分别由 Williams 和 Welsh 领导的两个研究小组同时提出了随机引物扩增多态性 DNA (randomly amplified polymorphic DNA)技术。

(1) RAPD 标记原理和技术特点

1) RAPD 原理：RAPD 技术是利用 PCR 的原理，采用一个较短的随机排列的寡聚核苷酸单链(通常为 10 个碱基的长度)为引物，对基因组 DNA 进行随机扩增，如果引物在基因组 DNA 一定长度范围内的两条互补链上存在两个结合位点，则可扩增这段 DNA 片段。同一引物在不同个体的 DNA 上的结合位点可能不同，导致扩增产物表现出多态性。通过检测扩增片段的多态性则可反映个体之间的遗传差异。虽然对每一个引物而言其检测基因组 DNA 多态性的区域是有限的，但是利用一系列引物则可以使检测区域几乎覆盖整个基因组。因此，RAPD 可以对整个基因组 DNA 进行多态性检测。

2) RAPD 技术特点：① 引物设计是随机的，无需预先知道被检测有机体基因组的 DNA 序列，一套引物可以对许多物种的基因组 DNA 进行多态性分析。② 绝大多数的 RAPD 标记为孟德尔式遗传。③ 由于所用引物较短且序列随机，因此能够提供大量的遗传标记。④ RAPD 的操作简便、费用相对低，所需模板 DNA 的量少，分析程序简单，速度快，非常适合于群体遗传多样性的检测。

(2) RAPD 技术实验流程

模板 DNA 提取、PCR 反应体系建立、PCR 扩增、电泳检测、扩增结果统计分析等过程，具体见图 4-4。

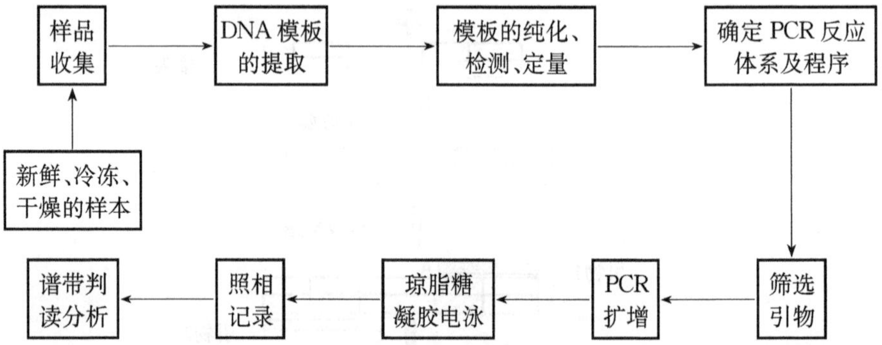

图 4-4 RAPD 技术实验流程

(3) RAPD 技术应用

自 RAPD 技术诞生以来，由于其独特的检测 DNA 多态性的方式及快速、简便的特点，使这个技术已渗透于基因组研究的各个方面。目前，RAPD 已经被广泛应用于作物遗传育种、基因组作图、基因定位、动植物亲缘关系鉴别、基因库构建、基因克隆、遗传多样性等方面。例如，张恒庆等(2003)应用 RAPD 技术对凉水国家自然保护区的天然红松(*Pinus koraiensis*)种群在时间尺度上的遗传多样性和遗传分化进行了分析，在对 100 年来天然更新的 245 个红松样本 61 个位点的检测中，检测到 50 个多态位点。经 Popgene 软件分析，红松在时间尺度上的遗传分化比空间尺度的低，红松的遗传变异主要存在于龄级内；适度的干扰虽然暂时降低了红松遗传多样性，但只要及时采取保护措施，红松的遗传多样性会得到有效恢复，但恢复时间较长，在 30～40 年。李太武等(2003)对来自我国山东荣成、福建福鼎、浙江奉化、浙江温岭，以及韩国等 5 个泥蚶群体进行了 RAPD 分析，20 个随机引物共检测到 154 个扩增片段，研究表明泥蚶的 5 个地理群体分化不明显，没有形成不同的地理种群；5 个群体无论是在多态位点比例还是在平均遗传杂合度上都处于较高水平，说明泥蚶当前种质资源状况良好，遗传多样性水平较高，泥蚶养殖有很好的发展前景。

(4) RAPD技术的局限性

1) 显性标记：利用RAPD无法分辨纯合子和杂合子，因为就随机引物的某一识别位点来说，无论纯合子还是杂合子均能通过PCR扩增出相应的片段。

2) 共迁移问题：凝胶电泳只能分开不同长度DNA片段，而不能分开那些长度相同但碱基序列组成不同的DNA片段。

3) 扩增产物的重复性和稳定性较差。

4. 简单序列重复间DNA多态性(ISSR)分析技术

ISSR(inter simple sequence repeat)分析技术是一种在微卫星技术上发展起来的、以PCR技术为基础的分子标记技术。

(1) ISSR标记的基本原理及特点

1) ISSR技术原理：真核生物基因组DNA中存在大量的简单序列重复(simple sequence repeats, SSR)，又称为微卫星(micro satellite)。在两个相邻的SSR之间的序列长度具有一定的稳定性，不同遗传群体之间这种区间序列长度存在多态性。ISSR技术利用SSR来设计引物，在SSR序列的5′端或3′端加上2～4个锚定核苷酸，通过PCR特异扩增SSR之间的DNA片段。扩增产物经聚丙烯酰胺或琼脂糖凝胶电泳分离获得扩增图谱，从而揭示样本间的遗传多样性。

2) ISSR技术具有如下特点：① 扩增基因组DNA，提供多位点信息，同时也能够揭示不同个体间微卫星位点变异的信息；② 遗传多态性高，ISSR技术采用了较长的引物，因此引物具有更强的专一性，与模板结合的强度提高，降低了杂带的干扰，提高了实验结果的可重复性；③ ISSR的引物设计无需预先克隆和测序，尤其适用于无遗传学研究背景材料的遗传变异检测。

(2) ISSR标记的实验流程

1) 基因组DNA制备。

2) ISSR引物筛选。

3) ISSR-PCR扩增。

4) 凝胶电泳检测。

5) 扩增结果统计分析。

(3) ISSR标记的应用

ISSR标记因其快速、简便、可靠、多态性高的优势现已在物种鉴定和亲缘关系分析、群体遗传结构和遗传多样性研究、种质资源鉴定、构建基因连锁图谱、分子标记育种等研究方面被广泛应用。例如，陈大鹏等(2004)利用ISSR技术对文蛤(*Meretrix meretrix*)江苏和辽宁两个地理种群进行了PCR扩增，研究显示江苏文蛤的位点多态性(80.7%)高于辽宁文蛤的位点多态性(68.4%)，说明江苏文蛤仍存在较大的遗传改良潜力。葛永奇等(2003)采用ISSR分子标记技术，对我国江苏泰兴、美国纽约的栽培银杏(*Ginkgo biloba*)群体和中国3个可能为野生的银杏自然群体(浙江西天目山、贵州务川、湖北大洪山区)的遗传多样性水平和群体遗传结构进行了研究。分析结果表明：与其他裸子植物相比，银杏具有丰富的遗传变异。其中贵州务川群体的遗传多样性水平最高，江苏泰兴栽培群体和美国纽约的栽培群体的遗传多样性水平较低。基于银杏群体遗传学和生态学的研究结果，建议在自然银杏群体最适生境和遗传多样性最高的贵州务川建立银杏保护区。同时，由于银杏群体间出现了一定程度的分化，建议3个自然群体间可进行植株和幼苗相互移栽，以提高群体间的基因交流，最大限度地保护银杏的遗传多样性。彭云滔等(2005)对广西和广东的7个野生罗汉果(*Siraitia grosvenorii*)种群中130个个体进行了ISSR分析，发现罗汉果不同种群遗传多样性水平差异较大，种群多态位点百分率在28.2%～55.6%，种群间产生了较大的遗传分化，对照罗汉果生态环境及目前分布状态、种群规模分析，基因流受阻和遗传漂变可能是导致罗汉果种群间产生较大遗传分化的主要原因。

(4) ISSR标记的局限性

ISSR同样也存在着一定的缺点，如PCR扩增时最适反应条件需要一定时间摸索，ISSR标记为显性标记，在解决交配系统、计算杂合度和父系分析等问题方面效果不佳(李海生，2004；谢佳燕等，2004)。

5. 微卫星 DNA 分析技术(SSR)

(1) SSR 标记的技术原理和特点

1) 原理：SSR 通常由 2～6 个碱基组成的核心序列多次串联重复而成，以双核苷酸重复最为常见，而其中又以$(CA/GT)_n$居多。微卫星在真核生物基因组中是随机分布的，核心序列 DNA 重复次数及重复程度的差异是造成每个基因座位的多态性的原因。由于重复序列的突变率很高(10^{-5}～10^{-3})，导致核心序列的数目产生增减变化，在不同的个体间表现为 DNA 片段长度高度可变，因而成为极其丰富的多态性标记。

一般说来，SSR 两侧都有物种特异性的侧翼序列，SSR 标记技术就是根据特异性侧翼序列设计引物，对基因组 DNA 进行 PCR 扩增，通过电泳检测扩增的 SSR 长度，从而在 DNA 水平上反映物种的遗传多样性。

2) 特点：① 共显性标记，微卫星 DNA 呈孟德尔共显性遗传模式，可以区别纯合子和杂合子。② 所需的 DNA 的量少，SSR 序列一般较短，即使是部分降解的 DNA 也可能包含足够用来扩增的微卫星序列。③ 能够提供高度的多态性。④ 具有较好的稳定性和可重复性。

(2) SSR 实验流程

1) 提取基因组 DNA。

2) 根据微卫星 DNA 两端的保守序列设计特异性引物。

3) PCR 扩增。

4) 凝胶电泳检测。

5) 扩增结果统计分析。

(3) SSR 应用

SSR 较早应用于人类和哺乳动物的研究，既可以作探针进行 Southern 分析，又可以根据其序列设计引物进行 PCR 检测，是物种遗传多样性分析中非常有效的分子标记。目前，SSR 标记已被广泛应用于种群遗传结构分析、种质资源鉴定、物种遗传多样性鉴定、分子遗传连锁图谱的构建等方面。例如，蔡清秀等(2008)采用 SSR 分子标记技术对在我国勐养保护区的亚洲象(*Elephas maximua*)种群进行了遗传多样性分析。在 9 个多态性位点上，其平均的等位基因数为 3.78±1.72，平均期望杂合度和观察杂合度分别为 0.32±0.06 和 0.36±0.02，平均多态信息含量为 0.28。相比于其他亚洲象种群，勐养亚洲象种群的遗传多样性较低且等位基因频率具有特异性。刘亚令等(2008)利用微卫星分子标记对中华猕猴桃(*Actinidia chinensis*)和美味猕猴桃(*A. deliciasa*)两近缘种的 5 个同域分布复合体和各自 1 个非同域分布种群进行了遗传结构的研究。SSR 标记揭示了各种群的遗传变异，同时根据 SSR 的等位基因频率分布可了解种群的遗传分化和遗传距离。并根据 UPGMA 聚类揭示了两物种种群间的遗传距离与地理距离之间不呈显著相关性的结果。进而得出两种猕猴桃的遗传多样性和遗传结构不受广域分布、远交、晚期分化等生活史影响的结论。

(4) SSR 分析技术的局限性

1) 由于 SSR 的引物是根据微卫星序列两端保守序列设计的，所以，进行 SSR 分析必须首先明确 SSR 两端的碱基序列。这就造成了 SSR 技术的成本较高。

2) 引物特异性较高，通用性不强，使得对未知基因组微卫星分析具有一定的难度，需要投入大量的人力、物力。但上述的巨大优势仍然使 SSR 标记在生命科学的相关领域中具有无可替代的价值。

6. DNA 序列分析

遗传信息就是 DNA 上的碱基排列顺序，直接对 DNA 碱基序列的分析和比较是揭示遗传多样性最理想的方法，因此，DNA 测序是检测遗传多样性最彻底的方法。

毫无疑问，在进行遗传多样性分析研究中，每一个研究者都希望获得所检测个体的基因组全部序列的信息，其原因是：① DNA 一级序列是最为直接的遗传信息，也是遗传多样性的根本体现；② DNA 一级序列中蕴藏着大量的遗传信息量，如人的单倍体 DNA 就有 10^9 碱基对，有些生物甚至达到 10^{11} 碱基对。在样品的要求方面，DNA 序列分析方法适用性最强，毛发、皮张、粪便、血迹甚至化石等都能作为分析的样品。自 Sanger 发明链终止法测定 DNA 一级序列以来(Sanger，1977)，DNA 序列分析的方法一直在向花费更低、操作更简便、自动化程度更高的方向发展。尤其是 PCR 技术的出现、全自动测序仪的发明、第二代高通量测序技术的发展已经完全解决了DNA测序工作中的技术层面的问题，也使DNA序列分析在遗传多样性检测的应用方面更具可操作性。

目前，DNA序列分析的缺点仍是费用较高，虽然由于技术的更新使测序的费用已大为下降，但仍比其他的DNA分析技术的费用昂贵。另外，进行基因组全序列分析是受费用和时间的双重制约的，除了人、果蝇、水稻、拟南芥等几种模式生物及重要的物种外，要想进行DNA全序列分析在可预见的将来都是不现实的，尤其是保护生物学研究中基于个体水平上对DNA的检测。因此，目前DNA分析技术主要是针对部分DNA进行的。从原理上可大致分为两类。

一类是直接测序，主要是分析一些特定基因或DNA片段的核苷酸序列，度量这些片段DNA的变异性。例如：叶绿体的*rbc*L、*psa*A～C、*psb*A～L、*pet*A～E、*atp*A～I、*ndh*A～G等基因，线粒体的*cox* Ⅰ～Ⅲ、*cob*、*atp*A～B、*ndh*1～5、*rps*12～13等基因，核糖体的5S、5.8S、26S、ITS、ETS等基因。

另一类是检测基因组的一批识别位点从而估测基因组的变异性。在DNA序列分析方面已经有相当多的所谓通用引物(universal primers)，它能在一系列物种的同源片段扩增中使用。如脊椎动物中扩增线粒体DNA细胞细胞素b基因、12S rRNA基因和控制区、叶绿体DNA上部分基因结合的通用引物等。我们前面介绍的如RFLP、RAPD、SSR、ISSR、AFLP等检测技术，也是对基因组特定识别位点的检测。通过对基因组中部分识别位点所得出的数据，分析整个基因的遗传变异程度。

值得注意的是，用部分片段的序列和部分位点检测所得到的结果进行遗传多样性研究应持谨慎的态度，要注意这些片段的取样及在基因组中的代表性等问题。

当然，随着DNA测序技术的飞速发展，新的测序方法——高通量测序(high-throughput sequencing)技术已经开始兴起。高通量测序又名下一代测序(next generation sequencing, NGS)，能一次并行对几十万到几百万条DNA分子进行序列测定，是对传统测序技术的一次革命性改变。目前高通量测序的主要平台代表有454、Solexa和SOLiD等测序仪。利用该技术可对有参考序列的物种，进行全基因组重测序，在全基因组水平上扫描并检测突变位点，发现个体差异的分子基础。如通过对老虎的全基因组测序分析，揭示了白虎(孟加拉虎亚种，*Panthera tigris tigris*，野外发生的一种罕见突变型)其毛色及相关性状是由毛色决定基因*SLC45A2*突变所致。白虎中的*SLC45A2*基因突变主要影响毛发和皮肤中黄色和红色色素的合成，而对黑色色素的影响较弱，而且不会造成其他器官的功能缺陷，说明白虎并不是患了白化病，而是能够很好地适应野外生存。因此，从遗传多样性来说，白虎有一定的保护价值。这一结论结束了长期以来保护生物学界关于白虎是否是一种遗传缺陷的争论，对虎的遗传多样性保护及白虎的繁殖策略等提供了科学的佐证(Xu et al., 2013)。

4.4　遗传多样性的保护与管理

4.4.1　野生生物遗传多样性的研究与保护

生物的遗传多样性是物种多样性和生态系统多样性的基础，遗传多样性对物种的生存具有重要的意义。物种的遗传多样性水平和种群遗传结构是其进化历史、分布格局、生活型、繁育方式、迁移方式等各种不同因素综合作用的结果，与其适应性和进化潜力密切相关。因此，检测物种的遗传多样性(遗传变异水平)及种群遗传结构(空间结构)，是探讨各种进化因素的前提，同时关系到物种保护和复壮策略与措施的制定(Meffe et al., 1994)。研究表明，遗传多样性的丧失使一些物种的分布区不断缩小，从而提高灭绝脆弱性(Hedrick et al., 1995)。一般而言，物种只有具备了一定水平的遗传多样性才能抵御各种生存压力，否则，灭绝将不可避免(Frankham et al., 2002)。特别是对于那些珍稀濒危物种及受人类直接干扰破坏的物种，在缺乏基本的遗传学信息的情况下，难以制定合理的保护和抢救措施。因此，制定濒危野生物种保护管理策略的一个主要目标，就是要维持乃至提高物种的遗传多样性(Falk et al., 1991)。例如，我国学者在对扬子鳄(*Alligator sinesis*)、青海湖裸鲤(*Cymnocypris przewalskii*)及天目铁木(*Ostrya rehderiana*)等野生生物物种遗传多样性的研究发现，扬子鳄种群表现出很低的遗传多样性，现阶段应将全部现存的扬子鳄作为一个整体加以保护(黄磊等，2004)；天目铁木表现出了丰富的RAPD多态性，应通过保护遗传突变和重组类型以最大限度地保护其遗传多样性(王祖良等,2008)。这些研究成果,均为人们采取相应的保护与管理措施提供了依据。

4.4.2 作物和家养动物遗传多样性的保护与管理

农作物或家养动物育种的基因来源是不同的野生遗传品系和近缘种,在家畜的驯化和现代育种工作中,种内的遗传多样性具有重要意义,遗传多样性越丰富,物种对环境变化的适应性越大,杂交育种的潜力也越高。因此,借助于分子生物技术从遗传上评价和鉴定动植物育种资源,从而提出更好地保护和利用遗传资源的策略,对未来农业发展有非常重要的意义。

动植物品种的鉴定(评价)除了生物学特性、生产性状、生态学等标准外,也特别需要品种间、品种内的遗传多样性信息,以及与重要性状相关的分子遗传标记。只有对动植物个体或品系品种间遗传变异及亲缘关系进行准确的鉴别,才能设计优化种质保藏及育种策略,最大限度地保护和利用遗传多样性。如廖信军等(2008)根据对5个中国地方牦牛(*Bos grunniens*)(帕里牦牛、斯布牦牛、西藏高山牦牛、麦洼牦牛和九龙牦牛)品种内遗传变异和品种间遗传关系的研究结果提出,帕里牦牛和九龙牦牛的群体杂合度和多态信息含量最大,特有等位基因最多,应优先保种,限制与其他群体基因进行交流,否则容易丢失其特有基因;斯布牦牛的遗传多样性相对较低,应在加紧对其纯繁保种的同时进行有目的、有步骤的基因交流,增加其遗传多样性;高山牦牛遗传多样性最低,可以进行适当的基因交流,增加其遗传多样性。另外,针对牦牛遗传变异主要来源于群体内这一特性,应在重视保存群体内不同类型个体,尽可能地保留特有的基因。这一研究结果为中国地方牦牛品种的保护和利用提供了重要的科学依据。

在作物和家养动物的遗传多样性研究中,有些工作集中在探讨近交衰退对种群存活和繁殖的不利影响。近交可能降低家畜和种植作物的适应能力,增加病虫害流行的可能性。但是,近交衰退对适应度的作用受多种因素影响,如基因频率、选择压力、遗传漂变、种群大小、基因型与环境交互作用等,而且,在不同的作物或家养动物中会有十分巨大的差异。

4.4.3 圈养种群遗传多样性的保护与管理

随着全球生物多样性的下降,一些物种可能必须在圈养环境下才能得以保存,如某些鸟类及哺乳动物。在物种迁地(异地)保护中,动物园、水族馆、植物园及树木园内的圈养种群具有明显的三个遗传变化:近交衰退、遗传变异的丢失和对圈养环境的遗传适应。如何保持圈养种群足够程度的遗传多样性,减少遗传多样性的丢失,进而保障种群未来的适应能力、扩展能力及在自然环境下重新建立新种群的能力,是生物保护中的又一个重要环节。

圈养种群遗传管理的主要研究工作是对圈养动物个体间遗传相似度及亲缘关系进行分析,研究种群近亲交配程度、建立者基因保持度和消失概率,设计优化的繁育方案,以最大限度地保存遗传多样性;了解自然种群间遗传距离及种群内遗传变异程度,设计种群间基因交流的方案,建立自然种群间遗传基因通道等。Franklin提出,为了保持与正常自然种群相当水平的遗传多样性,一般来说至少要有500个个体。Soule等认为,圈养种群的遗传管理目标之一,应是尽可能地在200年的时间内能够保持原(野生)种群中90%的遗传变异(Hedrick et al.,1992)。

主要方法有:平衡家族大小、选择优势近交体、降低圈养群体对环境的可遗传性适应、扩大世代长度和迁移的比例。Templeton和Read设计了一个模型来减少圈养种群近交衰退的影响,包括增加种群大小、平衡建群个体的继承、选择健康的近交体作为亲本、调整交配关系以达到期望的谱系等。在瞪羚的研究中应用这个方案后发现,两三代后的近交衰退明显减弱。

现饲养于北美洲的一种斯氏瞪羚(*Gazella spekei*)在20世纪60年代末由非洲引进时仅有一雄三雌四个个体,科学家制定了一套侧重遗传管理的繁育计划,力求最大限度地保持遗传多样性的同时,使动物逐步适应近亲繁殖,避免近交衰退。事实证明,他们的繁殖计划相当成功,斯氏瞪羚无论在数量上还是体质上均有很大的提高(胡志昂等,1997)。由此可见,圈养种群的遗传多样性管理,对建立现实可行的生物保护策略具有重要价值。

思 考 题

1. 遗传多样性概念。
2. 遗传多样性的表现形式。
3. 检测遗传多样性的主要方法和原理。
4. 遗传多样性研究在保护生物学研究中的作用和意义。
5. 各种遗传多样性检测方法的适用性和局限性。
6. 物种的遗传多样性保护与管理。

推 荐 参 考 书

蒋志刚，马克平，韩兴国.1997.保护生物学.杭州：浙江科学技术出版社.

刘凌云，薛绍白，柳惠图.2002.细胞生物学.北京：高等教育出版社.

王中仁.1996.植物等位酶分析.北京：科学出版社.

张飞雄.2016.普通遗传学(第三版).北京：科学出版社.

胡志昂，张亚平.1997.中国动植物的遗传多样性.杭州：浙江科学技术出版社.

钱迎倩，马克平.1994.生物多样性研究的原理与方法.北京：中国科学技术出版社.

陈灵芝，马克平.2001.生物多样性科学：原理与实践.上海：上海科学技术出版社.

Andrew S P.2005.保护生物学.贾竞波译.北京：高等教育出版社.

Richard B P.1996.保护生物学概论.祁承经译.长沙：湖南科学技术出版社.

第5章 生态系统多样性及保护

提 要

本章重点论述：生态系统概念、组成、结构及其特征；生态系统各类型划分依据；全球生态系统多样性概况与主要类型；中国生态系统多样性概况与主要类型；生态系统物种多样性参数测定与计测方法；生态系统动态规律，多样性与稳定性维持，生态系统演替、退化与恢复；生态系统保护的意义与途径。

生态系统多样性是指生物圈内生物系统及其生态过程的多样化，以及生态系统内环境的差异的多样性(McNeely，1990)。生态系统多样性充分体现了生物多样性研究的最突出的特征，主要表现在：它是基因、物种、景观乃至生物圈的不同水平的综合，也是不同生物类群的综合，需要不同学科进行综合研究，才能揭示其内在联系。生态系统多样性保护就是提出防止物种灭绝的具体措施，以发挥生态系统的整体功能，实现人类对资源的永续利用。

5.1 生态系统的概念和基本功能

5.1.1 生态系统的概念

生态系统(ecosystem)一词是由英国生态学家 A. G. Tansley 于 1935 年首先提出的。他认为：生态系统"不仅是包括各类生物的综合体，还包括各个环境组分的全部理化因素的综合系统"，是地球表面自然界的基本单位，它有多种多样的种类和大小。

现在一般认为，生态系统是在一定空间范围内，生物与非生物通过能量流动、物质循环和信息交流共同结合成的一个生态学单位，是生物群落与其环境形成的生态复合体，是生命系统中重要的组织层次。生态系统生态学是研究系统内各成分之间物质和能量的相互作用、相互联系及系统时空变化的科学。

5.1.2 生态系统的结构

任何一个生态系统都是由生物系统和环境系统组成。生物系统包括生产者、消费者和分解者。环境系统包括太阳辐射及各种有机、无机成分。组成生态系统的因子通过能流、物流和信息流，彼此联系起来，形成一个功能体系。

1. 生物系统

(1) 生产者(producer)

生产者主要指的是绿色植物，还包括能利用光能和化能自养的某些细菌。他们能够把太阳能转化为化学能；把简单的无机物质制造成复杂的有机物质，不仅供自身生长发育的需要，也为其他生物类群及人类提供食物和能量的来源，决定着生态系统初级生产力的高低。生产者在生态系统中处于最重要的位置。

(2) 消费者(consumer)

消费者主要指各种动物，它们不能利用太阳能生产有机物，只能从植物所制造的现成有机物中获得营养和能量。消费者虽然不是有机物的最初生产者，但可以以初级产品作为原料，制造各种次级产品，因此它也是生态系统生产力构成中十分重要的环节。

(3) 分解者(decomposer)

分解者主要指细菌和真菌。它们以动植物尸体为原料,将复杂的有机物质分解为简单的无机物质,供生产者利用。如果没有分解者的作用,生态系统中物质循环就会停止。

2. 环境系统

环境系统包括能量因子、物质因子及二者运动状态相联系的气候状况。

1) 能量因子包括辐射能、热能、机械能、化学能和核能等。生态系统要依靠外界能量的不断输入才能正常运转。

2) 物质因子包括多种无机物质,如大气、各种矿物质等,它们参加生态系统的物质循环。此外,也包括一些有机物质如蛋白质、糖、脂类、腐殖质等,它们是生物系统和环境系统的联结者。

3) 气候则是大气圈下层能量因子与物质因子相互作用的产物。

5.1.3 生态系统的功能

生态系统总处于其他系统或更大的生态系统的包围之中,即与环境发生作用。生态系统在特定环境中发挥的作用称为生态系统的功能。生态系统具有不断进行着能量流动(energy flow)、物质循环(circulation of material)和信息交流(transfer of information),并具有系统自我调节的功能。

生态系统内的生产者、消费者和分解者与它们的生存环境相互作用,不断地进行着物质、能量和信息的交流,从而保持生态系统的运转,并发挥其正常的功能。能量在系统中的流动是一种单向的运动过程,最后以热能的形式散失掉;而物质在系统的流动则是一种循环运动。生态系统的最大特点就是能量和物质的流动能产生整体的功能。这与生态系统的结构有着密切的关系,而功能的变化反过来又可以影响结构。

5.1.4 生态系统的特征

生态系统具有一般系统的共性,同时也具有它的特殊性。

1. 相关性

系统具有内在的相关性,系统各成分之间或子系统之间,通过能量流、物质流、信息流而有机地联系起来。生态系统内各种生物成分和非生物成分的关系是紧密相连、密不可分的。生态系统的相关性提示我们:在研究生态系统结构的多样性时,不要只局限于因子本身,还要注意因子多样性在系统多样性中的贡献。

2. 自组织性

系统的自组织、自调节能力,首先在于系统结构的有机性。系统结构不是简单拼凑的机械结构,它具有灵活性、可塑性。为了保持稳态,系统会自动地排除或调节环境的干扰,并相应地调节自己的结构和活动,即负反馈。

但是,生态系统的自我调节能力只是在一定范围内、一定条件下才通过负反馈实现生态平衡。超出范围或条件,自我调节能力就会失去作用或无法再实现生态平衡,系统就会遭到改变、伤害乃至破坏,即生态系统的自我调节能力存在阈值(threshold)。

3. 目的性

系统的目的性是指系统最终趋向于有序性和稳态。系统活动的方向性、目的性是系统自组织性的结果,而不是系统有自觉目的。由于系统有自组织和自调节能力,通过负反馈适应环境,保持系统稳态,这样就呈现出某种目的性。

4. 动态性

由于系统具有自组织性,它不是被动接受环境的作用,而是通过内部活动来调整内部组织,以协调与环境的关系。因此,系统不可能保持静态,而是处于动态之中。系统的稳态、平衡是相对的,而动态性是绝对的。系统在动态中,结构不发生改变,这就是稳态平衡。

在保护生态平衡时,不能追求没有任何变化的静态平衡,而应致力于实现相对稳定的动态平衡(谢国文等,2001)。

以上我们主要讨论了生态系统的组成、结构、功能及主要特征,这将有助于理解生态系统的多样性及它与生态系统功能之间的关系。

5.2 生态系统的多样性

生态系统多样性是指生物圈内环境系统、生物系统和生态过程的多样化及生态系统内环境系统差异、生态过程的多样性(McNeely,1990)。环境系统主要指无机环境,如地貌、气候、土壤、水文等。环境系统的多样性是生物系统多样性形成的基本条件。生物系统的多样性主要指群落的组成、结构和动态(包括演替和波动)方面的多样化(马克平,1993)。生态过程主要是指生态系统的生物组分之间及其与环境之间的相互作用,主要表现在系统的能量流动、物质循环和信息传递等。

5.2.1 生态系统类型划分的依据

生态系统类型的划分主要依据地理分布、环境水分和热量条件,同时也要考虑动物群落及其作用。由于所采用的标准和分类方法不同,划分的结果也不尽相同。

1. 根据生态系统所处生境基础

可以把生态系统分为淡水生态系统、海洋生态系统和陆生生态系统,然后再根据水生和陆生群落生境基础进一步细分(表 5-1)。

表 5-1 生态系统类型表 (引自谢国文等,2001)

<table>
<tr><td rowspan="14">水生生态系统</td><td rowspan="5">淡水生态系统</td><td rowspan="2">流水(河、流)</td><td>急流</td></tr>
<tr><td>缓流</td></tr>
<tr><td rowspan="3">静水(湖、池)</td><td>滨带</td></tr>
<tr><td>表水层</td></tr>
<tr><td>深水层</td></tr>
<tr><td rowspan="9">海洋生态系统</td><td rowspan="2">浅岸线</td><td>石岸</td></tr>
<tr><td>沙岸</td></tr>
<tr><td colspan="2">浅海</td></tr>
<tr><td colspan="2">上涌带</td></tr>
<tr><td colspan="2">珊瑚礁</td></tr>
<tr><td rowspan="4">远洋</td><td>上层</td></tr>
<tr><td>中层</td></tr>
<tr><td>深层</td></tr>
<tr><td>最深层</td></tr>
<tr><td rowspan="11">陆生生态系统</td><td rowspan="2">荒漠</td><td colspan="2">热荒漠</td></tr>
<tr><td colspan="2">冷荒漠</td></tr>
<tr><td colspan="3">冻原</td></tr>
<tr><td colspan="3">极地</td></tr>
<tr><td colspan="3">高山</td></tr>
<tr><td rowspan="2">草原</td><td colspan="2">湿草原</td></tr>
<tr><td colspan="2">干草原</td></tr>
<tr><td colspan="3">稀树干草原</td></tr>
<tr><td colspan="3">温带针叶林</td></tr>
<tr><td rowspan="2">热带雨林</td><td colspan="2">雨林</td></tr>
<tr><td colspan="2">季雨林</td></tr>
</table>

2. 按人为影响程度分类

按人为影响程度可分为:自然生态系统、人工生态系统、生态经济系统等。

3. 按利用方式分类

按利用方式可分为：放牧生态系统、农田生态系统、果园生态系统等。

4. 按生态系统与外界环境的联系程度分类

按生态系统与外界环境的联系程度分类：开放系统(open systems)和封闭系统(closed systems)。

1) 开放系统：系统的行为经常受外界环境影响的生态系统。

2) 封闭系统：其边界阻止系统与周围环境之间的物质交换，其行为大部分由自己的组分决定，但允许能量的输入与输出。

5. 按系统的能量来源分类

按系统的能量来源分类：E. P. Odum 认为能量是所有生态系统赖以运转的基础，因此生态系统最本质的分类应以能量来源为依据。据此，生态系统可分为四类。

(1) 太阳供能的自然生态系统(natural unsubsidized solar powered ecosystem)

海洋、森林和草地等多数自然生态系统属于此类。它们几乎没有有效的能量补给来源，以加强或补充太阳辐射。一般说来，这种系统能量供应较少，生产力也低，或者说能流较小。这样的系统本身不能维持高密度的种群，但由于面积巨大，也具有重要意义。

(2) 有自然辅加能量的太阳供能系统(natural solar powered ecosystem subsidized by other natural energies)

生态系统具有自然提供的其他能源以补充太阳能，从而增加系统的能流规模。例如，潮汐带与河口湾及某些热带雨林属于这一类。它们的自然生产力很高，具有很高的生命维持力，过剩的有机物质，可输入到其他系统或贮存起来。在沿海河口湾处，不断流动的水促进了矿物养分的循环，运来食物，运走废物，生物有机体能够有效地利用太阳能，将无机物转化成有机物。同样，热带雨林除了太阳能输入外，还可以接受大量降水的能量补充。

(3) 具有人类辅加能量的太阳供能生态系统(human subsidized solar ecosystem)

农田(土地耕种)、养殖(水体养殖)是这类生态系统的例子。通常以辅加能量的大量输入来维持，包括耕种、灌溉、施肥、遗传育种和害虫控制等。实际上，拖拉机燃料、牲畜或人力对农业生态系统的能量输入几乎和太阳光一样多，这种人类参加的太阳供能生态系统的功率水平与自然辅加能量的太阳能系统相近。

(4) 燃料供能的城市—工业系统(fuel powered urban industrial system)

能量来源是化石燃料、有机燃料和核燃料，燃料的高度密集势能代替了太阳供能。作为太阳供能系统产品的食物是一种外部物质，因为它主要靠城市以外输入。人口密集的城市—工业区对能量的需求巨大，其功率水平比自然或半自然太阳供能生态系统中的能量流至少大 2～3 倍。

5.2.2 全球生态系统多样性概况

除了在极端环境条件下无植物生长外，地球表面的大多数地区都生长着各种不同的植物，它们的有机组合构成了各种各样的群落类型，如森林、草原、沙漠等。

各种类型的植物群落在地球表面的分布是有一定规律的，它主要取决于植物自身的生物学生态学特征和其所处的环境条件。气候条件，特别是水热的时空分布对植物群落分布起着重要作用。同种类型的群落可以出现在气候相似的不同地区；气候不同，群落类型也不同。

全球主要天然植被类型(生态系统)主要包括热带雨林、稀树草原、红树林、亚热带常绿阔叶林、常绿硬叶林、温带落叶阔叶林、针叶林、温带草原、荒漠、冻原。这些植被类型分布状况形成了全球生态系统的分布格局。

1. 热带雨林

热带雨林是耐阴、喜湿、喜高温、结构层次不明显、层外植物丰富的乔木植物群落。热带雨林是现存地球表面物种最丰富、结构最复杂的生态系统。植物种类非常丰富。在热带雨林中，很难区别哪个种是优势种，相邻两株树木很少是属于同种的。热带雨林中植物生长十分密集，曾记录每 1 000 m^2 可达 1 000 株以上，群落结构复杂，常有 4～6 层，藤本植物及附生植物极其丰富；各层植物具有明显的特征，上层乔木高大，常具支柱根和板状根；树冠通常不大，茎花现象(即花生在无叶木质茎上)很常见。灌木层种类丰富，一般很少分支，叶大而薄,气孔常开放,具泌水组织,不具旱生特征。在阴暗地段,几乎无草本植物,明亮地段则草本比较茂盛。层间植物种类繁多,包括木质藤本、草质藤本,以及各种附生、寄生植物。

美洲热带雨林区为世界上面积最大的雨林,主要分布于巴西的亚马孙河流域,向西伸展到安第山麓(Andean foot hills),向东扩展到巴纳伊巴河,并在巴西的东南太平洋沿岸形成一条狭长的雨林带,向南到达玻利维亚和巴拉圭。亚洲热带雨林大多呈斑块状分布,从斯里兰卡、印度西北到泰国、柬埔寨、越南、菲律宾、印度尼西亚、马来西亚和中国南部。澳大利亚东北部和东部海岸形成了狭长热带雨林地带。非洲热带雨林区面积不大,主要分布于刚果盆地并向西扩展到加蓬的利伯维尔(Liberia)。

2. 稀树草原

稀树草原(savanna)是指热带和亚热带较干旱地区,其中含有散生乔木或灌木的草原生态系统,有时也把乔木稀疏而灌木占优势的疏林和刺灌丛也划入此类型。它是介于热带雨林和荒漠之间的类型。乔木多为落叶乔木,植物密度小,藤本、附生植物少,因无茎花现象等特征而有别于热带雨林。在稀树草原,乔木通常矮小,高度不超过 15 m,树皮较厚,分枝多,叶较小,绝大多数树种为旱季落叶植物。多年生草本植物非常丰富,不少是球茎植物。有少数藤本植物,但几乎没有附生植物。

稀树草原主要分布于热带非洲东部,约占非洲陆地面积的 65%。在美洲南部、中部呈片段分布,澳大利亚和东南亚也有这种类型的植被分布。

3. 红树林

红树林(mongrove forest)是分布在热带和亚热带海滩上的一种单层森林生态系统类型。由于构成群落的主要物种是红树科植物所组成,故称为红树林。红树林的树种少,全世界仅有 23 科 30 属 81 种。这些种类主要是常绿树种,平均高度为 3.0 m。红树林具有与海边环境相适应的一些特征:支柱根非常发达,弓形交织成网状,弯曲深入泥土中,具有抵抗风浪的作用;从下往上长的呼吸根形态多种多样,其内通气组织很发达,可以贮存大量空气,作为涨潮树木被淹时的气体交换场所;胎生现象(种子离开母体前已开始萌发)在植物中极少见,但在红树林中却很普遍。红树的种子萌发形成一长绿色的棒状胚轴,落下时"头上脚下"地插入泥土中,并迅速生根固定。

红树林分布很广,在赤道附近最发达。受海流影响,可伸展到亚热带滨海地区,最北可达北纬 32°;南半球伸展的更远,可达南纬 44°。按其种类成分和分布特点可以分为两个分布中心区域:① 东方红树林,分布于太平洋西岸及印度洋沿岸的热带和亚热带地区,马来半岛是红树林的分布中心;② 西方红树林,分布于太平洋东岸及大西洋沿岸的热带及亚热带地区。

4. 亚热带常绿阔叶林

亚热带常绿阔叶林(subtropical evergreen broadleave forest)是分布在亚热带地区的大陆东岸的生态系统。群落的层次明显,可分为乔木、灌木和草本三个基本层次。乔木主要是由樟科、壳斗科、山茶科、木兰科等常绿树种组成,叶片以小型叶为主,中型叶次之,多呈椭圆形且革质,表面光泽被蜡层,常与阳光辐射方向垂直,故又称照叶林。群落常年呈现绿色,俯瞰林冠呈微波状起伏。林中藤本植物较多,附生植物多为藻类、苔藓植物。没有雨林中的板状根、茎花等现象。

常绿阔叶林分布于亚热带地区的大陆东岸,南北美洲、大洋洲均有分布,但分布的面积都不大。在亚洲除朝鲜、日本有少量分布外,以我国分布的面积最广。

5. 常绿硬叶林

由于夏季气候干燥,常绿硬叶林(evergreen sclerophyll forest)是在夏季炎热干燥、冬季温和湿润的亚热带气候条件下发育而形成的生态系统类型。常绿硬叶林中的乔木、灌木为常绿植物,但其叶小而硬,或变成刺状,形成与当地气候相适应。森林的上层乔木生长稀疏,林木也不高大,林内不仅没有附生植物,就是藤本植物也很少。

常绿硬叶林只分布于地中海沿岸及纬度在 30°~40°范围内的各大陆西部边缘地区。

6. 温带落叶阔叶林

温带落叶阔叶林(deciduous broadleaf forest)是在温带海洋性气候条件下形成的生态系统类型。由于群落表现出夏季盛叶、冬季落叶的季相,故又称夏绿阔叶林(summer green broadleaf forest)。落叶阔叶林乔木主要由壳斗科、桦木科、槭树科和杨柳科等科的植物组成,为冬季落叶的阳生树种。林下灌木也以落叶种类占绝大多数。草本植物或是以种子越冬，或是以地下根、茎过冬，地上部分均已枯死。因此，整个群落在冬季处于休眠状态，林内明显干燥，透光性好。早春，在树木长叶之前，一些早春草本植物首先生长，以获取阳光，它们往往在林木郁闭前就已经完成生活史。耐阴的草本出苗较晚，它们在林木的郁闭下生长，高度依据不同的种类，从几厘米到 1 m 以上均有分布。

落叶阔叶林主要分布于北半球的北美洲东部，中、西欧及亚洲东部地区，在南美洲的巴塔哥尼亚也有分布。

7. 针叶林

针叶林(coniferous forest)又称泰加林(taiga forest)，为寒温带由裸子植物为主组成的地带性森林生态系统。不同地区由于环境条件的差异，构成森林的种类也不同。在北美洲，针叶树种类较多，主要有松属(*Pinus*)、云杉属(*Picea*)、冷杉属(*Abies*)、落叶松属(*Larix*)、铁杉属(*Tusga*)、崖柏属(*Thuja*)、花柏属和橘属等的植物；欧洲的种类较少，主要树种为挪威云杉(*Picea abies*)、德国云杉(*Picea excelsa*)和欧洲赤松(*Pinus sylvertris*)；在东亚针叶树种类又增多，主要有松属、云杉属、冷杉属、落叶松属、铁杉属等的植物。一些地区的针叶林往往由单一针叶树种构成纯林，但在针叶林分布的南部针叶树种常与落叶阔叶树种形成针阔混交林，常见的落叶阔叶树种有桦木科、椴树科、杨柳科、壳斗科等植物。

针叶林主要分布于欧亚大陆北部[从斯堪的纳维亚山脉东部一直到太平洋的堪察加半岛、萨哈林岛(库页岛)及日本的札幌，最北到达西伯利亚的泰梅尔半岛]和北美洲(从阿拉斯加的育空河和加拿大的马更些河以南一直到大西洋沿岸加拿大的魁北克和纽芬兰)，在整个地球的温带陆地上形成一个非常宽广的地带。针叶林的北界也是地球森林带的北方界线。

8. 温带草原

温带草原(temperate grassland)为温带气候条件下的一种以草本植物为主的群落类型，它是由多年生丛生性禾草植物占优势构成的草本植物群落。植物组成以禾本科、豆科、莎草科、菊科和黎科等植物占优势，如分布于欧亚的优势种约翰针茅(*Stipa joannis*)、窄叶针茅(*S. stenophylla*)、雀麦属(*Bromus*)、早熟禾属(*Poa*)、冰草属(*Agropyron*)、佛子茅属(*Calamagrostis*)、羊茅属(*Festuca*)、苔草属(*Carex*)等；分布于北美洲的有垂穗草(*Bouteloua curtipendula*)(北美中、南部)，它们多是地面芽和地下芽植物。除了多年生草本植物外，还有一年生植物、半灌木和小灌木，如锦鸡儿属(*Caragana*)、蒿属(*Artemisia*)、百里香属(*Thymus*)、地肤属(*Kochia*)及草原的特殊类型风滚草等。

温带草原最主要分布分区在北半球，即欧亚草原区和北美草原区。欧亚草原区从欧洲匈牙利和多瑙河下游起，向东经过黑海沿岸、乌克兰、俄罗斯、哈萨克斯坦、蒙古，一直延伸到中国黄土高原、内蒙古平原和松辽平原，构成大致为东西走向的一条宽阔的草原带，是世界上最大的草原区。北美草原区从加拿大的萨斯喀彻温河一直到美国的得克萨斯，形成南北走向的草原带。在南半球，温带草原主要分布在南美洲的阿根廷中部、乌拉圭和巴西德里澳格兰德(Rio Grande)的南部，东到大西洋沿岸。大洋洲(新西兰、澳大利亚的南部等)和非洲也有小块分布草原。

9. 荒漠

荒漠(desert)是超旱生半乔木、半灌木、小半灌木和灌木占优势的稀疏植被，是在干燥的大陆气候条件下发育形成的极度耐旱的稀疏植被类型。荒漠植被覆盖稀疏，植物的种类较少，如撒哈拉沙漠约有 3 000 种植物，非洲南部沙漠约有 5 000 种植物。各种不同生活型的植物形成不同生态系统。一年生短命植物较多，多年生草本植物很少。荒漠中半乔木、灌木和半灌木具有许多旱生适应特征，叶片在严酷季节脱落或极度缩小，革质或退化，角质层厚，气孔少；植物体内贮水组织发达；根系发达。许多类似仙人掌类的荒漠植物，叶退化，而茎为绿色，具有丰富的叶绿体，可以为植物提供大量的光合作用产物。许多肉质植物采用 CAM 光合途径，仅在夜里吸收 CO_2，白天气孔关闭。C4 植物在荒漠也很常见。

荒漠主要分布于亚热带和温带地区，大多数荒漠的年均降雨量少于 200 mm。非洲沙漠从非洲北部一直到非洲南部，构成世界上最广阔的沙漠带，其中撒哈拉沙漠是世界上最大的沙漠，它从非洲的大西洋沿岸一直延伸到阿拉伯半岛。在近东、蒙古的东北部、北美的西部、南美的西部和南部、澳大利亚及我国的西北部均有分布。

10. 冻原

冻原(tundra)是以低矮灌木、草本植物、苔藓植物和地衣构成的灌草植被或草本植被类型。冻原的植物种类少,有花植物仅有 900 种,且有 600 余种集中于阿拉斯加。主要为杜鹃花科、杨柳科、桦木科、禾本科、莎草科、毛茛科、十字花科等植物。冻原的苔藓和地衣很多,在不少地区,苔藓和地衣常构成优势种群,因此冻原也称为苔原。群落成层结构最多为三层:小灌木和矮灌木层、草本层和苔藓地衣层。极地冻原从南到北可以分成三个亚带:① 灌木冻原亚带,常见的灌木有矮桦(*Betula nana*)、柳(*Salix* spp.)、美洲绿桤木(*Alnus crispa*)等,通常可长到 40~69 cm,高的可达 500 cm;② 苔藓地衣亚带,以藓类和地衣占优势,伴有稀疏矮灌木,是最典型的冻原地带;③ 北极冻原亚带,分布在北冰洋沿岸,大部分只有藓类和地衣的斑块状分布,盖度仅为 5%~40%,完全不见灌木。

冻原有极地冻原和高山冻原两种类型:极地冻原分布于欧亚大陆的北部和北美洲北部,环绕北极;高山冻原分布于地球各气候带的高山树线以上的寒冷区域,没有乔木种类。

5.2.3 中国生态系统多样性概况

中国生态系统主要包括森林、草原、荒漠、农田、湿地和海洋生态系统。此外,还有竹林和多种灌丛等形成的生态系统。中国生态系统多样性是全球生态系统多样性重要组成部分,是中国的不同地区气候土壤条件下形成的陆地与水域生态系统。这些生态系统与全球的生态系统在群落的外貌、结构和组成方面有相似的方面,也有其特殊之处。中国的森林、草原、荒漠、水域等生态系统及其分布格局是中国生态系统最基本的状态(谢国文等,2001)。

1. 森林生态系统

(1) 寒温性针叶林

中国主要有落叶松(*Larix* spp.)林、云杉(*Picea* spp.)林、冷杉(*Abies* spp.)林。林内野生动物 200 多种,其中哺乳类有 40 多种,鸟类 120 种,属国家重点保护动物有貂熊(*Gulo gulo*)、驼鹿(*Alces alces*)、马鹿(*Cervus elaphus*)、花尾榛鸡(*Tetrastes bomasis*)、猞猁(*Lynx lynx*)、雪兔(*Lepus timidus*)、细嘴松鸡(*Tetrao parvirostris*)、黑琴鸡(*Lyrurus tetrix*)等。该森林类型主要分布于东北、西北和华北中高山区的冷湿环境条件下。

(2) 温带针阔混交林

中国温带真阔混交林以红松(*Pinus koraiensis*)与阔叶树混交形成,林内野生动物约有 360 种,其中哺乳动物 53 种,鸟类 280 种。国家重点保护动物有东北虎(*Panthera tigris altaica*)、梅花鹿(*Cervus nippon*)、豹(*Panther pardus*)、貂熊(*Gulo gulo*)、原麝(*Moschus moschiferus*)等。该森林类型主要分布于东北地区。这类森林破坏后,常被落叶阔叶林所代替。

(3) 暖温带落叶阔叶林和针叶林

中国针叶林主要是油松(*Pinus tabulaeformis*)林、赤松(*P. densiflora*)林、白皮松(*P. bungeana*)林和侧柏(*Platycladus orientalis*)林等,野生动植物种类 2 000 多种,脊椎动物 200 多种。国家重点保护动物 20 种。如金钱豹(*Panthera pardus*)、猕猴(*Macaca mulatta*)、褐马鸡(*Crossoptilon menlschuricum*)、斑羚(*Naemorhedus goral*)、金雕(*Aquila chrysactos*)、红腹锦鸡(*Chrysolophus pictus*)等。该森林类型主要分布于华北、西北东南部。落叶阔叶林破坏十分严重,次生林内中龄林呈岛屿状分布,老龄林已基本消失。

(4) 亚热带常绿阔叶林和针叶林

中国常绿阔叶林主要由壳斗科(Fagaceae)、樟科(Lauraceae)、木兰科(Magnoliaceae)、山茶科(Theaceae)的植物组成。针叶林在东部以马尾松(*Pinus massoniana*)林为代表,在西部以云南松(*Pinus yunnanensis*)林、华山松(*Pinus armandii*)林为代表。该林区第三纪孑遗植物,银杉(*Cathaya argyrophylla*)、金钱松(*Pseudolarix kaempferi*)林、水杉(*Metasequoia glyptostroboides*)林和秃杉(*Taiwania flousiana*)林等丰富,种子植物有 2 674 属 14 600 种以上。野生动物种类也十分丰富,脊椎动物达 1 000 多种,国家重点保护动物 80 多种,如大熊猫(*Ailuropoda melanoleuca*)、金丝猴(*Rhinopithecus roxellanae*)、华南虎(*Panthera tigris amoyensis*)、云豹(*Neofelis nebulosa*)、扭角羚(*Budorcas taxicolor*)、金猫(*Fielis temmincki*)、红腹角雉(*Tragopan temminckii*)等。中国拥有世界上面积最广阔的亚热带常绿阔叶林,主要分布在秦岭及长江流域以南。

(5) 热带季雨林、雨林

中国热带雨林植被组成树种主要分属于桑科、大戟科、樟科、桃金娘科、梧桐科、山榄科、棕榈科、茜草科、无患子科、龙脑香科、橄榄科、番荔枝科、天料木科、肉豆蔻科等植物组成，树体高大，也有板状根、茎花现象等，但林中附生植物比较少。热带森林所拥有的植物种类约占全国植物总数的1/3，动物种类占全国总数的27%。同时，那里还是亚洲象(*Elephas maximus*)、野牛(*Bos gaurus*)和黑长臂猿(*Hylobates concolor*)等动物的栖息地。该林种主要分布在台湾的南部、广东、广西和云南的南部，以及西藏的东南地区，面积只占国土面积的0.5%，却拥有全国物种总数的25%。

2. 草原生态系统

中国的草原可分为温带草原、高寒草原和荒漠区山地草原三大类。温带草原分布于内蒙古高原、黄土高原北部和松嫩平原西部。从东到西随气候的逐渐变干分化为草甸草原、典型草原和荒漠草原。草甸草原以贝加尔针茅(*Stipa baicalensis*)、羊草(*Aneurolepidium chinense*)和线叶菊(*Filifolium sibiricum*)群系为代表；典型草原以大针茅(*Stipa grandis*)和克氏针茅(*Stipa krylovii*)群系为主；荒漠草原以小针茅(*Stipa klemenzii*)和小半灌木群落为代表。温带草原中，野生动物主要有黄羊、狐和啮齿类等。家畜主要是马、黄牛和羊。高寒草原为青藏高原所特有，东部半湿润地区为高寒草甸，以蒿草(*Kobresia* spp.)为建群种；西部半干旱区为高寒草原，代表群系有紫花针茅(*Stipa purpurea*)与硬苔草(*Carex moorcroftii*)群落。野生动物主要为藏羚、雪豹和啮齿类。家畜主要是牦牛。荒漠区山地草原主要分布在阿尔泰、天山、昆仑山等高大山系，出现在一定的海拔，以针茅(*Stipa capillata*)群系为代表，野生动物主要有鹅喉羚(*Gazella subgutturosa*)、狍(*Capreolus capreolus*)和岩羊(*Pseudois nayaur*)，家畜主要是细毛羊。

3. 荒漠生态系统

中国荒漠主要分布在中国的西北部，约占中国国土面积的1/5，沙漠和戈壁面积共约100万km^2。中国的荒漠可分为4个类型：小乔木荒漠、灌木荒漠、半灌木与小半灌木荒漠和垫状小半灌木(高寒)荒漠。优势植物主要有梭梭(*Haloxylon ammodendron*)、白梭梭(*Haloxylon persicum*)、膜果麻黄(*Ephedra przewalskii*)、木霸王(*Dygophyllum xanthoxylon*)、泡泡刺(*Nitraria sphaerocarpa*)、红砂(*Reaumuria soongorica*)、驼绒藜(*Ceratodes* spp.)等。动物中爬行类的蜥蜴种类和数量较多，此外还有大沙鼠(*Rhombomys opimus*)、野驴(*Equus hemionus*)、五指跳鼠(*Allactaga sibirica*)和沙蟒等。

4. 农田生态系统

以栽培农作物或者蔬菜、果树、茶等为主，形成的农耕生产生态系统为农业生态系统。中国是个农业大国，耕地面积占国土面积的11%，主要分布于中国东部地区。中国农业历史悠久，农田生态系统类型复杂。粮食作物有30多种，蔬菜有200多种，果树300多种。主要粮食作物有玉米、小麦和水稻。玉米田中常套种豆类，水稻田中常种绿肥，此外还有棉花、油菜、花生、甜菜、红薯等农田生态系统类型。林木果树与作物间作构成多种类型农林复合生态系统。

中国茶园、桑园、果园和橡胶园也是重要的农田生态系统。橡胶园和热带作物园仅分布在我国热带地区，橡胶、茶或其他热带植物可结合栽培，构成多层结构的胶茶园、胶药园。茶园分布在亚热带地区。桑园除西藏外，全国均有分布，现有蚕茧年产量居世界第一位。产量较大分布较广的果树有20多种，主要种类有苹果、梨、香蕉等，南北方果树种类各有不同。

5. 湿地生态系统(内陆)

中国湿地生态系统(内陆)主要包括浅水湖泊、河流和沼泽。中国湖泊很多，面积在50 km^2以上的大中型湖泊主要分布在青藏高原、蒙新地区、云贵高原、江汉平原和三江平原。水生生物种类丰富，有各种浮游生物、底栖动物和水生维管束植物。淡水鱼类770多种和亚种，其中土著淡水鱼类690多种。中国大多数湖泊与河流相通，生物种类有很多相似之处。

中国沼泽面积约1 400万hm^2，集中分布在三江平原、东北山地、若尔盖高原等地，以苔草、禾草沼泽和多种落叶松泥炭沼泽为主。中国湿地水禽繁多，且大多为候鸟，中国一些特有水禽在这些湿地上越冬、繁殖和栖息。

6. 海岸与海洋生态系统

中国海域跨三个温度带(暖温带、亚热带、热带)，受沿岸流、黑潮暖流和上升流等多种流系的影响，海岸滩涂和大陆架面积广阔，1 500多条大中河流入海，具有海岸滩涂生态系统和河口湾生态系统、海岸湿地生态系统、红树林生态系统、珊瑚礁生态系统、海岛生态系统和大洋生态系统等。黄海和渤海是暖温带生态系统，冬季有岸冰，生物季节变化明显，斑海豹(*Phoca largha*)、太平洋鲱(*Clkupes harengus*)、鳕(*Gadus macrocephalus*)、紫贻贝(*Mytilus edulis*)、皱纹盘鲍(*Haliotis hannanio*)和撒氏蛇尾(*Ophiura sarsii*)等许多温带种在此出现。东海和南海的广东、广西、台湾西北部属亚热带生态系统，有珊瑚和红树林。此外，在长江、珠江、黄河等河口有河口湾生态系统。海南岛以南和台湾东南的广大海域属热带生态系统，物种特别丰富，热带海洋生物占绝对优势，以发育良好的珊瑚礁为特征。已记录的185种造礁珊瑚，占整个印度—西太平洋区系的1/4～1/3，红树也占世界红树种类的40%以上。

5.3 生态系统的物种多样性

物种多样性是生态系统物种生物组成结构的重要指标，它不仅可以反映群落组织化水平，而且可以通过结构与功能的关系间接反映群落的本质属性。生物群落多样性研究始于20世纪初叶，当时的工作主要集中于群落中物种与面积关系的探讨。1943年，Williams在研究Rothamsted的鳞翅目昆虫物种多样性时，首次提出了“多样性指数”的概念，之后大量有关群落物种多样性的概念、原理及测度方法的论文发表，形成了大量的物种多样性指数，一度给群落多样性的测度造成了一定混乱。自70年代以后，Whittaker(1972)、Pielou(1975)、Washington(1984)和Magurran(1988)等对生物群落多样性测度方法进行了比较全面的综述，对这一领域的发展起到了积极的推动作用。从目前来看，生物群落的物种多样性指数可分为α多样性指数、β多样性指数和γ多样性指数(Whittaker，1972)三类，其中应用较多的是前两类。

5.3.1 α多样性的测度方法

α多样性通常包括：① 物种丰富度指数；② 物种多样性指数或生态多样性指数；③ 物种均匀度指数(谢国文等，2001)。

1. 物种丰富度指数

物种丰富度即物种的数目，又称生境内多样性，是用来测度一个均质群落内物种组成状况的一个指标。如果研究地区或样地面积在时间和空间上是确定的或可控制的，则物种丰富度会提供很有用的信息。否则，物种丰富度几乎是没有意义的。因为物种丰富度与样方大小有关，而且二者之间又没有确定的函数关系。

为了解决这个问题，一般采用两种方式：① 用单位面积的物种数目，即物种密度来测度物种的丰富程度。这种方法多用于植物多样性研究，一般用每平方米的物种数目表示；② 用一定数量的个体或生物量中的物种数目，即数量丰富度表示。

物种丰富度除用一定大小的样方内物种的数目表示外，还可以用物种数目与样方大小或个体总数的不同数学关系(d)来测度。d是物种数目随样方增大而增大的速率。已有多种这样的指数，例如，d_{Gl}：Gleason指数；d_{Ma}：margalef指数；d_{Me}：Menhinick指数；d_{Mo}：Monk指数等，其中比较重要的有：

$$d_{Gl}=S/\ln A$$
$$d_{Ma}=(S-1)/\ln N$$
$$d_{Me}=S/N^{1/2}$$
$$d_{Mo}=S/N$$

式中，S为物种数目；N为所有物种的个体数之和；A为样方面积。

物种丰富度是物种多样性测度中较为简单且生物学意义显著的指数。实践中，关键的环节是样方大小的控制。当然，这种方法也存在着很多不足之处，如果没有利用物种相对多度的信息，就不能全面地反映群落的多样性水平。影响物种丰富度的因素主要有历史因素、潜在定居者的数量(物种库的大小)、距离定居者来源地的远近(物种库距离)、群落面积的大小和群落内物种间的相互作用等。

2. 物种多样性指数

(1) Simpson指数

Simpson指数又称为优势度指数，是对多样性的反面即集中性(concentration)的度量。他假设从包含

N 个个体的 S 个种的集合中(其中属于第 i 种的有 N_i 个个体，$i=1,2,\cdots,S$；并且 $\sum N_i=N$)随机抽取两个个体并且不再放回。如果这两个个体属于同一物种的概率大，则说明其集中性高，即多样性程度低。其概率可表示为：

$$\lambda=\sum[N_i(N_i-1)/N(N-1)]$$

式中：N_i/N 为第 i 物种第一次被抽中的概率；$(N_i-1)/(N-1)$ 为第 i 物种第二次被抽中的概率。

显然，λ 是集中性的测度，而非多样性的测度。为了克服由此带来的不便，Greenberg(1956)建议用：

$$D=1-\sum[N_i(N_i-1)/N(N-1)]$$

作为多样性测度指标。

当把集合当做一个完全总体时，λ 是集合多样性的无偏估计量，没有抽样误差。而当 2 个个体从无限大的群落随机抽取时，则有

$$\lambda=\sum(N_i/N)^2=\sum P_i^2(P_i=N_i/N)$$

相应地

$$D=1-\sum P_i^2=1-\sum(N_i/N)^2$$

式中，N_i 为第 i 个物种个体数目；N 为群落中所有物种的个体数。
显然 λ 和 D 是有偏的估计量。

(2) Shannon-Wiener 指数

假设可以把一个个体无限的总体分成 S 类，即 $A_1, A_2, \cdots A_S$，每个个体属于且仅属于其中一类。随机抽取一个个体属于 $A_i(i=1,2,\cdots,S)$类的概率为 P_i，因此有 $\sum P_i=1$。

假定个体是取自一个无限大的总体，若对有限的总体样本而言，P_i 的真值未知，要用 N_i/N 作为有偏估计值，可以近似地表示为

$$H'=-\sum P_i\log P_i$$

式中，P_i 为第 i 个物种出现的概率。

此式即由 Shannon 和 Wiener 分别提出来的信息不确定性测度公式。如果从群落中随机地抽取一个个体，它将属于哪个种是不定的，而且物种数目越多，其不定性也越大。因此，有理由将多样性等同于不定性，并且两者用同一方法度量。

Shannon-Wiener 指数满足的 3 个条件在生态学上的意义可以理解为：第一条保证了种数一定的总体，在各种数量分布均匀时，多样性最高；第二条表明，两个物种个体数量分布均匀的总体，物种数目越多，多样性越高；第三条表明多样性可以分离成几个不同的组成部分，即多样性具有可加性，从而为生物群落等级特征引起的多样性的测度提供了可能。

式中的 log 可以选用 2、e 和 10 为底。由此导致 H' 单位的变化，分别为 bit、nat 和 decit。目前，生态学上所用的单位及其名称都未标准化，但存在着用 nat 的趋向。

3. 物种均匀度指数

均匀度是指群落中不同物种的多度(生物量、盖度或其他指标)分布的均匀程度。群落多样性指数无论以何种形式表达，都是物种丰富度与均匀度结合起来的一个单元的统计量。因此，均匀度是研究群落多样一个非常重要的概念。

(1) Pielou 均匀指数

Pielou(1969)把均匀度(J)定义为群落的实测多样性(H')与最大多样性(H'_{max})的比率。即在给定物种数 S 下完全均匀群落的多样性之比率。以 Shannon-Wiener 指数为例，Pielou 的均匀度指数为(J)为

$$J=H'/H'_{max}$$

式中，H'_{max} 为在给定物种数 S 下完全均匀群落的多样性。

(2) Sheldon 均匀度指数

$$E_s = \exp(-\sum P_i \log P_i)/S$$

(3)Heip 均匀度指数

$$E_h = [\exp(-\sum P_i \ln P_i) - 1]/(S-1)$$

(4) Alatalo 均匀度指数

上述 3 个均匀度指数的分母都包括物种丰富度指数(S),由于直接受到样本大小的影响,因此上述 3 个指数同样受到样方大小的强烈影响。鉴于此,提出了对样方大小不敏感的均匀度指数:

$$E_a = [(\sum P_i^2)^{-1} - 1]/[\exp(-\sum P_i \log P_i) - 1]$$

本式克服了受样方大小影响的弊端。

从实践考虑,最好能确定一种或几种群落多样性指数作为首选指数。这样可以为不同地区、不同类型或不同学者的研究结果比较提供可能。综合大多数学者的分析结果,物种丰富度指数(S)、Shannon-Wiener 指数(H')、Simpson 指数(D)、Pielou 均匀度指数(J_{SW})等是值得推荐的群落多样性指数。当然,根据研究目的不同可以选择更具针对性的测度方法。

5.3.2 β 多样性的测度方法

β 多样性是评价沿着环境梯度变化、群落物种多样性变化或者物种替代程度的指标(Whittaker,1972)。不同群落或某种环境梯度上不同点之间的共有种越少,β 多样性越大,精确地测度 β 多样性具有重要的意义。这是因为:① 它可以指示生境被分隔的程度;② 它的测定值可以用来比较不同地段的生境多样性;③ 它与 α 多样性一起构成了总体多样性(overall diversity)或一定地段的生物异质性(biotic heterogeneity)。根据调查数据的属性不同,β 多样性的测度方法可以分成两类:二元属性数据测定法和数量数据测定法(钱迎倩等,1994)。

1. 二元属性数据的 β 多样性测定

二元属性数据又称 0,1 数据或有、无数据,在群落调查中只考虑某个物种的存在与否,而不管其个体数目。

(1) Whittaker 指数(β_W)

该指数由 Whittaker 于 1960 年提出,是第一个 β 多样性指数,其表达式为

$$\beta_W = S/m_a - 1$$

式中,S 为研究系统中记录的物种总数;m_a为各样方的平均物种数。

物种组成完全相同的样方的 β_W指数等于 1;两个完全不同的样方的 β_W指数等于 2。物种组成完全相同的样方应该没有物种组成的分化,也就是说其分化值应为零。为此,Whittaker 在 β_W指数的表达式中都减去 1。β_W指数计算简便,而且直观地反映了 β 多样性与物种丰富度(S)之间的关系,是一种应用较为广泛的 β 多样性指数。

(2) Cody 指数(β_C)

Cody(1975)在关于三大洲鸟类物种分布的讨论中,把 β 多样性定为"调查中,物种在生境梯度的每个点上被替代的速率",即

$$\beta_C = [g(H) + l(H)]/2$$

式中,$g(H)$是沿生境梯度 H 增加的物种数目;$l(H)$是沿生境梯度 H 失去的物种数目,即在上一个梯度中存在而在下一个梯度中消失的物种数目。

β_C指数通过对新增加和失去的物种数目的比较,使人们获得十分直观的物种更替概念,对于沿生境梯度变化排列的样本,它清楚地表明了 β 多样性的含义。

(3) Wilson 和 Shmida 指数(β_T)

Wilson 和 Shmida(1984)在野外研究物种沿环境梯度分布时提出了另一个 β 多样性指数 β_T,其表达

式为

$$\beta_T = [g(H) + l(H)]/m_\alpha$$

很显然，此式是把Cody指数(β_C)与Whittaker系数(β_W)结合形成的。式中变量的含义也与这两式的相应变量相同。

2. 数量数据的β多样性测度

上述二元属性数据β多样性测度方法的优点在于计算简便，易于使用。同时，不足也源于此。不考虑每一物种的个体数量或相对多度，势必会过高估计稀疏种的作用，导致不合理的结论。为此，生态学家试图利用数量数据测度β多样性(Southwood，1978)。

(1) Bray-Curtis指数

该指数是在Sorenson指数的基础上形成的，是一个应用非常广泛的指数。其表达式为

$$C_N = 2N_j/(N_a + N_b)$$

式中，N_a为样地A的物种数目；N_b为样地B的物种数目；

N_j为样地A和B共有种中个体数目最小者之和，即$N_j = \sum \min(N_{ja}, N_{jb})$。

(2) Morisita-Hom指数

Wolda(1981)比较了大量的定量的相似性系数，发现只有Morisita-Hom强烈受到物种丰富度和样方大小的影响。因此，该指数的不足在于它对最富集种的多度非常敏感。Wolda(1983)将Morisita-Hom指数进行适当的改进，并应用于热带蝗螂群落的β多样性测定，取得了满意的结果。Wolda改进公式为

$$C_{MH} = 2\sum(N_{ai} \cdot N_{bi})/(da + db)N_a \cdot N_b$$

式中，N_a，N_b与上式相同：N_{ai}和N_{bi}为A和B样地中第i种的个体数目；$da = \sum N_{ai}^2/N_a^2 db = \sum N_{bi}^2/N_b^2$。

5.4 生态系统多样性的维持

5.4.1 生态系统多样性的发生与演替

生态系统多样性的发生与演替是紧密联系在一起的。每一个群落在消亡过程中，都孕育着一个更适合当时当地环境条件的新群落。在一定区域内，由于物理环境条件的改变，生态系统的结构和功能发生改变并逐步趋向稳定，称为生态系统的发展(ecosystem development)或演替(ecological succession)。由于生物与环境相互作用导致群落环境不断地改变，使群落内的生物组成也发生相应变化，这又直接导致生态系统结构和功能的改变。

1. 生态系统多样性的发生

生态系统的进化是长期的地质和气候的外部变化，是生态系统中生物成员的活动所引起的内部动态及其相互作用的结果。一般说来，长期进化的总战略是：增加对物理因素的抑制，与物理环境保持平衡，对外界扰乱达到最大的防护。在漫长的生物与环境的进化过程中，形成了越来越复杂多样的生态系统(图5-1)。

生态系统多样性发生伴随着生命起源和生物进化历程，由低级向高级不断发展。30亿年前的生态系统是水体中栖息的微小厌氧性异养生物群落。随着含叶绿素蓝藻类出现，在27亿年前形成了由蓝藻和细菌共同组成原始的生态系统。随着大气层氧的增加，臭氧层加厚，地球表面得到保护，为多细胞生物出现提供了可能。大约在6亿年前，出现了生物大爆发，各类藻类出现，海绵、珊瑚、软体动物扁形动物等也相继出现，形成了各类藻类和低等动物为主的生态系统。到距今4亿年的志留纪时，大气含氧量达到10%，裸蕨类维管植物出现，三叶虫繁盛，形成了以裸蕨灌木林为主生物群落。到中生代二叠纪，2.8亿～2.5亿年前，蕨类植物开始衰退，裸子植物兴盛，并占据大片陆地，形成以各类比较高大的裸子植物为主的生态系统。到白垩纪中期，随着气候转冷，裸子植物开始衰退，而被子植物开始兴盛并分化出了单子叶植物。到6 000万年前的

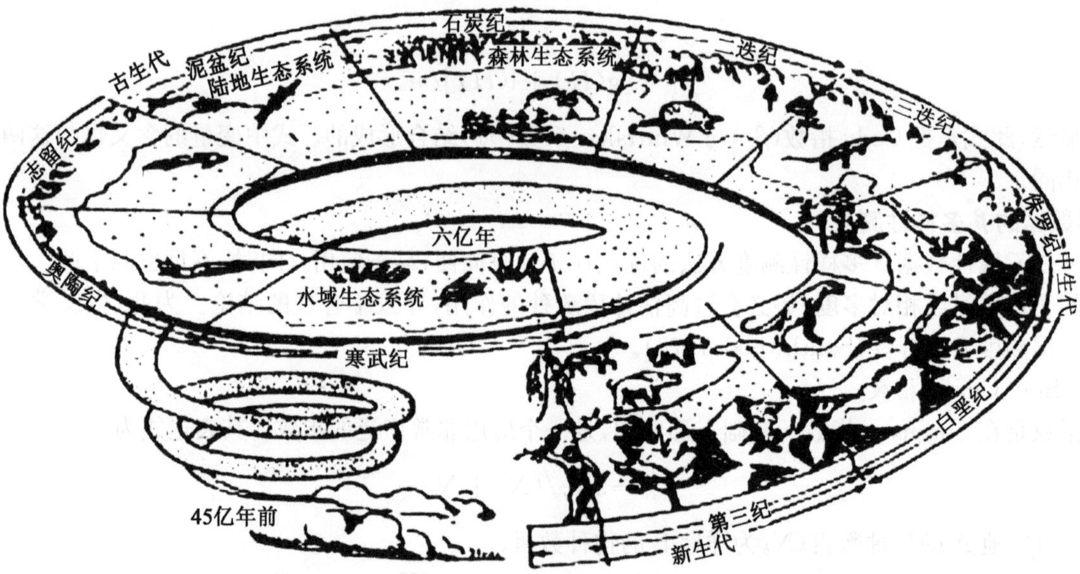

图 5-1 生态系统的发生和演化(谢国文等,2001)

新生代以来,由被子植物组成的森林群落逐步占据优势并分化成各类森林类型,草本植物组成的群落也进一步扩大,形成草原和干旱草原。经过第四纪冰期耐寒裸子植物和被子植物进一步扩展,随着现代地球上冷热分化、干湿交替、海陆变迁,植物与环境条件变化相互适应,生态系统也在不断发育完善,形成了如今丰富多彩的生态系统多样性(谢国文等,2001)。

2. 生态系统多样性的演替

生态系统多样性在生态系统演替过程中的变化是一个复杂的问题,以下仅讨论物种的丰富度(richness)。

1) 演替的早期阶段,生态系统物种数量和个体数量都趋向于增加。起初多样性的增加是迅速的,但到后期,增加的速度减慢。生态系统中不同种的数目在顶级群落形成之前一直是增加的,但在演替后期,物种多样性有减少趋势。

2) 到达顶级时多样性减少是由于竞争。与早期阶段相比,在演替的后期,优势植物的个体较大,生活史较长,较复杂。这就导致了多种的竞争。最后只有少数几个种在系统中占优势,而中间阶段常常含有最大的种数。图 5-2 显示的是在一个水生演替系列中,维管植物的种类在前期增加,到桤木阶段之后就逐渐减少。

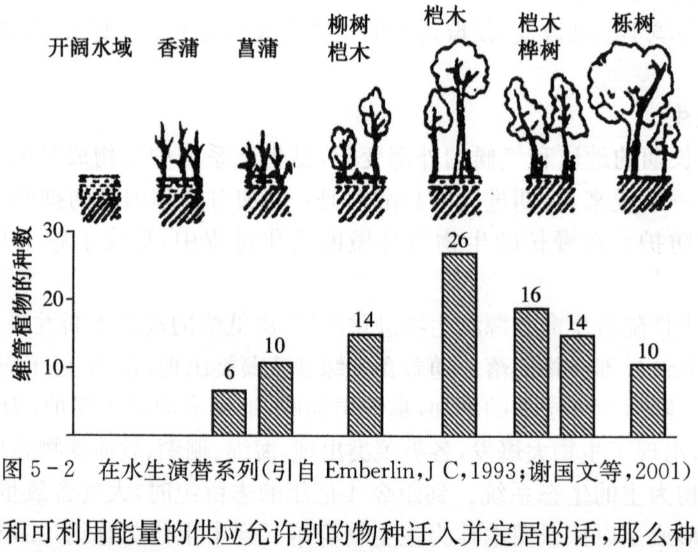

图 5-2 在水生演替系列(引自 Emberlin, J C, 1993; 谢国文等, 2001)

3) 如果群落的结构和可利用能量的供应允许别的物种迁入并定居的话,那么种的多样性有可能继续增加,直到顶级阶段。例如,热带雨林具有复杂结构,优势植物种类丰富,而且还具有丰富的能量供应,在这样的生态系统中,在顶级状态时仍有许多小环境系统供更多的物种占有。

Auclair 和 Goff(1971)对四大湖区域(western great lakes)不同年龄森林中乔木的多样性进行了研究并发现：在湿润样地，在森林演替的中期多样性最大，而在达到顶级状态时多样性又降低(图 5-2)。相反在干燥样地，多样性随着森林演替的发展而不断增加，在顶级状态时达到最大。因此，群落中物种多样性指数是评价群落的一种指标，但不是唯一指标，也不能说物种多样性最大的群落就是最稳定的群落或顶极群落。

5.4.2 生态系统多样性与稳定性

1. 生态系统多样性的概念

生态系统多样性是指生境、生物群落和生态过程的多样化及这些因素相互作用的生态过程变化的多样性。此处的生境主要是指生物所处的无机环境，如地貌、气候、土壤、水文等。生境的多样性是生物群落多样性的基本条件。生物群落的多样性主要是指群落的组成、结构和动态(包括演替和波动)方面的多样化。生态学过程是指群落随时间空间发生的内在种间关系、能量流动、物质循环的变化(马克平，1993)。

2. 生态系统稳定性的概念

当一个生态系统经过干扰后，系统中所有观察指标都能回到扰动以前的状态，该系统才被认为是稳定的。对于稳定性的定义总是基于所研究对象而言的，因此，许多学者对稳定性概念理解上有差异，常将一些近似稳定性的概念当做稳定性来描述。但事实上，这些定义之间是有一定区别的。因此，我们有必要加以说明。

(1) 稳定性概念的内涵

从稳定性概念的内容来说，就有弹性、抗性、持久性和变异性。弹性(resilience)指一个稳定系统，给予一个扰动后，再回到原来平衡状态的快慢；持久性(persistence)指一个系统经扰动后，在产生变化之前所能维持的时间；抗性(resistance)为一个系统在给予扰动后产生变化的大小；变异性(variability)指一个系统在给予扰动后种群密度随时间变化的程度。所有这些定义，虽有很大的相似性，但也并非完全兼容。一个紧密联结的系统，在丢失物种以后，有可能产生种类成分的变化，但总生物量的变化可能很小。对于一个抗性大的系统，其弹性势必就小，而且，这些概念在不同的情况下都可能有不同的含义。这些概念和层次上的复杂性，形成了多样性与稳定性之间的复杂关系。我们所列举的这些稳定性的不同定义，并不是要对它们进行分类，而是想说明稳定性是有很多含义的，它们之间是不可比的，而且很难定量化。

(2) 稳定性概念的外延

从稳定性概念的外延来说，有局域稳定性、全局稳定性、相对稳定性和结构稳定性。局域稳定性(local stability)：也被称为邻近稳定性(neighborhood ability)，系统受小的扰动后，能回到原来的平衡点，受到大的扰动后，系统无法回到原来的平衡点，则称为该平衡点的稳定为局部稳定。全局稳定性(global stability)：系统受到大的扰动后，远离平衡点，但仍能回到原来的平衡点，称该平衡点的稳定为全局稳定。在一定的区域内，与当地气候土壤相互适应形成的顶级植物群落通常被认为是稳定的群落。但顶极群落受到不同程度外界干扰，会偏离顶极群落的结构、组成和功能，但当外界干扰停止，顶极群落又会逐渐恢复到原来的状态(张文辉等，2014)。

3. 生态系统稳定性与多样性的关系

生态系统稳定性与多样性的关系是生态学研究的热点问题，目前争议较大。现在仍有学者不断地提出假说、推论，说明两者关系。但可以相信，随着人们对此问题认知程度提升，人们对多样性与稳定性之间的关系的认识一定会不断地接近客观实际。此处，我们介绍一些有影响的学术观点，目的是提供一个可以讨论与思考的基础。

1) 大多数生态学家认为，稳定性是与复杂性相联系的，系统越复杂，也就越稳定。因为复杂的生态系统，其食物网是复杂的，也就是说，能量通过多种途径进行流通，如果一个途径出了问题，可以被另外一个途径的调节所抵消，不使整个系统受到影响。系统的组成和结构越复杂，它的稳定性也就越大，这一规律称“多样性导致稳定性规律”。稳定的生态系统，对外界环境条件的改变有一定的抵御能力和调节能力，但是，这种能力是有一定限度的，环境条件的变幅不能太大或太迅速，否则，将破坏生态系统的稳定，如火灾、水灾、旱灾、虫灾、污染等。

2) 对生态系统或群落的稳定性的定义无论从内涵,还是从外延来说,目前都是不够全面的。鉴于此,Pimm(1982,1984)指出,形成多样性与稳定性关系的两种相互对立的假说的原因在于多样性、复杂性和稳定性在生态学上有不同的定义。Eton 的种群密度恒定性原始概念是指群落受到干扰后,种群密度回到平衡点的条件。生态系统中任一物种几乎都能抵御一定水平的生物或非生物因子的干扰,在一些小的扰动下,种群密度能自动回到平衡点的情形称为稳定。例如,在秦岭林区的栓皮栎林中,如果由于抚育间伐,或者个体自然死亡时,新实生苗、萌生苗就会迅速占领林窗或者林间空地,使种群数量、林地郁闭度迅速恢复。栓皮栎林是当地地带性植被类型,属于次生林,目前处在恢复过程中,人为的抚育间伐虽然属于外界干扰,但它利用生态系统自我恢复能力,并通过伐除劣质木、病虫木,提高了林分质量,实现人为干预促进力与群落自然恢复力结合,促进了森林持续发育和稳定性增加(张文辉等,2014)。事实上,当不同的研究者谈到稳定时,往往会应用一些看来相似但有区别的概念,因而常常引起混淆。局部稳定的系统,并不一定是全局稳定;反过来,全局稳定的系统,其组成的亚系统并不一定要稳定。另外,由于相比较的内容不同,即两种系统的比较(理想的与现实的)得出的结果当然不可能相同(King et al.,1983)。

3) 由于长时间的争论,人们开始对其必要性产生了怀疑,甚至对稳定性的研究也发生了动摇。Hasting(1988)认为,生态系统的稳定性是一个不适合研究的问题。也有人认为,多样性和稳定性两者之间的关系有可能都依赖于生态系统更为基本的特征(Margalef,1975)。群落或生态系统的结构复杂性决定了物种多样性的复杂性及稳定性含义的复杂性,因而其结论的复杂性也在意料之中。在生态系统中,当物种数量增大时,如果种间联结性自然变小,这时的群落或生态系统是完全有可能保持稳定或更加稳定的状态。因此,当群落或生态系统内物种数量增加时,对稳定性的影响要根据具体情况来定。

4) 功能群、关键种、冗余种等一些概念的产生和应用,为生态系统的种类多样性和稳定性之间的关系的研究带来新的希望,但有些问题需要先行解决:① 需要进一步了解生物多样性,尤其是种类成分的多样性与生态系统功能之间的联系。② 需要进一步研究关键种和冗余种的确切定义,并能给出定量的计算公式。③ 进行不同的时空尺度的研究(从立地到区域,从日变化到年变化、世纪变化)。研究主要包括不同尺度的生物多样性变化(如生境片段化、物种侵入等)。这些研究将为我们提供考察生物多样性对生态系统各层次功能作用的机会。

5.4.3 生态系统的退化

1. 退化生态系统的定义

退化生态系统是指生态系统在自然或人为干扰下形成的偏离自然演替序列的生态系统。与自然系统相比,一般的退化的生态系统种类组成、群落或系统结构发生改变,生物多样性减少,生物生产量降低,土壤和微环境恶化,生物间相互关系改变(Chapman,1992;Daily,1995)。当然,不同的生态系统退化的表现是不一样的。例如,栎类森林退化后林木生长减缓,林产品生产力下降;林地土壤养分水分恶化,水土保持、水源涵养能力下降(张文辉等,2014)。湖泊由于富营养化、外来种入侵,在人为干扰下,取代本地历史上的优势种等引起生态系统的退化,物种多样性改变,但生物生产力却不一定下降(Berger,1993)。

2. 退化生态系统形成原因

退化生态系统形成的直接原因是人类活动,部分由于自然灾害,有时两者叠加发生作用。生态系统退化的过程由干扰的强度及其持续时间和规模决定。对造成生态系统退化的人类活动进行了排序分析:发现过度开发(含直接破坏和环境污染等)占 35%,毁林占 30%,农业活动占 28%,过度收获薪材占 7%,生物工业占 1%。自然干扰中外来种入侵(包括人为引种)后泛滥成灾、火灾及水灾也是最重要的因素。进一步分析指出,基于以下 4 个原因,人类进行生态恢复是非常必要的:① 需要增加作物产量满足人类需求;② 人类活动已对地球的大气循环和能量流动产生了严重的影响;③ 生物多样性依赖于人类保护和生境恢复;④ 土地退化限制了国民经济的发展。

3. 全球及退化生态系统类型及其面积

联合国环境署的调查表明(Daily,1995):全球有 20×10^8 hm^2 土地退化(占全球有植被分布土地面积的 17%),其中轻度退化的(农业生产力稍微下降,恢复潜力很大)有 7.5×10^8 hm^2;中度退化的(农业生产力下降更多,要通过一定的经济和技术投资才能恢复)有 9.1×10^8 hm^2;严重退化的(没有进行农业生产,要依靠国际援助才能进行改良的)有 3×10^8 hm^2;极度退化的(不能进行农业生产和改良)有 0.09×10^8 hm^2。

4. 中国退化生态系统类型及其面积

中国地处中纬度地区,南北跨越纬度 49°,东西跨越经度 62°,地形多样,气候复杂,形成多种多样的农业自然资源,表现为东农西牧,南润北旱,山地平川农林互补,江河湖海散布密集的格局。中国有 960 万平方公里,据 1995 年统计,农田占 14.6%,果园占 0.5%,草地占 41.6%,林地占 17.2%,工业用地占 17.2%,工业交通和城镇用地占 2.6%,水体用地占 3.5%,荒漠和雪地占 27.2%。

中国生物资源人均值远远低于世界平均水平,人均土地面积仅为世界平均水平的 1/3。中国后备易农荒地毛面积仅 5 亿亩,其中分布在草原地区约 2.1 亿亩,宜种植人工饲草料用;分布在南方山丘地区的约 7 000 万亩,主要作为果树与经济林木用地;可用种植粮、棉、油的农作物用地约 2 亿多亩。目前我国主要靠扩大耕地面积,依靠自然恢复地力,调节人地关系。

5. 中国的脆弱生态系统

我国自然生态条件较差,脆弱生态系统分布范围广、面积大。据赵跃龙(1999)统计,我国脆弱生态系统总面积达 194 万平方公里,超过国土总面积的 1/5。它们主要是北方半干旱-半湿润区(如黄土高原,土壤沙性、风蚀沙化严重,水土流失严重,土壤盐碱化,自然灾害频繁);西北干旱脆弱区(如新疆等,干旱缺水,风沙严重,土壤盐碱化,山地植被稀少,草原严重退化);华北平原区(如河北,冬春干旱、盐碱内涝,风沙和自然灾害频繁);南方丘陵区(如湖南等,水土流失较严重);西南石灰岩山地(如贵州,土层薄、肥力低、保水性能差);西南山地和青藏高原区(如西藏,缺水、气候土壤条件严酷)。

5.4.4 生态系统的恢复

人类在改造和利用自然的过程中,不可避免地会对自然环境产生负面影响。这种影响以不同的时空规模出现,有时会形成严重后果。如前苏联的切尔诺贝利核电站事故,油轮的泄油事件等,均可在较大范围或有限的区域内引起剧烈的生态变动。这种灾难性的环境变化随即会对生物多样性产生影响。另一种是人类活动影响所引起的变化,如长期的工业污染,大规模的森林砍伐,大规模的自然景观向农业和工业景观的转变等。这些变化最终会导致生物多样性减少,物种灭绝,生态系统的结构与功能丧失,进而加剧种类的丧失。所以,这些人类活动会改变环境系统,构成对生物多样性的威胁,并导致区域性乃至全球性的生物多样性的锐减。针对目前全球性的生物多样性面对的威胁,生态系统的恢复显得越来越重要。针对不同程度的退化生态系统,提出不同的恢复措施,是保护生物学工作者面临的最迫切的任务。

1. 极度退化生态系统的恢复

极度退化的生态系统总伴随着严重的水土流失,反复的土壤侵蚀,土地极度贫瘠,理化结构差,生境条件恶化。在这种条件下生态系统很难自然恢复,有针对性地分阶段进行综合治理是很必要的。对这类生态系统的整治策略,首先就是控制水土流失,其次是因地制宜地种草种树,尽量利用乡土植物种类。在环境恢复后期,人工植物群落建设要顺应演替规律,使天然恢复的自然力与人为促进结合起来。

2. 次生林地生态系统的恢复

次生林地生态系统一般生境较好,或是植被刚被破坏而土壤尚未被破坏,或是次生裸地但已有林木生长,因而,其恢复的途径是按植被群落的演替规律,人为促进,顺应生态系统演替趋势。主要措施有:① 封山育林,这是简便易行、经济实用的措施。例如,中国实施禁伐禁牧和封山育林措施,可为阔叶树种、针阔混交林创造适宜的生态条件,促使被破坏的林地的休养生息。由于这类措施促进群落演替,恢复是持续性的。② 林分改造:为了促进森林的正向快速演替,可对生产力低下的林地进行林分改造。如南方马尾松疏林中补种木荷、樟树等,以促使针叶林的快速演替,形成高生态效益的针阔叶混交林。③ 抚育间伐:对已生长着的一些建群树种林地进行抚育间伐,择伐一些劣质木、病虫木个体,以促进建群种和目的树种的生长。张文辉等(2014)在秦岭林区以栓皮栎次生林为对象,采用近自然经营技术理念,针对不同生境、不同演替阶段,选择生长旺盛主干通直栓皮栎个体作为目标树重点培养;选择油松、漆树等作为生态目标树予以保护;将影响目标树生长发育的林木(包括病虫木、劣质木)作为干扰树予以伐除,强度控制在 20%左右,提高林分质量,林木高度直径生长率提高 15%~25%;林地物种多样性、土壤养分水分提高 14%~33%。其他地区也有学者开展了类似工作,如油松林、辽东栎林抚育恢复,取得了很好的结果。这些森林经营措施,促进森林恢复,提高林地经济产出和生态功能是未来次生林恢复改造的方向。无论任何森林生态系统的恢复措施,都以提高森林生产力、林分质量为目标,促进森林生态系统向更稳定方向发展。

3. 废矿地生态系统的恢复

采矿地的生态重建应以恢复生态学为理论基础。通常处理的步骤是先用物理或化学的方法对废矿地生态系统进行处理,消除或减缓尾矿、废石对生态系统的物理化学影响,再铺上一定厚度的土壤。若矿物具有毒性,还需有隔离层再铺土,然后种上植物。对废矿地或其他污染造成的退化生态系统的植被恢复,还要注意以下的两方面的技术:① 化学改良:化学改良主要是指化学肥料、EDTA(乙二胺四乙酸)、酸碱调节物质及某些离子的应用调节土壤理化性质。② 有机废物的应用:污水污泥、泥炭、垃圾及动物粪便等富含 N、P 等有机质,它们被广泛地应用于改良矿业废弃地,其作用是多方面的,最少可以增加有机质,改良土壤肥力和理化性质(陈灵芝,1995)。需要注意的是:废矿地生态系统恢复过程中,在没有排除土壤污染的条件下,不可种植粮食、蔬菜、饲料作物;在处理污染土壤过程中,使用的各种改良土壤的材料,以及采取的措施,都要绿色环保,确保不造成新的污染,或者新的环境破坏。

4. 荒漠植被的恢复与重建

荒漠地植被恢复与重建首先应充分利用地下水和其他水资源来营造绿地。一般在无林地段,利用有利的地形引水,建立人工林。根据林木的特性,合理利用地下水,使之依靠浅层地下水维持林木生长,以达到继续扩大绿地面积的目的。其次是充分利用自然降水和其他水源,小型分散地进行人工微地形改造集水,遵循荒漠自然植物侵移规律,因势利导,营造绿地。

5.5 生态系统保护的意义和途径

生态系统多样性是生物多样性研究的重点。生物多样性保护的主要价值体现在生态系统及其多样性对人类的整体贡献。生物多样性的价值不仅体现在个别物种上,更重要的是与人类生存关系最密切的生态系统的物质生产、生态防护、休闲娱乐等功能上。生态系统多样性的保护,不仅是物种多样性、遗传多样性保护的延伸,更重要的是为不同尺度生态安全,为经济社会的持续发展提供保障。

生物多样性保护依赖于民众、政府部门对生物多样性生态功能的认识水平。从传统意义上看,将生态系统功能和对人类的贡献价值化,使民众能够从身边一般商品对比中感受到生物多样性保护意义和价值,才更容易唤起民众的共识。

5.5.1 生态系统多样性的价值

1. 生态系统多样性的直接价值

生态系统的直接价值主要体现在向人类提供了基本食物、药物及其原料,工农业生产原料等。这些直接的价值人们在日常生活中能直接地感受到,其价值和功能容易被民众所认同。

2. 生态系统多样性的间接价值

生态系统多样性的间接价值主要表现在以下几个方面。这些价值人们在日常生活中不容易感受到,其功能和价值只有在了解相关知识后才能被认识。

(1) 能量固定

地球上有机物主要来自植物对太阳能的固定和累积。植物通过光合作用固定太阳能,使光能通过绿色植物进入食物链,为所有物种(包括人类)提供生命保障系统。

(2) 调节气候

生态系统对大气候及局部气候均有调节作用,包括对温度、降水的影响。

(3) 稳定水文

植物群落具有涵养水源、调节地表径流、减少洪水的作用。植物根系深入土壤,使土壤对雨水有更大的渗透性。有植被的地段比裸地的径流较为缓慢和均匀。一般在森林覆盖的地区雨季可减少洪水,干季可涵养水源。马来西亚森林集水区内,每单位面积径流在高峰期大约相当于橡胶园、油棕园内径流量的 0.5 倍,在径流量的低峰期约为种植园的 1 倍。

(4) 保护土壤

凡具有发育良好的植被的地段,由于植被和枯枝落叶层的覆盖,可减少雨水对土壤的直接冲击,保护土壤减少侵蚀,保持土地生产力,并防止塌方;保护海岸和河岸,并防止湖泊河流和水库的淤积。

(5) 贮存必需的营养元素,促进元素循环

生物从土壤中吸收土壤养分,获得必需自身生长发育的元素,构成生物体。生态系统的所有生物体内贮存着各种元素,并通过自然枯死回归土壤,形成养分元素循环,促进生物与非生物之间的元素交换,维持生态过程和生态平衡。

(6) 维持进化过程

生态系统的功能包括生活在其中的动植物传粉、基因流、异花受精的繁殖功能,以及生物之间、生物与环境之间的相互作用,生态系统对于维持生物进化过程和环境效益都有重要意义。

(7) 对污染物质吸收和分解作用

在各类生物和生态系统中,有不少生物对污染物质有抗性,它们能吸收和分解污染物,另一些生物对有机废物、农药及空气和水的污染物有降解作用。还有些生物对污染物敏感,对环境污染有指示意义。

(8) 生态系统是美化环境的主要组成部分

美好环境、清爽空气、绿水青山是人类陶冶情操,享受大自然的基础。生态系统多样性存在,本身会给人以美学娱乐、社会文化、科学教育、精神及历史方面的享受,保护生态系统多样性本身就是为人类营造美好的生存环境。

3. 生态系统服务功能及其价值评估

生物多样性就是生物资源及其与环境构成的整体,有些生物资源已被利用,人们从中感受到其存在的价值并通过商品生产或者经济活动体现出来。但更多的部分其利用价值尚未被人们认知,是潜在的资源。这些潜在资源往往不被人们重视,尤其生态系统的整体性的功能,以及对人类及其居住环境的保障价值,由于没有经过市场,而是直接消费,往往被忽略。这类生物多样性资源必须构建一个合理的价值评价体系,才能引起人们的重视。

Costanza 等(1997)在《自然》杂志发表了《全球生态系统服务价值和自然资本》一文,使生态系统服务价值研究在国际范围内掀起了一个热潮。此后,不少学者开始对区域、城市生态系统,森林生态系统、草地生态系统和农田生态系统的生态服务功能及其价值评估,并对估算方法进行积极探讨,并获得了一些研究成果。

对生态系统服务功能价值评估,主要目的是引起公众的重视。现以何浩等(2006)研究结果为例,说明我国主要生态系统服务价值。他们利用遥感技术,结合生态学方法,在对生态参数遥感测量的基础上,计算了中国陆地生态系统 2000 年的生态服务价值。结果表明,中国陆地生态系统 2000 年所产生的生态服务价值为 9.17×10^{12}元,总体空间分布由东向西递减、由中部向东北和南部递增,与植被的地带性分布梯度基本一致;森林的平均单位面积价值最高,为 18 789 元/hm^2,占总生态服务价值的 40.80%;其次是灌丛(13 789 元/hm^2)和耕地(13 054 元/hm^2),分别占总生态服务价值的 10.79%和 24.23%。从生态系统服务功能方面来看,气体调节价值的贡献率最大,占总价值的 45.16%;其次是水土保持价值(28.83%)和涵养水源价值(14.44%);有机物质生产和营养物质循环的价值最小,其贡献率为 11.57%(表 5-2)。该计算方法克服了以前没有应用生态遥感测量方法、生态统计方法以点代面等缺点,计算结果能更加客观,但该方法本身也存在一些不确定性,对生态系统各项服务功能及其价值的评估只是保守和粗略的估计。但这种计算和讨论很生动地告诉人们各类生态系统的价值。至少可以使政府和民众了解生态系统为人类提供的生态系统服务,使人们更加重视对自然生态系统的保护,也能促使各种形式的生态补偿政策制定。

表 5-2 中国不同生态系统类型各项生态服务价值

编号	面积/ $\times10^6$ hm^2	各项生态服务价值/$\times10^8$元				单位面积价值/ (元/hm^2)	总价值/ $\times10^8$元
		气体调节	涵养水源	水土保持	其他服务		
1	19.61	1 817.00	120.62	607.54	452.93	15 289	2 998.09
2	93.35	8 692.77	2 522.05	3 592.42	2 173.41	18 190	16 980.65
3	40.84	5 654.31	1 261.39	1 679.34	1 409.72	24 497	10 004.76

续 表

编号	面积/ $\times10^6$ hm²	各项生态服务价值/ $\times10^8$ 元				单位面积价值/ (元/hm²)	总价值/ $\times10^8$ 元
		气体调节	涵养水源	水土保持	其他服务		
4	45.36	4 118.70	589.62	1 700.44	1 027.11	16 393	7 435.87
5	71.76	4 741.40	1 626.67	2 290.38	1 236.69	13 789	9 895.14
6	5.98	443.14	186.85	214.51	112.06	15 996	956.56
7	1.57	51.56	52.22	39.77	13.52	10 004	157.07
8	68.00	2 313.82	744.21	1 597.34	613.64	7 749	5 269.01
9	26.24	1 463.65	549.22	952.45	381.65	12 755	3 346.97
10	42.22	785.66	257.77	710.91	209.19	4 651	1 963.53
11	55.34	393.78	304.36	434.34	105.22	2 237	1 237.70
12	59.34	2 116.03	390.68	1 575.09	556.46	7 816	4 638.26
13	0.42	8.83	10.12	4.75	2.30	6 190	26.00
14	5.82	124.90	114.06	148.96	31.72	7 210	419.63
15	7.09	101.16	138.98	80.85	25.46	4 886	346.45
16	4.91	267.99	58.10	125.19	69.73	10 611	521.01
17	10.81	25.38	85.42	20.23	6.35	1 271	137.39
18	25.01	111.40	138.95	66.71	29.37	1 385	346.43
19	72.54	137.60	214.99	61.44	36.62	621	450.66
20	68.79	87.93	172.56	31.52	23.43	459	315.44
21	170.23	7 300.50	3 062.25	9 930.97	1 927.59	13 054	22 221.31
22	64.76	660.11	639.72	572.87	176.54	3 164	2 049.24

注：编号：1. 落叶针叶林 needleleaf deciduous forest；2. 常绿针叶林 needleleaf evergreen forest；3. 常绿阔叶林 evergreen broad-leaf forest；4. 落叶阔叶林 broadleaf deciduous forest；5. 灌丛 bush；6. 稀疏林地 sparse woods；7. 海边湿地 seaside wet lands；8. 高山草甸 alpine meadow；9. 坡面草地 slope grassland；10. 平原草地 plain grassland；11. 荒漠草地 desert grassland；12. 草甸 meadow；13. 城市 city；14. 河流 river；15. 湖泊 lake；16. 沼泽/湿地 swamp；17. 冰川 glacier；18. 裸岩 bare rocks；19. 砾石 gravels；20. 沙漠 desert；21. 耕地 farmland；22. 高山草地 alpine grassland(何浩等，2005)

5.5.2 生态系统保护的途径

1. 就地保护

一般认为，就地保护是生态系统保护最为有效的保护方法。就地保护维持了所在区域生态系统中能量和物质运动的过程，保证了物种的正常发育、进化过程及物种与其环境间的生态学过程，使物种在原生环境下的生存能力和种内遗传变异度得以保护。因此，就地保护在生态系统的保护中起巨大的作用。

就地保护途径主要是建立自然保护区和国家公园，通过对自然保护区的建设和有效管理，从而使生态系统多样性得到切实的保护。自然保护区建设在全世界得到普遍的推广，我国自然保护区始于 1956 年建立的鼎湖山自然保护区，经过 60 年的努力，截至 2016 年，全国共建立自然保护区 2 740 个，总面积 147 万平方公里，约占陆地国土面积的 14.83%。

自然保护区建设对生态系统多样性的保护发挥了巨大的作用。根据张文辉等(2015)就秦岭林区典型濒危植物秦岭冷杉(*Abies chensiensis*)、太白红杉(*Larix chinensis*)、独叶草(*Kingdonia uniflora*)种群研究证明，就地保护是最有效保护措施。这三种均为高山植物，迁地栽植很难成活。而就地保护，基本上在原生境条件下保护，不对原种群造成破坏，使种群有机会自然恢复。再加上抚育措施，如在乔木层伐除遮光的其他林木，就能促进秦岭冷杉和太白红杉结实；抚育修剪影响太白红杉和秦岭冷山幼苗生长大草本和灌木，能促进幼苗幼树生长；9 月种子降落期扰动灌木草本、扰动地表土壤，能促进种子落入土壤，增加萌芽成苗机会。根据固定样地长期监测，就地保护措施使秦岭冷杉、太白红杉幼苗数量增加 32%～38%，幼苗幼树生长增加 20%～28%，成年个体结实量增加 35%～38%。

封禁也是就地保护的一个有效途径，对于人为破坏或者人为干扰较大的生态系统实行就地保护、就地封禁，不让人为活动过分地进入生态系统，使生态系统利用自身的能量流动、物质循环实现由低级向高级、由简单向复杂的演替。广大受到干扰或人为破坏的生态系统，如森林、草原、灌丛、荒漠、湿地等次生生态系统都可以通过封禁实现自然恢复。很多实例证明在人类社会没有足够资金投入的条件下，或者没有解决人工繁殖措施、不能实现迁地保护物种，通过封禁是实现种群恢复的一种有效途径。例如，独叶草是环境依赖型植物，只能生长于高海拔地区（2 500～3 300 m）的太白红杉、太白杜鹃、巴山冷杉林下的腐殖质中，没有相应的生境，就不能存活。在目前还没有发现人为繁殖措施和栽培技术的条件下，只能在原生群落就地保护。在原有依附群落和生境，明确边界，禁止人类踩踏，禁止采伐乔灌木，才是该种稳妥的保护措施（张文辉等，2015）。

2. 生物防治与生态系统的保护

生物防治是生态系统保护的另一有效途径。生物防治至少可以在3个方面发挥重要作用：① 通过天敌的作用，将大面积发生的有害生物控制在一定的密度之下，可以对栖息地的恢复起促进作用；② 利用生物防治措施，减少化学农药的施用，对于提高环境质量，减少污染，其效果是不容置疑的；③ 生物防治是针对有害生物而进行的，生物防治的生态学结果对于保护濒危植物也能发挥一定的积极作用。从上述几个方面不难看出，生物防治是保护生态系统十分有效的途径。

3. 生态系统整体性保护

自然生态系统有其整体运动的规律，应从整体上去保护才能发挥生态效益。我国大江、大河、大湖几乎都是跨行政省区的，对它们的开发利用、保护和管理却都是以行政省、区、县、乡为单位，划分负责，使流域固有的水文、气候、时空变化的整体性得不到体现。因此，在未来，应该树立全局观念和生态系统整体保护的意识，打破行政条块分割局面，使生态系统保护更为有效。

未来大江大湖和山系、水系治理及生态系统恢复应该制定中长期规划，通过立法确认规划的法律地位。例如，一条河流的治理，一个湖泊的治理，要制定跨省区的整体生态保护规划；周边省、区、县、乡生态治理不能与上一级整体规划要求相抵制，这样才能达到整体保护的目的。

4. 加强生态恢复和重建工作

我国极度退化的生态系统面积大，重建退化的生态系统是当前最急迫的任务。我国已经开始了全面生态系统恢复和环境建设工作，各省、区、县根据当地生境条件，有针对性地开展生态系统重建、恢复活动，是生态系统多样性保护的有效途径，不仅对大面积荒山荒地绿化和城乡绿化，同时进行大江大河沿线的防护林工程和沿海防护林工程建设，使全国生态环境建设和生物多样性保护出现了新的局面。目前在全国范围开展的天然林保护工程、退耕还林工程、人工林建设工程等，就是全国整体生态系统恢复的具体措施。

思 考 题

1. 简要说明生态系统概念、结构、功能和特征。
2. 简要说明全球生态系统多样性概况。
3. 简要说明中国生态系统多样性概况及主要生态系统。
4. 论述生态系统多样性的发生演替与物种多样性关系。
5. 评价生态系统物种多样性的主要参数有哪些？
6. 论述生态系统多样性与稳定性的关系。
7. 论述生态系统的退化原因与恢复途径。
8. 论述生态系统多样性保护的意义与途径。

推 荐 参 考 书

蒋志刚，马克平，韩兴国.1997.保护生物学.杭州：浙江科学技术出版社.

谢国文，颜亨梅，张文辉.2001.生物多样性保护和利用.长沙：湖南科学技术出版社.

戈峰.2002.现代生态学.北京：科学出版社.

彭少麟.2001.恢复生态学导论.北京：科学出版社.

Richard P，季维智.2000.保护生物学基础.北京：中国林业出版社.
陈清郎，刘文华.1997.中国森林多样性及其地理分布.北京：科学出版社：174－185.
Kimmins J P. 1987.森林生态学.文剑平，等译.北京：中国林业出版社.
陈灵芝，陈伟烈，韩兴国，等.1995.中国退化生态系统研究.北京：中国科学技术出版社.
钱迎倩，马克平.1994.生物多样性研究的原理和方法.北京：中国科学技术出版社.
张文辉，周建云，何景峰，等.2014.栓皮栎种群生态与森林定向培育研究.北京：中国林业出版社.
张文辉，周建云，李景侠，等.2015.秦岭濒危植物种群生态及保育技术研究.杨凌：西北农林科技大学出版社.

第6章 物种保护的优先原则与生物多样性信息

提 要

本章重点阐述物种保护优先序与优先保护区域分析；中国生物多样性优先保护区域范围；生物多样性监测；国际著名生物多样性信息系统网络资源；中国主要生物多样性信息系统网络资源建设与利用。

保护稀有濒危物种是保护生态系统安全最基本的工作。稀有濒危物种是生态系统中适应力、生存力较差的物种，也是在生态系统中最先受到生存威胁的种类。从整个生态系统安全考虑，濒危物种的出现是生态系统受到威胁的标志。保护濒危物种，解除稀有濒危物种的致危因素，既是对物种的保护，也是对整个生态系统的保护（张文辉等，2015），因此濒危稀有物种保护研究一直是世界各国关注的热点。但是，由于人类用于生物多样性保护的资金、人力和社会资源有限，必须选择最有保护价值的物种首先进行保护，这就涉及优先保护序的问题，也就是如何使有限的资源用于最先应该保护的物种。保护优先序的确定应具有科学依据，而不是仅取决于人们的喜好。物种生存现状及物种濒危等级为确定保护优先序和实施保护计划提供了科学依据。

物种保护优先性选择依赖于丰富的信息资源，必须根据不同层次生物多样性信息资源，才能为物种保护策略的制定提供依据。生物多样性保护依靠政府、民众及全社会共同努力。信息资源和网络是生物多样性知识普及与教育的主要途径。生物多样性受威胁程度的确定，保护生物多样性策略、对策及政府方针的确定，必须建立在足够的信息资源与科学检测的基础上。生物多样性信息系统与网络建立为此提供了可靠平台。

6.1 物种保护的优先原则

物种多样性保护的一个重要原则就是要设法利用有限的资源（人力、经费及土地或水域）保护尽可能多的物种多样性。需要考虑的问题是：① 如何测定某一保护区的物种多样性；② 一些物种是否比其他物种更值得保护；③ 怎样利用保护区物种多样性的互补性，达到尽量利用数量有限的保护区、尽可能多地保护物种多样性；④ 如何选择、设计保护区，以利用最少数量的保护区覆盖某一类群的全部物种。从操作程序上来说，就是要解决如何做到客观测度和评价各有关区域的物种多样性，对各个区域按物种多样性丰富程度进行排序，然后结合区系组成差异的互补性，设计保护区域优先顺序或保护区网络，达到利用有限数目的区域来保护最多的物种多样性的目的。

衡量和选择优先保护区域最常用也最直观的指标是物种丰富度（species richness）。在考虑物种丰富度的基础上结合区系成分的互补性提出的关键区系分析方法（critical faunas analysis），以此来为保护某一特定类群的全部物种设计保护区优先序和确定最低保护区组合（the minimum set of areas）。20 世纪 90 年代，Williams 等结合现代生物系统学支序分析的理论和成果，提出了可以反映物种在系统演化意义上的差异即分类多样性（taxonomic diversity）的计算方法，并以此为基础，结合互补性，提出了一套更完善的保护优先区域的分析方法（Vane-Wright et al.，1991；Williams and Humphries，1994），即分类多样性测度。

6.1.1 分类多样性测度

以前，生态学家通常使用某一区域的物种丰富度（即种数）或某一区域内物种丰富度与相对多度

(relative abundance)结合的一些指数,如均匀度和多样性指数(Simpson 指数或 Shannon 指数)来测度物种多样性。还有一些方法被用来测度区域间物种丰富度在组成上的变化(即物种替代率)。这些测度的局限性是显而易见的,因为物种丰富度指数未能概括不同物种与其在自然演化系统中所处地位;而且物种多度也不是物种的固定特征,它随时间和地点的不同而变化显著。生命系统具有的两个相互关联的基本特征:等级属性(hierarchy)与复杂性(complexity)。物种多样性指数仅反映了生物的复杂性一面,而未能反映生物的等级属性。从保护的目的出发,有必要区别那些系统演化中更重要、代表着特殊的演化分支的物种(如熊猫)和那些有很多近缘种的普通物种。

为了克服以上不足,近些年来,一些学者从系统演化和分类学的角度提出了测度物种多样性的一些新的理论和方法,Williams 和 Humphries(1994)对此进行了概括,归纳为表征方法(phenetic approach)、系统发育方法(phylogenetic approach)和分类学方法(taxonomic approach)3 个类型。表征方法直接利用物种特征的非相似性(dissimilarity)来测度物种的差异,其缺点在于在特征分析中未能区分非同源相似性(homoplasy)。系统发育方法通过定量测度特征沿系统树分支的转化(transformations)来测度物种的差异,但其对特征的抽样要求和关于特征变化相对速率恒定的条件假设苛刻(Faith,1994;Williams et al.,1993)。分类学方法提出了分类多样性的概念来刻画物种在系统演化意义上的差异,对分类多样性的测度依据反映分类单元亲缘关系的分支图,但仅利用图 6-1 中代表组群关系(group membership)的分支节点(nodes or branching points)的信息,分支图可通过支序分类研究获得,也可利用反映分类系统的系统关系图替代(Vane-Wright et al.,1991;Williams and Humphries,1994)。分类学方法克服了前两种方法的不足之处,相对更加简明可行。对很多类群来说,组群关系是可利用的唯一可靠信息。

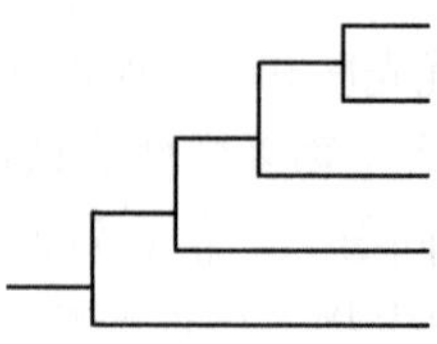

	I	*Q*	*W*	*P*
A	4	3.5	1	10.7
B	4	3.5	1	10.7
C	3	4.67	1.33	14.3
D	2	7	2	21.4
E	1	14	4	42.9
T	14	32.67	9.33	100

图 6-1 根权值指数的推算(引自 Vane-Wright et al.,1991;蒋志刚等,1997)

分类多样性测度一般包括 4 项标准:① 根权值(root weight),用于刻画古老类群(即孑遗类群)的重要性,对最接近支序图根部的类群给予最大的加权(图 6-1);② 高级分类单元丰富度(higher taxon richness),用于对高级分类单元给予更高的权,而不考虑高级分类单元所包含物种的种数多少;③ 伸展树长度(spanningtree length),用于测度谱系歧异度(genealogical divergence),有助于鉴别包含歧异程度最大的分类单元的区系;④ 支序发散度(clastic dispersion),用于突出不同等级类群的均匀代表性(even representation)。

假设图 6-2 示的 6 个物种的系统发育关系成立,分别使用以上 4 项标准选取其中 3 个物种予以保护,可得到 4 个不同的选择方案:根权值标准选择一种鲨、一种鲑和一种龟;高级分类单元丰富度标准选择一种鲨、一种鲑和其余类群的任意一种;伸展树长度标准选择一种鲨和其余任意两个类群各一种;支序发散度标

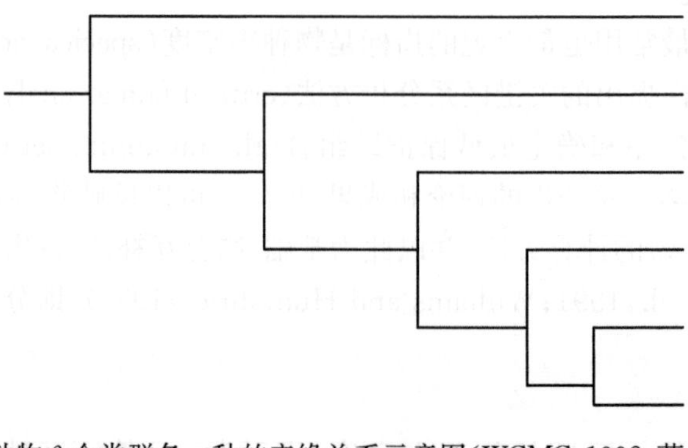

图 6-2 动物 6 个类群各一种的亲缘关系示意图(WCMC,1992;蒋志刚等,1997)

准选择一种鲨、一种龟和一种鸟或鼠。应用支序发散度标准的选择结果与应用多样性的直观意义的选择结果最相符。对应用各项标准，也都提出了表达其相对值的指数及计算方法(Williams et al.,1993;Williams and Humphries,1994)，这些指数统称为分类多样性指数(taxonomic diversity index)。

图 6-1 举例说明了根权值的推算过程，可帮助理解分类多样性测度的一般原理。图 6-1 左侧为 5 个假想终端分类单元 A～E 的分支图。分类单元 A 和 B 均归属于 4 个组群(AB、ABC、ABCD 和 ABCDE)，C 归属于 3 个组群(ABC、ABCD 和 ABCDE)，D 归属于 2 个组群(ABCD 和 ABCDE)，E 归属于 1 个组群(ABCDE)，I 值为分类信息的基本测度，其他数值都从 I 推算而得。Q 值为组群总数 14(4+4+3+2+1)被各分类单元得 I 值分别所除得到的商值(如对于 A，14/4=3.5；其余类推)，Q 值给予根单元(basal taxa)较大的权值。W 值为标准分类权值(taxic weight)，用最低 Q 值(3.5)与分类单元的 Q 值分别相除所得(如对于 D，7/3.5=2；其余类推)。P 值是将 W 值换算为百分比(如对于 A，1/9.33=10.7%；其余类推)，代表各分类单元对总多样性的贡献。T 为 I、Q、W 和 P 各项数值各自的总和(蒋志刚等，1997)。

6.1.2 特有性及关键区系分析

分类多样性测度提供了测度物种系统发育地位差异的方法。除了系统发育地位上的差异，物种在分布上也往往不等。一些物种分布面积大，数量多，广泛分布数省区至多个国家，我们将这些物种称为广布种，这些物种适应力强，一般不需要特别保护。另一些物种分布区域则很狭窄，仅分布在某个地区或者山系、水系，我们将这些物种称为该地区特有种。生物分类单元的分布或生物地理差异导致了动植物区系组成和特有性方面的差异。地方特有性是指该地区范围内存在，在别的地方不存在，其在该地区的丧失意味着该分类单元在整个地球上的丧失。因而，特有性在自然保护中具有重要的意义。因为不同类群的特有性分布格局往往不重合，根据特有性确定保护区优先序，应基于不同类群特有性格局的综合分析。

区系成分互补原则与关键区系分析是由 Ackery 等(1984)提出的，该方法依据区系成分互补性原理(the principle of complementarily)进行：首先根据已获得的某一类群全部物种的分布资料，将所有分布地区按特有性的高低排序，选定特有性最高的地区作为第一优先保护区，第二个保护区的确定原则是能对第一优先保护区保护物种补充种类最多的区系，第三个保护区的确定原则是能对前两个保护区共同保护物种补充种类最多的地区，依次类推，得到保护区优先序。当保护区的数目增加到某一数量时，即可包含该类群的全部物种，这些保护区组成了所谓的最低保护区组合。根据这个方法，Ackery 等(1984)从斑蝶分布的 350 个国家、地区或岛屿中选出 31 个区系(即关键区系)作为斑蝶的最低保护区组合，包括了当时已知的全世界 157 种斑蝶。Collins 等(1985)利用该方法对全国的凤蝶进行了分析，发现保护 5 个凤蝶特有性最高的国家即可保护凤蝶全部已知种类的 57%，再加上另外 5 个国家时，保护种类比例分别为 77%、90%、95%、96%、97%和 99%。关键区系分析方法可被有效地用来确定区系上重要的国家或地区(蒋志刚等，1997)。

6.1.3 优先保护区域分析

在利用关键区系分析确定保护区优先序时，物种在分类上被认为是平等的，即仅依据了物种的种数和不同地区的物种替换率(species turnover)，未考虑物种的分类多样性差异。优先区域分析(priority area analysis for conservation)是以分类多样性测度和互补性原理为基础的保护优先序分析方法(Williams et al.,1993;Williams and Humphries,1994)，其原理与关键区系分析有一定的相似，但利用分类多样性指数取代特有性作为分析的依据。首先根据分类多样性指数数值累加计算出各地区区系的多样性积分(diversity scores)，然后选定多样性积分最高的区系作为第一优先保护区，第二个保护区要选择能对第一优先保护区多样性积分增补最大的区系，即具有最高补充多样性积分(incremental diversity scores)的区系，第三个保护区要选择能对前两个保护区多样性积分增补最大的区系，依次类推，得到保护区优先序。

加权逐步分析法是利用分类多样性指数根权值进行保护优先区域分析。现举例予以说明(图 6-3)，图 6-3 是包含 5 个分类单元的分支图，右侧 3 列黑圆点构成的矩阵代表各分类单元在各个地区 R_1、R_2 和 R_3 的分布情况，每个地区都只有 3 个分类单元。若仅根据分类单元丰富度，无法在这 3 个地区间作出选择。根据特有性，则无法在 R_1 和 R_3 之间作出选择(R_1 和 R_3 各有一特有分类单元；R_2 无特有分类单元)。利用各地区总多样性权值的比值可选出 R_3 为首选保护区。图 6-3 中 W 值为各分类单元的分类权值，与图 6-1 的 W

值对应。T 值为 5 个分类单元权值的总和及 3 个地区分别所分布分类单元权值各自的总和(对于 R_1,1+1+1.3=3.3;其余类推)。P_1为各地区权值总和(分别为 3.3、4.3、7.3)占 5 个分类单元权值总和(9.3)的百分比(对于 R_1,3.3/9.3=35%;对于 R_2,4.3/9.3=46%;对于 R_3,7.3/9.3=78%),相当于各地区的多样性积分百分比。此过程表明 R_3为最高优先区域。P_2为 R_1和 R_2对 R_3分类单元互补性带来的补充多样性积分百分比。当选定 R_3作为保护区后(可保护分类单元 C、D 和 E),若再选择 R_1,可增加保护 A 和 B,A 和 B 的权值和为 2(1+1),对 R_3的补充多样性积分百分比为 22%(2/9.3=22%);若再选择 R_2,只增加保护 B,B 的权值为 1,对 R_3的补充多样性积分百分比为 11%(1/9.3=11%)。当 R_3和 R_1的互补多样性积分达到 100%(78%+22%)时,表明加权逐步分析已经完成。

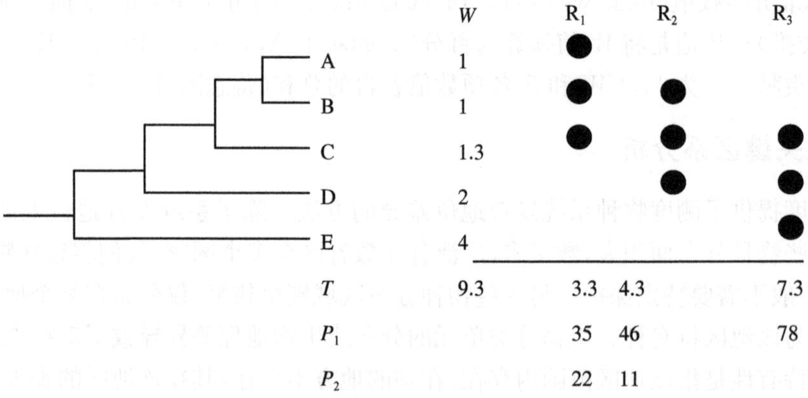

图 6-3 保护区优先区域分析理论示意图(引自 Vane-Wright et al.,1991;蒋志刚等,1997)

Williams 编制了一个专用于优先区域分析的计算机程序 WORLDMAP。优先区域分析方法被应用于不同地域水平的多个类群区系的保护优先序分析中,这种分析多使用 WORLDMAP 程序进行(Moon et al.,1992;Williams and Humphries,1994)。表 6-1 是应用该方法确定非洲羚羊保护区优先序的实例之一,分析基于支序发散度测度和互补性原理(蒋志刚等,1997;谢国文等,2001)。

表 6-1 非洲热带羚羊多样性积分和保护区优先序 (引自 WCMC,1992)

步骤序号	补充多样性积分/%	累积多样性积分/%	保护区名称	国家
1	23.95	23.95	Serengeti NP	坦桑尼亚
2	13.70	37.65	Kafue NP	赞比亚
3	9.99	47.64	Haut Dodo FR	科特迪瓦
4	9.32	56.96	O. Rime-O. Achim FR	乍得
5	4.85	61.81	Yangudi Rassa NP	埃塞俄比亚
6	4.71	66.52	Odzala NP	刚果
7	5.27	71.79	W. Pretorius GR	南非
8	3.50	75.29	Manovo-G-St Floris NP	中非
9	2.81	78.10	De-Hoop NR	南非
10	2.82	80.91	Gorongosa NP	莫桑比克

6.2 生物多样性优先保护地区与标准

6.2.1 生物多样性优先保护地区的特征

到目前为止,我国尚没有一个较好的、为多数人所接受的生物多样性保护的地理区划,经过多年探索,有些学者提出有些地区在生物多样性保护上更为重要,应该给予更多的关注,它们被称为关键地区(critical areas)。这些关键地区具有以下特征。

1）具有大量的物种和生态类型，即生物多样性丰富。

2）特有现象明显，即生态系统、特有物种较多的地区。

3）动植物区系和生态系统为同一类型中最具代表性的地区。

4）未受干扰或相对而言人类活动影响较小的地区，该地区可作为环境变化监测的基准。

5）生长具有特殊价值或重要意义的物种：如"关键种"（即对生态系统的功能或结构的保持具有关键作用的物种）、特别重要的指示种或具有显著经济意义的物种；也就是说这些物种的存在对说明种系发生、进化关系有明显的证据性意义；对环境要素变化和生态系统结构功能有指示意义。

6）具有重要的生态学价值的地区，如基本的生物迁徙路线、基本的繁殖地、基本的觅食地或对其他生态系统有重要意义的地区（如重要水体或湿地的水源区）。这些地区的丧失将对周围地区或国家的生物多样性产生重要影响。

6.2.2　生物多样性优先保护的标准

1. 遗传学意义

该物种是否珍稀或特有，或该物种是否具有特别的遗传学方面的优良品质（如抗逆性、丰产性、优质性）或科学方面的重要性（例如，单型科或单型属，孑遗种或孑遗属），是否具有典型的代表性，或是否特别珍稀，或是否处于严重的受威胁状态，这对说明生物进化地史变迁有证据意义。

2. 生态学意义

该物种是否为"关键种"（即某生态系统赖以维持其生存和发展的种），是否对生态系统具有特别重要的影响，是否是一个特别重要的生态现象或生态系统组成部分（如一个复杂的生态系统或一个复杂的迁徙性群体），或是否为一个重要的指示种。

3. 社会和经济意义

该物种是否有医药价值，是否还具有其他经济价值，是否具有特殊的文化或历史价值，是否有重要的科研价值，是否对人类生存条件有重要意义。

4. 受威胁程度和脆弱性程度

为了确定受威胁和脆弱性的程度，要考虑以下几个方面：威胁是否迫切，是否受狩猎或人类其他活动的威胁，损失是否可以逆转；物种的种群规模是否很小，数量是否还在迅速减少；外部因素，如污染，食物来源丧失，沙漠化条件变化，以及人口和土地利用是否影响其种群生境、分布范围和生活力；现有保护策略对策是否有效。这些都是评价动植物种类受危程度和种群脆弱性最为关注的。一般来讲稀有濒危种群生态学研究能够提供很多有用信息。例如，张文辉等（2015）对秦岭冷杉、太白红杉、独叶草种群生态学研究，分析了3个物种的地理分布、受危的外在因素及其程度；种群数量动态及其未来发展趋势；种群生殖生态特征，提出了以就地保护为主的保护策略与对策，为当地生物多样性保护提供了参考。

6.2.3　中国生物多样性优先保护的内容

《中国生物多样性保护行动计划》（1994）制定了我国生物多样性优先保护的标准，并将确定的优先保护名录列入附录1和附录2中，根据附录，确定了以下保护内容。

1）需要保护的生态系统：森林生态系统的优先的保护区包括热带区域，11个保护区、亚热带区域，55个保护区、温带区域，14个保护区，草原和荒漠生态系统的重要保护地点23个。

2）需要保护的野生动物：具有生物多样性国际意义且需要保护的野生动物包括62种哺乳动物、43种鸟类、6种爬行动物、3种两栖动物、10种鱼类、2种昆虫和4种无脊椎动物（包括海洋无脊椎动物）。

3）需要保护的野生植物：具有生物多样性国际意义且需要保护的野生植物共有149种，其中菌类6种、裸子植物17种、被子植物126种。

2010年，国务院第126次常务会议审议通过了《中国生物多样性保护战略与行动计划（2011—2030年）》，提出了我国未来20年生物多样性保护的总体目标、优先领域、优先区域和优先行动，该计划已经成为我国履行《生物多样性公约》的重要行动指南。

6.3 物种监测和生物多样性信息系统

6.3.1 生物多样性的监测

生物多样性监测(biodiversity monitoring)始于20世纪80年代初。美国的一些研究机构像史密索尼研究院(Smighsonian Institution)和自然保护组织等在南美洲开展的若干生物多样性动态监测项目。选择了不同类型和不同区域的热带雨林设立固定监测样地,组成监测网络。尽管这些项目在网络建设、组织协调等方面还不够完善,但是已经迈出了可喜的第一步。近年来,某些国际组织如国际生物科学联合会(IUBS)、环境问题委员会(SCOPE)和联合国教科文组织(UNESCO)等筹建世界生物多样性研究网络以开展"生物多样性的编目和监测"国际合作计划,目的在于为全球生物多样性的保护与持续利用提供基本的科学依据。

Hellawell将生物多样性监测定义成:为确定与预期标准相一致或相背离的程度而对生物多样性进行的定期监视。换句话说,生物多样性监测是在不同时间段对生物多样性的反复编目,从而确定其变化。

6.3.2 物种监测

物种监测包括对关键种(keystone species)、外来种(exotic species)、指示种(indicator species)、重点保护种(conservation-focus species)、受威胁种、对人类有特殊价值的物种、典型的或有代表性的物种的监测。物种监测一般采用地理分布范围监测及种群动态和密度监测两种:前者主要通过中大尺度地理分布和中长时间尺度文字记载、标本、图片及其他实物凭证的分析;后者通过在不同生境设置固定样地,监测其数量和密度变化,分析适应力生存力的变化。

1. 关键种

关键种是指对生态系统功能的发挥及维持系统平衡中起到关键作用物种。鉴定生态系统的关键种,研究它们在生态系统中的作用,根据人类活动对生态系统的影响,监测关键种作用的动态变化,对生态系统及生存其中受危种类的保护有重要意义。

2. 外来种

外来种是域外自然入侵或者人为引进到当地生态系统中的物种。外来物种到来,对当地生态系统会产生不同程度的影响。鉴定各种生态系统(自然生态系统和受人类活动影响的生态系统)的外来种,监测它们的扩散及对当地生态系统的影响。用GIS根据气候资料确定它们的适宜生境,预测它们可能扩散的地区,以及它们对当地生态系统平衡,持续发育产生影响,对保护生态系统有重要作用。

3. 重点保护种

保护物种通常是指生存受到威胁,需要给予特殊保护,避免种群进一步衰退或消失的物种,也包括具有特殊的经济价值、生态功能的物种。对濒危种、对人类有特殊价值的物种、典型生态系统的建群种或代表性物种的编目和监测,一直是人们感兴趣的研究课题。有很多研究案例及监测计划和项目涉及这个方面。

4. 指示种

一些物种对某种环境因素、生物因素敏感,它的存在或者出现,能反映生态系统或者环境的质量和变化,反映群落的结构功能,可以被认为它们是生物多样性的指示种。对这些物种的分布、丰富度、种群的结构和动态进行编目和监测非常重要,因为它们本身就可以指示生物多样性的状况。指示物种的选择依赖于所研究的目的,两栖动物、软体动物、鸟类、真菌、珊瑚及一些植物物种在不同情况下可以作为指示种。

一般说,理想的生物多样性指示种或类群应该具有以下特征:① 系统位置稳定,分类学上认识全面,地理分布清楚;② 生物学和生活史清楚;③ 容易调查和操作;④ 地理分布较广,生态幅较宽;⑤ 分类学特征分化低,对生境变化敏感;⑥ 具有潜在的经济价值。如Ruokolainen等发现,亚马孙流域用蕨类植物及野牡丹科(Melastomataceae)植物作为指示种,评价不同地点植物区系相似性,发现它们之间存在着非常高的相关性,相关系数达0.8(Mantel检验<0.01)。Tuomisto用蕨类植物作为指示种,结合卫星图像,对亚马孙流域的植物多样性格局进行了研究,也得到了比较满意的效果。

6.3.3 生物多样性信息系统

全球生物多样性监测、研究数据和研究成果如果能够被共享，不仅会节省大量的人力、财力，而且通过对信息的共享和利用，使生物多样性保护更为明智。因此建立生物多样性信息系统，共享世界各国科学成果，已成为保护生物学的热点。

生物多样性信息系统(BIS)是在编目的基础上，用系统思维的方法，以计算机科学和现代通信技术等为生物多样性保护和持续利用提供决策服务的信息系统。生物多样性信息系统可分为信息系统技术和技术支撑系统两大部分。信息系统技术包括数据库、信息管理与展示、模型和专家系统等。技术支撑系统包括硬件、系统软件和网络设施等。技术支撑系统相对于信息系统独立，信息系统建设与专业研究队伍关系密切(蔡淇松，1999；陈灵芝，1999)。

由于世界各国及国际组织越来越重视生物多样性信息的收集、管理和传播，近几年来，生物多样性信息系统的建设取得相当大的成就，为全球范围内的生物多样性保护和履行《生物多样性公约》，特别是在修订全球动植物红色名录和 CITES 公约附录方面做出了巨大贡献。

1. 生物多样性信息系统的建设重点

生物多样性信息系统的建设重点应该是信息系统建设，不应出现重视技术支撑系统，轻视信息系统构建的"重硬轻软"情况。未来应该把有限的投资转移到信息系统建设上，缩小信息系统与技术支撑系统之间的差距。

一般来说，信息系统技术建设难于技术支撑系统。技术支撑系统是容易解决的，各厂商可以为此已投入巨大的资金开发市场，仅采用投入即可解决技术支撑系统。而信息系统需要与具体应用研究密切结合，不能仅仅采用投入资金的办法来解决问题。如果把技术支撑系统看作科研的设备，那么信息系统建设则是科研计划与人才。出研究成果与出人才则相当于信息系统的"期望值"(蔡淇松，1999)。

2. 国际生物多样性信息系统建设现状

(1) 生物多样性保护信息系统

生物多样性保护信息系统(BCIS)是 1995 年由国际自然保护联盟(IUCN)发起组成的，口号为"提供更好的数据以支持更好的决策"。BCIS 广泛汇集数据、信息和专家的经验知识，从以下 3 个方面支持保护的决策：① 评估对物种、生境和景观受威胁的因素、范围和特点；② 辅助国家政府有关机构、保护组织和企业，确定优化并实现保护的目标；③ 提高技术能力，以得到各个国家生物多样性保护状态的真实记录。

BCIS 通过一种"数据监管"的政策，发现、挖掘、整理和汇集保护的信息，与各个层次的数据所有者合作，并保护他们的权利和利益。BCIS 为"物种 2000 年"项目提供生物多样性信息，辅助其完成分类系统编目；支持 CITES 公约、Ramsar 公约和世界遗产保护公约等与生物多样性有关的公约，并为 UNUP 和 WRI 的评价提供帮助。在国家水平上 BCIS 主要支持生物多样性的信息编目工作，特别支持生物多样性资料交换机制(CHM)的建立，通过该机制，生物多样性的信息能更顺畅地流动和发布，以支持更好的决策。

目前与生物多样性保护有关的国际组织和网络成员已经建成了庞大的网络体系，他们都是直接从事生物多样性保护和持续利用的组织，并具有很强的生物多样性数据信息收集及管理能力。主要的包括：① 国际鸟盟(Bird Life International)：有 80 多个国家和地区参加的鸟类保护组织。② 国际植物园保护联盟(Botanical Garden Conservation International)：超过 120 个国家和地区的 800 个植物园网络。③ 国际保护联盟(Conservation International)：在四大洲的 30 个国家开展工作。④ 国际物种信息系统(International Species Information System)：有 54 个国家、500 个动物园和水族馆参加的网络。⑤ IUCN 生态系统管理委员会(IUCN Commission on Ecosystem Management)：保护和管理全球所有主要生态系统的专家组成的委员会。⑥ IUCN 环境法项目(IUCN Environment Law Programme)：包括 IUCN 环境法委员会和环境法中心。⑦ IUCN 物种生存委员会(IUCN Species Survival Commission)：7 000 多志愿的科学家、野外工作者、保护组织的首脑和政府官员组成的，几乎覆盖全球所有国家的网络。⑧ IUCN 世界保护区委员会(IUCN Word Commission on Protected Areas)：由世界各国的保护区管理者和专家组成。⑨ 自然保护组织(Nature Conservancy)：一个生物多样性保护的国际组织，特别是在生物多样性信息管理方面处于领先的地位。⑩ 国际野生动物贸易调查委员会(TRAFFIC International)：WWF 和 IUCN 监测野生动植物贸易的项目，在五大洲的 19 个国家建有办事处。⑪ 湿地国际(Wetlands International)：有 50 多个成员国参加的湿地保护国际组织，内设有 23 个专家协调小组。⑫ 世界保护监测中心(World Conservation Monitoring Center)：生物多样性保护和持续利用的国际机构，提供生物多样性信息和信息能力建设服务。

(2) 生物多样性信息网络

生物多样性信息网络(BIN21)是为履行《生物多样性公约》和《21 世纪议程》而建立的信息网络，由一系列因特网上的节点站组成。其目的是提供并尽可能广泛地传播关于生物多样性方面确切和有用的信息，同时建立能被广泛接受的信息标准，研究生物多样性资料交换机制的运行方式。每个节点站具有以下一项或几项功能：① 交互式的通信：包括电子邮件系列、新闻组、公告板和定期的通信；② 提供信息服务：包括联网数据库、电子杂志、网络图书、共享软件服务器等；③ 网络虚拟图书馆或博物馆；④ 其他服务：包括在线咨询、分析和培训等。

目前生物多样性信息网络在巴西、澳大利亚、加拿大等国已经建立了节点站，并建立了网上虚拟图书馆(BIN21 Virtual Library，http://life.csu.edu.au/bin21/library.html)。

(3) 世界保护监测中心

世界保护监测中心(WCMC)数据库的工作重点之一是开发和维护一系列生物多样性保护方面的信息系统(http://www.wcmc.org.uk)，同时它还帮助其他国家或组织进行能力建设，开发他们自己的生物多样性信息系统。目前，由 WCMC 建立并维护的数据库有：① 濒危物种数据库；② 自然保护区数据库；③ 森林数据库；④ 世界珊瑚礁和红树林数据库。

(4) 物种 2000

“物种 2000”(Species 2000)是由 18 个生物分类数据库组织于 1996 年发起的长期项目。其目的是详细列出目前已知的所有动物、植物、微生物物种的名录作为研究全球生物多样性的基础。它的预期成果是一个电子化的全球物种名录、一个基于因特网的全球物种数据库的连锁查询引擎、一个可对不同编目体系进行比较的参考系统和一个全球物种分类、名称和状态的名录。目前已经建立了 5 个在线数据库的连锁查询，如鱼类数据库、豆科植物数据库和细菌数据库等，用户可以获得部分物种的学名和分类信息(http://www.sp2000.org)。

物种 2000 中国节点负责中国生物分类数据库建设，有中国科学院动物研究所、植物研究所、微生物研究所等单位参加。到 2016 年共收录物种及种下单元 86 575 个，其中物种 76 487 个，种下单元 10 088 个(《中国生物物种名录(2016 版)》)。

(5) 国际植物园保护联盟

国际植物园保护联盟(Botanical Garden Conservation International)成立于 1987 年，是一个覆盖全球的保护植物多样性的植物园合作联盟，目前已有 100 余个国家的 450 个机构会员(http://www.rbgkew.org.uk/BGCI/)。BGCI 建立的数据库系统(BGCI - DATA)综合了世界上各植物园的信息，包括各植物园的基本信息、珍稀和受威胁植物的栽培信息、栽培的园艺技术信息等。目前它已经收集并保存了全球 1 634 个植物园的信息，374 个植物园栽培的珍稀植物信息，10 546 个受威胁植物物种通过栽培而保存的信息，35 个灭绝物种经过栽培恢复的信息，以及 150 个受威胁植物物种栽培方法的信息。

(6) 国际物种信息系统

国际物种信息系统(International Species Information System)是一个全球范围的关于城市动物园和水族馆饲养动物信息的联合体，共有 54 个国家的 500 多个组织参加。它的数据库收集了各动物园和水族馆所饲养的活的动物信息。目前它保存了 6 000 余个物种、250 000 个个体及 750 000 个亲体的信息，可以联网查询每一个物种现在的饲养数量、性别、出生数量和地点，为濒危物种迁地保护、野外灭绝物种的保存和野外释放提供了科学数据。

(7) 世界资源研究所

世界资源研究所(World Resources Institute，WRI)建立的网站(http://www.wri.org)提供了全球生物多样性论坛(Global Biodiversity Forum)的信息，同时它还提供了生物多样性基础性知识，如生物多样性的定义和重要性、自然资源与生物多样性、遗传多样性、文化多样性、生态系统和生境、森林资源、海岸和海洋资源、生物群区管理(bioregional management)、全球生物多样性策略等。在这个网站上还有生物多样性受威胁信息、保护指南、图片和出版物，以及 WRI 履行《生物多样性公约》活动的信息。

3. 中国生物多样性信息系统建设现状

中国生物多样性研究具有良好的基础，经中国科学院、国家林业局、农业部、教育部、国家海洋局等单位在生物多样性研究及其相关领域长期的工作，积累了大量的第一手资料，出版了一系列的专著。此外，对濒危物种现状有一定程度的了解，初步确定了中国濒危物种名录。中国生态系统研究网络(CERN)、自然保护区和植物园等研究和保护基地是重要的数据源。这些生物多样性及其相关领域的信息为中国生物多样性信息系统的建立奠定了坚实的基础(谢国文等，2001)。

(1) 中国生物多样性信息系统的总体目标

中国生物多样性信息系统的总体目标：通过收集、整理和传播国内外有关生物多样性研究、保护和持续利用的信息，扩大生物多样性信息交流的范围和内容，增进国内国际各阶层组织和个人在这一领域的合作，在全社会范围内普及生物多样性知识，为国家和地方各级决策部门提供生物多样性的科学数据，促进我国生物多样性保护和持续利用事业的发展。

(2) 数据库的开发现状

生物多样性信息系统就是以现代数据库为核心，把生物多样性信息和数据储存在电子计算机贮存器上，在计算机硬件、软件的支持下，实现对生物多样性信息和数据的保存、更新、保密、检索、统计、评价、预测、模拟和决策服务等功能。我国生物多样性数据库的开发具有一定的基础，据初步统计，已开发出156个与生物多样性有关的数据库。

生物多样性各主题信息类型基本上都建有数据库。信息量丰富、具有相当规模的主题信息库有：林业、自然保护区、森林生态系统、动物、植物、作物遗传资源、中医药、水资源、地质与地理、气候与气象等。特别是动物物种编目数据库和植物物种编目数据库以及作物遗传资源数据库系统比较完善。但其他主题信息类型的数据库较少，特别是用于评价人类活动所造成的生态破坏和环境污染，及其对生物多样性影响的威胁数据库还相当缺乏。由于数据管理标准、软件平台的不同，目前还不能实现信息共享。

(3) 组织结构

中国科学院初步建立了中国生物多样性信息系统(Chinese Biodiversity Information System，CBIS)，这是一个覆盖全国范围的收集、整理、保存、传播中国生物多样性数据和信息的分布式系统，由一个中心系统、五个学科分部和数十个数据源点组成。中心系统位于中国科学院植物研究所，五个学科分部分别是动物学分部(中国科学院动物研究所，北京)、植物学分部(中国科学院植物研究所，北京)、微生物学分部(中国科学院微生物研究所，北京)、内陆水体生物学分部(中国科学院水生生物研究所，武汉)和海洋生物学分部(中国科学院南海海洋研究所，广州)。数据源点包括植物园、野外定位研究站、标本馆、细胞库、种子库和菌种库等，涉及中国科学院的15个研究所。其组织结构见图6-4。

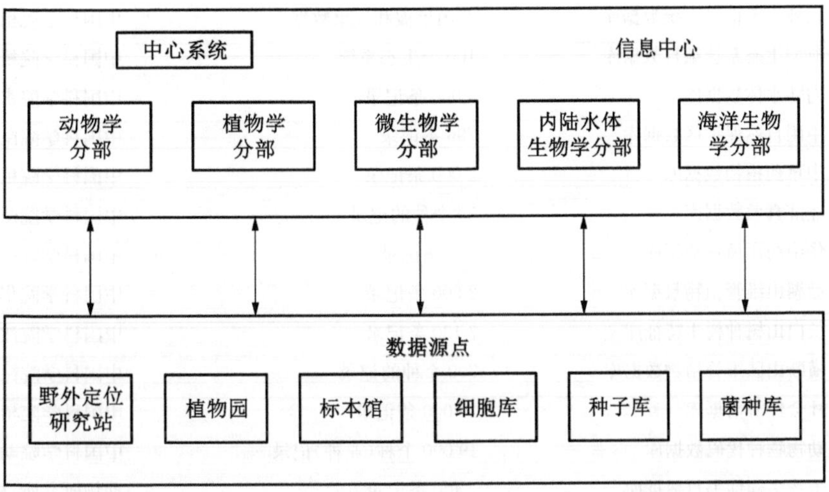

图6-4 中国科学院中国生物多样性信息系统组织结构(引自谢国文等，2001)

(4) 建设现状

通过近几年来持续不断的努力和各方面的通力合作，目前，CBIS已经建立了几十个生物多样性方面的数据库,总记录数约22万条,其中大部分数据库已经与因特网相连接。表6-2列出了CBIS的部分数据库信息。CBIS在内容上包括了物种编目数据库、濒危和保护物种数据库、生态系统编目数据库、生态因子图形库、生物多样性研究模型库和决策支持专家系统库;在结构上形成了信息中心与数据库源点协调发展的信息网络系统。农业部已建立了农作物种质资源信息系统(CGRIS),并向57个国家和国际机构提供了种质信息。林业部建立了森林资源监测中心、林业信息中心及中国林业研究科学院计算机科研网(CAFNET),国家环境保护总局建立了国家环境信息中心,国家海洋局正在筹建中国海洋信息网(COINET)。虽然各部门在生物多样性信息系统的建设方面取得了一定进展,但我国还没有建立国家级生物多样性信息系统与信息网络。

表6-2 中国生物多样性信息系统(CBIS)的部分数据库信息

(引自谢国文等,2001,数据有修改)

数据库类型	数据库名称	记录数	建库单位
物种编目	动物物种编目数据库	19 000个种(亚种)记录	中国科学院动物研究所
	植物物种编目数据库	32 598个种(亚种)记录	中国科学院植物研究所
	微生物物种编目数据库	9 169种(亚种)记录	中国科学院微生物研究所
	内陆水体生物物种编目数据库	5 000条种记录	中国科学院水生生物研究所
	海洋生物编目数据库	3 000条种(亚种)记录	中国科学院南海海洋研究所
濒危物种	濒危动物数据库	630个种(亚种)记录	中国科学院动物研究所
	珍稀濒危植物数据库	388个种(亚种)记录	中国科学院植物研究所
标本馆、植物园、菌种库、细胞库	动物标本数据库	35 000条记录	中国科学院动物研究所
	植物标本数据库	80 000条记录	中国科学院植物研究所
	脊椎动物标本数据库	46 192条记录	中国科学院昆明动物研究所
	模式标本数据库	34 060条记录	中国科学院华南植物研究所
	植物标本信息数据库	30 705号标本记录	中国科学院西双版纳热带植物园
	模式标本数据库	500个种的记录	中国科学院昆明植物研究所
	海洋动植物物种和标本数据库	物种5 000个种、标本20 000号	中国科学院海洋研究所
	新疆脊椎动物标本数据库	2 700条记录	中国科学院新疆生态与地理研究所
	植物园管理信息系统	500条记录	中国科学院武汉植物研究所
	植物园引种档案数据库	7 000条记录	中国科学院西双版纳热带植物园
	菌种目录数据库	1 500个种的记录	中国科学院微生物研究所
	昆明细胞库数据库	220条记录	中国科学院昆明动物研究所
生态系统和保护区	植被生态信息系统数据库	全国植被和气象数据	中国科学院植物研究所
	典型生态系统编目数据库	100个生态系统	中国科学院植物研究所
	内陆水体数据库	5 000条记录	中国科学院水生生物研究所
	中国自然保护区数据库	796条记录	中国科学院昆明动物研究所
经济动物、植物和微生物	中草药植物数据库	2 000条记录	中国科学院植物研究所
	经济真菌数据库	50个种的记录	中国科学院微生物研究所
	华中药用植物数据库	748条记录	中国科学院武汉植物研究所
	鼎湖山维管植物数据库	2 500条记录	中国科学院华南植物研究所
	长白山树种树木特征库	7 100条记录	中国科学院沈阳应用生态研究所
	横断山区维管植物数据库	700个种的记录	中国科学院昆明植物研究所
其他	社会经济数据库	20 000条记录	中国科学院植物研究所
	动物物种代码数据库	19 000个种(亚种)记录	中国科学院动物研究所
	生物多样性书目数据库	1 400条记录	动物研究所、植物研究所
	中国生物多样性数据库索引	500条记录	动物研究所、植物研究所
	鱼类图谱数据库	5 000条记录	中国科学院水生生物研究所
	长白山植物名录	2 860条记录	中国科学院沈阳应用生态研究所

在CBIS中建立的模型和专家系统有：① 碱化草地生态系统模型(MAGE)；② 沙地草地生态系统模型(SAASLOPE)；③ 碱化草地景观模型(MAGL)；④ 沙地草地资源管理咨询系统(ASSG)；⑤ 沙地草地景观模型(SLOP)；⑥ 利用遥感数据建立的动态区域植被模型(RESEP)；⑦ 利用遥感数据建立的结构和功能耦合的动态区域植被模型(RESPROST)。

CBIS已经建立了一些网络站点，通过因特网为用户提供信息和数据服务。表6-3是部分站点的地址。

表6-3　中国生物多样性信息系统(CBIS)部分网络地址　(引自谢国文等，2001)

站点名称	网络地址
CBIS	http://cbis.brim.ac.cn/
中心系统	http://www.cs.brim.ac.cn/
动物学分部	http://www.zd.brim.ac.cn/
植物学分部	http://www.bd.brim.ac.cn/
微生物学分部	http://www.im.brim.ac.cn/cbic.html
内陆水体生物学分部	http://www.id.brim.ac.cn/
海洋生物学分部	http://www.ad.brim.ac.cn/
昆明动物所数据源点	http://www.kz.brim.ac.cn/
武汉植物所数据源点	http://www.wh.brim.ac.cn/
海洋所数据源点	http://www.io.brim.ac.cn/
昆明植物所数据源点	http://www.159.226.67.129/kun/index.html
西双版纳植物园数据源点	http://www.kmb.ac.cn/xtb/
遗传所数据源点	http://www.ig.brim.ac.cn/
沈阳应用生态所数据源点	http://www.iae.syb.ac.cn/ss/swz-1.html
华南植物所数据源点	http://www.scib.ac.cn/brim
西北高原生物研究所数据源点	http://159.226.67.129/cbis/npi/index.html
新疆生态与地理研究所数据源点	http://www.xjsd.brim.ac.cn/

由于资金投入不足，信息共享程度不高，中国生物多样性信息系统建设还存在一些问题，如我国生物多样性信息系统的建设状况还不能满足生物多样性研究和保护决策的需要等。但随着信息采集、处理和传播技术的发展，特别是网络技术的突飞猛进和迅速扩张，生物多样性信息必然不断地发展和完善，为生物多样性保护与利用提供更好的服务。

思考题

1. 简要说明分类多样性测度的基本含义和原理。
2. 简要说明物种保护优先原则。
3. 试说明优先保护区域分析原理和步骤。
4. 生物多样性优先保护地区与标准
5. 简述物种监测主要内容。
6. 试说明生物多样性信息系统的建设重点。
7. 简述我国生物多样性优先保护的内容。
8. 简述中国生物多样性信息系统建立的基础和目标。
9. 简述国际生物多样性信息系统建设现状。

推荐参考书

蒋志刚，马克平，韩兴国.1997.保护生物学.杭州：浙江科技出版社.
谢国文，颜亨梅，张文辉.2001.生物多样性保护与利用.长沙：湖南科学技术出版社.
陈道海，钟炳辉.1999.保护生物学.北京：中国林业出版社.
马敬能，孟沙，张佩珊，等.1998.中国生物多样性保护综述.北京：中国林业出版社.
Richard B P.1996.保护生物学概论.祁承经译.长沙：湖南科学技术出版社.
陈灵芝，陈清朗，刘文华.1997.中国森林多样性及其地理分布.北京：科学出版社.

第7章 自然保护区的建立与管理

提 要

介绍了自然保护区的概念及其在生物多样性保护中的作用；保护区的基本类型与特点；建立自然保护区的选址、面积大小与形状原则；自然保护区功能分区：核心区、缓冲区和实验区；自然保护区的网络化建设与自然保护区的管理及自然保护区评价的基本方法；自然保护区的科研工作和科普教育。

世界上大多数生物仅在野外生活，而且很多物种是未知的。如果对它们同样采用传统的方法进行保护，不论从时间、财力、精力及智力上都是难以实现的。所以，近年来，保护生物学的研究重心从单一物种的保护转移到物种栖息地与生态系统的保护，这也是保护生物多样性最有效的途径之一。自然保护区就是生物多样性就地保护的场所，它们的建立和有效管理是保护生物学的战略举措。自然保护区的建设在全世界得到了普遍的推广，世界上第一个自然保护区是美国 1872 年建立的黄石国家公园。我国自然保护区建设工作始于 1956 年建立的鼎湖山自然保护区，经过 60 多年的发展，自然保护区建设工作成绩斐然，效果显著。这些自然保护区在我国生态系统多样性、物种多样性及遗传多样性的保护中正发挥了巨大的作用。

7.1 自然保护区的概述

7.1.1 自然保护区的基本定义

一般认为，自然保护区是将山地、森林、草原、水域、滩涂、湿地、荒漠、岛屿和海洋等各种典型特殊的自然生态系统及自然历史遗迹等划出特定区域面积，设置专门机构并加以管理建设，作为保护自然资源、科学研究工作的重要基地。

中国环境保护法所称的自然保护区"是指对有代表性的自然生态系统、珍稀濒危野生动植物种的天然集中分布区、有特殊意义的自然遗迹等保护对象所在的陆地、陆地水体或者海域，依法划出的一定面积予以特殊保护和管理的区域"。它能为人类提供生态系统的天然"本底"；是就地保护生物多样性的有效措施；是进行科学研究的天然实验室；它可保存有完整的生态系统和丰富的生物物种及其赖以生存的环境条件；还有助于保护和改善生态环境，保持地区生态平衡。

早期人们认为自然保护区应采取封闭式的管理模式，排除人类干扰才可能有效地保护生物多样性。随着科学的发展，自然保护区理论得到了不断的丰富和完善。1971 年，国际保护学者经过多年自然保护区管理模式的研究，正式提出生物圈保护区的概念。生物圈保护区的根本任务在于保护和持续利用生物资源。从此，自然保护区的功能从传统的孤岛式的消极保护发展成为保护、科研、教育、资源持续利用和旅游等多项功能。

建立自然保护区是为了拯救某些濒于灭绝的物种、特殊生态系统、重要自然历史文化遗迹，为某些生物提供生境；监测人为活动对自然界的影响；研究保持人类生存环境的条件和生态系统的自然演替规律，找出合理利用资源的科学方法。

自然保护区的保护对象是有代表性的自然生态系统；珍稀濒危动植物的天然集中分布区；水源涵养区；有特殊意义的地质建造、地质剖面和化石产地等。

7.1.2 自然保护区的发展历史

1. 国际自然保护区的发展历史

1872 年,美国建立了世界上第一个国家公园——黄石国家公园。1879 年,澳大利亚在悉尼附近建立了世界上第二个国家公园。自此以后,尤其是 20 世纪 30 年代以后,世界各国都陆续开展建立自然保护区的工作。

日本已有 369 个国家公园,370 个自然保护区,总面积 560 万 hm^2,占国土面积的 15%。美国有自然保护区 669 个,国家公园 38 个,总面积达 9 360 万 hm^2,占用土面积的 10%。扎伊尔、巴西、智利、坦桑尼亚等国家自然保护区的面积都已发展到 1 000 多万公顷以上。智利、博茨瓦纳等国家的自然保护区面积都已达到国土面积的 20%。表 7-1 是世界自然保护区 1989 年以前的发展数量。

表 7-1 世界自然保护区的发展历史

年代	自然保护区发展数量
1900 年前	37
1900～1909	52
1910～1919	68
1920～1929	92
1930～1939	251
1940～1949	119
1950～1959	319
1960～1969	573
1970～1979	1 317
1980～1989	781

2. 我国自然保护区的发展历史

我国的自然保护区发展可以分为 3 个阶段:1956～1965 年是创建阶段,1966～1978 年是缓慢发展阶段,1978 年至今是快速发展阶段。我国自然保护区的建立开始于 1956 年,同年 10 月林业部批发了《天然林禁伐区(自然保护区)划定草案》和《狩猎管理办法(草案)》。1956 年,我国在广东省肇庆市建立了以保护南亚热带季雨林为主的第一个自然保护区——鼎湖山自然保护区。到 1987 年初,我国自然保护区总数达 481 个,总面积 2 370 万 hm^2,占国土面积的 2.4%。1989 年初,自然保护区已达 600 多个,占国土面积的 3%以上。到 1995 年底,自然保护区 799 个,总面积 7 185 万 hm^2,约占国土面积的 7.48%。到 1998 年初,我国自然保护区的数量达 932 个,保护区的面积占国土总面积的 7.67%。到 2000 年底,我国有各类自然保护区 1 276 处,总面积 1.23 亿 hm^2,占全国国土面积的 12.44%。

截至 2016 年,全国共建立自然保护区 2 740 个,总面积 147 万平方公里,约占陆地国土面积的 14.83%,高于世界平均水平。全国有超过 90%的陆地自然生态系统类型,约 89%的国家重点保护野生动植物种类,以及大多数重要自然遗迹在自然保护区内得到保护,部分珍稀濒危物种种群正在逐步恢复。

7.1.3 自然保护区在生物多样性保护中的功能作用

目前,自然保护区不再是一个封闭式的消极保护的自然单位,而应该以保护为主,在不影响保护的前提下,将保护、科研、教育、资源持续利用、旅游等有效地结合起来,追求保护与利用的统一,促进生物多样性保护与周边地区社区经济协调发展,加强民众教育、增强民众保护意识。综合起来,自然保护区有以下几个方面的功能。

1) 使生活在保护区境内的物种或亚种拥有了免受人类经济活动干扰的生存空间。在这个空间中,被保护的物种保持了生存活力和适应外界环境变化的挑战能力,保持了继续进化的潜力。

2) 自然保护区内生存的动植物种类为人类开发和利用野生物种的遗传资源提供了天然的基因库。这种基因库将比任何人类建设的种子库、细胞库拥有更丰富的内容。这些基因可以被用来改良农作物及家禽家畜的经济性状，满足人类生存和发展的需求。自然保护区是生物物种的“储备地”，是保护生物多样性的重要基地。

3）自然保护区保护了生物群落的完整，保护了生物群落结构和功能的稳定，使它们可以对环境变化做出反应。

4）自然保护区是保护自然生态景观和历史人文景观的最优方法。自然保护区一个最重要的作用就是在受保护的区域内营造一个不受非自然因素干扰的、自由运行的完整生态系统，许多自然奇观、人文景观及自然历史(地质公园)、人类文化遗产得以合理保护。

5）通过在保护区之间建立保护走廊，形成自然保护区网，为物种的异质种群提供了适宜的生境，使种群间的基因得以交流，进而达到了保存物种遗传多样性的目的。

6）自然保护区杜绝了人类引种对当地物种的威胁。在造成物种灭绝的众多因素中，引入外来种常常是造成当地种灭绝的主要原因。其中最著名的例证就是当人们将哺乳动物引进大洋洲大陆时众多后兽亚纲(有袋类)物种的灭绝。许多海岛鸟类的灭绝往往也是人类带入的家猫和啮齿类动物造成的。保护区建立后的严格控制管理制度，从根本上限制了引进物种对当地物种的威胁。

7）自然保护区为科学家从事科学研究、了解生物进化规律提供了天然的实验室，并为人们研究种群、群落、生态系统的结构和功能提供了理想场所，更使检验保护生物学理论的实践成为可能。

7.2 自然保护区的分类

由于生物多样性的复杂性，任何一个保护区都不可能包罗万象，发挥出保护区全部功能。因此，不同大陆地区、不同气候土壤条件、不同水域需要建立不同功能的自然保护区才能有效保护生物多样性。通常情况下，一个地区或国家需要建立多个生物多样性互补性很强的保护区才可能达到有效保护的功能。为了对保护区进行有效管理，使其发挥最大的生态功能，需要对保护区按照功能类型、生态系统类型、气候类型或者保护目的进行分类。例如，以生态系统为主的湿地保护区、森林保护区、草原保护区等，以保护目的为主的大熊猫保护区、藏羚羊保护区等。

7.2.1 世界自然与自然保护联盟(IUCN)的自然保护区分类系统

世界自然与自然保护联盟已制定了一个保护区的分类系统，保护区的类型取决于该特定地区、生态系统、物种或种群受威胁的程度，以及管理机构和当地的社会经济情况。一般将自然保护区按照功能划分为以下8类。

(1) *科学研究保护区*(scientific reserves)*和严格保护区*(strict nature reserves)

在保持物种种群和生态系统过程不受外来干扰的自然状况下，通过保护自然及其生态过程提供具有典型生态意义的自然环境，在动态和进化状态下维护遗传资源的自然保护区。主要为科学研究、环境监测和教育服务。

(2) *国家公园*(national parks)

国家公园主要是具有突出的国家和国际意义的自然区和风景区。用于科学、教育和游览使用的风景和自然优美的大型保护区。国家公园应具有相当大的面积，且包括一种或几种基本上未受人类开发利用的、具有代表性的生态系统类型。这类保护区内禁止进行商业性资源开发。

(3) *国家自然遗迹和标志*(national monuments and landmarks)

这类保护区面积较小，通常是保护和维护具有国家意义的自然风貌和当地特征的保护区。

(4) *野生生物管理庇护地*(managed wildlife sanctuaries)*或自然保护区*

野生生物管理庇护地是为保护和维持在自然环境中具有国家意义的物种、类群、生物群落而建立的保护区。但这类保护区需要人类的特殊管理，才能保证它们所需的自然条件；在保护区内允许有控制地利用某些资源。

(5) *景观保护区*(protected landscapes)

景观保护区是为保护居民和土地相协调的具有国家意义的自然景观而形成的保护区。涉及范围较广，包括自然或半自然的文化性景观,反映民族风俗习惯、宗教信仰及其土地利用方式而形成特殊景观的保护区。这类保护区为社会提供旅游和观光场所。

(6) 自然资源保护区(resources reserves)

为未来综合利用当地资源,如水体、森林、野生生物等,在具有丰富自然资源的地区建立的保护区。在国家政策允许的条件下,可对当地自然资源进行有控制的利用。

(7) 自然生物区(natural biotic areas)和人类学保护区(anthropological reserves)

维持当地人类传统社会生活方式,而不受现代技术外来干扰的保护区。通常保护区内的居民为了他们本身的需要进行狩猎和取用资源并进行传统的农业耕作。

(8) 多重用途管理区(multiple-use management areas)

允许对自然资源的持续生产活动,包括水、野生动物、牲畜牧养、木材、旅游和捕鱼。保护生物群落是与这些活动相一致的。

在上述类型中,前五类可认为是进行生物多样性生境管理的真正保护区。后三类则不属于生物多样性管理的地区,但它们仍然含有许多甚至极多的当地原始种。这些管理区通常比保护区更大而可能更有特别意义,同时这些保护区通常也包含在大型管理区之内。

7.2.2 中国自然保护区级别和分类系统

1. 中国自然保护区级别

中国自然保护区可分为国家级自然保护区、省(自治区、直辖市)级自然保护区、市级自然保护区或县级自然保护区4级。

国家级自然保护区包括那些在全球或国内所属的生物气候带内具有高度代表性和典型性、高度丰富的生物多样性的生态系统,具有全球稀有或国内仅有的自然性好的完整生物群落或生境类型,国内或所属生物地理界中著名的野生生物物种集中分布区,或国家特别重要的野生动植物主要产地,或国家特别重要的驯化栽培物种及其野生亲缘种的主要产地。省级自然保护区为在所管护区所属生物气候带有高度的代表性与典型性的、国内稀有或区内仅有的具有高度多样性的相对完整的生物群落及生境类型,以及野生物种的主要分布区与模式标本产地。市级或县级自然保护区强调在本地稀有或仅有的较好生物多样性的地区。

2. 中国自然保护区分类系统

1993年,我国学者起草了"中国自然保护区类型与级别划分原则",并被采用作为国家标准,该标准根据自然保护区的主要保护对象将自然保护区划分为3个类别9个类型(表7-2)。这个标准实施以来,对于我国自然保护区的发展、规划及信息统计起到重要作用。

表7-2 中国自然保护区类型划分

类别	类型
自然生态系统类	森林生态系统类型
	草原与草甸生态系统类型
	荒漠生态系统类型
	内陆湿地和水域生态系统类型
	海洋和海岸生态系统类型
野生生物类	野生动物类型
	野生植物类型
自然遗迹类	地质遗迹类型
	古生物遗迹类型

中国自然保护区类型的确定主要根据自然保护区的主要保护对象,但在一定程度上也考虑到管理目标问题。自然生态系统类型的自然保护区以具有代表性、典型性与完整性的生态系统为保护对象;野生生物类型的自然保护区以保护珍稀濒危物种为目标;古生物遗迹类型的自然保护区以古生物化石为主要保护对象。自然保护区的类型与分部门管理体制有密切的关系,便于管理。林业部门负责森林生态系统及陆生野生动植

物等类型自然保护区的建设管理;农业部门负责草原与草甸生态系统、水生野生动植物等类型自然保护区的建设与管理;海洋部门负责海洋和海岸生态系统类型自然保护区;国土资源部门负责自然遗迹类自然保护区。

此外,按空间尺度和管理方式可将自然保护区分为自然保护小区、自然保护区、自然保护区域和自然保护区网络。自然保护区小区指面积小,由县级以下行政机关设定的自然区域,或在自然保护区的主要保护区域以外划定的保护地段,一般无核心区、缓冲区和实验区的划分。如江西婺源县的自然保护小区对濒危动物的保护起着极其重要的作用。自然保护区指目前常规建设的保护区,一般具有核心区、缓冲区和实验区的划分。自然保护区域指在一个地理单元内,由主要保护对象相同的自然保护区组成的跨行政界限的大自然保护区,实施统一规划、建设和管理。自然保护区网络指在一定区域内由自然保护区和生境廊道构成的生物保护系统。单个保护区一般不能满足某一生物完成其整个生活史需要的所有食物、生境等,因此建立自然保护区网络可以更好地保护生物。

总之,IUCN 的分类系统是按管理目的对自然保护区进行划分,明确不同类型的保护区允许人类活动的强度和方式不同,每种类型的保护区有着明确的管理目的,这有利于保护区的有效管理,但实际操作中有些类型难以区分。中国自然保护区的 3 个类别 9 个类型是根据主要保护对象进行划分,操作简单方便,对我国自然保护区的理论发展起到非常重要的作用。但国内的分类系统未明确保护区的管理目标,功能定位较模糊,每种类型的保护区利用和禁止利用的范围难以界定,因此,在一定程度上阻碍了保护区的发展。自然保护区的健康发展应该是将保护区的管理目标和保护目的有效地结合起来,以保护为主,同时兼顾自然资源的持续发展,实现保护和利用的统一。

7.3 保护区的设计原则

7.3.1 保护区的选址原则

尽管建立自然保护区日益成为保护生物多样性的一种有效措施,但是在全球范围内,很多保护区在选址和设计方面并没有遵从保护生物学的原理。许多自然保护区设在可利用资源少、生物多样性低的地区,根据风景点、娱乐和经济标准而设立的。现代保护生物学认为,在进行自然保护区的选址时,应该采取从上到下的递阶方法来做出决策,应考虑到物种的分布与生物多样性数量特征的热点地区。

1. 自然保护区选址的基本原则

一般来说,自然保护区选址确立的基本原则包括以下几点。

(1) 典型性(typicalness)

在不同自然地理区域中选择有代表性生物群落的地区建立保护区。以保护其自然资源和自然环境,探索生物发展演化的自然规律。保护区所代表的自然地理区域的范畴对确定该保护区的类型和级别有着至关重要的意义。

(2) 稀有性(rarity)

对稀有种、地方特有种或群落及其独特生境所在的地区,在保护区选址中具有特别重要的优先地位。

(3) 脆弱性(fragility)

对环境改变敏感的生态系统具有较高的保护价值。但它们的保护比较困难,需要特殊的管理。

(4) 多样性(diversity)

保护区中群落的数量多寡和群落的类型取决于保护区立地条件的多样性及植被的发生历史因素,这也是保护区选址的重要依据。

(5) 自然性(naturalness)

未受人类影响的自然生态系统。其自然性对于建立以科学研究为目的的保护区或保护区的核心区的选择具有特别的意义。

(6) 感染力(intrinsic appeal)

各个物种及生物群落和自然景观都是等价的,由于人类的感觉和偏见,不同有机体具有不同的感染力。但这一标准只是人类的感觉要求或偏见,但对选择风景保护区来说仍很重要。

(7) 潜在价值(potential value)

一些地域由于各种原因遭到了破坏，如森林采伐、沼泽排水和草原火烧等。在这种情况下，如能进行适当的人工管理或减少人类干扰，通过自然的演替，原有的生态系统可以得到恢复。在此亦可发展成为保护区。

(8) 科研潜力(scientific research potential)

根据一个地区的科研历史、科研基础和进行科研的潜在价值为标准。

上述选择自然保护区的标准有时可能是互相交叉、互为补充的，例如，一个具有代表性的保护区同时可能具有多样性、自然性、科研价值；有些标准则可能互相矛盾，相互排斥，如一个稀有的保护对象往往很难具有典型性或代表性等。因此保护区的选择是一个十分复杂的问题，运用上述标准进行选择和评价时，必须和建立自然保护区的目的结合起来，以保护物种多样性最丰富的地区，面积大、功能完整的生物群落或生态系统的典型代表，以及特有物种或特殊兴趣的群体。

考虑代表性与生物多样性应在不同尺度上进行。生物多样性的另一个重要尺度是种在狭窄分布范围的特有性。特有种的中心是许多特有种共存的地方，特有性与物种丰富度不是完全相关的，特有性高的地区在真正的岛屿、隔离山峰及沙漠绿洲等特殊环境。因为是局部性的，所以特有种具有较高的灭绝危险，应该在保护区之内。各个国家和地区要求保护特有的动植物区系、生境和生态过程，这也是特有性与代表性的统一。

2. 中国自然保护区的选址原则

中国地域辽阔，气候多样，地形复杂，加上陆地受海洋气候影响不一，各地的植被和动植物区系变化很大，再加上不同地区经济发达程度不一，因此应在不同的自然区划的基础上，对森林区、草原区、荒漠区、湿地、海岸和海洋自然保护区进行合理布局。在我国凡具备以下条件之一的地区都可以建立自然保护区。

1) 代表各种不同自然地带的典型自然生态系统。

2) 自然生态系统或物种已遭破坏，而又有重要价值、亟待恢复的地区。

3) 自然生态系统比较完整、自然演替序列明显、野生物种资源丰富的地区。

4) 国家规定保护的珍稀动植物，如孑遗动植物，候鸟或具有重要经济价值的野生动物的主要栖息地区。

5) 典型而有特殊意义的植被、珍稀林木及有特殊价值的植物原生地或集中成片的地区。

6) 具有特殊保护意义的地质剖面、冰川遗迹、熔岩、温泉、瀑布、化石产地等自然历史遗迹地。

根据中国自然保护区区划，我国共划分为 9 大区：东北山地平原区、蒙新高原荒漠区、华北平原黄土高原区、青藏高原寒漠区、西南高山峡谷区、东南西部山地丘陵区、华中丘陵平原区、华南低山丘陵区和东南部海洋海岛区。不同区域有不同的生物区系与环境特征，在进行保护区选择时，应兼顾到各区域的代表性，根据经济情况确立设置的地址与分布。截至 2003 年年底，我国自然保护区面积最大的 6 个省份分别是西藏、新疆、青海、内蒙古、甘肃和四川，这 6 个省(区)自然保护区的总面积占全国自然保护区面积的 79.01%。保护区数量最多的省份依次是广东、云南、内蒙古、黑龙江、江西、四川和贵州，这些省份保护区的总数量占全国自然保护区数量的 54.13%。

7.3.2 保护区的形状与大小原则

1. 岛屿生物学理论与保护区的面积

岛屿通常是指历史地质运动形成的、被海水包围和分隔开来的小块陆地。对生物而言，岛屿意味着栖息地的片段化和隔离，这实质上牵涉岛屿的面积和隔离程度问题，即岛屿生物学中的面积效应和隔离效应。岛屿生物学的核心理论是岛屿的平衡理论，该理论认为，处于平衡状态下，岛屿的物种数随着岛屿面积的增加而增加，即岛屿的“面积效应”；岛屿的物种数随着岛屿离大陆距离的增加而下降，即岛屿的“距离效应”。自然保护区可以看成被人类活动形成的生境如农田、房屋等所包围的孤岛，因此，岛屿生物学的一些理论同样可以应用到自然保护区的设计上。根据岛屿生物学的“平衡理论”可以推测，面积大的保护区与面积较小的保护区相比，面积大的保护区能较好地保护物种及其生态系统，因为保护区的面积越大，则保护的生态系统越稳定，其中的生物种群也越安全。从理论上讲，保护区的面积应尽可能地大。但保护区的建设必须与经济建设相协调，尤其是对于人口多而土地资源贫乏的国家，自然保护区只能限于一定的面积。因此，自然保护区的面积的适宜性对于保护区的设计则是十分重要的。

保护区究竟需要多大面积才能满足对物种保护的需要呢？科学界尚没有一个固定的标准。但对于以物种为保护对象的保护区来说，其面积应能满足一个最小存活种群(minimum variable population，MVP)的需要，这就是种群生存分析理论在自然保护区设计上的应用。即该种群在环境正常变化的范围内，至少能存活1000年，而且遗传多样性的减少程度不高于10%。在这一前提下，生境质量高的保护区面积可以小些，反之面积就要大些(图7－1)。

保护区的规模还与所保护的对象有很大的关系(图7－1,表7－3)，如果物种生存种群大小为1 000个个体，那么面积不少于100 hm²的公园可以保护小的草食动物如兔子、松鼠等，面积大于10 000 hm²的公园可以保护大的草食动物如鹿、斑马及长颈鹿等，保护大型肉食动物如狮子和狼等需要的面积至少为100万hm²。

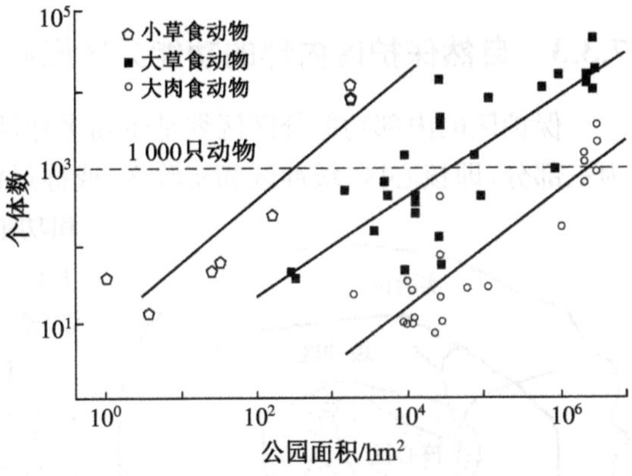

图7－1 自然保护区面积与所保护对象的关系(引自陈道海等，1999)

表7－3 非洲5个保护区3种大型肉食动物种群大小的估计 (引自Schonewald-Cox，1983)

保护区	国家	面积/hm²	估计种群大小		
			豹	斑鬣	非洲狮
马尼亚拉保护区	坦桑尼亚	9 100	10	10	35
内罗毕恩戈保护区	肯尼亚	11 500	10	12	25
恩戈罗恩戈罗保护区	坦桑尼亚	26 000	20	479	70
克鲁格保护区	南非	1 908 400	650	1 500	1 120
塞仑格提平原保护区	坦桑尼亚	2 550 000	900	3 500	2 250

在同样的面积下，是建立一个大保护区好还是几个小保护区好，这是自然保护区设计中争论的焦点之一，也称为"SLOSS之争"。大多数人认为，一个大的保护区比几个小的保护区好。这是因为大的保护区可以有更多的物种。由于小保护区的隔离作用，保护区的物种数可能超过保护区的承载能力，从而使有些物种灭绝。但是从另一个角度来看，小保护区虽然容易发生局部灭绝，但能在相对大的范围内保护相当数量的代表生境。因为大的保护区划分成小的保护区后，有利于提高生物避免灾难性突发事件如火灾、传染病等的能力。而且，多个小的保护区具有生境的多样性，保护的物种会更多。因此，建立一个大的保护区好还是几个小保护区好主要取决于被保护对象的种类及生境异质性情况等因素。

保护区大小与遗传多样性的保护有关。在小保护区内生活的小种群的遗传多样性低，更加容易受到对种群生存力有负作用的随机性因素的影响，而且小的种群还容易受到遗传漂变和有奠基者效应的影响导致遗传变异性丢失。此外，保护区面积过小，在流行病暴发时也极易造成种群的灭绝。

保护区的大小也关系到生态系统能否维持正常功能。物种的多样性与保护区面积都与维持生态系统的稳定性有关。面积小的生境斑块，维持的物种相对较少，容易受到外来生物的干扰。只有在保护区面积达到一定大小后才能保护正常功能，因此，在考虑保护区面积时，尽可能包括有代表性的生态系统类型及其演替序列。

保护区大小的确定还应该考虑到干扰与环境变化的作用，特别是全球变暖对保护区的影响。所以在设计保护区大小时，还应该充分考虑到这方面的因素，保护区面积应尽可能大，允许生态系统对气候变化自然适应，特别优先考虑有完整的海拔梯度的地区。

2. 保护区的形状

考虑到保护区的边缘效应，则狭长形的保护区不如圆形的好，因为圆形可以减少边缘效应，狭长形的保护区造价高，受人为的影响也大，所以保护区的最佳形状是圆形。如果采用南北向的狭长形自然保护区，则要保持足够的宽度。如果保护区狭窄，则在矩形保护区中没有真正的核心区，而圆形保护区有核心区(图7－2中间的小圆圈)。

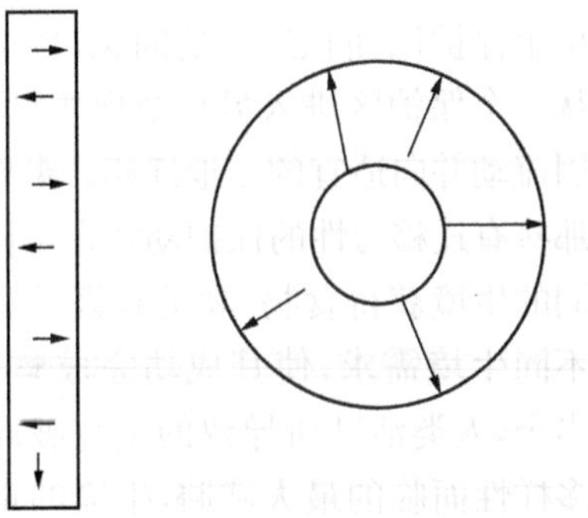

图7－2 保护区面积和边缘关系示意图(引自蒋志刚等，1997)

当保护区局部边缘破坏时，对圆形保护区中实际的影响很小，因为保护区都是边缘；而矩形保护区中，局部边缘生境的丢失将影响到保护区核心内部，减少保护区的面积

7.3.3 自然保护区内部的功能分区原则

保护区的内部功能分区区划是生物多样性保护区的一个全新的观点，在进行保护区内部区划时，一般分为三部分，即核心区、缓冲区和实验区(或称过渡区)(图 7-3)。自然保护区的三个区域的生物多样性、地位和功能不同，允许的人类活动强度和方式也不同，这同时也是坚持了自然保护区保护和发展并存的功能。将生物多样性保护与生物资源持续利用结合起来，是传统的封闭式保护区概念上的突破。

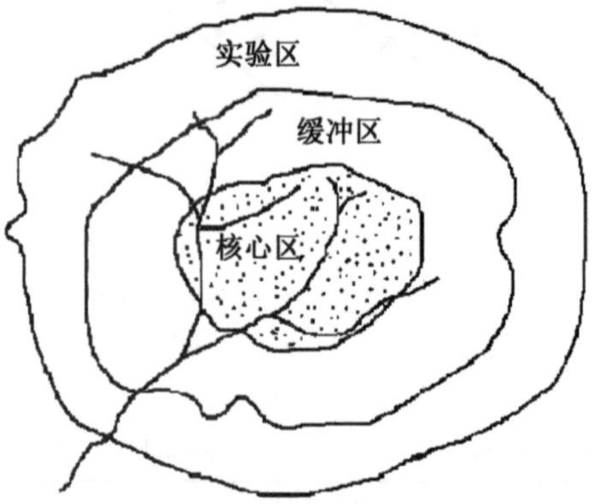

图 7-3 一个理想的自然保护区的功能分区

核心区是原生生态系统和物种保存最好的地段，应严格保护，严禁任何狩猎与砍伐。其主要任务是保护基因和物种多样性，并可进行生态系统基本规律的研究。

缓冲区一般应位于核心区周围，可以包括一部分原生性的生态系统类型和由演替系列所占据的受过干扰的地段。缓冲区一方面可防止对核心区的影响与破坏，另一方面可用于某些实验性和生产性的科学研究。但在该区进行科学实验不应破坏其群落生态环境，可进行植被演替和合理采伐与更新实验，以及野生经济生物的栽培或驯养等。

缓冲区周围还要划出相当面积作为实验区(过渡区)，用作发展本地的特有生物资源的场地，也可作为野生动植物的就地繁育基地，还可根据当地经济发展需要，建立各种类型的人工生态系统，为本区域的生物多样性恢复进行示范。此外，还可在当地推广实验区的成果，为当地人民谋利益。

7.4 自然保护区网与生境走廊

7.4.1 自然保护区网的模式

自然保护区的设计与研究集中在单个保护区是不够的，因为单个的保护区不能有效地处理保护区内连续的生物变化，而且只重视单个保护区的内容而忽略了整个景观的背景，不可能进行真正的保护。单个保护区只是强调种群和物种，而不是强调它们相互作用的生态系统。保护生物学在策略上应趋向于保护高生物多样性的地区，而不是保持地区的生物多样性的自然性特征。因此，生物多样性及生态过程应从更大的空间尺度加以保护。为了解决这一问题，Noss 建议自然保护区设计应按照节点(自然保护区)-网络-模块-走廊的模式，即通过建立生境走廊(habitat corridor)——保护区间的通道将不同保护区联系起来形成自然保护区网，使不同种群间能够通过走廊实现种群间婚配，避免由于种群隔离造成遗传衰退问题。这种生境走廊也称为保护区走廊或迁移走廊(movement corridor)。它可以解决单个保护区面积过小的问题，也可使动植物从一个保护区进入另一个保护区，有利于基因流动并向适宜的立地迁移。走廊也能协助那些有迁移习性的保护动物在不同季节从不同的生境获得食物，满足其繁殖和越冬时的不同生境需求，使其成功完成整个生活史。当今，人类活动所导致的生境破碎化是生物多样性面临的最大威胁，生境的重新连接是解决该问题的主要步骤。

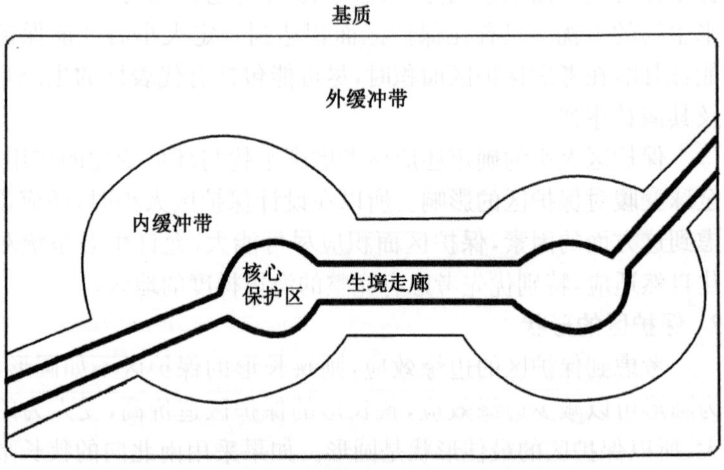

图 7-4 生境走廊模型(引自蒋志刚等，1999)
图中仅显示了 2 个保护区，但一个真正的保护区网应包括多个保护区

图 7-4 是一个区域的保护区网，包括核心保护区、生境走廊带和缓冲带(多用途区)。内缓冲带应严格保护，而外缓冲带则允许人类的多种活动。

7.4.2 生境走廊

1. 生境走廊的类型

物种的扩散能力不同,对不同的物种,要求有不同的廊道类型。野生动物廊道主要有两种类型：第一种是为了动物交配、繁殖、取食、休息而需要周期性的在不同生境类型中迁移的廊道;第二种类型是在异质种群中个体在不同生境斑块间的廊道,以进行永久的迁入迁出,在基因流动及在当地物种灭绝后重新定植。

按时空尺度划分的生境走廊类型有线形生境走廊(line corridor)和带状生境走廊(strip corridor)。仅由边缘生境组成的生境走廊称为线形生境走廊,与此相对的是带状生境走廊,带状走廊包含有更宽的内部生境,具有完整的群落功能,而且生境走廊具有很大面积,具有自己的斑块动态。

2. 生境走廊的功能

在设计走廊时,首先必须明确其功能,然后进行细致的生态学分析。生境走廊带在保护生物学中的作用是：一方面可给野生动物提供居住的生境;另一方面可作为移动的廊道。进一步可细分为：① 允许动物昼夜或季节性移动：许多动物活动范围大或有季节性迁徙的习性,单个保护区难以满足其一年甚至一天的生态需求,建立生境走廊可为这类动物在不同时段提供适宜的生存空间。例如,我国丹顶鹤(*Grus japonensis*)为国际自然保护联盟易危物种,我国国家Ⅰ级重点保护动物,属于季节性迁徙性鸟类。繁殖于扎龙和向海地区的丹顶鹤,秋季南迁经辽宁盘锦沿渤海西海岸,越过黄河三角洲,主要在江苏盐城沿海滩涂集群越冬。迁徙途中主要的停歇地为北戴河和黄河三角洲地区。显然,单个自然保护区是不能满足丹顶鹤整个生活史对生境的需求。尽管到1999年底,我国共建立以保护丹顶鹤及其栖息地的自然保护区33处,但由于人类活动的影响,丹顶鹤仍然面临严峻的生境安全问题。因此,研究人员根据丹顶鹤的生态习性和当前保护区的具体位置,建议增设一些保护区完善保护网络,并建立丹顶鹤迁徙走廊,即沿渤海西海岸和山东黄海沿海,建立宽度为60 km的丹顶鹤迁徙走廊,北起双台河口自然保护区,经渤海西海岸连接黄河三角洲自然保护区,向南经山东日照连接盐城自然保护区。② 有利于扩散与种群间的基因流动和避免小种群灭绝：生境破碎化产生地理隔离,不利于物种个体扩散,只有建立适宜的生境廊道才能使动物安全扩散,利于动物不同种群的基因交流。因此,在设计保护区时,必须通过合适的生境走廊将目标种群的分布中心联系起来。③ 允许物种进行长距离迁移和适应随时发生的外界环境变化(如火灾等)：当某个自然保护区发生火灾、病虫害等自然灾害时,保护区内的食物资源明显减少,目标动物可以通过生境廊道安全地从一个保护区迁移到另一个保护区,从而降低食物短缺带来的种群下降。

对一些特殊的生境而言,即使是很小的生境走廊也是应该保护的。河岸森林有丰富的冲积土壤和高的生物生产力,生存着丰富的昆虫及脊椎动物和许多以树洞和基质作为领域的鸟兽,因此像河岸森林这样很小的移动走廊也应当保护。大保护区间的走廊是核心区的扩展,生境走廊的宽度包括了适宜生境,因此能将边缘效应减少到最小。走廊的最佳宽度与保护目标种的领域大小相关。

3. 集合种群理论与生境走廊设计

集合种群(Meta - population)是指在相对独立的地理区域内,由空间上相互隔离,但又有功能联系(一定程度的个体迁徙)的两个或两个以上的局部种群的镶嵌系统。集合种群一词又可译成异质种群、超种群、混合种群、组合种群和复合种群等。当生物种群栖息地发生破碎化后,使得一块完整的生境被分割成具有一定距离的生境斑块,同时生活在其中的一个大种群也被分割成许多小的局部种群(local population)。这些小的局部种群都可能发生随机性灭绝,但由于有多个局部种群,因此,生境斑块之间个体的迁移,又能在已灭绝种群的生境斑块上重新建立新的局部种群。集合种群理论就是研究局部种群的这些动态过程的生态学理论。栖息地破碎化形成的多个生境斑块可以看作一个个接点或自然保护区,而连接生境斑块的通道就相当于连接保护区的生境走廊,因此,与岛屿生物学理论一样,集合种群理论同样可以应用到自然保护区的设计上,对保护区之间的生境走廊的设计具有重要的指导作用(图7-5)。但集合种群主要强调的是单个物种的不同局部种群之间的灭绝与重建问题,认为任何局部种群都有灭绝的可能性,岛屿生物学则主要考虑群落层次上的物种丰富度,并认为岛屿之外有一个大陆种群是不会灭绝的。

建立一个大保护区还是建立几个相互联系的小保护区的问题,实际上也是一个集合种群的问题。集合

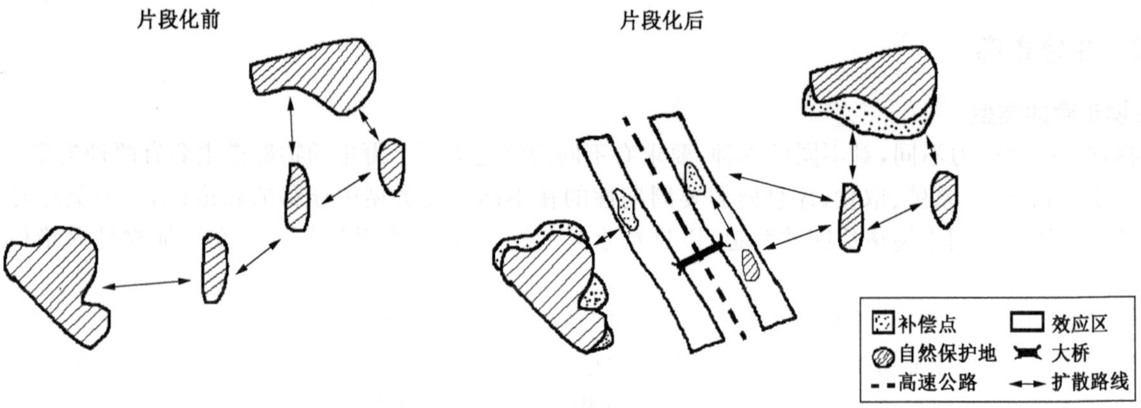

图 7-5 集合种群

左侧区利用小面积保护地作为跳脚石,两片大面积森林斑块间的物种可自由迁移。右侧区显示生境破坏及新修道路后形成的广阔边界阻隔了物种的迁移。为消除道路对物种扩散的影响,保护地系统中增加了补偿生境,同时高速公路上修建的高架桥促进了物种之间的迁移(Cuperus et al.,1999,引自 Primack et al.,2014)

种群理论认为,对于多数生物类群来说,建立几个有相互联系即有生境走廊联系的小保护区,要比建立面积相同的一个大保护区好,因为建立多个小保护区可以有效地防止疾病的传染等自然灾害对整个种群毁灭性的影响。但小保护区之间的距离要适宜,否则影响动物在不同局部种群之间的基因交流,并且集合种群的长期续存需要维持生境斑块网络。将分散的生境斑块用走廊连接起来,是集合种群理论在保护区设计上所着重强调的,而岛屿生物学理论在某种程度上更倾向于建立一个大的保护区。因此,保护区的设计应该综合考虑多种理论,具体问题具体分析。

保护区的生境走廊应该以每一保护区为基础来考虑,然后根据经验方法、集合种群理论、生物学知识等来确定。应注意下列因素:要保护的目标生物的类型和迁移特性,保护区间的距离,在生境走廊会发生怎样的人为干扰,以及生境走廊的有效性等。不同生物对走廊的宽度、长度等指标的要求各异,因此,设计保护区之间的生境走廊时,对目标生物的生态生物学特征的了解是非常必要的。

为了保护生境走廊的有效性,应以保护区之间间隔越远则生境走廊越宽的要求来设置生境走廊;走廊带的宽度还视具体动物种类而定。表 7-4 给出了一些物种需要生境走廊宽度的估计值。

表 7-4 不同动物种对最小生境走廊宽度的要求

物 种	位 置	最小宽度/km
狼	美国明尼苏达州	12.0
狼	美国阿拉斯加州	22.0
黑熊	美国明尼苏达州	2.0
美洲狮	美国加利福尼亚州	5.0
短尾猫	美国南卡罗来纳州	2.5
白尾鹿	美国明尼苏达州	0.6
矮 蠓	坦桑尼亚	0.6

注:本表数据基于平均雌性家域大小计算(引自蒋志刚等,1996,略有改动)

7.5 自然保护区的管理

自然保护区建立以后,管理工作是最重要的,管理是完成保护区目标的具体手段和措施。即在获得最佳生态效益的前提下,争取最大的经济利益与最好的社会效益。因此,对保护区进行管理首先要确定保护区的总体目标和保护区的近期(3 年左右)、中期(5 年左右)和长期(10~20 年)的管理目标。然后根据目前保护区的人力、物力和财力制定保护区的管理计划,并在组织、社区和生物资源管理 3 个方面保证管理计划的实施。

7.5.1 组织管理

这是保护区管理计划实施的组织保证，包括保护区的组织结构，保护站的设置，各保护站的管辖范围，人员任务的分配，日常的巡护制度、奖惩制度、检查制度等。组织管理是保护区行政管理的工作内容，这里不再赘述。

7.5.2 社区共管

我国是一个人口众多的国家，即使是在偏僻的山区和贫瘠的荒漠地区也往往有人居住。我国的自然保护区往往就建立在这些自然生态系统保存相对较好，但人们生活相对贫困的地区。如何使当地居民的生产活动能以持续发展为目的、与当地的生物资源和谐共存，是保护区实现其管理目标的关键。因此，人们提出自然保护区社区共管这一管理模式。所谓的自然保护区的社区共管是指在自然保护区管理过程中，管理者不仅仅是自然保护区机构本身，而且还要包括当地社区机构（如乡村行政机关）、社区居民、其他利益组织（如保护区的加工企业），以及科研学者、环保主义者等。自然保护区的社区共管是我国保护区管理工作的一大特色。

自然保护区的建立是从防止生态破坏和生物多样性的急剧丧失的角度建立起来的，具有宏观性和长远性。而社区居民往往注重的是眼前利益，对他们所处的优越的生态环境则感受不到或视而不见。同时，自然保护区面积一般较大，自然保护区机构难以随时对自然保护区进行监管。因此，要真正实现自然保护区的社区共管，让当地居民等参与到保护中来，对我国自然保护区的管理来说，则具有重要的现实意义。建立自然保护区社区共管机构有利于科学指导和规范社区居民的个体活动行为；社区居民的个体行为（如进山取薪材、偷盗林木、开荒种植等）是零星的、分散的、无序的，组建社区共管机构便于宣传教育等，把社区居民的个体行为转化为在社区共管机构科学、合理指导下的群体行为；建立自然保护区社区共管可以提高社区居民的生态保护意识，促进自然保护区的可持续发展和社区居民的生活水平的提高。通过社区共管，使社区居民与自然保护区有机结合在一起，为社区居民提供绿色致富道路，指导社区居民如何运用自然保护区资源发展绿色产业，使社区居民从自然保护区资源中获益，从而变被动为主动保护自然保护区，促进社区经济与自然保护区双发展。建立自然保护区社区共管还可以消除社区居民与自然保护区对立的矛盾，通过社区共管把社区居民及整个社区与自然保护区融为一体形成一个共同的利益主体，将社区居民与自然保护区之间的矛盾内在化。社区共管的主要途径是通过加强保护区周边地区经济发展，来促进保护区功能发挥和生物多样性保护。

7.5.3 生物资源管理

我国的保护区在建立之初，虽然也对当地资源状况进行综合考察，并根据考察的结果对保护区进行总体设计，进行功能区划。但是这种考察多半局限于动植物区系和保护物种与特有种的分布范围和数量方面，很少注意生境的多样性，更缺乏对当地资源状况、动态状况的深入了解。对于保护区来说，上述资料只能作为保护区对生物资源进行有效管理的基础资料，根据这些基础资料建立保护区的生物资源的监测体系，可对生物资源进行监测。

在对生物资源进行监测时，首先要明确监测的目的。监测不是要准确地知道监测对象的种群数量，而是要了解监测对象的种群动态变化，即种群数量变化趋势；其次要选择监测对象，一般来说，选择监测对象时最好选择那些对环境变化较为敏感、在野外易于发现的物种，同时应根据保护区的实际情况和经费情况来选择监测对象；然后确定监测路线，监测路线要根据保护区的地貌和监测对象的分布情况来确定，并不一定要严格地遵循随机的原则；再确定监测的内容和频率，监测内容应该是能够反映监测对象种群相对数量变化的所有痕迹，如动物实体、动物留下的足迹、粪便、卧迹、食痕、鸟巢、洞穴等。监测的频率依保护区的能力和面积而定，可以每季度一次，也可以半年一次，还可以一年一次或两年一次，但监测频率一旦固定下来以后，就不要轻易地改变，否则达不到获得连续的可以进行比较的数据的目的。

监测工作要制定固定的时间表，在每季度或每年固定的时间内进行。如监测工作是由许多人分工进行，则最好每条路线由固定的人或小组来进行监测，这样可以避免人为因素的影响。在对巡护人员进行必要的培训后，监测工作也可以与保护区日常的巡护工作结合起来。对每次监测的结果要及时进行分析整理，不要将数据积压几个月、甚至几年后再分析，那样监测工作的时效性就得不到反映，监测的结果也不能对保护工作起到及时的指导作用。

通过几年的连续监测，不仅可以了解监测对象的种群数量变化，而且还可以了解到监测对象在保护区各地区和各生境类型中的分布情况，了解监测对象的食性、生境选择、季节性的迁徙活动、天敌等生态资料，为监测对象的保护与管理提供基础资料。

7.6 自然保护区的评价

7.6.1 自然保护区评价的基本内容

自然保护区的评价是对保护区的目标与管理现状进行分析，确立该采取的行动。它包括 3 个方面：生态评价、管理现状评价和社会经济现状评价。

1. 生态评价

自然保护区及其保护对象的生态评价是鉴别保护区的生态价值和科学意义，从而为选择建立自然保护区和保护区级别的晋升提供科学的依据，这是自然保护区建设和管理中的一项基本工作。国内外在自然保护区和野生动物及其生境的生态评价指标方面使用的标准较多，如多样性、稀有性、自然性、面积、代表性、教育价值、科研价值、人类威胁、潜在价值、感染力、脆弱性、物种丰度、土地有效性等。

在保护区的评价中，教育价值是与所开展的活动有关的，人类的威胁则与保护区管理关系密切，这是中国保护区建设管理有关的主要问题。保护区面临的人类侵扰压力，一方面是指自然保护区机构实体本身的压力，主要指土地利用的竞争压力；另一方面是指对区内保护对象的侵扰，如对林木资源的砍伐，对野生动物的捕猎，对保护区水资源的污染，保护区内开发活动对环境的影响等。

保护对象的生存威胁除了人类的威胁以外，也有保护对象自身的因素，这常常表现为生态系统和物种的脆弱性方面，这是自然的属性。脆弱性的标准是复杂的，它反映了生物群落和物种对环境改变的敏感程度。脆弱的种群表现为生存力弱、繁衍能力差、对环境变化的适应性低，极易遭受威胁甚至灭绝。脆弱的生态系统遭受破坏后难以恢复，需要及时保护和特殊管理。

2. 管理现状评价

自然保护区的有效管理应该从管理条件、管理措施、科研基础与管理成效等 4 个方面评价。

(1) 管理条件

管理条件包括自然保护区管理机构的设置与人员配备、基础设施的建设水平与经费来源等。管理机构是保护区的中枢，对内组织领导保护区职工和保护区内居民的日常管理、生产和生活，对外协调地方政府和上级主管部门对保护区的支持，并处理保护区与周围群众的关系。健全的管理机构必须分设若干职能部门，并配备一定数量的、训练有素的行政管理人员和技术人员，这是维持保护区正常管理和实现保护区管理目标与发展规划的根本保证。同时也应该包括基础设施，如办公设施、生活设施、保护设施和科研设施等。自然保护区必须有稳定的经费来源和充足的经费数额，以保证正常管理工作和管理计划的实施。

(2) 管理措施

实施保护区有效管理需要一套切实可行的管理措施，而管理措施的评价内容包括管理目标的确定与发展规划的编制、管理计划的制订和管理法规的建设这 3 个方面。实际上保护区的管理目标的制定是最重要的，即确立要保护的主要对象与发展规划、实现目标的手段和实现的时间。可通过立法，实报土地面积、工作职能和保护责任及管理手段等得到明确规定，从而使保护区的建设与管理工作规范化、正常化和法律化。

(3) 科研基础

科学研究是保护区实施有效管理的基础，坚实的科研基础是制定保护区管理目标、发展规划和管理计划的依据。评价保护区科研基础主要是进行保护区的资源本底调查如地质、地貌、土壤、气候、水文的调查，动植物区系与分布及保护区及其周围的经济社会资料调查，在此基础上进行专题研究。而稳定的训练有素的科研人才是科学研究的基础。

(4) 管理成效

保护区内资源和主要的保护对象的状况是保护区管理成功与否的标志。保护区的经营能力可衡量其经济活力和自养水平，保护区的一切管理活动和发展前景都依赖于其经济实力。日常的管理包括保护区的宣传教育、火灾、污染、病虫害的防治、职工的生活和教育等。保护区与当地居民的和睦相处及相互支持是维持保护区稳定发展的重要条件，也是保护区管理评价的重要方面。

3. 社会经济现状评价

自然保护区是具有多种功能的自然—社会—经济实体，具有多种效益。除经济利益外，保护区有多种直接或间接的社会和生态效益。通过对保护区各种价值的评估，对它们进行量化，变为可比的市场价格并用货币表示，可对保护区潜在的社会和经济作用做出全面的评价。

7.6.2 自然保护区评价指标

1. 自然保护区评价标准选取原则

1）科学性：确定的指标可正确反映我国自然保护区的主体现状，概念准确、清晰明了。

2）可操作性：指标具有可测性与可比性，易于提取，便于操作运用。

3）完整性：指标体系作为一个有机整体，应能全面反映自然保护区的主要特征和状况，涵盖性强。

4）独立性：各指标间的交叉应相对较小，避免重复评判带来的误差。

5）简洁性：尽量选取有代表性的指标，要用简练的指标反映较多的特征。

6）针对性：指标需针对我国自然保护区的实际状况加以设置。

2. 自然保护区评价标准

在自然保护区和野生动物及其生境的生态评价指标方面所用的指标比较多，概括为：代表性、地带性、典型性、稀有性、多样性、自然性、面积、脆弱性、科研价值、感染力、有效性、物种丰度、土地有效性、管理科学性等。其具体内容可按以下六点衡量。

1）国家特有、珍稀、濒危和重点保护野生动物、野生植物的重点或集中分布地，重要的繁殖栖息地区。

2）具有典型代表性的原始天然林生态系统自然保护区。

3）物种、遗传或生态系统多样性丰富，在科学研究上具有重要意义，在国际上有重要影响的自然保护区。

4）对区域环境和资源保护有重要意义的自然保护区。

5）生物多样性保护与地方经济发展矛盾突出亟待解决、影响较大的自然保护区。

6）典型的自然历史遗迹。

7.7 自然保护区的科研工作和科普教育

自然保护区一般拥有较完整的生态系统、独特的自然景观、丰富的生物多样性或有濒危动植物的分布等特点，因此，保护区是生物学、地质学、古生物学等学科的重要科研基地。我国很多生态学的科研工作都在保护区内开展，如大熊猫生物学特性的研究、丹顶鹤生态习性的研究等。同时，保护区内丰富的生物多样性和独特的自然景观也为科普教育的开展提供了理想的场所。自然保护区已不再是一个封闭式的自然单位，而应在科研和科普教育的基础上，真正达到自然保护的目的，发挥保护区多功能的作用。

7.7.1 自然保护区的科研工作

自然保护区研究工作多种多样，一般将其分为常规性科研工作和专题性科研工作。

1. 常规性科研工作

常规性科研工作可为自然保护区积累一些基础性的资料，使人们了解保护区的本底资源状况。常规性科研工作内容广泛，涉及的学科较多。研究内容主要包括以下几个方面：

(1) 自然地理环境

气候(日照、温度、降水、风、气象灾害等)、地质地貌(地质、地层、地貌等)、水文(地表水、地下水、水质)和土壤(土壤类型及分布、各类土壤特征与理化性质)。

(2) 动物和植物区系

动植物种类与分布名录、区系组成分析、濒危动植物种类和资源状况。动物一般可分为昆虫、土壤动物、鱼类、两栖类、爬行类、鸟类和哺乳类来调查。保护区内的土壤动物、昆虫、鱼类调查数据一般相对缺乏,主要集中在两栖类、爬行类和鸟类等容易发现和鉴定的类群中。

(3) 植被类型和动物种群

根据植被类型的特征和分布,重要动物种群特征,生态系统现状,编制相应的图件,如植被图、植物水平和垂直分布图、动物种群分布图及迁徙路线图。

(4) 物候现象

动植物物候现象,如植物开花日期、鸟类的迁徙日期等,建立相应的数据库和动植物档案。

(5) 文物古迹和自然景观

(6) 社会经济和文化教育

社区组成、社区经济(工业、农业、林业、渔业、畜牧业、旅游、交通、社区结构等)、文化。

(7) 旅游资源

自然旅游资源、人文旅游资源。

通过常规性科研数据的积累,我们可以将资料整理如下:① 编制科学考察集,按前言、总论、自然地理环境、动物资源、植物资源、文物古迹与自然景观、生态评价、旅游、社会经济、保护区的总体规划等顺序写;② 编制生物资源名录:按动植物类群编写;③ 编制保护对象名录:编写动植物的国家级和省级保护名录;④ 绘制大比例尺的图件:通过绘图,详细表示出该保护区地质、植被和生物资源等的分布情况。

长期的常规性科研监测可为自然保护区积累大量的科研资料,如江西省吉安市鸟类环志站的长期鸟类监测资料及鄱阳湖国家级自然保护区的鸟类监测为候鸟的迁徙动态、当地的鸟类区系等提供了非常准确的资料。遗憾的是,目前国内自然保护区长期动态的物种监测还相对缺乏。在全国范围内选择一些有代表性且生物多样性上互补的自然保护区进行长期的物种监测,实行监测数据共享和网络化管理,对全面了解国内物种分布规律、区系组成、资源动态等是非常有利的。

2. 专题性科研工作

专题性研究工作主要是在摸清保护区本底资源的基础上,结合保护区内的资源特色,提出一些科研问题进行专题研究。下面列出一些问题供参考。

1) 濒危动植物保护生物学的研究,如研究其种群数量及季节动态、栖息地选择、食性、人类活动对目标生物的影响等,揭示生物的濒危机制,提出相应的保护措施。

2) 鸟类环志和迁徙规律的研究。

3) 动植物分类研究。

4) 人类活动对生物多样性的影响。

5) 植被演替规律及植被演替对动物的影响。

6) 野生生物的驯养繁殖。

7) 引种驯化和再驯化对自然综合体的影响。

8) 生态系统的结构、功能和生态过程的研究。

9) 濒危动物越冬生态及其与其他生物的共存机制研究。

10) 旅游开发和旅游对生物多样性的影响。

11) 重大自然灾害的发生与预防研究。

12) 自然保护区的规划与建设的研究。

自然保护区的研究工作可以通过保护区的科研工作人员完成,也可以邀请大专院校、研究所等单位的科研人员参加,充分发挥保护区的保护、科研、教育的作用,将保护区建立成一个开放的自然实体。

7.7.2　自然保护区的科普教育

自然保护区一般为生物多样性比较丰富或景观较独特的地方，是科普教育的理想场所。通过开展科普教育，可以提高公民的生态和环保意识，激发其对大自然的热爱，对保护区生物多样性的保护起着极其重要的作用。因此，开展好保护区的科普教育及如何设计合适的科普教育内容和方式是至关重要的。

1. 科普教育的内容

自然保护区科普教育的内容广泛，一般包括科普宣传、法制宣传和对本保护区的宣传等方面。

1）开展科普宣传、普及自然保护知识。通过一些科普性的宣传材料向公众宣传保护区的作用及重要地位、保护自然的必要性、可持续发展的重要性、保护环境与人类生存的关系、保护自然就是保护家园等知识。

2）法制宣传。宣传国家、地方政府及本保护区颁布的有关自然保护的法规，如《中华人民共和国野生动物保护法》《中华人民共和国环境保护法》《中华人民共和国自然保护区条例》等。通过法制宣传，提高自然保护区职工及周围群众的法律意识，从而达到保护区的有效管理。

3）对保护区的宣传。通过介绍保护区的作用、地位、自然概况、重点保护对象、生态效益、破坏自然的代价、自然保护与当地居民长远利益的关系等，提高周围群众对自然保护区重要地位的认识，帮助其了解自然保护与当地发展的关系，并配合保护区做好自然保护和管理工作。

2. 科普教育的方式

科普教育的方式可根据当地具体情况进行设计，下面列出一些常用的科普宣传方式供参考。

1）标牌宣传：这种方法方便简单，为保护区最常用的一种宣传手段。即在保护区内设置一些标牌，介绍保护区的宣传口号、相关法规、条例、重点保护的动植物等。

2）录像宣传：播放一些有关自然保护区自然资源、法律法规、条例的录像。

3）图画宣传：在保护区周边村委会或人员集中地张贴有关自然保护区的宣传画或标语等。

4）媒体宣传：通过报纸、电视、广播等进行广泛宣传。

5）会议宣传：利用报告会或讨论会，探讨保护区有普遍意义的或很特殊的问题，编写保护区的书籍和宣传材料。

6）展览宣传：举办自然保护区图片、标本等的展览。另外，保护区可定期向当地中小学生开放，进行集中宣传教育。

7）生态节日宣传：可利用地球日、植树节、爱鸟周等生态节日，向学生、当地居民、游客等宣传自然保护的重要性，激发其对自然的热爱。

思　考　题

1. 什么是自然保护区？建立自然保护区的目的是什么？
2. 自然保护区在生物多样性保护中的功能作用是什么？
3. 试比较 IUCN 和中国的自然保护区的分类体系。
4. 试述自然保护区的设计原则。
5. 试述中国的自然保护区的选址原则。
6. 自然保护区有哪些功能分区？
7. 什么是自然保护区网？自然保护区网的基本结构是什么？
8. 什么是生境走廊？生境走廊的基本功能是什么？生境走廊的设计要考虑哪些因素？
9. 如何实施自然保护区的管理计划？
10. 自然保护区评价的基本内容有哪些？如何对自然保护区的有效管理进行评价？
11. 自然保护区生态评价的标准是什么？
12. 以你熟悉某一自然保护区为例，对其进行数量化分级指标评价、生态质量评价及管理评价。
13. 自然保护区的科研工作有哪些？

推荐参考书

刘东来，吴中伦，赵献英，等.1996.中国的自然保护区.上海：上海科技教育出版社.
国家林业局野生动植物保护司.2003.中国自然保护区政策研究.北京：林业出版社.
许海根.2000.自然保护区生态安全设计的理论与方法.北京：中国环境科学出版社.
王献溥.2003.生态、环境与生态工程丛书：自然保护区建设与管理.北京：化学工业出版社.
张更生，郑允文，吴小敏，等.1995.自然保护区管理、评价指南与建设技术规范.北京：中国环境科学出版社.
余久华.2006.自然保护区有效管理的理论与实践.西安：西北农林科技大学出版社.
薛建辉，张银龙.2002.自然保护区生态保护教育.北京：中国林业出版社.
金鉴明，王礼嫱，薛达元.1991.自然保护概论.北京：中国环境科学出版社.
蒋志刚，马克平，韩兴国.1997.保护生物学.杭州：浙江科学技术出版社.
迟德富，孙凡，严善春，等.2005.保护生物学.哈尔滨：东北林业大学出版社.
李俊清，李景文.2006.保护生物学(第二版).北京：中国林业出版社.
陈道海，钟炳辉.1999.保护生物学.北京：中国林业出版社.
宋延龄，杨亲二，黄永清.1998.物种多样性研究与保护.杭州：浙江科学技术出版社.
Richard B P，马克平，蒋志刚.2014.保护生物学.北京：科学出版社.

第8章 迁地保护与动植物园管理

提 要

本章主要阐述物种迁地保护的概念、意义、实施原则、理论基础(包括小种群理论、小环境、野性保持);迁地种群的种群管理和放归自然;动物园、水族馆、植物园、种子库、基因库的功能、作用及现状;自然保护联盟在全球迁地保护方面的协调行动计划。

8.1 迁地保护的概念及意义

自然选择优胜劣汰,能保持野生状态下物种的活力。动植物生存力的物种保护是最有效的保护。事实上,尽管人们付出了极大的努力,但在全球变化的大背景下,许多物种在圈养或者迁地保护中丧失了在野生环境中生存的能力,要想实现种群持续繁衍很困难。目前,有3 000种鸟类和兽类只有在圈养或迁地保护下才能生存。因此,建立和完善植物园、动物园、水族馆、基因库网的管理,使动植物在圈养或迁地保护条件下不失去生存能力,是保护生物学的重要的任务。

8.1.1 迁地保护的概念

迁地保护是生物多样性保护的一个重要途径,把因生存条件不复存在、物种数量减少或难以找到配偶等原因而生存和繁衍受到严重威胁的物种迁出原地,移入人工条件下,如动物园、植物园、水族馆和濒危动物繁育中心等进行保护和管理,使其种群免受消失的保护途径就是迁地保护。迁地保护是就地保护的补充,为即将灭绝的生物提供了最后的生存机会。

离体保护是迁地保护的一种辅助方法,离体保护是指把濒危物种的遗传资源,如植物的种子、花粉、动物的精液、胚胎及真菌的菌株等,脱离母体而进行长时期的保存。而植物园、动物园和水族馆则是保护珍稀动植物的主要基地。

随着人类的发展,野生生物的生存空间逐渐缩小,越来越多的野生生物将需要人类的协助才能生存。有人预言,未来的野生生物将在人类的集约管理下生存,且不论这一预言是否正确,但是那种状态可能代表自然保护的一种极端形式;而在自然环境中保存物种的进化潜力则是自然保护的另一种极端形式。未来的自然保护将居于这两种极端形式之间,即采取迁地保护和就地保护相结合的形式。

迁地保护的最终目标是为被保护物种在其原生的环境条件下能正常生长,即建立自然状态下可生存种群,增加濒危物种的种群数量。迁地保护并不是要代替生存地自然状态下的物种,而是通过迁地保护措施,补充被保护的自然种群。当迁地种群数量增加时,通过不断地释放迁地种群的繁育后代补充野生种群,能增加野生种群的遗传多样性。迁地保护中,通过调整种群结构、遗传改良、疾病防治和营养管理等人工措施,减弱随机因素对小种群的影响,使其有效种群不断扩大。

物种的迁地保护不同于传统的引种驯化。引种驯化主要目的是利用,尤其是为当前的社会和经济目标服务,改变遗传性,不强调可持续性,在取样时也极少考虑物种所包含的遗传多样性。植物迁地保护则侧重于不同地区的区系成分,落脚于保护,尤其强调遗传基因的维持与遗传多样性的保护,要求尽可能避免驯化,保持野生状态,虽有利用的含义,但它强调可持续利用的问题。

8.1.2 迁地保护的意义

在野生状态下的物种即将灭绝时,迁地保护无疑提供了最后一套保护方案。一般认为,许多物种只有在维持野生种群的同时,维持一个人工保护的迁地种群,才能保证物种不会灭绝。

迁地保护种群具有如下作用:① 在生物学和社会生物学基础研究中,通过迁地保护,迁地保护的种群可以作为野生种群的代用材料,特别对那些具有特殊经济用途的物种,利用人工种群可减少对野生种群的破坏。② 通过野生种群生物学特性和生态学特性的深入研究,取得管理野生种群的经验,一旦发生类似自然灾害引发的种群生存危机,就可有效而迅速地对物种进行保护。③ 为那些野外生境不复存在的物种提供最后的生存机会,特别对于那些濒危物种,在生境完全丧失后不会立即灭绝。④ 为在新的生境中创建新的生物群落提供种源,可作为补充野生种群的后备基因库。⑤ 为进行公众保护意识教育提供场所。

迁地保护是对就地保护的补充,可以对濒危物种和稀有物种及其繁殖体进行长期保存、分析、试验并使之增殖。因此,迁地保护对于种群数量急剧下降的野生种尤为重要。迁地保护既能为重新引种提供种质资源,同时也能为驯化中的未来繁殖计划提供一个主要的遗传材料库。进行迁地保护的某些设施如动物园、植物园等,也为公共教育提供了重要场所。

对那些尚未受到严重威胁的物种,建立迁地种群,有利于科学家迅速获取育种材料,减少对野生资源的破坏,支持野外自然环境和野生资源的保护,促进资源持续利用。

目前,迁地保护也遇到了非议,如有人怀疑人工繁育个体能否成功地在野外生存和繁衍;也有人推测向野外释放的人工繁育个体会扰乱野生种群的繁殖。人工繁育个体野外释放需要大量的资金和人力,如美国加州秃鹫、游隼和黑足鼬的捕获、饲养、繁育、观察和野外释放过程均历时多年,耗费了数以百万计美元。同时,向野外释放人工种群需要长时间的监测观察,尤其是长寿命的动物,许多年后才能知晓野外释放的效果(蒋志刚等,1997)。总体来看,迁地保护是一种最后保护措施,如果野外种群仍旧占有一定生境,并能够自我繁衍,就不要轻易将其移动到圈养或者人工栽培条件下。

8.2 迁地保护的实施原则和理论基础

8.2.1 实施迁地保护的原则

自然界需要迁地保护的物种成千上万,其生物学、生态学特性千差万别,为了指导人们对需要保护的物种进行保护,使有限的资金能发挥保护物种的最大效益,物种保护工作者提出了实施迁地保护的基本条件:① 当物种原有生境破碎成斑块状,或者原有生境不复存在;② 当物种的数目下降到极低的水平,个体难以找到配偶;③ 当物种的生存条件突然变化,例如,20 世纪 80 年代中期四川大熊猫生境中竹子大面积开花枯死,大熊猫找不到足够食物而面临生存危机。物种在野外出现上述 3 种情况时,迁地保护应成为保存物种的重要手段。

利用现代科学技术作为辅助手段,人们在有限的空间内创造濒危动植物生存的必要条件。通过保证其食物供应,治疗受伤或生病的个体;通过人工繁殖,扩大种群,淘汰某一年龄段的弱小个体,使迁地保护种群处于最佳年龄结构。当迁地种群数量上升到一定量时,可考虑对其进行野化训练,在适当时机,将其放归自然。建立自然状态下的可生存种群,实现迁地保护的最终目标。

世界自然保护联盟(IUCN)建议,当一个濒危物种的野生种群数量低于 1 000 时,应进行人工繁育和迁地保护。目前的问题是迁地保护行动过于迟缓,常常是等到物种的数量极低,濒临灭绝时才进行迁地保护,这样,迁地保护很难达到预期效果。事实上,虽然有些物种的许多个体在野外生存,但已经面临着生存危机,对这些物种应当考虑及时实施迁地保护。我国实施迁地保护的原则除了遵循国际保护策略外,我们还对利用率较高的经济植物、动物也实施了迁地保护的措施,建立了繁殖基地,这对于缓解野外资源压力,避免物种灭绝具有重要意义(王秉洛等,1998)。

动植物种群的数量统计比较复杂,需要进行比较深入的研究。对迁地种群的分析和管理必须有详尽的种群个体数据才能完成。因此,迁地种群个体的有关信息,如出生日期、出生时的耳号、产仔数目、死亡日期及死亡原因等必须记录档案。对于人工繁育个体野外释放后的有关数据也应尽可能记录,随时掌握种群动态,分析影响种群波动的因素,强化有利因素,抑制不利因素,为迁地种群放归自然提供依据。

一般认为,濒危动植物的原有生境是其最适宜的生境。因此,在条件许可的情况下,应遵循就近原则。根据濒危物种的特殊需要在靠近濒危物种分布区的地方,建造迁地保护设施。目前,中国需要保护的濒危物种很多,就近建立保护设施和场所会受到经济条件的制约,因此,在能保证动植物正常生长发育的条件下,可以考虑在其他地区建立迁地保护设施和迁地种群(蒋志刚,1997)。

8.2.2 迁地保护的理论基础

1. 迁地种群数量

在实践中,人们希望保存最小的种群数量,但又能最大限度地保护该物种的遗传多样性,这就是该物种最小可存活种群。最小种群可以减少在种群迁地保护中的费用,而最大遗传多样性可以使种群得到永久性维持。物种保护的目的是让种群个体数量的遗传变异达到一个平衡点,使物种同时具有生存力和继续进化的潜力。如果一个迁地保护濒危物种的遗传变异和损失达不到这个平衡点,那么,就需要考察什么样的遗传变异需要保存?多少遗传变异需要保存?一般情况下,保存较稀少的遗传基因位点及较多的遗传变异物种,需要较大数量的迁地种群。濒危物种的遗传学和种群生物学特征决定了迁地种群的数量。有些种群需要在很长的时间内维持一个数量较大的种群,而另一些种群可能仅需要一个较小的核心种群即能达到保护目的。

迁地种群的最小可生存种群的大小关系到迁地保护的资金投入和可行性,以及种群和环境的随机性,并且还与种群的下列生物学特征有关(Soule,1987):① 迁地种群的存活率、繁殖率及世代间隔;② 有效种群大小及种群的破碎程度;③ 奠基者效应;④ 种群结构的变化速率;⑤ 种群的遗传漂变、突变的特点,以及迁徙对种群遗传漂变的影响。如果迁地种群非常小,那么种群数量的随机波动带来的遗传杂合性就会下降(Goodman,1987)。这些随机因素包括疾病感染、自然灾害、捕食者或竞争者大量爆发、迁地种群产生的后代都是同一性别等,这些因素可能导致整体迁地种群的灭绝(蒋志刚等,1997)。

此外,也有研究者提出了一种植物在植物园中保护种群为50～100株植物的建议。对于这个问题,涉及复杂的因素。因而植物学家正研究物种保护的最小种群(minimum population,MP)或最小存活种群(minimum viable population,MVP)。广义的MVP概念有两种:一种是遗传概念,主要考虑近亲繁殖和遗传漂变对种群遗传多样性和适合度下降的影响,即在一定的时间内保持种群遗传稳定所需的最小种群数量;另一种是种群统计学概念,即以一定存活概率为基础,在给定时间内保持种群数量稳定所需要的最小的种群数量(李义明等,1994)。

尽管对MVP的研究已成为保护生物学的一个热点,也取得了较大的进展,但多是涉及动物,而对于植物还没有成熟的方法和被广泛接受的准则,也没有多少可被应用的实例。此外,由于不同物种的繁殖特性、生态学特性、生境和受威胁的程度不同,因此,MVP也不同。许再富根据前人研究,结合自己从事植物迁地保护的实践,提出植物迁地保护的数量至少需要50～100株,同时还提出了一个植物园保护植物种群大小的经验公式(许再富,1998):

$$P_n = L_f \cdot E_e \cdot A_m$$

式中,P_n为应保护的MVP;L_f为该物种所属的生活型所要求的保护株数,如乔木种类10～20株,灌木40～50株,而草本100～200株;E_e为经鉴别的生态类型或遗传类型数量;A_m为该物种的繁殖系数,雌雄同株的不论是自花还是异花授粉均为1.2,雌雄异株为1.0,而无性生殖种类为0.8。这一方法虽然粗糙,但简单可行,已被国内一些学者所应用。许再富应用此方法,对我国植物园栽培的稀有濒危植物的种群大小进行了初步评论。

由于各种稀有、濒危植物生物学生态学特性差异较大,人们对其了解程度有限,因此,要求至少在3～5个的植物迁地保护地(如植物园)保存较为安全。由于影响动植物迁地种群的制约因素不同,在迁地保护时,要分别予以考虑。

2. 植物的迁地保护

变异与适应是植物迁地保护的重要基础。在自然界中,每种植物均分布在一定地理区域和特定的生境中,繁衍后代维持至今。对它们实行迁地保护就是使它们离开原来的自然环境条件,迁移到人工栽培的条件下,并在那里正常生长、发育和繁衍后代,通常要求"从种子到种子"的过程。

一般认为,植物的适应性比较强,即使它们在不同气候区,迁地种群也可以正常生长、发育。植物不仅具有遗传性,还具有变异性及对环境的适应性。如果植物生长在长期经常变动环境条件下,它们的变异性会得到充分发挥,而且具有较宽的生态幅,反之,具有较小的变异性而生态幅也较狭窄。只要迁地保护地在它们的生态幅范围内,实行迁地保护就比较容易成功。在植物迁地保护中,很多植物园都根据所在地区的环境条件,建立有一定数量的科和属的专类植物园(区),其中,它们大部分来自不同的气候区。跨气候区域迁地保护的成功,主要依赖于植物的适应性和生态幅度及进化历史。

个体生态学特性是植物迁地保护的主要依据。植物迁地种群是在新的自然条件下生长和发育的,而且要尽可能地避免驯化,以尽可能保存物种原有的遗传特性。能否达到迁地保护目的,迁地植物的个体生态学习性如对光照、温度、水分等要求和适应能力非常重要,如果不能满足,可能导致迁地种群的发育不良甚至死亡。张文辉等(2015)研究表明,秦岭冷杉、太白红杉都是高山树种,离开高山生境育苗很难成活,而在原群落相似生境采种育苗,甚至营造人工林都能成功。但将其移植到低海拔地区,如关中平原(海拔 500 m),育苗和栽植都没有成功。因此,对计划迁地保护的物种要进行全面的分布区和生物学生态学习性调查,制定合理的迁地保护规划。迁地种群的栽培范围就要以原产地的自然条件为依据,尽可能将它们迁移到与原产地相似的环境条件下。气候土壤条件相似是基础,生境条件也要与野生生境条件基本一致,这样才有可能保证迁地植物正常生长发育。

植物进化和分布区的演化历史是植物迁地保护的潜在因素。植物现在的分布区或现在的生境不一定是它们生长发育最适宜的地方,而是由于环境变迁的胁迫或生物的竞争等因素所造成的。例如,有些"避难所"中的物种,当被引种到与它们原来历史上的分布区或生态环境相似的地区,它们的生长发育更好。如银杏、水杉就是很典型的实例。因此,对植物进行迁地保护时,还需对其进化和分布区的演化历史进行分析,制定相应的对策,这是使植物迁地成功的一个潜在因素。在引种实践中,植物在新的栽培区比原产地生长、发育更好的现象比较普遍。

群落生态是植物的安全所在。在自然界,植物和其他生物一样,都不是单独存在的,而是分布在一定生物群落中。有些能够形成群落,有些则混生在其他群落中。在群落中,各种生物之间的关系、生态位等随着时间、空间都在不断地变化中,物种之间有互利共生,也有竞争,有些植物在群落中(林下)能生长正常,而孤立状态下(空旷地)却不正常生长。例如,独叶草只能生长在高海拔地区的太白红杉、太白杜鹃林下的腐殖质中,离开这样生境,几乎不能存活。所以,对植物实行迁地保护,应遵循群落生态学的原理,以保证迁地保护植物的安全。因此,对于濒危植物,如果没有经过实践检验的成功经验,人工繁殖技术和栽培技术不过关,最好不要"迁地保护"(张文辉等,2015)。

3. 动物的迁地保护

第一,要考虑迁地动物种群奠基者作用及遗传贡献。迁地种群在人工管理下的寿命较野生个体长,因为人工管理消除了疾病、营养不良、捕食、自然灾害对个体的不良影响。迁地个体能繁殖较多的后代,并且这些后代的生存概率较高,一般也能繁殖许多后代。于是,在迁地种群中,基因重组配对的机会较多,这样,既增加了奠基者效应,又降低了基因型选择强度。与野生种群相比较,迁地种群有较高的增殖潜能和较长的世代间隔。理论上为了使遗传漂变降低到最低程度,每一个奠基者都应当在迁地种群的每一个世代中贡献相同数量的基因。但是,由于个体的繁殖成功率不同,经过几个世代后,有些奠基者的基因频率上升了,另一些奠基者的基因频率则下降了。因此,要加强迁地种群的遗传管理。

第二,要考虑动物迁地保护环境中的行为发育机制。动物作为一类高等生物,具有复杂而漫长的进化历史,对野生环境有很强的适应力,同时自身也形成了固有的与外界环境相适应的代谢活动,行为特征。因此,迁地保护必须要考虑原生境的特点,营造与原产地相似的环境(温度、湿度等),同时也要考虑其行为发育模式。注意营造其社会交际空间,行为发育和正常生活的环境。

第三,使动物形成正常的印痕在迁地保护中也非常重要。刚出生的个体在行为上容易受密切接触的另一个体的影响,产生追随模仿这一个体的行为,这一行为模式称为印痕(imprinting)。印痕是一种特殊的学习行为,仅在生命早期的某一特定阶段发生,一旦形成,将保持相当长的时间,甚至终生不变,并可能影响个体成年后对配偶的选择。因此，要保持野生动物在野生环境下的习性，对幼仔出生后培养也很重要。

第四，在人工饲养环境中不存在自然天敌，所以培养个体识别天敌的能力是迁地保护的一项重要内容。需要强调的是，必须重视研究野生个体的行为生态学，因为只有获得了行为谱，才能对迁地个体实施回归自然的训练。一个物种迁地保护的成败有赖于对其生物学、生态习性的全面了解和利用。

8.3 迁地种群的管理

8.3.1 迁地种群建立及繁殖

迁地种群在动物园、植物园的管理是一项复杂而长期的活动，而且要确保引入个体有完备的档案，记载其来源、年龄、生长、发育、繁殖及生物学生态学特性，同时也要对其人为培育期间环境因素进行不断的调整，以保证其正常生长发育。植物与动物的迁地管理应有区别。

1. 植物园管理

没有栽培经历的稀有濒危植物一般应参考与其亲缘关系相近的植物及其生物学生态学特性，营造适宜生境，重点要做好以下工作。

1) 建立永久档案，对每一个体要如实记录原产地、挖掘地点及栽植时的种苗处理。

2) 加强田间管理，包括灌溉、施肥、除草等，保证引种正常生长。

3) 生殖期管理要有利于种子生产、实生苗繁殖、无性繁殖等，要促进种群自然繁殖。

4) 植物迁地种群应在气候土壤有差异的地区建立多个种群，进行不同地区间的对比分析，这样可为探索物种适应力、生态幅度提供证据。

5) 引进的非本地种群需要进行 1～2 年的隔离观察期，确定其无病虫害和其他危害后才能与其他种群进行混栽、混种。一种植物在新地区的适应期有长有短，有些只需 3～5 月，有些则需 3～5 年才能确认其是否适应本地区。因此，迁地种群管理是一项复杂工作，需要植物学、生态学和遗传学等多方面的知识。

2. 动物园管理

(1) 建立迁地种群档案

记录建群个体原产地和年龄，进行全面的健康检查；对感染了内外寄生虫的个体应进行治疗；对感染了传染病的个体应隔离治疗。为了降低由于灾害性事件而使种群灭绝的风险，应建立其他繁殖群，并随时搜集迁地种群参数，包括根据谱系材料分析迁地种群的适合度，种群结构及遗传特征，应用分子生物学技术可检测现存种群的遗传变异。

通过种群管理维持一个所需大小的迁地种群，利用遗传模型确保在特定时间内保存一定量的建群个体遗传变异；这个种群应具有稳定的年龄结构，能不断提供野外个体，随着种群的增长，要不断进行种群、结构和遗传分析，根据更新种群参数修正迁地保护计划。

要注意的是，当每个繁殖个体生育相等的后代时，迁地种群的有效种群数量将加倍，而当群体中性别不平衡时，将导致性成熟个体没有机会繁殖；另外，降低有效种群大小，增加近交概率。

(2) 建立合理种群年龄结构、性别比及繁育方案

迁地保护种群的年龄结构、性比、交配方案进行人工管理是保证迁地种群顺利增长，保存迁地种群遗传多样性的重要保证。① 在迁地保护初期，应使迁地种群迅速增加，迅速脱离危险期。繁殖配对时，尽可能保存迁地种群奠基者的基因位点，要充分发挥具有优秀繁殖力和表型特征的个体繁殖潜力，即使这些个体具有潜在的有害遗传因子，也应保存其遗传变异或生殖潜力。② 经过了关键的初期保种期后，当迁地种群都扩展到 20 对潜在繁殖对时，可通过谱系分析和配对，尽量保存现有的奠基者基因，减少非优化的遗传配对。配对时，优先安排奠基者，然后安排子一代，再次安排子二代，依次类推。现在已经具备了查清个体间的亲缘关系的手段，在安排配种方案之前，应查明个体基因组成的差异，并通过恰当的繁育方案使奠基者基因均匀地分布于迁地种群的亚群体之中。条件许可时，通过控制某一龄段的出生数，淘汰一些不良个体。③ 小种群中种群遗传杂合性会迅速下降，也可能全群毁灭于随机因素的作用。Ballou(1994)建议，每对奠基者应至少产生 7 对后代，才能保证 95%的奠基者基因传给第二代。④ 对封闭的一定大小的迁地种群，通过人为安排

配种，进行种群间交换繁殖个体，而不是让繁殖个体自由交配，降低近交系数。应尽可能选择没有亲缘关系的个体作为奠基个体，不选择有近交衰退迹象的个体作为奠基个体。

(3) 为保持遗传多样性，防止近亲(源)繁殖

① 建立种群时最好应有几十只动物作为建群者；② 尽快增加目标种群的规模；③ 建立能够存活并延续所必需的最小种群数量，通常为 250～500 只动物，在个别情况下更小种群也能保持其种群生存力；④ 繁殖动物的性别比例尽可能保持在 1∶1 的水平；⑤ 必须避免近亲繁殖；⑥ 一旦目标达到可存活并延续的最小种群数量规模，就应努力增大时代隔离时间，从而延缓基因多样性丢失的速度；⑦ 努力消除非自然选择压力；⑧ 应在每代增加少量育种无血缘关系的动物(王秉洛等，1998；蒋志刚等，1997)。

8.3.2 放归自然

1. 动物种群

迁地种群保护的目的是在数量足够大时，放归自然。根据我国目前的保护状况，将迁地保护的野生动物种群大幅度放归野外还为时过早。但从 2005 年起，我国已开始进行大熊猫野外放归实验。迁地种群回归自然的条件是：① 自然栖息地的行政管理、科学研究及规划必须达到一定的水平；② 栖息地群众的保护意识成熟，已经完全杜绝乱捕滥猎现象；③ 栖息地的生态食物链能保证；④ 栖息地必须有一定的地域，适合于回归动物活动，居民不得人为干扰；⑤ 迁地保护动物能进行全部的兽医检查，确保没有携带病原体或寄生虫及各种疾病；⑥ 对迁地繁殖的动物进行了捕食及回归野外的训练(王秉洛等，1998)。

人工繁育个体放归自然前应制定野外释放方案，方案中需考虑野外释放个体的选择、迁地种群与野生种群交流基因等。野外释放的个体必须具有野外生存能力，集群活动的动物常常需要熟悉其生境。在群体中，从其他个体那里学习觅食技巧及生存技巧。有些动物如狒狒、犀鸟要熟悉季节性食物分布和迁移途径。狒狒和非洲野狗必须学会集体捕食。在圈养环境长大的个体很难获得捕食技巧；人工哺育个体野外释放后，能否与野生个体形成群体、发生交配、产生后代，也是野外释放成功与否的关键。因此，迁地种群在野外释放前必须经过严格的长期训练。

监测野外释放个体的生存状况是野外释放后的一项日常工作。在野外释放初期，由于突然暴露于野生环境，野外释放个体难以适应。因此必须提供必要的补充食物和避难所，直到野外释放个体不再回来，这样一个释放过程称为软释放(王秉洛等，1998；蒋志刚等，1997)。

2. 植物种群

相对于动物种群，迁地植物种群放归自然相对容易，一般说来，只要迁地种群能成功繁殖、种群能自我繁衍，在原产地或土壤气候相似的地区都可以放归(原产地区栽植或播种都是一种可行的措施)。

植物迁地种群放归自然在我国深入研究不多，2008 年有媒体报道，深圳仙湖植物园将 300 株德保苏铁移植到广西黄连山自然保护区。其他植物如水杉、银杏、银杉等濒危植物人工栽培数量、面积已经很大，尚未见到放归自然的报道。一般来说，濒危物种如果迁地种群面积、数量足够大，繁殖问题解决后，就可以进一步扩大人工种群，例如，根据经济价值和生物特性建立人工林。

8.4 动物园、水旅馆和植物园

动物园、水族馆和植物园都肩负着相似的使命，即展示、保存、繁育动物和植物个体。这些机构既是物种迁地保护的场所，又是对公众进行生物多样性和自然保护教育的基地。不少动植物园内制作的教育节目也已经成为自然保护教育的有机组成部分。

动物园和植物园是进行自然保护的好场所，人们可以展开有关濒危物种的生长、发育、繁殖、营养、行为等方面的研究，为野生种群的保护和管理提供科学依据。目前多数动物园和植物园存在主要问题是：① 个体太少，每一种珍稀濒危物种的数量太少，有些甚至只有一两只个体，无法形成有生存力的群体；② 遗传混杂，在许多动物园、植物园和野生动物园中，不同的亚种、不同的生态型常常混养在一块，使得物种的遗传成分混杂；③ 人工选择、人工养殖时，有意识或无意识的选择导致迁地个体的形态、行为、生理状态等发生变化。例如，人工选择中，选择驯服的野性弱的个体繁育；为动物提供人工食物和提供恒温的舒适环境等，这些都会导致人工种群丧失野外原有的某些习性，为未来回归自然造成障碍。

8.4.1　动物园和水族馆

动物园是重要的濒危个体的保育场所。全球的动物园饲养着超过 3 000 种，约 50 万只两栖动物、爬行动物、鸟类和哺乳动物(Conway，1988)。动物园在公共教育及濒危动物迁地保护中的作用已经引起人们的重视。

中国大陆目前有动物园 175 个，饲养着 10 万余只动物，约 600 种。大熊猫、黑颈鹤、金丝猴、华南虎、扬子鳄、角羚、黑叶猴等珍稀濒危物种已在动物园繁殖成功。1963 年以来，中国各地动物园从国外引进了 100 多种珍稀野生动物，对大部分进行了繁殖。建设部与中国动物园协会合作，建立了 4 个大型珍稀濒危动物繁育基地：1987 年开始兴建成都大熊猫(*Ailuropoda melanoleuca*)繁育研究基地，1990 年以来，繁育成活大熊猫 32 胎；广西黑叶猴(*Presbytis francoisi*)繁殖研究基地，拥有世界上最大的黑叶猴圈养种群，已经成功繁殖了第三代；青海扭角羚(*Budorcas sinensis*)繁育研究基地，目前养有扭角羚 9 只；沈阳珍稀鹤类繁育研究基地，在 1989～1990 年繁殖成活了 37 只丹顶鹤(*G. japonensis*)。近年来，北京动物园正与各繁育基地协调行动，统筹安排珍稀野生动物的迁地保护(柳建华，1994)，同时积极开始繁育工作，已成功繁殖成活大熊猫 45 只。

动物园应当建立珍稀濒危物种的维持自我繁衍的种群。有些物种当其栖息地被破坏后，动物园的迁地种群可能成为唯一的生存群体，如加州秃鹫和麋鹿。然而据 Ralls 等 1987 年统计，世界各地动物园饲养的 274 种珍稀哺乳动物中，仅 10%是能够自我维持的迁地种群，而大部分珍稀哺乳动物需要从野外捕捉野生个体，以补充迁地种群。为了缓解这种局面，动物园和有关保护组织正全力以赴研究人工繁育技术，建立能依靠自我繁育而生存的迁地种群，并且在适当的时候将人工繁育的野生动物放归自然，恢复野生种群。

与动物园相似，水族馆也担负着公众教育和迁地保护的双重使命。在世界各地，鱼类灭绝也时有发生。现在人们应用水产养殖技术、观赏鱼类养殖技术等来增加珍稀鱼类的繁殖(如非洲大丽鱼等)，有关研究相当活跃。

在水族馆里，人们已经能够利用人工授精和人工哺育来维持一个迁地种群，并将其人工繁育，放归自然水体。这些经验正在白鳍豚、地中海斑豚的保护中应用(Ames，1991)。水族馆饲养鲸类方面的经验可以应用到濒危鲸类保护。但是，大型海洋哺乳动物和鱼类都需要较大的水体才能生存，而水族馆仅能提供中等条件的水体，因此如何在较小的封闭水体中保存濒危水生生物是一个迫切问题(王秉洛等，1998；蒋志刚等，1997)。

8.4.2　植物园

植物园的最初使命是搜集培育珍稀植物。现在全球有 1 600 家植物园，栽培着至少 7.5 万种植物，占世界植物区系成分的 25%以上(文雷，1989)，加上温室、私人花园及其他人工栽培的野生植株，在栽培条件下生存的植物种类数量更大。仅世界上最大的植物园英国皇家植物园就栽培了 2.5 万种植物，约占世界植物种类的 10%，其中 2 700 种植物是 IUCN 红皮书上的受威胁种类(Miller，1989)。除了栽培植物，许多国外植物园也保存了相当数量的植物种子，有些植物园专门搜集某一类型的植物。例如，哈佛大学的 Arnold 树木园搜集了大量的温带树木种类；新英格兰野花协会的 Woods 花园中栽培了数百种多年生温带草本植物；美国加利福尼亚州的松树园中生长着世界上 110 种松树中的 72 种；南非植物园栽培的植物占南非所有植物的 1/4(Raven，1981)。

许多植物园除了活的植物外，还藏有许多蜡叶标本。据 IUCN/WWF(1989)报道，大约有 250 个植物园在自己的土地上有自然保护区，每年都有几千万人参观植物园。因此，植物园在植物的迁地保护及公众教育等方面起着重要作用。

保护珍稀濒危植物已经成为植物园的一项重要职责。挂靠在美国密苏里植物园的植物保护中心联合协调 25 家植物园以保护美国的濒危植物。美国有 4 000 多种植物的生存受到不同程度的威胁，其中有 700 种左右将可能在 5～10 年内灭绝。经过努力，现在有相当一部分濒危植物已栽培到这些植物园内，下一步是将这些濒危植物重新引种到野外生境。

IUCN的植物园保护秘书处(Botanical Garden Conservation Secretariat,BGCS),组织协调了全球植物园的保护工作。首先已经建立了全球植物园数据库,以鉴别目前植物园中尚没有保护的而又急需保护的植物种类。世界上大多数植物分布在热带,但大多数植物园却分布在温带,只有热带的少数地方如新加坡、中国的西双版纳、斯里兰卡、哥伦比亚等已经有了热带植物园。在热带建设更多的植物园,培训当地植物分类学家担任植物园工作是一项紧迫任务(蒋志刚,1997)。

中国以植物学的原理和方法来指导建立植物园实践开始于20世纪初,如恒春热带植物园(1906)、熊岳树木园(1915)、台北植物园(1921)、南京中山植物园(1921)等。20世纪50年代,是中国植物园建设最快的时期,其中最主要是中国科学院所创建的植物园。80年代后,植物园进一步增加,其中主要是林业部门的树木园和城建部门建设的植物园(许再富,1998)。现在中国有约120个植物(树木)园,其中,主要特点是进行经济植物引种驯化和推广栽培。

20世纪80年代以来,我国开始了稀有濒危植物的研究保护工作,此后几乎各个植物园对珍稀濒危植物的收集保护和相关研究给予了高度重视,担负起了中国稀有濒危植物迁地保护和研究的历史重担,开展了对各地稀有濒危植物引种、迁地保护及其濒危机制、回归等方面的研究工作。有的植物园还专门设立稀有濒危植物区,收集保存大量稀有濒危植物种类,为中国稀有濒危植物的保护做出了重要贡献。经调查统计,在国家第一批公布的389种稀有濒危植物中,已在45个植物园中栽培了332种,占总数的85.3%。若以全国120个植物园计,估计可达350种,约占总数的90%。很多稀有濒危植物分布范围狭窄,对生态环境条件的依赖性强、适应性差,这使稀有濒危植物的迁地保护工作面临许多困难。目前,中国植物园主要问题是:植物园分布与中国植物多样性分布之间的严重失调;稀有濒危植物在植物园迁地保护的有效性问题亟待深入研究;有些稀有濒危植物在不同植物园重复栽培,而难于繁殖或者对环境条件要求较高植物却迁地种群很少或者没有;由于稀有濒危植物生态生物学特性多样,在植物园迁地保护下的有效种群大小尚待进一步研究;不少植物园只是栽培了稀有濒危植物,但没有根据最小种群理论建立完善的档案系统,科学记录和监测需要完善(杨清等,2005)。

此外,大多数中国植物园也对针对本地资源和气候土壤特点建立有专类收集区,如专类经济植物区、专类的树木园、专类的花卉区和一些特殊植物分类群园等,这对植物珍稀种质资源保护很有意义。

8.5 种子库和基因资源库

除了将濒危物种迁地保护或迁入人工生境进行保护外,还可对濒危物种的遗传资源,如植物的种子、动物的精液、胚胎及真菌的菌株等,进行长时期的保存。当然,这种保存涉及采集、保存、启用等一系列环节。

8.5.1 种子库

保存野生植物种子也是植物迁地保护的有机组成部分,大多数植物种子在冷藏条件下保存相当长时间后仍具有萌芽生长能力,人们利用种子的这一特征在全球建立了50个大型种子库。中国也建立了大型作物种子资源库,最近又在青海省建立了国家作物种子资源库,保存了数万份植物种子。

建立种子库需要注意以下问题。

1) 种子库需要定期更换,即使是冷藏条件下,种子中的养分也会逐渐消耗,有害物质会积累,最后种子会丧失发育能力。因此,种子库必须周期性地更新种子库中的种子,例如,通过定期播种收藏的种子,等待其生长结籽再收藏其种子,以达到更新种子的目的。

2) 不同植物种子库管理应有差异:许多热带植物种子成熟后必须立即萌发,否则会死亡,如可可、橡胶和亚洲羯布罗香树等,这一类种子称为难管理的种子,这类植物占全球植物总数的15%左右。目前人们正寻求储藏这些植物的遗传资源的途径:一是将种子的胚乳和外壳去掉,仅保存这些植物的胚;二是在受控环境下保存这些植物的细胞。

3) 种子库保护的植物应有优先次序:植物保护中心(Center for Plant Conservation,1991)曾提供了采集植物种子的原则,应优先采集那些有灭绝危险的、特有的、孑遗的、能重新回播自然的、有潜在经济价值的种类。

4）采种中应注意最大限度遗传多样性：采集植物种子应尽量从植物分布区中央选点采集，同一物种应采集 5 个种群或更多种群中的种子；每个抽样种群中应采集 10～15 株植物的种子，采集数少于 10 株时将失去部分等位基因。当种群的表型变异大、生境异质性高时应采集更多植株的种子，当种子存活率较低时应采集较多的种子，当植物一年中结实较少时则不应过多采集籽实，以免影响植物的生长。

8.5.2　基因资源库(genome resource bank)

基因资源库技术是有组织地搜集、储存和利用生物组织，将生物的遗传物质和细胞置于－196℃的液氮环境中长期保存。这项技术主要针对动物种群，首先在畜牧业中发展起来，人们将优秀的家畜个体的精液、卵子和胚胎保存在液氮中，解冻后用于人工授精、卵移植和胚胎移植。基因资源库为保存野生生物的遗传多样性提供了新手段，目前许多家养动物和野生动物已经成功地利用解冻精液人工授精、体外受精、胚胎移植，以及人工移植解冷冻胚胎等技术繁殖后代成功。西方许多商业公司出售冷冻精液和冷冻胚胎，同时许多研究机构和私有企业开始系统地搜集野生生物的遗传物质和组织。

利用基因资源库保存野生生物遗传物质具有重要意义：① 减少了饲养个体数目，利用一只个体的精液可以使多只雌体受孕。② 增加了珍稀物种的个体繁殖机会，延长了个体的繁殖寿命，即使个体死亡了，仍可能利用其低温保存的精液进行繁殖。③ 低温保存遗传材料是野生生物保护战略的有机部分，当野生种群的遗传多样性由于自然选择、遗传演变而部分丧失时，基因资源库仍为就地保护和迁地种群保存了遗传多样性。④ 野生生物基因资源库为改良家养动物品质和种间杂交提供了野生种源。

但是，基因资源库只是一种保护手段，不能取代就地和迁地保护的种群，经过 20 余年的激烈争论，IUCN 保护繁育专家组得出结论，基因资源库是长期保存野生生物遗传变异的手段。在众多物种濒临灭绝，野生生物生境破碎的今天，建立野生生物基因资源库具有特别的意义，1992 年，IUCN 保护繁育专家组在加拿大温哥华制定了建立濒危物种基因资源库行动计划纲要，为了在实践中完善该行动计划纲要，保护繁育专家组选择虎(*Panthera tigris*)为模式，开展了建立虎基因资源库的研究(蒋志刚等，1997)。

中国科学院在上海细胞生物学研究所和昆明动物研究所分别建立了细胞库，其中昆明动物研究所侧重中国西南地区的生物多样性保护，收集了 170 余种野生动物的细胞，不少是中国特有的濒危物种的细胞，如滇金丝猴、黑虎、中国麂、毛冠鹿、赤斑羚、麂鹿等。随着细胞生物学和发育生物学的发展，人们将能通过细胞培养和核移植技术培育已经灭绝的野生动物。因此，细胞库也被称作冰冻动物园(施立明，1990)。

8.6　保护繁育专家组及其全球性迁地保护计划

物种保护、生物多样性保护需要全球性的统一行动。IUCN 物种存活委员会(SSC)中设有保护繁育专家组(conservation breeding specialist group，CBSG)，开展了大量的工作，并取得了显著的成绩。

8.6.1　保护繁育专家组

国际自然与自然资源保护联盟的物种存活委员会中设有人工繁育专家组，1994 年该组织更名为保护繁育专家组(Conservation Breeding Specialist Group，CBSG)。CBSG 于 1978 年开始活动，由世界各国的专家组成，主要靠 149 个成员组织捐款来维持。保护繁育专家组的目标是组织全球有关迁地保护的人员和资源网络，搜集、分析和散发迁地保护信息；制定全球人工繁育迁地保护方案，建立或保护受威胁物种可生存种群；确定人工繁育迁地保护脊椎动物的优先保护方案，以迁地保护来形成恢复重建濒危脊椎动物种群。

CBSG 刚建立时，对有关物种濒危状态、致危原因的评价较粗放。1985 年，CBSG 开始系统评价一些动物类群，因此，迫切需要一套能科学地、精确地描述濒危状态和致危原因的评价系统，这一评价系统必须建立在种群生物学的基础之上。Mace 和 Lande 提出的关于物种濒危的定义及有关评价标准，经过一系列的审议和修改，现在被 CBSG 和 1 800 多位野生生物学家和科学家在实践中应用。

保护繁育专家组协助开发了一系列用于保护生物学的工具，如旋涡模型、小种群随机模拟模型、分析土地利用的地理信息模型等。组织了一系列研讨会，形成了一系列研究报告，以协调全球范围的迁地保护活动(蒋志刚等，1997)。

8.6.2 物种存活计划(species survival plan,SSP)

濒危物种存活计划既包括迁地种群,也包括野生种群。迁地种群与野生种群在保护计划中同等重要、相互作用,在估计物种的最小可生存种群时,要同时考虑亚种群的数目及每个亚种群中的个体数目,濒危物种存活计划要尽可能利用已有设施,如动物园、珍稀濒危物种繁育中心等,并采纳专家对物种保护的建议,制定详细的管理方案,如配偶选择、繁殖日期、奠基者种群组成和人工调控野生个体的迁徙等。

8.6.3 保护评估和管理计划(conservation assessment and management plan,CAMP)

保护评估和管理计划的目标是搜集,提供濒危物种的有关信息,提出濒危物种集约管理的指导原则。CAMP 研讨班通常包括 10～40 名专家,包括 IUCN 物种存活委员会专家组成员、野生动物管理人员、学术机构代表、社区代表及人工繁育专家等。在研讨班上,专家们利用已有的信息讨论一个较大的动物类群,如一个目或者一个科中所有种类的濒危状态,逐个考察物种野生种群和迁地种群的现状,大致估计种群数量,同时考虑种群栖息地的破碎程度、变化趋势、生境变化和环境随机性,制定保护行动方案。

在 CAMP 研讨班上,参加者也确定濒危物种人工养殖的难易程度,通常根据捕获饲养繁育相似物种的经验将濒危物种分为不难、较难和极难养殖 3 个等级。人工繁育和迁地保护是 CAMP 的一个主要内容,有关人工繁育的建议是根据保护遗传学和种群生物学目标和所需要的种群大小提出的,这些是全球人工繁育行动计划 GCAP 和区域性人工繁育战略计划的基础。迁地保护措施分为以下 4 类。

1) 建议在保护计划中包括迁地种群。

2) 除了建立迁地种群外,应当每间隔一定时间从野生种群向迁地种群补充新的基因,在这一前提下,可能保存一个相对较小的核心种群。

3) 在目前情况下,除了公共教育、研究、生产目的之外,不需要进行迁地保护的野生生物和已经有家养种群的野生生物也可算作此类。

4) 通过野外考察、数据分析或种群生存力分析等途径来决定物种是否需要迁地保护。

CAMP 是一个动态的不断完善的过程,在这个过程中,新的信息不断地补充进来,CAMP 将继续考察新的物种类群,完善已有的类群。CAMP 今后几年将在所有陆生脊椎动物和一些鱼类中全面展开研究工作(蒋志刚等,1997)。

8.6.4 全球人工繁育行动计划

针对目前用于迁地保护的资金有限而必须对全球各个地域进行资金分配和组织保护方案这一问题,CBSG 1994 年提出了全球人工繁育行动计划,此计划包括计划(global captive action planning)和建议(global captive action recommendations)两部分。GCAP 推荐值得保护的物种或亚种,GCAR 则确定为了保存一个健康的迁地种群所需的种群数量,以保证迁地种群成为保护计划管理下异质种群的有机组成部分。

CAMP 制定过程中先确定物种的濒危等级,从而确定其优先保护权。GCAP 培训班参加者尽量给出物种的数量,在许多情形下,不知道种群的确切数量,或者仅仅知道种群部分分布区内的数量时,需要对种群数量进行估计,从几个估计值中取最小的一个,这种估计值是精确到数量级的经验估计。

GCAP 研讨班根据国际物种信息系统和 ISIS 国际动物园年报,有选择的区域考察及信息库、物种存活委员会行动计划制定 GCAR 报告,给出物种名称,估计野生种群数量、濒危等级及人工繁育迁地保护建议;并且设定全球的迁地保护种数数量,研讨班也制订各区域的迁地保护行动,避免重复的指导意见;根据各区域的迁地保护种群大小及养殖经验,列出各区域优先保护物种名单,这些报告经过 GCAR 管理人员和专家评议、修改后,发到有关地区,再进行区域性评审,GCAR 根据保护需要和新的信息为地区的保护提供了指导意见。目前,针对某一特定物种的保护,世界的动物园和水族馆已经制订了 200 多个计划,有 10 个以上物种的全球动物存活计划正在制订(蒋志刚等,1997)。

思考题

1. 简要说明物种保护的主要途径及其不同途径之间的区别。
2. 阐述迁地保护与就地保护的区别。
3. 论述迁地保护的意义及实施原则。
4. 论述迁地保护的理论基础。
5. 简要说明为什么要保持物种遗传多样性？迁地种群管理的主要原则是什么？
6. 简要评价我国植物园、动物园在保护濒危物种中所起的作用和存在的问题。

推荐参考书

蒋志刚，马克平，韩兴国.1997.保护生物学.杭州：浙江科学技术出版社.

Richard P，季维智.2000.保护生物学基础.北京：中国林业出版社.

谢国文，颜亨梅，张文辉，等.2001.生物多样性保护与利用.长沙：湖南科技出版社.

宋延龄，杨亲二，黄水青.1998.物种多样性研究与保护.杭州：浙江科学技术出版社.

张文辉，周建云，何景峰，等.2014.栓皮栎种群生态与森林定向培育研究，中国林业出版社.

Soule M E. 1987. Where do we go from here? *In*: Soule M E. Viable Population for Conservation. Cambridge: Cambridge University Press.

Goodman D. 1987. The demography of chance extinction. *In*: Soule M E. Viable Population for Conservation. Cambridge: Cambridge University Press.

Conway W G. 1988. Can technology aid species preservation? *In*: Wilson E O, Peter F M. Biodiversity. Washington, DC.: National Academy press.

第 9 章 生物入侵

提 要

外来入侵物种正在世界范围内破坏着生态系统的结构和功能，它的危害不仅表现为巨大的经济损失，而且威胁到人类的健康和可持续的生存与发展。生物入侵已成为导致原生物种衰竭、生物多样性减少的重要原因；什么是生物入侵、生物入侵产生的途径、物种入侵的生态过程、生物入侵的危害及如何防止生物入侵。本章重点就上述问题进行了阐述。

由于科学技术的进步，人类改造自然的能力得到了很大的提高，与此而来的环境问题，如环境污染、水土流失、气候变化也日益加剧；同时，随着全球经济一体化步伐的加快，国内外贸易往来越来越频繁，生物传播、入侵、扩散的种类、数量和概率也不断增加。生物入侵已成为当今世界范围的生态学现象，它不仅会带来巨大的经济损失，而且对特定的生态系统的结构功能和生态过程产生重要的影响，对生物多样性造成破坏，其严重程度仅次于生物生存环境的缩小和丧失。

2001 年，新世纪第一个国际生物多样性日的主题是"生物多样性与外来入侵物种管理"，这表明人类开始广泛关注外来入侵物种及其对生物物种多样性的影响。外来入侵物种的影响是十分广泛的，受入侵物种影响的国家和地区将付出巨大的生态和经济代价。我国是世界生物多样性最丰富的国家之一，保护好生物多样性不仅对中国经济的持续发展具有重要意义，而且对于促进全球的环境保护和人类社会进步也会产生深远影响。

9.1 什么是生物入侵

9.1.1 生物入侵的概念

生物入侵(biological invasion)，是指某种生物从原来的分布区域扩展到一个新的地区，在新的区域里，其后代可以繁殖、扩散并维持下去(Elton，1958)。

生物入侵是由外来物种引起的，外来种(exotic species)是指那些出现在其过去或现在的自然分布区范围及扩散潜力以外的物种、亚种或以下的分类单元，包括其所有可能存活继而繁殖的部分。

生态入侵种是指因为人类的活动有意或无意地将产于外地的生物引到本地的生物种，由于入侵种具有超强的繁殖能力和适应能力，种群蔓延超出人为可控制的生态系统范围，对当地生态系统造成危害，导致生物多样性减少，对农林牧渔业产生巨大危害与经济损失的物种。《全球生物多样性展望》(2014)认为生物入侵是导致生物多样性丧失的第二大因素。

由于生态入侵种危害越来越严重，受到国际社会和科学界的高度重视。外来生物入侵的生态代价是造成本地物种多样性不可弥补的消失及种的灭绝，构成对生物多样性保护与持续利用及人类生存环境的重要威胁因素，其经济代价是农林牧渔业产量与质量的惨重损失与高额的防治费用(万方浩等，2002)。因此，1992 年在里约热内卢签署的联合国《生物多样性公约》(CBD)第 8 条，号召签约国"要防止引种、控制和消除那些对生态系统、栖息地或物种产生威胁的外来种"。

地球上的任何一个物种都是经过自然选择后保留下来的，它们是自然生态系统的有机组成成分。自然界的物种都有其特定的分布区域，在生态系统的长期演化过程中，该区域内物种与环境、物种与物种间建立了相互联系、相互促进和相互制约的复杂关系，形成了比较稳定的生态平衡系统。在原产地，各种限制因子如捕食性或寄生性天敌、物种之间的竞争等防止了种群的恶性膨胀，使每个种群的密度控制在一定数量之下。然而，某些物种在越过其自然分布区进入新的环境后，由于没有了原产地竞争者的威胁，特别是原产地天敌的抑制作用，其种群密度就可能迅速增加，甚至迫使乡土物种逐渐绝灭。有许多例子显示，由于外来物种的引入，会造成本地种的丧失，造成群落结构和功能上的改变，甚至是生态系统自然结构的改变(Mooney and Drake，1986；Drake et al.，1989；Simberloff et al.，1997)。例如，第二次世界大战期间，棕树蛇随一艘军用货船落户日本的关岛，这种树栖性的蛇专门捕食鸟类，并经常偷袭鸟巢，吞食鸟蛋。第二次世界大战至今，关岛本地的 11 种鸟类已有 9 种被棕树蛇赶尽杀绝，仅存的两种鸟也濒临绝灭。

但是，并不是所有的外来物种都会引起灾难。外来物种的引入通常会产生两方面的效应：一方面是有益的正效应，一个有利物种的引进会丰富本地生物的多样性，即基因、物种、生态三方面的多样性，同时给当地带来一定的经济效益并起到美学方面的作用。我国农作物如玉米、小麦、番茄、马铃薯，家畜中的猪、牛、羊等许多种类和品种都来自其他地区。小麦原产地在中亚和近东，胡萝卜、菠萝、大蒜原产于中亚，黄瓜、丝瓜、姜、葫芦原产于印度，韭菜原产于西伯利亚，芝麻原产于印度和非洲，花生、玉米、甘薯、马铃薯、凤梨、草莓、番木瓜、南瓜、辣椒、西红柿等原产于南美洲，西瓜原产于非洲，甜菜、莴苣原产于地中海。这些物种的引入为我国的农业和畜牧业的发展做出了巨大的贡献，并成为人类生活中的主要食物来源。林业、园林、园艺绿化过程中引入外来物种的例子就更多了，这类正常引种可以人为控制其繁衍和扩散，不仅不造成生物或生态学危害，相反，会给人类带来巨大的经济效益、生态效益和社会效益。世界上成功地引种和应用外来树种的例证不胜枚举，中国成功引种原产南美洲的橡胶树打破了美国 20 世纪 50 年代对我国的经济封锁，建立和发展了我国的橡胶工业。我国人工林的 1/4 是使用桉树、相思树、南方松和欧美杨营建的，在西北黄土高原和丘陵地区大面积栽培的北美刺槐，在华东与华南沿海地区构筑"绿色长城"的澳洲木麻黄，都是国家重点森林生态工程和环境建设中不可或缺的重要树种。新西兰大面积种植从美国引种的辐射松而实现了木材出口，拯救和保护了天然的温带雨林资源；巴西、南非成功引种澳大利亚桉树而使纸浆工业腾飞。英国仅有 35 种乡土树种，其中针叶树只有欧洲赤松和欧洲紫杉，然而，从英格兰到苏格兰，随处可见 450 多种引种于世界各地的外来树种，广植于街道庭园。澳大利亚首都堪培拉正是因为从北半球引种松柏和落叶阔叶树，与乡土树种桉树和相思相间配置，才得以成为世界著名的花园城市。美国加利福尼亚州 70%的树木、荷兰市场上 40%的花卉、德国的 1 000 多种植物都来自我国。可以想象一下：如果没有了这些外来生物，我们的生活会变成什么样子？

另一方面外来种也有有害的负面影响，外来种常以一种特殊而隐藏的生物污染形式表现出来。许多外来种常以不可预测的和不可逆转的后果繁殖并蔓延，一旦形成爆发种群，这些外来种就可能转化为生态入侵种，成为永久性的问题。它们能捕猎本地物种或与本地物种竞争空间和食物、破坏栖息地、破坏食物网、降低水质，并可传播疾病和寄生虫。生态入侵种可以从结构和功能两个方面改变当地的生态系统，从而导致经过千百年进化形成的当地相对稳定的生态系统遭到破坏。

9.1.2 生态入侵种的判断

对于生态入侵种的判断已经成为生态学与保护生物学的热点话题。一般情况下一个物种刚刚引进到一个新的地区，其适应能力、存活与繁殖能力是很难判断的，有些物种引进 30～40 年或以上了，人们对其生态功能也不能判定。例如，2004 年以来，我国学者对 1959 年从北美洲引进的火炬树(*Rhus typhina*)是否能在北京地区园林建设中应用出现了不同意见，一种观点认为，火炬树是一种外来入侵物种，一旦大量繁殖，去除困难，后患无穷。另一种观点认为，火炬树引种到中国的半个世纪以来，尚未见有任何逃逸人工生态系统而失去控制的案例发生，亦未见任何有关其入侵性的研究报道。如果用生物入侵的标准和指标来衡量，很显然，火炬树不是外来的生态入侵种，尽管它已经驯化。最近，联合国粮农组织通过对生物入侵的研究，报道了世界不同地区所记录的 443 种入侵性的木本植物中也没有火炬树。既然如此，难道火炬树不正是林学家和生态学家踏破铁鞋而寻觅，用以促进干旱、半干旱地区和土地退化地区的植被重建与恢复的优良树种吗？事实上，判断外来种是否为生态入侵种要综合各方面因素：其一，是否占据乡土物种的栖息地，从而改变自然生态系统的组成、结构和功能;其二,是否与亲缘相近的乡土物种或种群之间的基因交流和渗透产生遗传侵蚀;其三,是否对传统美学和文化观念产生影响。这些因素综合起来,才能判断外来的物种是否为生态入侵种,是否会对引种栽培区的生物多样性和社会经济与文化产生影响。如果只看到外来入侵物种的负面影响,有些人则会谈虎色变,似乎所有引入的外来种都具有入侵性,都是“凶多吉少”。这实际不仅影响了国家和地区间农林作物正常的引种,而且会影响国家的经济发展和生态建设。有些物种在这个国家造成危害,而在别的国家不一定就能形成危害。例如,木麻黄在夏威夷被列为有害的外来生态入侵种,可是在我国引种栽培长达一个世纪之久,一直不能自然更新,沿海木麻黄防护林带的更新仍然是尚未攻克的研究课题。与此类似,黑荆树是优质栲胶的原料树种,在南非是失去控制的“绿癌”,而在我国的生长一直不尽如人意。因此判断生态入侵种需要具体情况具体分析。

9.1.3 外来种入侵的途径

许多物种的地理分布范围被主要的环境和气候屏障所限而难以散布,北美洲的哺乳动物不能穿过太平洋到达夏威夷,生活于非洲湖泊里的淡水鱼类无法穿越陆地到达邻近的湖泊。海洋、沙漠、山脉和河流都限制了物种的移动。地理隔离导致世界上每个主要地区的进化方式都经历了不同的路线,演化出各自的生物区系(季维智,2004)。但是,人类通过在世界范围内传送物种从根本上改变了物种的分布格局,打破了自然界建立的相对稳定的生态系统。当今,地球上没有外来物种的地方已经很难找到了。一大批物种通过自然的方式或被人类有意或无意地引入并非其自然的分布区。这些物种主要通过下列途径进入新的领地。

(1) 生物入侵

这是一种物种的自然分布区域扩展的结果。任何一个物种都具有占据更大生存空间的能力,它们可以通过风力、水流甚至空气将自己的种子或繁殖体传播到以前从未到达过的地方。人类改变自然景观的活动和动物食物结构、迁徙路线的变化会对物种的自然扩散作用产生一定的影响。

(2) 人类活动无意间带入

在所有有人类活动的地方,都存在生物入侵;在人类改变了的环境中,物种会建立起新的传播途径。各种交通工具如远洋船舶、火车、飞机都已成为物种越过天然屏障,远距离传播的载体。随着国际贸易的增长,在进出口的货物和包装中,也能够混杂和夹带有害的外来物种。人类无意带入的通常是外来物种的小型或隐形的繁殖体,如动物的受精卵和植物的种子;与栽培或养殖物种形态相似的物种,如杂草的种子;与引进物种共生或寄生的物种,如栗树锈病、松材线虫(*Bursaphelenchus xylophilus*)等。

(3) 人为有意的引入

出于提高经济效益、观赏性和生物防治等目的,人们在世界范围内进行着广泛的物种交流,这些引入的新品种确实给人类的生活带来了一定的利益,但有的引种由于管理不善或事前缺乏相应的风险评估,后来变成了入侵种。例如,原产于亚马孙流域的福寿螺(*Ampullariia gigas*),1981 年引入到广东后,广为繁殖,后被释放到野外,在广东、福建等地造成了很大的损失。在我国目前已知的外来有害植物中,超过 50%的种类是人为引种的结果。人为有意引入后转化为入侵物种的主要类型有:① 作为牧草和饲料引进的喜旱莲子草(*Alternanther ahiloxeroides*)、凤眼莲(*Eichhornia crassipes*)等;② 作为观赏物种引进的荆豆(*Ulex europaeus*)、马缨丹(*Lantana camara*)等;③ 作为药用植物引进的垂序商陆(*Phytolacca americana*)等;④ 作为改善环境引进的互花米草(*Spartina alterniflora*)、地毯草(*Axonopus compressus*)等(徐汝梅,2003)。

从以上 3 种入侵途径可以看出,绝大部分的生物入侵是由于人类活动直接或间接造成的,因而生物入侵完全可以看成是人类造成的全球变化之一。

9.1.4 从外来种到入侵种的转化过程

外来物种首先通过侵入(introduction)到达某个新的生态系统。侵入是指生物离开原有的生态系统到达一个新环境,并不是所有进入这个新的生态系统的物种都能形成入侵。在引入地,由于环境因素和生物因素作用的结果,外来种的命运有两种:一种是外来种不能适应当地的环境,或受到本地种的排斥,不能自我维持一定的种群;另一种情况则是外来种能够适应新的环境,在当地建立了可自我维持的种群,这种情况称为定居(colonization)。定居是指生物到达入侵地后,经当地生态条件的驯化,能够生长、发育并进行了繁殖,至少完成了一个世代。定居成功的外来种如果只是停留在引入地,没有扩散到相邻的地区,当地的群落外貌通常不会有显著改观,生态系统的功能也保持相对的稳定,这时的外来种还不能称为入侵种。通常人们引种的目的也是希望能够利用引入种的直接、间接经济效益或生态环境效益,使之维持在非入侵种的地位上。一部分成功定居的外来物种经过几代的繁殖,此时虽然个体数量还不大,种群的增长速度也不快,但是每一代对新环境的适应能力都有所增强,我们称这个过程为外来种的适应(naturalization)。外来物种通过扩展过程导致生态和经济危害从而转变成入侵种。扩展(spread)是指入侵生物已适应了新的生态系统,种群数量急剧增加,具有合理的年龄结构和性比,并具有快速增长和不断向四周蔓延扩张的能力,当地又缺乏控制该物种种群数量的生态调节机制,使其形成生态“爆发”(高增祥等,2003;徐汝梅等,2003)。

外来种要想入侵成功,通常要经历侵入、定居、适应和扩展 4 个阶段。但并不是每一个外来物种都必须完成这 4 个阶段才能被称为入侵种,有些外来物种目前虽然停留在转化的某个阶段,但它的生物学特征和生态习性已经可以证明其具有明显的入侵特征,这个物种即可被确定为入侵种。

在外来种演变为入侵种的过程中有如下 3 个重要特征。

其一,外来种演变为入侵种的比例较小。在外来种向入侵种转化过程中,每一步都只有一小部分能够顺利进入到下一阶段,最后成功入侵的物种只占外来种的非常小的一部分,大部分外来种在到达引入地后,可能会在当地自然环境和生物因子的协同作用下很快消亡。事实上,外来种到达新的引入地后,其局部灭绝的概率是非常高的。即使有的外来种偶尔可以存活下来,在维持几个世代后也会因为各种生态或环境原因而退出引入地,真正能够得以定居的外来种只是其中很小的一部分。经历了引入地的各种严酷的“筛选”过程的定居种,也只有一小部分变成入侵种。

其二,由外来种演变成入侵种可能是一个相当长的过程。大多数外来物种要经历复杂的定居和适应过程才能完成入侵,在这个过程中,外来物种在不断的调节自身以适应新的环境要求。尽管有的物种从外来种到入侵种的过程相当短暂,但多数的外来种在种群数量骤增和扩散之前要经过数代甚至数十代的调整。

其三,人类的耕作和生产管理通常促进了外来种的居留。这种生产管理是指保护脆弱的小种群,使其免受诸如干旱、灌溉、严寒、寄生、被取食和竞争者作用等各种环境不利因素的影响。人类活动增加了外来种入侵的机会和频率,使外来种在引入地可以战胜各种环境灾害(高增祥等,2003)。

9.1.5 入侵种的生物学特点

什么样的物种更容易成为入侵种是目前生物入侵理论研究的一个重要领域。许多研究者对此进行了大量的研究,但至今仍未找到入侵种与非入侵种之间的绝对差异特征。研究显示,各种不同的生物类群,其有利于入侵的生物特征应有所不同,并且在生物入侵的不同阶段,其主导特征也是不同的。事实上,生物入侵是一个从侵入到定居、适应、而后扩散和爆发的复杂链式过程,入侵成功在很大程度上依赖于被传播物种的“机遇”。一个入侵种的成功不仅依赖于自身生物学特征,而且需要在一个恰当的时间、以一定数量和形式到达一个恰当的地点。

但是,外来物种的生物学特性对入侵中的各个环节都有着重要的影响。许多外来物种虽然可以形成自然种群,但多数种群数量都维持在较低的水平,并不会造成危害。能够造成生物灾害的外来入侵种具有一些共性,在成功入侵的物种中通常具有以下基本特点。

(1) 生态适应能力强

通常成功入侵的外来种具有对环境较强的适应能力,可以在多种生态系统中生存,其中许多物种可以跨越热带、亚热带和温带地区。与乡土种相比较,入侵种具有更强的生命力。它们有的可以在极端条件下生存,有的可以在营养环境不良的条件下生存,有的则可以以某种方式度过干旱、低温、污染等不利时期,一旦条件适合就开始大量滋生。人类干扰或自然灾害所形成的退化的生境为外来种的入侵提供了生态条件,较强的竞争能力使入侵种能够排挤掉乡土种。

(2) 繁殖能力强

外来物种的繁殖特征对其能否在新的栖息地建立种群具有很大的作用,通常入侵种都有很强的繁殖能力,能够产生大量的后代或繁殖世代周期较短,特别是具有很强的无性繁殖能力,可以通过根、茎、芽或孢子等大量繁殖。

(3) 传播能力强

入侵种能够大量迅速传播,使其有更多的机会找到适宜的栖息环境。有的种子非常小,可以随风和流水传播到很远的地方;有的种子可以通过鸟类或其他动物远距离传播;有的物种与人类的生活和工作关系紧密,很容易通过人类活动被无意传播;也有的物种因外观美丽或具有经济价值,而常常被人类有意地传播(徐汝梅等,2003)。

9.1.6 被入侵生态系统的特点

被入侵的环境对外来种能否完成入侵过程具有较大的影响。不同地域的地理环境和生态条件对外来种的制约作用是非常明显的,例如,生长在热带地区的物种即使人工引入寒带地区,它也不可能在自然状态下生长;陆生植物的种子如果落入水环境中,它是不可能完成侵入过程的。外来物种在新的生态系统中,如果温度、光照、海拔、土壤、营养等环境条件适宜,就会完成定居过程。地球上几乎所有的生态系统都有不同程度的外来物种的入侵,但其中一些生态系统更容易遭到入侵。和外来入侵种一样,这些易遭到入侵的生态系统也具有一些共同特点:

(1) 具有足够的可利用资源

外来入侵种必须有足够的可利用资源才能成功入侵。在经常受到人类干扰或已经退化的生态环境中外来入侵种比较容易扩张,因为在退化的生态系统中,物种单一,一些资源被过度利用,而另一些则没有被充分利用。外来种正是借助这些没有被充分利用的资源而得到发展。在一个稳定的生态系统中,空间、光照和水分等资源都已经被充分利用,没有闲置生态位,外来种必须形成相当规模的种群后,才可能与本地物种竞争。

有的生态系统虽然已经有利用其系统资源的乡土物种存在,但是入侵种在自身构造和生理等特征与资源利用方面,比这些乡土种有更多的优势,因而能够逐渐强占这些资源,排挤乡土种。

(2) 缺乏自然控制机制

繁殖能力强的物种,在其原来的生态系统中必然有天敌生物,或以其为食,或寄生,或能够与其竞争,或能够分泌物质抑制其生长,从而控制其种群数量。许多外来种以种子、孢子、卵或其他形式的休眠体到达新地点后,其原产地竞争者、捕食者和寄生者等却并没有随之到达。在引入地区,生态系统中失去了这种自然控制机制,外来种就有可能肆无忌惮地繁殖而引起种群爆发。在岛屿或隔离地区被入侵的可能性比较高,就是因为这些地区常常缺乏这些控制机制。

(3) 人类进入的频率高

人类进入生态系统的频率与外来种入侵的机会存在相关性。这些原有的生态系统本身不一定具有很高的被入侵的可能,但是由于人类频繁出入,容易带入外来种。同时人类的频繁活动常常使生态系统受到干扰,这些干扰也容易给物种入侵创造机会(李振宇等,2002)。

根据外来种的入侵的过程及入侵种和生态系统的特点,我们可以看出,在吞吐量较大的重要的港口、口岸附近,交通运输的主要铁路、公路两侧具有更大的外来种侵入可能;人为干扰严重的森林、草场,给外来种的入侵创造了良好的条件;生物多样性较低、生境较为简单的岛屿、水域、牧场环境中的物种多样性低,自然抑制弱、天敌种类少,使外来种容易生存,并容易形成种群扩散;受突发性的自然干扰,如火灾、洪水和干旱等破坏后的生态环境可以为外来种的侵入提供有利的生存空间。另外,优越的地理气候条件,温暖湿润的环境为外来种的大爆发提供了良好的条件。

9.2 生物入侵与生态平衡

人类对环境的干扰和外来种的入侵都会破坏生态系统的稳定性,但是这两者之间有着本质上的区别。与人类活动对生态环境的破坏不同,入侵种对生态系统的破坏和威胁更具有长期性和持久性。当人类意识到自己的错误行为,停止对某一地区环境的破坏后,该地区的生态系统会逐渐得到恢复。例如,皆伐迹地上森林生态系统、过牧草场的自然恢复等。而当人们认识到入侵种的危害后,只能限制以后的外来种进入本地区,已经传入并形成入侵的物种并不会自动消失,甚至将继续大肆繁殖和扩散,这时要控制或清除入侵种往往十分困难。由于入侵种的排斥和竞争导致灭绝的乡土种则是不可恢复的。

达尔文在《物种起源》一书中提到一次调查草原植物生物学特性的实验，实验显示了实验区内草原植物的多样性越丰富，植物产出物质越多。生物多样性是自然界长期以来形成的一个生物网络，保持着生物群落之间的平衡，以适应一定区域的自然生态条件。可见，生物多样性与生态环境有着密切的关系，它对生态环境的形成、保持起着重要的作用，是生态环境平衡的一个重要标志。然而，生物入侵极易打破这种天然的生物物种平衡，从而导致生态环境的破坏，因为“在一个完善和谐的生物系统中，原本有各种各样的生物依靠食物链相互依存。由于入侵地不存在相似入侵物种或捕食、寄生性天敌、竞争者等生物和非生物的制约因素，如无捕食和寄生性天敌等，导致入侵物种处于良好的生长环境，大量繁殖、扩张而形成优势物种，与其他物种争夺食物、日照、水中溶氧及生存空间等，对本地物种的生存造成严重威胁”。也就是说，入侵的生物物种由于缺失了自己的天敌而爆发，侵占了原生态系统中的大片领域，威胁到其他物种生存或使其他物种逐渐灭绝。生态系统中的食物链一旦被打破，生物的多样性也就被破坏了。物种的丧失，使那些与人类活动密切相关的、宝贵的遗传资源也逐渐减少。200 年前，达尔文对生物入侵带来生态失衡的忧虑现实地预示了我们今天的生态悲剧，达尔文的思考对我们今天的生态问题有深刻的现实启迪意义。

9.2.1 外来种对乡土种的影响

在自然生态系统的长期演化过程中，每一个地区都有着自己的物种组成结构，分享着该地区提供的自然资源，形成了相对稳定的生态平衡系统。外来种对生态系统的影响主要反映在外来种的介入破坏了原有系统的平衡，对乡土种构成了威胁。

外来种进入生态系统后首先是要实现自己的基础生态位，只有这样才能立足于这个生态系统。生态位(niche)是用来描述对栖息地再划分的空间单位，它是指在生态系统或群落中，一个种与其他种相关联的特定时间位置、空间位置和功能地位。生态位也可以看成多维空间的超体积或资源利用函数。在生物群落中，能够被生物利用的最大资源空间称为该生物的基础生态位。在引入地，由于存在着竞争，很少物种能够全部占领基础生态位(徐汝梅等，2003；戈峰，2004)。如果外来种具有与乡土种不同的生态特征，如较强的耐阴、耐贫瘠、耐干旱、耐污染等特性，就能使其在一些环境中占据乡土种不能利用的侵入地的“空缺生态位”，从而完成其入侵过程。如果外来种的生态特征与乡土种相似，它只有通过竞争的方式，占据乡土种现有的生态位来完成入侵过程。研究发现，成功的入侵种在新栖息地的环境条件下竞争能力往往强于处于相似生态位的乡土种，它可以通过对食物、水分和光照等资源的竞争优势，排挤乡土种，替代乡土种现有的生态位而获得成功。另外，外来种还可能直接扼杀乡土种，减少入侵地物种的种类和数量，甚至导致物种濒危或灭绝。因而对入侵种威胁当地生物多样性的问题应保持足够的警惕性。

9.2.2 外来入侵种的化感作用

植物的化感作用(allelopathy)是指植物通过释放化学物质到环境中去而产生的对其他植物直接或间接的有益或有害的作用。化感作用广泛存在于高等植物之间，它在优势种形成、群落演替、植被恢复及农林业生产中有着重要的作用。植物产生化感作用的物质被称为化感物质，它们大多数是植物的次生代谢物，不参与有机体的主要代谢过程，主要通过 4 种途径进入环境：① 植物向环境中释放挥发性物质；② 雨雾淋溶；③ 植物分泌化感物质；④ 植物残株或者凋落物分解。植物的各种组织和器官如根、茎、叶和种子都能向环境中释放化感物质，甚至残株和凋落物腐烂分解过程也会向环境释放化感物质。化感物质的基本作用是抑制植物种子发芽和生长，但化感物质也可促进或刺激一些植物的发芽和生长。通常化感物质对邻近和后来植物的影响具有长期性，而且植物在逆境中化感作用显著增强(徐汝梅等，2003)。

很多植物都会向环境中释放化感物质来影响周围的植物，千万年的生态系统演化过程形成了不同区域的特殊植被类型和物种组合。乡土种在这个环境中不仅选择了自己的生境条件，也选择了与其共生的物种。在化感物质的作用下，这些相邻物种彼此制约，共同维持着生态系统中各个种群的规模的相对稳定。外来种的入侵，打破了原有生态系统中的化感物质的平衡关系，使生态系统中物种的稳定性遭到破坏。

决定一个外来种能否成功入侵一个生态系统的因素有很多，其中外来种在其入侵过程中向环境中释放的化学物质是决定它能否入侵成功的一个重要因素(徐汝梅等，2003)。入侵种与乡土种之间往往存在着复杂的化感作用关系，在很多外来种入侵过程中都伴随着强烈的化感作用。入侵种通过不断地向被入侵环境中释放化感物质，抑制邻近植物的生长，使自身获得更多的阳光、营养、水分和生存空间，结果导致入侵种成为该生态系统中的单一优势种。入侵种通过化感作用排挤乡土种，减少了当地的生物多样性，对生态系统造成很大的威胁。

9.2.3 外来种对乡土种的遗传影响

入侵种对生态系统另一个更隐性的影响是污染当地的遗传多样性。外来物种的入侵可导致生境片段化(habitat fragmentation)，使大而连续的生境变成空间上相对隔离的小生境，残存的次生植被常被入侵种分割、包围和渗透，使乡土种群进一步破碎化，当种群被分割成不同数目的小种群后，会造成一些植被的近亲繁殖和遗传漂变，种群的杂合度和等位基因多样性因此而迅速降低，引起遗传多样性的丧失。因此，生境片段化将增加种群的自交率，长期维持这种状况，种群的繁育系统将有两种不同的后果：一种是物种进化出适应近交的机制，最终可能导致自交的产生；另一种是因种群近交，可能会存在较严重的近交衰退，导致种群的适合度降低，使该残留的小种群局部灭绝(郭传友等，2003)。有些入侵种可与同属植物杂交，甚至不同属的种杂交。入侵种与乡土种的基因交流可能导致乡土种的遗传侵蚀。在植被恢复中将外来种与近缘乡土种混植，如在华北和东北乡土种落叶松(*Larix*)产区种植日本落叶松(*L. kaempferi*)，在海南本地的海桑属(*Sonneratia*)产区混植从孟加拉国引进的无瓣海桑(*S. apetala*)，都存在入侵种与本地种的基因交流所导致的本地种遗传侵蚀的问题，因为这些属已有些中间杂交的报道(李振宇等，2002)。入侵种具有较强的适应能力，与其自身在不同生境中的遗传分化水平有关。研究表明，豚草(*Ambrosia artemidiifolia*)种群内存在丰富的遗传变异，通过对东北地区 7 个种群 210 个个体的等位酶分析，其多态位点百分率 $P=81.32\%$，等位基因平均数 $A=1.816$，期望杂合度 $He=0.377$，种群间遗传分化系数 $G_{ST}=0.073$，高于植物种群遗传变异的平均值 0.068(沙伟等，2001)。外来种通过竞争性排斥(competitive exclusion)、生态位替代(nichedisplacement)、杂交(hybridization)、基因渗入(introgression)及捕食(predation)，改变着本土种的进化路径，而其本身在与本土种和新的非生物环境相互作用过程中得以进化。外来种的入侵、扩散和基因流动，与本地种长期共处，协同进化，导致生物同源化(biotichomologization)和物种均匀化(species homogenization)(Mooney et al.，2001；Mosseler et al.，1995)。

除此之外，随同外来种入侵的病原生物会改变当地自然生态系统的选择压力，导致乡土种进化或习性的改变。为控制入侵种而引入的入侵种的天敌也可能对乡土种产生影响。这些因素都可以直接或间接的影响当地生态系统的稳定，干扰了生态系统的自然演化方向。

入侵种通过竞争或占据本地物种生态位，或与当地种竞争食物，或直接扼杀乡土种，或分泌释放化学物质，抑制其他物种生长。由于直接减少了当地物种种类和数量，形成单优群落，间接地使依赖于这些物种生存的当地物种种类和数量减少，最后导致生态系统单一和退化，改变或破坏了当地的自然景观。有的入侵种，特别是藤本植物，可以完全破坏发育良好、层次丰富的森林。禾草或灌木入侵种占据空间后，其他乔木无法生长。许多入侵种破坏了植被，使其变成层次单一的低矮植被类型。这些植物群落的改变相应地引起生态过程的改变，这包括正常的火循环周期被改变，增加火灾发生的频率，增加水资源的消耗，加重土壤的贫瘠化等(李振宇等，2002)。

9.2.4 生物入侵对生态平衡的影响

生物入侵的影响是巨大的，而且随着交通的发达和人类交际的频繁，生物入侵在不知不觉中加剧着。我们知道地球上海洋、山脉、河流和沙漠等自然屏障所造成的隔离、使各地形成不同的物种分布区系。但是，随着国际贸易和旅游事业的发展，伴随着外来种有意无意地引入和传播，自然屏障对物种传播的隔离作用越来越弱。目前，生物入侵的种类几乎包括所有的生物类群。它们的入侵已影响到每一个生态系统和各地的生物区系，使成百上千的本地物种陷入灭绝境地。生物入侵正成为威胁各地生物多样性的重要因素之一。

随着科学技术的进步，人类具有在更大的范围内改造环境的能力。环境污染和栖息地破坏为外来入侵种的传播提供了空间条件，全球气候变化使许多物种改变了原来的自然分布区域。强调自由贸易的经济全球化和旅游业的发展正在为外来种长距离的迁移到新的已遭破坏的生境中，并成为其适宜的栖息地，最终成为入侵种创造了有利的条件。

生物入侵无论在生态还是经济方面对全球都有巨大的影响，生物入侵的生态代价是造成本地物种多样性的改变和生态系统稳定性消失。外来入侵种的威胁无处不在，但总的来说，这个威胁对岛屿的影响特别严重，尤其是小岛国。而在其他隔离的生境和生态系统，如南极洲，也出现同样的威胁。因为数百万年来，岛屿的自然隔离状态，有利于独特物种和生态系统的进化。所以，岛屿和其他的隔离地区（如山脉和湖泊）通常有很大比例的特有种（即在其他地方找不到的物种），而且也是重要的生物多样性中心。与隔离状态密切相关的进化过程，同时意味着岛屿物种在面对来自其他地区的竞争者、猎食者、病毒和寄生虫时，特别容易受到破坏。轮船压舱水携带的入侵者会破坏海洋和淡水生态系统，旅游者会有意无意地把外来种引入自然保护区。在入侵物种的侵入过程中，本地物种的组成和群落的结构发生改变，生态系统的功能和演替方向也会受到干扰，随之出现的是系统稳定性的降低。

生物入侵的经济代价是耕地杂草滋生，降低作物产量，水域入侵者损害渔业的收入。随入侵物种所带入的病原微生物会使作物、畜禽、林木感染自身无法抵御的疾病，降低作物产量，损害栽培和饲养物种的发展使每年全球的经济损失高达几十亿美元。生物入侵成为生物多样性保护与持续利用的重要威胁因素，并影响生态系统的健康发展。

因此，为了保护生物的多样性，我们既不要随意灭绝原有的生物，也不要盲目引进外来物种。盲目地破坏经过长期自然选择和相互作用后形成的生态平衡会产生人们无法预料的后果，因为一个物种无论是灭绝还是过量繁殖，都会危及与他相关的几十个物种的生存，进而造成生态平衡的破坏。与此同时还要加强各种检疫手段，严防外来物种入侵。

9.3 如何防止生物入侵

生物入侵对本地区生物多样性的影响，是一个非常复杂的问题。学术界对一个外来物种是否能够构成入侵的判断标准也存在着争议。因此，只有客观地从生物安全和经济发展的高度进行全面分析、评价其风险、代价和得益之间的关系，才能做出对外来物种是否继续保留、根除或控制的决策。

9.3.1 弄清入侵种的实质

2000 年 2 月，世界自然保护联盟（IUCN）理事会第 51 次会议通过了“防止外来入侵种导致生物多样性丧失的指南”。该指南在确认外来生物入侵问题的 4 个实质关注事项是：① 增加了解和认识；② 加强管理反应；③ 提供适当的法律与体制；④ 增加知识和加强研究。为此，首先，我们要在生物学和自然保护领域上把生物入侵作为一个重点项目来开展研究：根据广泛的信息资料和总结实践的经验教训，弄清入侵种的实质，做出正确的决策。其次，要从正反两方面的事例开展宣传教育，使有关部门和广大公众对利害关系有全面的了解和认识，防止或减少无意引入和传播的危险；同时，要加强检疫人员的培训，使其了解自己工作的重要意义，并掌握现代先进的技术，防止漏网过关，不让旅行者违反规定携带带病物种进入。

9.3.2 生物入侵的防止

外来种一旦形成入侵的态势，其后果是严重而不详的。所以，有效地阻击外来种是防止生物入侵的主要途径。为此，“防止外来入侵种导致生物多样性丧失的指南”列出了 12 条防止外来种入侵的指导原则。

1）防止外来入侵种的引入，是最廉价、最有效和最可取的方法，并且应该优先使用。

2）即使在科学方面尚未肯定潜在的外来入侵的长远后果，也应该迅速采取行动，预防潜在的外来入侵种的引进。

3）在采取行动，特别是预防措施时，必须把脆弱的生态系统列为优先处理对象，尤其当重要的生物多样性价值正面临威胁时。脆弱的生态系统包括：岛屿和其他隔离的生态系统，如湖泊和其他淡水生态系统、云雾林、沿岸生境和山地生态系统。

4）由于许多外来物种对生物多样性造成的影响都是无法估计的，所以任何有意引种及确定和防止无意引种的工作，都必须基于预防原则进行。

5）在考虑外来物种的问题时，除非有足够的理由认为此项引种是无害的，否则都应该被视为可能有害。

6）外来入侵种作为“生物污染”的媒介，会对发展和生活素质造成负面影响，因此，对外来入侵种引入的调控反应，部分应为“污染者自负”的原则，而“污染”是指对本地生物多样性的损害。

7）生物安全保障威胁是建立和执行全面的法律与制度框架的合理依据。

8）必须把无意引种的风险减至最低。

9）有意引种只能在获得有关组织和权威机构的授权后进行。授权过程必须基于生物多样性的考虑（生态系统、物种、基因组），进行全面评估；同时必须防止未经授权的引种。

10）只有当对环境的正面影响超过实际和潜在的负面影响时，才能允许有意引入某个外来物种。当应用在隔离的生境和生态系统，如岛屿、淡水系统或特有种分布中心时，这个原则尤其重要。

11）假如其他地方的经验显示，引入某个外来物种可能造成生物多样性的绝灭或重大损失，则不该允许有意引入该物种。

12）只有在没有任何本地物种能够达到引种所要达到的目的时，才可以考虑引入外来物种。

有的生物入侵是有意引入造成的，有的却是无意引入相传播发展起来的。前者主要由于利益的驱使，没有想到或不顾其后果，或者是经过深思熟虑认为利大于弊所做出的决定，农、林、牧、副、渔各业都有类似的例子；后者是在不知不觉或不关心的情况下造成的，国际贸易和旅游是最主要的两种途径，每艘轮船、每架飞机、每辆卡车都可能是潜在的携带者，农业、林业、园艺、养殖、渔业、建设项目、宠物、娱乐物种等的交流是难以确定和防止的。防止外来种的引入，是最方便、廉价的方法，应作为优先选择的措施。因此，即使一些可能有潜在影响的外来种，尚未经过科学研究证实，是不能让其轻易进入的，如要引入也应有预防的措施。外来种的有意引入只有在证实引入确有必要，得益超过其实际和潜在的不利影响，而且在本地种缺乏这样的作用情况下才能被允许，特别是向一些孤立的栖息地和生态系统引入时，如岛屿、湖泊和一些特有现象中心等。要从国家生物安全的角度加强边界检疫和控制，依法拦截和阻止已知的或可能对本地生物多样性有不利影响的外来种的引入。万一出现无意的引入，应立即采取迅速有效的行动来根除或控制。轮船压舱水的排出已经导致许多有害的水生生物，包括病菌和病毒引入海洋和淡水生态系统，是急需解决的问题。大的工程项目，例如，跨越生物地理区的运河、隧道、道路，可能导致原来隔离的生物区系混在一起，并威胁本地生物多样性的安全。对这样一些项目的环境影响评价必需特别注意生物入侵这一因素。

9.3.3 入侵生物的清除和控制

当发现一个潜在或确实的外来入侵种时，也就是说，当防止措施失败之后，应该采取清除、抑制和控制等步骤，以降低负面影响。清除的目的，在于彻底移除外来入侵种。控制的目的，则在于长期降低外来入侵种的数量或密度。抑制是其中一项特殊的控制措施，目的在于限制外来入侵种的扩散，并且把其活动范围遏止于指定的地理疆域之内。

1. 入侵生物的清除

清除入侵种的方法很多，诸如机械防治、生物防治、化学防治或综合防治等方法都可利用。但要根据入侵物种的生物学特征和环境特点选择经济有效、对环境和其他物种不产生危害或危害较少的方法来清除外来种。对入侵种的清除行动如下所述。

1）在可行的情况下推广清除措施，作为当预防失败后，处理外来入侵种的最好的管理方法。在经济方面，它比持续控制更符合成本效益，而且也更有利于环境。技术改良为清除措施提供了更有利的条件，尤其在岛屿上。但在海洋环境中，清除是比较困难的。

2）一旦发现潜在的外来入侵种，要迅速调动和使用足够的资源和专业知识进行清除。拖延会明显降低成功的机会。可以利用土著知识和公众意识来侦测新的外来入侵种。一个国家的反应，根据不同的情况，可以局限在国内，也可能需要与其他国家合作。

3）在新的外来入侵种开始出现，但仍未完全建立种群的时候，把它就地清除，是应优先使用的方法。

4）确保清除措施尽可能针对性强，以不对非目标的本地物种造成长远影响为目的。清除措施附带造成非目标物种的损失，是无可避免的代价，因此应该权衡清除措施对本地物种的长远影响。

5）确保清除措施不会导致毒素残留在环境中的情况出现。不过，在短期和集中的清除行动中使用长期控制所不能接受的毒素是合理的。在这些情况下，需要认真评估使用毒素的代价和利益。

6）确保用以清除动物的方法，尽可能合乎道德和人道，但是，也应该与永久清除相关的外来入侵种的目标保持一致。

7）有关团体也许会基于道德或自身利益等理由，反对施行清除。因此进行全面的咨询和获得公众的支持，是所有清除方案的必不可少的部分。

8）在拥有丰富的特殊生物多样性或受威胁的特有种的岛屿和其他隔离区域，应该优先考虑清除外来入侵种。

9）在相关的情况下，在拥有重要本地物种的岛屿或其他隔离区域，清除主要的外来哺乳类捕猎者（如鼠、猫、鼬、狗），可为生物多样性带来明显益处。同样的，将主要的野生和外来哺乳类食草动物（如兔子、绵羊、山羊、猪）视为清除目标，将有利于受威胁的本地植物和动物物种。

10）适当时候应寻求专业意见。涉及数个物种的清除问题，通常较为复杂，如决定物种清除的先后次序。

正如在《世界自然保护联盟物种重引入指南》中所建议的那样，多学科参与的方法是最好的。

2. 入侵生物的控制

如果采用清除方法对一些被入侵生境或入侵物种的时机不适宜，则应采用控制的方法，以抑制入侵种群的发展，减轻其所引起的损害。与清除不同，控制是一个具有不同目的和目标不断改进的活动。尽管控制入侵种的方法很多，但是这些方法都应该有两个共同的因素：其一，预期达到的效果是有利于本地物种，要有一个明确的目的而且被广泛接受。其二，需要有管理和政策支持，获得长期的资金投入以取得成果。重点选择失误和半途而废的控制行动会浪费可以更好地用于其他地方的资金。

入侵的环境是多种多样的，所以入侵生物的控制方法也是多种多样的。所选择的方法应该为社会、文化和道德所接受，要有效、无污染，不能给本地动植物、人类健康和福利、家畜或农作物带来负面影响的方法。要达到这些所有的标准是很困难的，不过可以把它们视为适当的目标，需要权衡控制入侵种的开支、利益和希望达到的效果。相比物理或化学方法，生物控制方法有时候会是更为理想的选择，但是需要在引种前进行严格筛选，引种后进行监测。物理清除是可以有效清理外来入侵植物的方法。化学品需要尽可能地有针对性，不会残留，不会在食物链中累积。不应使用会残留的有机污染物，包括有机氯复合物。控制动物的方法应该在符合控制目的的情况下，尽可能人道。

在采取控制行动方面，“防止外来入侵种导致生物多样性丧失的指南”建议如下。

1）依据所想要的效果，确定处理外来入侵种问题的优先次序。这包括：确定本地生物多样性价值最高和受外来入侵种威胁最严重的地区。这项分析应该考虑到控制技术的发展，而且应时常进行总结和修订。

2）制定正式的控制策略，其中包括确定主要的目标物种、控制区域、使用方法和时间选择，并取得共识。策略可以在全国或部分地区应用，而且应该遵循适当的权威，如“生物多样性公约”第六条（“保护和可持续利用的一般措施”）的要求。这些策略应该向公众开放，让公众提供意见，而且应时常进行总结和修订。

3）只有在不能采取清除措施，且外来入侵种的分布范围有局限，可以把它限制在一个指定范围内的时候，才应该把防止继续蔓延视为一项适当策略。在封锁范围外进行定期监控是必需的，并且要迅速采取行动以清除其任何新的爆发。

4）评估是采取单独一个行动（单行动控制）还是一系列连锁行动（多行动控制）更能长远降低外来入侵种的数量。采用单行动控制的最好例子是成功引入生物防治媒介，这是“经典”的生物控制方案，但任何这一类有意引进，都应该受到适当的控制和监测。隔离围栏在某些环境中可以是一种有效的单行动控制方法。多行动控制的一个例子，就是同时结合使用生物防治媒介和多种物理、化学方法的综合害虫管理。

5）增加科技人员与管理机构之间的信息交流，这种交流既包括有关外来入侵种的信息，也包括其控制方法。由于技术不断改进，把这些资料传递给管理机构使用是十分重要的。

控制措施所要改善的物种、生境、生态系统或景观所做出的反应是衡量控制是否成功的标准。重要的是应集中测定和降低外来入侵种所造成的损害，而非单单集中于降低外来入侵种的数量。害虫的数量和它们所造成的影响之间的关系常常很复杂。所以，外来入侵种的密度降低，并不一定表示受威胁的本地物种、生境或生态系统的健康得到改善。要确定和适当地监测合适的成功指标,也许是相当困难的。但是,假如要达到防止生物多样性丧失这一主要目标,这是必须要做的。

生物入侵的预防、清除和控制是一项长期的艰巨任务,需要全社会坚持不懈的共同努力才能实现。只有主管部门、利益团体和广大公众对生物入侵问题有一个统一的认识,预防措施、清除和控制行动才有成功的希望。因此,开展生态安全教育,提高全民防范意识是阻击生物入侵的前提条件。要做好潜在入侵物种的风险分析,特别要重视其对中国生态环境和生物多样性的影响,建立和完善外来物种的风险评估制度;进一步加强和完善外来入侵物种的调查和环境影响监测,完善外来入侵物种的检验检疫方法和手段,这是阻击生物入侵的有力保证。政府、经营者、旅游者、边防检疫人员和社区居民要有良好的沟通渠道,在学校的教育活动中,应适当包含生物入侵的相关内容。此外,加强与防治外来物种入侵有关的科学研究,进一步加强跨部门协调机制,加强信息交流、加强国际合作也是十分必要的。

9.4 中国外来入侵种

外来物种入侵已成为全球性环境问题,这一问题在中国日益突出。中国幅员辽阔,气候、地貌复杂多样,生态系统类型多,具有丰富的生物种类及其生长发育的自然条件。中国从北到南 5 500 km,从东到西 5 200 km,跨越 50 个纬度,5 个气候带:寒温带、温带、暖温带、亚热带和热带。多样的生态系统使来自世界各地的大多数外来种都有可能在中国找到合适的栖息地。目前,由于自然生境的破坏和生态系统的退化,我国抵御外来种入侵的自然能力逐渐减弱,很容易遭受入侵物种的侵害。国家环境保护部公布的第一批已形成严重危害的外来入侵物种,分别是紫茎泽兰、薇甘菊、空心莲子草、豚草、毒麦、互花米草、飞机草、凤眼莲、蔗扁蛾、湿地松粉蚧、强大小蠹、美国白蛾、非洲大蜗牛、福寿螺、牛蛙等。据估计,仅这些有害外来生物就使我国农业林业生产每年损失 574 亿元。

随着我国加入 WTO,世界贸易的增长和旅游业的快速发展,物种有意或无意引入的机会也大大增加。外来入侵种在我国引起的生态问题和生物多样性丧失十分严重,已经造成乡土种减少甚至灭绝,导致生态系统功能丧失,同时给农业、林业生产带来了严重的经济损失。中国外来入侵种具有如下的特点。

1. 涉及面积广

全国 34 个省、自治区、市都有入侵种的踪迹。即使在我国 2 531 个自然保护区内(截至 2007 年),除极少数位于青藏高原的保护区外,或多或少都能找到外来物种。从 2001 年开始,在国家环境保护总局南京环境科学研究所的组织协调下,全国展开了首次外来入侵物种调查。调查范围涵盖陆生、水生和海洋三大生态系统。此次调查共查明外来入侵物种 283 种,包括陆生植物 170 种,水生植物 18 种,陆生无脊椎动物 33 种,水生无脊椎动物 25 种,两栖爬行类 3 种,鱼类 10 种,哺乳类 5 种,微生物 19 种。

2. 已被入侵的生态系统多

几乎所有的生态系统,从森林、农业区、水域、湿地、草原到城市居民区等都可以看到外来种的入侵。其中以低海拔、低纬度的水生生态系统和热带岛屿生态系统的受损程度最为严重。

3. 入侵物种类型多

入侵我国的外来物种包含了各个分类阶元,从病毒、细菌到低等、高等植物,从低等无脊椎动物到高等脊椎动物都有入侵。

4. 无意带入的物种多

随着经济的快速发展,我国对外开放的交通口岸越来越多,人员流动频繁,进出口货物量逐年增加。由于对生物入侵的防范意识不强,加之检疫技术尚有待完善,随货物、包装及轮船压舱水无意带入我国的物种很多。如豚草(*Ambrosia artemidiifolia*)、松材线虫(*Bursaphelenchus xylophilus*)和美国白蛾(*Hyphantria cunea*)等。

5. 有目的的引入物种多

中国是一个文明古国,农业文明时代久远,引入外地或国外优良品种更有悠久的历史。早期的栽培和养殖物种的引入是通过民族的迁徙和地区之间的贸易交流实现。而如今,以提高经济收益、观赏、环保等为主要目的引种几乎涉及了农业、林业、园林、水产、畜牧、特种养殖业等各个方面。

6. 入侵种的危害已经显现

据国际自然保护联盟2003年发表的研究报告估计，目前，外来入侵物种给各国造成的经济损失每年超过4 000亿美元。据统计，我国有外来杂草107种，主要外来害虫32种，主要外来病原菌23种，每年造成的经济损失巨大。我国每年对美洲斑潜蝇这一项的防治费用就需要4.5亿元，每年用于防治松干蚧、松材线虫病、湿地松粉蚧的费用也达1亿元以上。

外来种所造成的危害可以分为直接经济损失和间接经济损失两大类，前者主要是指外来病虫害和杂草对农林牧渔业、交通等行业或人类健康造成的物品损毁、实际价值减少或防护费用增加等；后者是指对当地自然生态环境，包括物种组成、种群结构、食物链结构、水土流失控制、土壤营养循环、生物多样性保护等生态学方面的改变或丧失，以及环境污染造成的经济损失。

分析和计算表明，外来入侵物种每年对中国国民经济有关行业造成直接经济损失共计198.59亿元。其中，农林牧渔业160.05亿元，交通运输仓储和邮政业8.47亿元，水利环境和公共设施管理业0.87亿元，人类健康29.21亿元。以物种论，美洲斑潜蝇、豚草、褐家鼠、烟粉虱、温室白粉虱、紫茎泽兰造成损失均在10亿元以上，是危害中国国民经济的主要外来入侵物种。

根据间接经济损失评估模型计算的结果表明，外来入侵物种对我国生态系统、物种及遗传资源造成的间接经济损失每年为1 000.17亿元，其中对生态系统、物种多样性和遗传资源造成的经济损失分别为998.25亿元、0.71亿元和1.21亿元。

以上两项相加，外来入侵物种对中国造成的总经济损失为每年1 198.76亿元，为国内生产总值的1.36%。

7. 在自然植被恢复和环境绿化过程中大量使用外来物种

20世纪90年代以来，我国加强了生态环境保护和生态修复工作，然而，我们在许多自然植被的恢复过程中却有意或无意地使用外来物种，甚至在自然保护区的植被恢复中也使用了外来物种，而这些物种常常是这些地区入侵种的重要来源。

在生态恢复中，中国目前还缺乏对乡土种的收集、培育、利用的研究工作，对植被恢复生态意义的教育还不够。以至于在退耕还林过程中，还大面积种植生态功能十分有限的外来经济树；在控制水土流失和退耕还草过程中主要依靠从国外（特别是美国）进口草种；在恢复或绿化城市周围植被过程中大量使用外来种。其主要原因是对当地特有物种的生态学价值了解得不够，认为外来种比乡土种好的观点的人很多。这种做法常常造成当地生态系统和景观的改变，结果必将造成中国当地丰富而特有的生物多样性丧失，而且很难恢复。

目前，中国对外来种危害的认识还局限在病虫害和杂草等造成的经济损失上，没有意识到或者不重视外来种对当地自然生态系统的改变和破坏。对没有造成严重经济损失的，却正在排挤、取代当地物种，改变当地生态系统的物种没有给予足够的重视。另外，值得注意的是，研究已发现我国外来入侵物种中最大来源地为美洲。这说明，美洲的物种较能适应中国的生境，美洲来源的物种成为中国外来入侵物种的可能性最大。因此，我们在外来入侵物种的防治工作中，要特别关注来自美洲的物种，严格评估其在中国的适应性和入侵性。

9.5 生物入侵研究概况及发展趋势

随着人类活动对自然界影响的日益加剧，生物入侵所带来的问题也日益突现，这些问题得到国际社会（CBD，IUCN，WWF，UNESCO，ICSU等）与科学家的高度重视（Mooney and Hobbes，2000；Perrings et al.，2000）。引起人们关注的首先是生物入侵造成的巨大的经济损失，随后人们意识到更严重的后果是生物入侵对生态和环境的破坏，其生态代价是造成本地物种多样性不可弥补的消失以及种的灭绝，构成对生物多样性保护与持续利用及人类生存环境的重要威胁因素。但是鉴于生物入侵过程是极其复杂的，多年来这一领域的研究进展较慢，多停留在对入侵现象的观察描述与提出理论假设上。随着对生物入侵研究的深入，特别是20世纪90年代以来，数学模型、定量实验、生物技术等研究手段被相继引入这一领域，人们对生物入侵的认识有了很大的提高，生物入侵已成为生态学、生物多样性科学的一个研究热点（徐承远等，2001）。

9.5.1 研究概况

由于许多外来种所产生的巨大影响与危害,国外科学家很早就开始了对生物入侵的研究工作。1958 年 Elton 出版了 *The Ecology of Invasion by Animals and Plants* 这部介绍生物入侵的经典专著。此后,各国科学家陆续开展了许多有关外来物种入侵的研究工作。但真正引起科学家广泛关注与研究的则是在 20 世纪 90 年代后期。例如对外来动物(Johnson,1996;Moller,1996;Thingstad,1999)、植物(Higgins et al.,2001;Callaway and Aschehoug,2000)、微生物、海洋生物等入侵种的调查和防治方面的研究。特别是进入 21 世纪,对外来入侵生物的研究从宏观的预防与控制策略(McNeely et al.,2001;Zalba et al.,2000;Haltuch and Berkman,2000)与有效可行的控制和管理技术体系(Shine et al.,2000)到微观的分子生物学与生态学(Mack et al.,2000)、生态遗传学(Sakai et al.,2001)、协同进化(Levine,2000;Christan,2001;Ludsin and Andrea,2001)及控制技术与生态修复的机制(Driesche and Driesche,2000)等,均成为广泛研究的热点与焦点,并取得了较高层次和较深水平的研究成果。2000 年,世界自然保护联盟理事会第 51 次会议通过了物种生存委员会(SSC)入侵物种专家组制订的防止外来入侵种导致生物多样性丧失的指南。该指南以帮助政府和管理机构履行"生物多样性公约",防止因为外来入侵种的不良影响而导致生物多样性的进一步丧失为目的,提出了对入侵种理解与认识、防止与引种、清除与控制等的原则性意见。

自 20 世纪 90 年代,我国的生物入侵研究工作开始起步。早期的研究主要集中在入侵物种的防治方面,例如,丁建清等《恶性水生杂草——水葫芦在我国的发生危害及其防治》(1998);万方浩等《豚草及豚草综合治理》(1993);解焱等《中国入侵物种综述》(1996);康乐《斑潜蝇的生态学与持续控制》(1996);刘嘉麒等《利用天敌控制水葫芦疯长研究》(1996);彭少麟等《植物外来种入侵及其对生态系统的影响》(1999);冯伟明《福寿螺的生物学特征及防治措施》(1994);殷连平《进口粮食中的杂草检疫与防除对策》(1998)等。这些文章和著作从不同侧面研究了我国入侵种的种类和危害,提出了相应的防治措施。近年来,生物入侵机制正在越来越受到关注,现在对生物入侵机制的研究已不满足于仅找出哪些因素影响入侵过程,而是要进一步解决这些因子究竟产生什么样的效应?这些效应又是如何影响入侵过程的(徐承远等 2001)。我国学者在该领域进行了大量的理论研究工作,例如,丁建清等《中国外来种入侵机制及对策》(2001);徐承远等《生物入侵机制研究进展》(2001);李振宇等《中国外来入侵种》(2002);万方浩等《中国外来入侵生物的危害与管理对策》(2002);张林艳等《群落可侵入性及其影响因素》(2002);高增祥等《外来种入侵的过程、机理和预测》(2003);丁炳扬等《水盾草在中国的分布特点和入侵途径》(2003)和宋红敏等《生物入侵》(2004)等。2003 年,徐汝梅和叶万辉主编的《生物入侵——理论与实践》一书,该书从理论和实践两个方面系统地介绍了生物入侵的概念、特征及防治措施。

我国对入侵生物研究的主要特点体现在以下几个方面。

1) 对外来种的检疫、除害处理研究较多,但对病原微生物的快速检测技术、外来生物阻击的系统技术研究较少。

2) 在文献资料的基础上,对外来入侵生物的综合风险分析研究较多,但对实际的个案试验风险评估模式和体系的研究较少。

3) 对外来入侵种的危害性研究较多,对潜在的危险外来种入侵的预警、扩散与传播机制研究较少。

4) 对外来的主要病虫害分布、危害、生物生态学特性、控制技术等研究较多,对入侵生物学、入侵生态学及爆发的机制研究较少。

5) 对外来入侵种的种群时间动态研究较多,但从微观水平(分子生物学)和宏观水平(群落及系统)的研究较少。

6) 对外来入侵的环境有害杂草的生物防治与综合治理技术较多,对入侵种的遗传变异、对群落结构的影响与生态调控和修复的研究较少(万方浩等,2002)。

9.5.2 生物入侵研究与发展的趋势及核心问题

目前,随着生物入侵研究工作的逐步深入,在研究方向上呈现出了以下 3 个趋势:一是重点转向外来种与土著种的种间关系;二是将入侵与其他的研究热点如全球变暖、生物多样性丧失、生物安全等问题结合起来考虑入侵成功的原因;三是研究水平向宏观与微观两方面拓展,从基因至生物圈水平开展多个角度的综合研究(徐承远等,2001)。

究竟什么样的物种更容易成为入侵种？对某一个特定的入侵种,什么样的群落更容易被入侵？入侵发生时,其扩散速度如何？如何评价入侵种的生态效应？什么是控制入侵种的有效对策？这5个方面问题是生物入侵研究者当前最为关心的问题。

生物入侵是一个复杂的链式过程,外来种的生物学特征、被入侵群落的结构特点和外来种入侵的时机都是影响外来种成功入侵的主要因素。Williamson(1996)提出了一个“十分之一法则”(tens rule)。Williamson把生物入侵的过程划分为3次转移：第一次转移,是从进口到引入,称为逃逸;第二次转移是从引入到建立种群,称为建群;第三次转移是从建群变成有负作用的生物,称为入侵。每次成功转移的概率在5%～20%,平均概率为10%左右,称为“十分之一法则”。所以,一个入侵种的形成是一个概率极小的事件。从理论上讲,“什么样的物种更容易成为入侵种”和“什么样的群落更容易被入侵”是研究生物入侵的核心问题。虽然近年来对这两个问题的研究和讨论很多,但至今尚缺乏具有说服力的答案,争议多于结论。关于生物入侵与被入侵的生物群落的关系,研究者提出多种理论假说,如“多样性阻抗假说”(diversity resistance hypothesis)、“天敌逃避假说”(enemy release hypothesis)、“空生态位假说”(empty niche hypothesis)、“资源机遇假说”(resource opportunity hypothesis)、“干扰假说”(disturbance before or upon immigration hypothesis)和“生态位机遇假说”(niche opportunity hypothesis)。这些假说往往只从入侵的某个环节去研究预测入侵的整个过程,缺乏普遍性,因此在量化、应用方面还有一定的局限。

入侵生物学这么重要,但是它的理论进展为什么这样滞后？关键是缺乏实验研究。我们不可能,也不允许为了验证某个假说,把外来种引进来做实验。我们观察到的,往往只是一些已经发生的突发事件。所以,有关入侵生物学的研究往往是定性的描述多于定量的数据。从另一个角度讲,入侵生物学更为复杂,难于寻找出共同的规律。种群的时空动态及其调控机制本身就很复杂。但比较起来,入侵生物学的问题,从某些角度看可能更复杂、更难于控制。其原因在于,入侵的链式过程本身的复杂性,它涉及远距离、地域间的迁移,它与人类活动的交叉也更为繁杂(徐汝梅,2003)。

一个新的入侵种,一旦被发现对某地的生态环境造成重大影响时,它已经在该地区扎住了根,再想消灭它已经是很困难了,甚至是不可能的事。全球入侵物种计划(global invasive species program,GISP)的主席曾指出：GISP的研究表明,对于生物入侵,预防比控制其爆发更为可行,也更为经济。因此,建立一个科学的外来种传入前或传入过程中的预防与预警系统将具有重要的理论价值和现实意义。抓住入侵早期的关键环节,即对入侵种的引入到建立种群实施严格的、科学的监控,就能在防止生物入侵中起到事半功倍的作用。

许多研究表明,依据物种的系统发育限制因子、生活史特征、入侵种原产地与入侵地气候相似性、入侵种的生物学特性和遗传多样性在原产地与入侵地的分化特性、入侵种与乡土近缘种间的差异、入侵种的传播方式等因子可预测入侵种可能的分布范围与危害。建立早期预警系统(风险识别、危害识别、地域识别、变异识别)是提高预防与预测准确性的首要关键科学问题,在早期预警系统的指导下,发展快速的检测技术,建立快速的阻击系统是防御不可缺少的一部分,这在实践上,是一种积极的、需要优先考虑的防御技术体系。

另外,国际间的资源共享与合作能够加强对生物入侵的认识和提高预警能力,建立生物入侵数据库以及通过互联网建立联系是实现资源共享的重要途径。我国现已建立了中国外来入侵物种数据库(http://www.biodiv.org.cn/ias/index.htm),并将部分内容公布。内容包括外来有害动物名录数据库、外来有害动物文献数据库、有害动物背景资料库、引入外来动物文献数据库和专家名录五部分内容(宋红敏等,2004)。数据库的建立为科研机构、检疫部门和管理部门的预警工作带来了极大的便利。

由于外来物种的入侵机制的复杂性,不是单纯一个的生物学或生态学就能解释清楚的问题,而需要综合不同层次上的多学科(生物学、生态学、遗传学、生物物理学、生物地理学、种群生物学、群落学、系统学等)研究结果才能得出更科学的答案。其深入研究不仅能对外来生物入侵过程中的预测与预防、根除与灭绝、控制与管理、生态控制与修复的实践提供坚实的理论基础和依据,而且也可对转基因生物的环境释放与应用、传统生物防治中引进天敌的释放提供借鉴。

总之,我国对外来入侵生物的研究还处于方向单一、积累经验和资料的起步阶段,有待于向不同层次(基因、个体、种群、群落、生态系统)和更高水平(分子生物学、分子生态学、生态遗传学)、多学科交叉的实验与理论研究的方向发展。

9.5.3 生物入侵的管理及政策措施

目前,针对性的防控管理外来物种入侵的法律法规上并不完善,应借鉴国际上已有的防控外来物种入侵的相关经验,结合法律法规保护的国情,建立外来物种入侵管理的法律制度,从生态安全、国家安全的高度确立防治外来物种入侵的主体地位。如森林生态系统是一个面积广且开放的环境,外来物种入侵能够给森林生态系统造成广泛持久的危害,治理难度很大。因此应该加强森林外来物种入侵的管理,建立和完善防治森林外来种入侵的法律(刘文燕,2016)。

在对生物入侵的治理对策中,尽快制定生物入侵的专门法律法规也是当务之急。

1) 制定综合性生物入侵防治与管理法。从总体上讲,中国当前生物入侵立法义务性、强制性规范比较少,执法环节薄弱,司法功能更是欠缺。在许多地区,"重经济、轻环保"仍很明显。这就迫切要求就外来生物的引进、评估、监测、治理等环节制定《外来生物管法》《外来生物入侵防治法》及其配套法规,明确防治生物入侵的基本法律(如风险预防原则)及制度(如风险评估制度、事先知情同意引进制度、动植物检疫制度、法律责任制度等),以健全行政执法机构,理顺行政管理体制,强化执法力度,推行环境保护目标责任制与行政执法责任制,并加强执法监督管理、强化司法保障功能。同时,完善相关法律制度,如责任人应承担评估、监测和危害控制成本及经济损失赔偿责任,即物种引入者应承担评估成本,引进后要分摊监测成本,例如,形成危害则应提供控制成本,损害别人的经济效益还应予以赔偿;又如,盲目、随意放生外来生物应承担相应的民事或行政责任,故意或过失造成重大生态环境破坏的应适当追究其刑事责任;再如,借鉴美国创设联邦入侵物种管理委员会作为独立的协调机构的管理模式,成立一个防治外来物种入侵的协调部门,负责统一指导、监督相关执法部门的行动,而不是采用综合管理模式并将原来相关执法部门的职能统一集中到一个单独的部门,因为生物入侵将在实践中涉及众多领域的技术性或专业性的难题而需要多部门的合作,这既可以有效地化解多部门管理模式下的低效率、推诿或扯皮的弊端,也可以避免综合管理模式所具有的不可操作的困难。

2) 加强外来生物管理立法之可操作性及其与各部门立法之间的协调。为防治生物入侵,应加强执法与司法保障,逐渐扩大民事保护的范围并补充海洋生态安全犯罪的内容,适当扩大刑事责任的适用,明确立法的具体含义及各项制度和法律责任等,加强海洋生态安全犯罪的处罚力度,以避免法无明文的情况或降低执法过程中的自由裁量权。例如,法律应对以下制度予以明确规定:大规模使用非当地物种之前必须进行5个世代的小规模实验;在保护区中禁止使用外来物种;鼓励使用当地物种进行森林恢复等。此外,实现生物入侵行政执法与刑事司法的衔接,首要任务是实现立法的协调和衔接。为此,以外来生物管理法为基础,对目前的刑法、对外贸易法等进行比较、分析,将行政执法部门可能遇到的犯罪情况及相应的法律规定进行梳理,明确罪与非罪的界限及犯罪的立案标准等;同时将生态保护列入经济贸易发展战略,在对外贸易立法中确立外来生物引进中的生态保护优先权等制度(刘伟军,2016)。

思考题

1. 生物入侵会产生哪些危害?
2. 如何防止生物入侵?
3. 调查你生活地区的外来种,分析它们形成入侵种的可能性。
4. 中国外来入侵种的特点。
5. 生物入侵对生态系统有哪些影响。

推荐参考书

徐汝梅,叶万辉.2003.生物入侵理论与实践.北京:科学出版社.

李振宇，解炎.2002.中国外来入侵种.北京：中国林业出版社.
蒋志刚，马克平，韩兴国.1997.保护生物学.杭州：浙江科学技术出版社.
戈峰.2008.现代生态学(第二版).北京：科学出版社.
Richard P，季维智.2000.保护生物学基础.北京：中国林业出版社.

第10章 生物多样性保护的有关法规、行动计划及其相关国际组织

提　要

生物多样性保护必须依靠政府行为，通过建立相应的法律、法规来具体实施。而且随着全球经济的发展和我国加入 WTO，国际上的交往越来越多，一些生物多样性保护的国际协定和国际组织的重要性日益突出。本章主要介绍了我国有关法规在生物多样性保护中的作用、有关国际协定和国际组织的性质及其在中国开展生物多样性保护工作的有关情况。

生物多样性是人类生存和发展的重要资源。世界正目睹着生物多样性和生态系统服务领域前所未有的丧失和变化，这对人类福祉和可持续发展产生了负面影响。若此种丧失趋势不加逆转，所有国家未来的发展都将受到阻碍，特别是发展中国家在减少贫困方面的努力将遭受重创。因此，生物多样性的保护与持续利用是事关全人类的事业，应该得到全人类的共同关注。在国际范围内开展生物多样性保护需要各国政府的协调和联合行动。相关国际组织、国际公约、协定等正是国与国之间联合行动的表现形式，也是生物多样性保护行动实施的依据或协调机构。就一个国家来说，政府应当在保护活动中发挥应有的领导作用，并通过相关法律法规的有效实施来促进生物多样性的有效保护。随着我国加入《生物多样性公约》及其后续行动的实施，我国在生物多样性方面的立法也进入了一个新的阶段：国家立法不断完善，地方立法逐渐细化，公民依法保护生物多样性的意识不断增强。有关土地、森林、草原、渔业、野生动物、湿地、物种、自然保护区和农业环境等领域的一系列法律和法规对生物多样性的保护和持续利用无疑具有重要的意义。

10.1　有关物种保护的国际协议

在过去几十年，许多不可持续的生产和消费方式及人类的社会和经济活动使生物多样性正遭受前所未有的破坏。世界各国充分意识到生物多样性的价值与生物多样性保护的意义，并开展了一系列的保护行动。同时，世界各国也意识到生物多样性的保护是全球性的事业，促进国家、政府间组织和非政府部门之间的国际、区域和全球性合作对生物多样性的有效保护具有重要的意义。国际协议为国家间提供了一个合作框架，共同协作保护物种、生境、生态系统过程和遗传变异。

其一，由于物种是无国界的，保护物种必须在其分布区的所有点进行。如果动物迁徙的第二个国家的栖息地被破坏，第一个国家的保护工作将失去效力。如果候鸟类迁徙路过的国家遭受严重的环境破坏，那么繁殖地和越冬地国家为保护该鸟类所做的一切努力将付之东流。

其二，一些生物产品面临大宗国际贸易，发达国家对一种生物产品的迫切需求，常导致穷国人们为了获得经济效益，而过度开发该物种。为了制止这种无节制的开发，实现资源的可持续利用，控制和管理国内贸易和国际进出口贸易是完全必要的。

其三，生物多样性受益具有国际性。各个国家均可从野生动植物种在农业和医药应用中获益；均可从生态系统的调节气候、控制水灾、防止风沙等方面获益；可从具有国际科学和旅游价值的国家公园和生物圈保留地获益；温带国家从热带生物多样性获益。因此，受益的富裕国家有责任和义务捐款帮助发展中国家。

其四，威胁生态系统的一些因素具有国际性。包括过度捕鱼，狩猎，大气污染，酸雨，湖泊、河流和海洋污

染，全球气候变化和臭氧的减少，这些问题的解决均需国际协作。

在这样的背景下，一系列有关生物多样性保护的国际协定或公约应运而生。到目前为止，国际上已产生了相当数量的有关生物多样性保护的公约和协议，其中，不乏一些与野生动植物保护相关的重要的国际协定。

10.1.1 《生物多样性公约》(Convention on Biological Diversity)

生物多样性将生态系统、物种和基因多样性归于一个组合之中，中心点是生物、生物多样性的价值与生物多样性保护。其代表性的法律文件就是《生物多样性公约》。它是当前保护生物资源的国际公约中最重要的文件，从非常广泛和深刻的意义上就保护生物资源做出了总的原则性规定。

《生物多样性公约》是一项保护地球生物资源的国际性公约，于 1992 年 6 月 1 日由联合国环境规划署发起的政府间谈判委员会第七次会议在内罗毕通过，1992 年 6 月 5 日，由签约国在巴西里约热内卢举行的联合国环境与发展大会上签署。公约于 1993 年 12 月 29 日正式生效。常设秘书处设在加拿大的蒙特利尔。联合国《生物多样性公约》缔约国大会是全球履行该公约的最高决策机构，一切有关履行《生物多样性公约》的重大决定都要经过缔约国大会的通过。截至 2008 年 5 月，该公约的签字国有 190 个。中国于 1992 年 6 月 10 日签署该公约，成为第 64 个签约国。1992 年 10 月 7 日，第七届全国人大常委会第 28 次会议审议并批准了我国加入《生物多样性公约》，1993 年 1 月 5 日递交批准文本。

1.《生物多样性公约》序言

从《生物多样性公约》的序言中可以综览缔约国的关切和动机，同时也反映了公约中缔约国所应履行的义务之来源。

1) 缔约国意识到生物多样性的内在价值、生物多样性及其组成部分的生态、遗传、社会、经济、科学、教育、文化、娱乐和美学价值。

2) 意识到生物多样性对进化和保护生物圈的生命维持系统的重要性。

3) 确认保护生物多样性是全人类共同关切的问题。

4) 重申各国对其自己的生物资源拥有主权权利。

5) 也重申各国有责任保护其自己的生物多样性，并以可持久的方式利用自己的生物资源。

6) 关切一些人类活动正导致生物多样性的减少。

7) 意识到普遍缺乏关于生物多样性的信息和知识，亟需开发科学、技术和机构能力，从而提供基本理解，据以策划与执行适当措施。

8) 注意到预测、预防和从根源上消除导致生物多样性严重减少或丧失的原因至为重要，并注意到生物多样性遭受严重减少或损失的威胁时，不应以缺乏充分的科学定论为理由，而推迟采取旨在避免或尽量减轻此种威胁的措施。

9) 注意到保护生物多样性的基本要求，是就地保护生态系统和自然生境，维持恢复物种在其自然环境中有生存力的种群，并注意到迁地措施，最好在原产国内实行，也可发挥重要作用。

10) 认识到许多体现传统生活方式的土著和地方社区同生物资源有着密切和传统的依存关系，应公平分享从利用与保护生物资源及持续利用其组成部分有关的传统知识、创新和实践而产生的惠益。

11) 认识到妇女在保护和持续利用生物多样性中发挥极其重要作用，并确认妇女必须充分参与制订和实施保护生物多样性的各级政策。

12) 强调为了生物多样性的保护及其组成部分的持续利用，促进国家、政府间组织和非政府部门之间的国际、区域和全球性合作的重要性和必要性。

13) 承认提供新的和额外的资金和适当取得有关的技术，可对全世界处理生物多样性丧失问题的能力产生重大影响。

14) 进一步承认有必要订立特别的条款，以满足发展中国家的需要，包括提供新的和额外的资金和适当取得有关的技术，注意到最不发达国家和小岛屿国家这方面的特殊情况。

15) 承认有必要大量投资以保护生物多样性，而且这些投资可望产生广泛的环境、经济和社会惠益。

16) 认识到经济和社会发展以及根除贫困是发展中国家第一和压倒一切的优先事务。

17）意识到保护和持续利用生物多样性对满足世界日益增加的人口对粮食、健康和其他需求至为重要，而为此目的取得和分享遗传资源和遗传技术是必不可少的。

18）意识到保护和持续利用生物多样性最终必定增强国家间的友好关系，并有助于实现人类和平。

19）期望加强和补充现有保护生物多样性和持久使用其组成部分的各项国际协议；并决心为今世后代的利益，保护和持续利用生物多样性。

2.《生物多样性公约》内容

《生物多样性公约》第一条规定明确表达了本公约的目标：按照本公约有关条款从事保护生物多样性、持续利用其组成部分及公平合理分享由利用遗传资源而产生的惠益；实施手段包括遗传资源的适当取得及有关技术的适当转让，但需顾及对这些资源和技术的一切权力，以及提供适当资金。同时，《生物多样性公约》就公约用语、应遵循的原则、管辖范围、合作保护和持久使用方面的一般措施、查明与监测、就地保护、移地保护、研究和培训及公众教育和认识等内容进行了明确的表述。

（1）基本原则

公约第三条规定：依照联合国宪章和国际法原则，各国具有按照其环境政策开发其资源的主权权利，同时也有责任确保在它管辖或控制范围内的活动不至于对其他国家的环境或国家管辖范围以外的环境造成损害。这是公约确立的唯一基本原则，基本上反映了资源较丰富、要求维护其资源主权的发展中国家与强调资源与环境保护的发达国家在利益、立场上的平衡和相互妥协。发展中国家主张确认生物多样性是各国所有的资源，获得多样性应依据此原则或在双方同意的基础上进行，这点已在公约中得到确认。针对全球公共区域实际无人负责的局面，公约通过确定个别缔约国的管辖范围以公约的保护义务在全球范围内得以执行。

（2）管辖范围

公约第四条规定：以不妨碍其他国家权利为限，除非本公约另有明文规定，本公约规定应按下列情形对每一缔约国适用：① 生物多样性组成部分位于该国管辖范围的地区内；② 在该国管辖或控制下开展的过程和活动，不论其影响发生在何处，此种过程和活动可位于该国管辖区内，也可在该国管辖区外。

（3）合作

第一缔约国应尽可能并酌情直接与其他缔约国，或酌情通过有关国际组织为保护和持续利用生物多样性在国家管辖范围以外地区并就共同关心的其他事项进行合作。

（4）保护和持续利用方面的一般措施

每一缔约国应按照其特殊情况和能力，为保护和持续利用生物多样性制定国家战略、计划或方案，或为此目的变通其现有战略、计划或方案；这些战略、计划或方案除其他外应体现本公约内载明与该缔约国有关的措施；尽可能将生物多样性的保护和持续利用措施加入有关的部门或跨部门计划、方案和政策内。

（5）就地保护

每一缔约国应尽可能并酌情建立保护区系统或需要采取特殊措施以保护生物多样性地区；于必要时，制定准则据以选定、建立和管理保护区或需要采取特殊措施以保护生物多样性地区；管制或管理保护区内外对保护生物多样性至关重要的生物资源，以确保这些资源得到保护和持续利用；促进保护生态系统、自然生境和维护自然环境中有生存力的种群；在保护区域的邻接地区促进无害环境的持续发展，以谋增进这些地区的保护；除其他外，通过制定和实施各项计划或其他管理战略，重建和恢复已退化的生态系统，促进受威胁物种的复原；制定或采取办法以酌情管制、管理或控制由生物技术改变的活生物体在使用和释放时可能产生的危险，即可能对环境产生的不利影响，从而影响到生物多样性的保护和持续利用，也要考虑到对人类健康的危险；防止引进、控制或消除那些威胁到生态系统、生境或物种的外来物种；设法提供现时利用与生物多样性的保护及其组成部分的持续利用彼此相辅相成所需的条件；依照国家立法，尊重、保存和维持土著和地方社区体现传统生活方式而与生物多样性的保护和持续利用相关的知识、创新和实践并促进其广泛应用，由此等知识、创新和实践的拥有者认可和参与下并鼓励公平地分享因利用此等知识、创新和做法而获得的惠益；制定或维持必要立法和(或)其他规范性规章，以保护受威胁物种和种群；在确定某些过程或活动类别已对生物多样性造成重大不利影响时，对有关过程和活动类别进行管制和管理；进行合作，就以上所述的就地保护措施，特别向发展中国家提供财政和其他资助。

(6) 迁地保护

每一缔约国应尽可能并酌情，主要为辅助就地保护措施起见，最好在生物多样性组成部分的原产国采取措施移地保护这些组成部分；最好在遗传资源原产国建立和维持移地保护及研究植物、动物和微生物的设施；采取措施以恢复和复原受威胁物种并在适当情况下将这些物种重新引进其自然生境中；对于为移地保护目的从自然生境中收集生物资源实施管制和管理，以避免威胁到生态系统和当地的物种种群，除非已采取措施恢复和复原受威胁物种并在适当情况下将这些物种重新引进其自然生境中，否则必须采取临时性特别移地措施。进行合作，为以上所述的移地保护措施及在发展中国家建立和维持移地保护设施提供财政与其他援助。

(7) 生物技术的取得、转让和获益分配

这项规定是公约的核心内容，各缔约国应承诺向其他缔约国转让或为其获得有关生物多样性保护和持续利用的技术提供便利，如向发展中国家转让则以共同商定的减让或公平、有利和优惠的方式进行。对于专利和知识产权范围内的技术的转让或取得，应受到有效保护。但缔约国应酌情以适当手段促进向遗传资源提供国尤其是发展中国家转让这种技术，必要时由公约中规定的资金条款来保障这种转让或取得的实施。特别是个别缔约国应酌情采取立法、行政或政策措施促进私营部门履行技术转让义务。

(8) 履约供资机制

这是本条约的一大特点和创举。环境保护从总体上说是一项耗资的事业，为解决发展中国家的实际问题，以保证公约的普遍性和有效性，公约设立了资金保障机制。这是国际法中公平原则的最新体现。各缔约国承诺力所能及地为实现本公约目标而为其有关国家计划、优先项目和方案提供资金和鼓励，发达缔约国应提供新的技术、资金使发展中国家能支付因履行公约义务担负议定的全部新增加的费用。发展中缔约国履行公约义务的程度取决于发达缔约国据此提供的资金和技术转让的承诺。

缔约国大会是公约的最高组织机构，通过定期召开会议做出决议并促进公约的执行。截至2008年12月，缔约国大会已经召开了9次一般性会议。自1994～1996年，缔约国大会每年定期召开一般性会议。2000年，会议程序进行了改变，每两年召开一次。

自1993年12月29日《生物多样性公约》生效以来，中国积极参与国际履约活动，建立了国家协调机制，成立了由国家环保总局牵头，国务院所属20个部门参加的中国履行《生物多样性公约》工作协调组，成立了履约办公室；制定和完善了一系列保护和持续利用生物多样性的政策、法律法规和规划，加强生物多样性的保护和科学研究，积极开展生物多样性的公众教育和培训，有效地保护了中国的生物多样性。

10.1.2 《濒危野生动植物种国际贸易公约》(CITES)

《濒危野生动植物种国际贸易公约》英文全名为 Convention on International Trade in Endangered Species of Wild Fauna and Flora，简称CITES公约。该公约于1973年3月3日在美国华盛顿召开的缔结该公约全权代表大会上通过并向世界各国开放签字的，所以又称"华盛顿公约"，于1975年7月1日正式生效。其根本出发点是确保物种的贸易不致危及野生动物和植物的生存。中国于1981年1月8日向公约保存机构——瑞士联邦政府交存了加入书，同年4月8日起公约对中国生效。

该公约的精神在于管制而非完全禁止野生生物的国际贸易，使用物种分级与许可证的方式，以达到野生生物市场的永续利用性；其宗旨是通过国际合作采取许可证制度保护有灭绝危险的野生动植物，使其不因国际贸易而遭到过度开发利用。《濒危野生动植物种国际贸易公约》管制国际贸易的物种，依据物种保护程度的需要，将其归类为3个附录。附录Ⅰ：濒临灭绝的物种，只有在一些特殊的情况下(科研交换、繁殖研究等)才允许其标本的贸易。附录Ⅱ：不一定临近灭绝的物种，但贸易必须受到控制以避免对其生存不利的影响。附录Ⅲ：至少有一个成员国提出要求其他成员国予以协助控制贸易的物种。

1) 附录Ⅰ中的物种(包括标本、产品及其衍生物)：缔约国间的合法贸易只能出于非商业贸易目的。它列入了所有受到或可能受到贸易影响而有灭绝危险的物种，对其贸易必须加以特别严格的管理，以防止进一步危害其生存。只有满足公约规定的特殊条件才能进出口，而且进出口国的CITES科学机构应进行监督，以保证这种活动的非商业贸易目的。进口应事先获得并交验进口国进口许可证，出口国核发出口许可证；出口应事先获得并交验进口国进口许可证，出口国核发出口许可证；再出口则应事先获得并交验出口证明书；

海上引进应事先获得引进国发给的证明书。在附录Ⅰ物种中,为商业目的而圈养繁殖的动物、为商业目的人工培植的植物,可以视为附录Ⅱ物种对待,其产品或衍生物的商业性出口可以管理机构出具的证明书代替规定要求的许可证,但以此为目的的繁殖或培植机构必须申请注册并得到大多数缔约国的同意。在缔约国管理机构注册的科学家或科学机构之间进行附录物种非商业性活动不适用贸易限制的各项规定,但必须附以管理机构出具或批准的标签。各国管理机构可不按附录物种贸易限制的各项规定,许可巡回动物园、马戏团、动物展览或其他巡回展览的动植物或其标本在没有许可证或证明书的情况下运送,但必须符合公约规定的豁免要求。

2)附录Ⅱ中的物种:原则上可以进行国际间商业贸易目的的活动,但不能危及该物种的生存和持续利用。它列入了所有目前虽未濒临灭绝、但对其贸易不严加管理就可能面临这种威胁的物种。其贸易必须有效控制,以防止不利其生存的利用,只有满足公约规定的各项要求才能进行贸易。出口国的 CITES 科学机构应监督其出口实际情况,并确定这项贸易不会对野生种群造成危害。进口需获得出口国出口许可证或再出口证明书;出口要得到出口国出口许可证或再出口证明书;海上引进要有引进国发给的证明书,并只有在引进国的 CITES 科学机构与有关国家的科学机构或者必要时与国际科学机构进行磋商后在不超过一年的期限内全部如期引进才能签发。

3)附录Ⅲ物种的贸易:该物种分布的任一缔约国都可以提出限制或防止其开发利用,并需其他缔约国合作控制其贸易活动。它列入了任一缔约国出于保护目的,在其管辖范围内认为应遵循公约规定需进行管理以防止或限制开发利用、并需其他缔约国合作控制贸易的物种。出口应获得提出国签发的出口许可证,进口应提交出口国签发的出口许可证或原产地证明书,再出口需要再出口证明书。

公约也同时鼓励各缔约国采取比公约规定更严格的管理措施,如中国就将不产于中国的附录Ⅰ和附录Ⅱ中的动物物种分别认定为国家一级和二级重点保护野生动物。出口国家重点保护的野生动物及其产品,以及国际公约所限制进出口的野生动物或者其产品的进出口,必须取得允许进出口证明书,海关需查验后放行。

公约在瑞士洛桑设有公约秘书处,负责缔约国大会期间日常事务和为缔约国咨询、联系、安排缔约国大会提供服务,准备、起草文件和决议。公约最高权力机构是缔约国大会,一般每两年一次,内容十分广泛,包括审定秘书处预算、审议提交大会的文件、通过或否决提案和修改附录。为了很好地开展工作,缔约国大会还成立了几个委员会,其中常务委员会最重要,在缔约国大会休会期间负责完成保障缔约国利益的重要任务。

我国正式加入 CITES 以后,1982 年在中国科学院成立中华人民共和国濒危物种科学委员会作为履约的科学机构,在国家林业局成立中华人民共和国濒危物种进出口管理办公室作为履约的管理机构。2006 年 9 月 1 日颁布《中华人民共和国濒危物种进出口管理条例》作为履约的国家法规。中国是一个利用野生动植物资源的传统大国,切实履行 CITES,既是国家和谐发展的需要,也是世界生物多样性保护和可持续利用不可缺少的重要部分。

10.1.3 《保护野生动物迁徙物种公约》(Convention on the Conservation of Migratory Species of Wild Animals,CMS)

早在 20 世纪 60 年代初期,IUCN 和其他保护组织就开始呼吁成立一个关于迁徙物种的国际性公约,这一问题在 1972 年联合国人类环境大会得到认同。1972 年的斯德哥尔摩联合国环境大会第 32 项建议认为,各国政府应考虑制定国际公约,以保护那些生活在公海或在国家间迁徙的物种。为此,1979 年 6 月 23 日在德国波恩诞生了《保护野生动物迁徙物种公约》(简称波恩公约)并开放签字,于 1983 年 10 月 1 日生效。

《保护野生动物迁徙物种公约》缔约各方,承认种类繁多的野生动物是地球自然系统中不可代替的一部分,为了全人类的利益,必须加以保护;特别考虑到野生动物中通过国家管辖边界或国家管辖边界外的物种;承认国家是而且必须是生活在国家管辖边界内或通过国家管辖边界的野生动物迁徙物种的保护者;确信野生动物迁徙物种的保护和有效管理要求野生动物迁徙物种在其国家管辖边界内度过其生命周期的任何一段时光的所有国家采取协调一致的行动,据此制定了公约条款。

附录Ⅰ中收录濒危迁徙物种:如果可靠的证据,包括最有效的科学证据,表明某迁徙物种是濒危的,该物种可被列入附录Ⅰ。附录Ⅱ包括处于不利的保护状况的迁徙物种和需要国际协定来保护和管理的迁徙物种，以及其保护状况将因根据国际协定进行的国际合作而明显改善的迁徙物种。该公约的宗旨是保护迁徙物种，并严格保护整个或大部分面临灭绝危险而加入附录Ⅰ的迁徙物种，鼓励并促进就保护和管理附录Ⅱ所列迁徙物种使缔约国间达成协议。附录Ⅰ迁徙物种的分布国应禁止捕捉该物种动物，除非是为了科学研究或繁殖和恢复其种群的目的，或者传统上就以猎取该物种维持生存的。捕捉时不得造成对相关种的破坏，并要就此通知公约秘书处。附录Ⅱ包括尚未受到良好保护并需要通过国际协议予以保护和管理的迁徙物种(必要时可同时列入附录Ⅰ)，并要求分布国全力达成保护这些物种的协议。公约规定缔约国可指定更严格的国内措施来保护附件所列迁徙物种，或指定保护未列入附件的迁徙物种的国内措施。

公约缔约国大会是公约的决策机构，责任包括建立和检查公约财政制度，制定预算，审议履约情况和列入附录中的迁徙物种状况和保护进程。此会最少每 3 年召开一次。缔约国会议下设有科学委员会，其作用是向缔约国会议提供咨询、推荐、组织和促进对迁徙物种保护的研究、建议，并对附录所列物种进行增补。

10.1.4　其他野生动物保护条约

涉及野生动物保护的国际条约还有很多。保护南极环境与生物资源的有《保护南极海洋生物资源公约》《保护南极海豹公约》《保护南极动植物协议措施》《关于环境保护的南极协议书》等；其他地区性条约有《西半球自然保护和野生生物保护公约》《保护自然和自然资源非洲公约》《保护欧洲野生生物和自然生境公约》《亚洲和太平洋区域植物保护协定》《丹麦、芬兰、挪威、瑞典环境保护公约》等；保护特定生物或生物类群的条约有《国际捕鲸管制公约》《狩猎和保护鸟类的比荷卢公约》《保护北太平洋海狗临时公约》《捕猎海豹管理措施和保护大西洋东北、西北海域海豹的协定》《保护北极熊协定》《欧洲经济共同体委员会关于保护野生鸟的指令》《保护骆马公约》等；保护海洋生物资源的有《捕鱼与养护公海海洋生物资源公约》和《联合国海洋法公约》。除了以上列举的多边条约外，还有大量国与国之间为生物资源保护和合理利用签订的条约，如《中日候鸟保护协定》《中澳候鸟保护协定》等。

以上介绍的国际协定由涉及的国家自愿签署，由国家法律通过履行。会员国违背这些公约常常被其他国家及一些非政府组织劝说和强迫其遵守。这些国际条约的一个弱点是一些国家当发现遵守的条件太难时，为了追求他们自己的利益而退出公约。最近发生了这种情况，一些国家退出了国际捕鲸委员会，因为捕鲸禁令对己不利。检验国际协定的成效是看各国为支持既定的措施而分配资金及阻止破坏活动的能力。世界的富裕国家表明他们将大量增加用于国际保护活动的资金，但他们是否能投入足够满足需要的资金尚有待观察。

10.2　生境保护的国际协约

10.2.1　《湿地公约》(The Convention on Wetlands)

湿地与森林、海洋并称全球三大生态系统，包括沼泽、泥炭地、湿草甸、湖泊、河流、滞蓄洪区、河口三角洲、滩涂、水库、池塘、水稻田及低潮时水深不超过 6 m 的海域地带等。由于兼具陆地生态系统和水生生态系统的特点，湿地是地球上生产力最高的特殊生态类型，具有保持水源、净化水质、蓄洪防旱、调节气候、美化环境和维护生物多样性等重要生态功能。湿地也因此被誉为“地球之肾”“天然水库”和“天然物种库”。然而，随着人类经济及人口的迅速增长，全球湿地不断遭到过度开发和破坏，导致湿地面积减小，湿地生态系统脆弱，生物多样性受到严重威胁。近 40 年来，我国已有 50%的滨海滩涂湿地不复存在，全国约 13%的湖泊消失。黑龙江三江平原 78%的天然沼泽湿地丧失，洪湖水生植物种类减少了 24 种、鱼类减少约 50 种。

考虑到湿地的调节水分循环和维持湿地特有的动植物特别是水禽栖息地的基本生态功能，并相信湿地是具有巨大经济、文化、科学及娱乐价值的资源，其损失将不可弥补，为阻止湿地被逐步侵蚀及丧失，加强对湿地的保护和利用，1971 年 2 月 2 日，来自 18 个国家的代表在伊朗南部海滨小城拉姆萨尔签署了《关于特别是作为水禽栖息地的国际重要湿地公约》(Convention on Wetlands of International Importance Especially as Waterfowl Habitat)，简称《湿地公约》，又称《拉姆萨尔公约》。《湿地公约》于 1975 年 12 月正式生效。为了纪念这一创举，并提高公众的湿地保护意识，1996 年《湿地公约》常务委员会第 19 次会议决定，从 1997 年起，将每年的 2 月 2 日定为世界湿地日。目前，《湿地公约》已成为国际重要的自然保护公约之一，缔约方达 158 个，全球有 1 831 块在生态学、植物学、动物学、湖沼学或水文学方面具有独特意义的湿地被列入国际重要湿地名录。

《湿地公约》对湿地采取了最广泛的定义以利于保护。公约文本第一条第一款：湿地是指不论其为天然或人工、长久或暂时之沼泽地、湿原、泥炭地或水域地带，带有或静止或流动，或为淡水、半咸水或咸水水体者，包括低潮时水深不超过 6 m 的水域。这一湿地定义几乎成为目前被最广泛接受的湿地定义。

《湿地公约》规定每个缔约国应指定其领土内适当湿地列入《国际重要湿地名录》；制定和执行规划，以促进被列入《国际重要湿地名录》的湿地之保护，并尽可能地合理使用其领土内的湿地。在湿地建立自然保护区，以促进对湿地和水禽的保护，并采取充实措施予以监管。

根据议案 4.2 的附件(瑞士蒙特利尔，1990)和决议 VI.2 的附件(澳大利亚布里斯班，1996)，具有下列任意一项或多项指标的湿地可被确认为具有国际重要意义：

(1) 代表性或典型性湿地的指标

① 能很好地代表所在生物地理区域的基本特征并处在自然或接近自然的状态；或② 能很好地代表一个以上生物地理区域的一般特征并处在自然或接近自然的状态；或③ 在某个主要的，特别是处在跨国区域上的流域或海岸生态系统中，能在水文、生物或生态作用方面很好地代表湿地所具有的自然功能；或④ 是所处生物地理区域上稀有和特殊的特定湿地类型的代表。

(2) 基于植物和动物的一般指标

① 是一些稀有、易危和濒危植物或动物物种或亚种的具有可评估价值的集合地，或是上述任意一种或亚种的具有可评估价值的个体集中分布地；或② 因其拥有的动植物物种的质量和特异，对维持所在区域的遗传与生态多样性具有特殊价值；或③ 因其植物或动物栖息地正处于其生物周期的关键阶段而具有特殊的价值；或④ 因拥有一种或多种原产植物或动物物种或群落而具有特殊的价值。

(3) 基于水禽的特定指标

① 正常状况下维持了 20 000 只水禽；或② 正常地维持着特殊类别的水禽或湿地价值、生产力或多样性之指示水禽的大批个体数量；或③ 若种群数据可获知，正常地维持某一水禽物种或亚种之 1%的个体数量。

(4) 基于鱼类的特定指标

① 维持代表了湿地效益和(或)价值的一定数量原产鱼类的亚种、种或科，或其生活期的一定阶段，或其物种相互作用的一部分和(或)种群数量，因而能对全球的生物多样性做出贡献；或② 无论是否在该湿地区域上或以外的区域，是某些鱼类及其产卵地、生长地和(或)鱼群洄游线路的重要食物来源的依靠。

我国于 1992 年加入《湿地公约》。为了全面提高我国履行《湿地公约》的能力，承担相应国际义务与责任，进一步促进并强化全国湿地保护管理工作，2007 年 4 月我国成立了中华人民共和国国际湿地公约履约办公室。受国家林业局的委托，国家林业局湿地保护管理中心承担中华人民共和国国际湿地履约办公室的具体工作。

10.2.2 人与生物圈计划(Man and the Biosphere Programme，MAB)

MAB 是联合国教科文组织于 1971 年发起的一项政府间跨学科的大型综合性的研究计划。生物圈保护区是 MAB 的核心部分，具有保护、可持续发展、提供科研教学、培训、监测基地等多种功能。其宗旨是通过自然科学和社会科学的结合，基础理论和应用技术的结合，科学技术人员、生产管理人员、政治决策者和广大人民的结合，对生物圈不同区域的结构和功能进行系统研究，并预测人类活动引起的生物圈及其资源的变化，以及这种变化对人类本身的影响。为合理利用和保护生物圈的资源，保存遗传基因的多样性，改善人类同环境的关系，提供科学依据和理论基础，以寻找有效地解决人口、资源、环境等问题的途径。

中国于 1972 年参加这一计划并当选为理事国，1978 年成立了中华人民共和国人与生物圈国家委员会。我国有 33 个自然保护区加入了世界生物圈保护区。到 2016 年 4 月，已有 120 多个国家参加了该计划，共 669 处生物圈保护区，有 16 处跨国界保护区。最大的生物圈保护区位于格陵兰岛，面积超过 9 700 万 hm^2。

生物圈保护区是按照地球上不同生物地理省建立的全球性的自然保护网。世界人与生物圈委员会把全世界分成193个生物地理省(分布在我国范围内的有14个),在这些生物地理省中,选出各种类型的生态系统作为生物圈保护区。它不仅要具有网络的特征,还要把自然保护区与科学研究、环境监测、人才培训、示范作用和当地人民的参加结合起来,其目的是通过保护各种类型生态系统来保存生物遗传的多样性。生物圈保护区具有3个特点:首先,它是受保护的典型环境地区,其保护价值需被国内、国际承认,它可以提供科学知识、技能及人类对维持它持续发展的价值。其次,各保护区组成一个全球性网络,共享生态系统保护和管理的研究资料。再次,保护区既包括一些受到严格保护的"核心区",还包括其外围可供研究、环境教育、人才培训等的"缓冲区",以及最外层面积较大的"过渡区"或"开放区"。开放区可供研究者、经营者和当地人之间密切合作,以确保该区域自然资源的合理开发。

除此以外,《保护臭氧层维也纳公约》(Vienna Convention for Protection of the Ozone Layer)于1985年签署,以调节和逐步淘汰氟利昂等化合物的使用。我国于1989年加入,并于12月10日生效;《海洋法公约》(United Nations Convention on the Law of the Sea)则促进了世界海洋的和平利用和保护。

10.3 有关生物多样性保护的国内法规及行动计划

自1965年,我国开始开展对自然环境、自然资源包括生物多样性在内的管理和保护,先后颁布了相关的法令、制度、条例和规定。1982年,我国所颁布的《中华人民共和国宪法》第9条规定了国家保护环境和自然资源,防治污染和其他公害,国家保障自然资源的合理利用,保护珍贵的动物和植物。从此,中国生物多样性的管理与保护开始逐步走上法制的轨道。

有关保护生物资源的立法开始于1956年9月。当时,秉志和钱崇澍等5位科学家在全国人民代表大会第一届第三次会议上提出了关于划定天然森林禁伐区的第92号提案。提案指出:"急应在各省(区)划定若干自然保护区,为国家保存自然景观,不仅为科学研究提供据点,而且为我国极其丰富的动植物种类的保护、繁育及扩大利用创立有利条件,同时对爱国主义的教育将起到积极的作用。"该提案经大会通过后,由国务院根据大会审查,责成林业部会同中国科学院、森林工业部研究办理。同年10月,在第七次全国林业会议上,根据第92号提案,提出并颁发了《狩猎管理办法(草案)》和《林业部关于天然森林禁伐区(自然保护区)划定草案》两部法规,这使中国自然保护区的建立有了法律的依据。

在20世纪60年代后期和70年代中期(1966~1977)我国生物多样性保护立法发展缓慢,甚至停滞不前。1978年以后,我国的生物多样性保护立法开始逐步振兴,并获得较快的发展。《中华人民共和国森林法》《中华人民共和国环境保护法》和《中华人民共和国野生动物保护法》等法律法规相继出台。目前,中国已公布的涉及生物多样性管理与保护的法令、制度、条例和规定等达30多项。同时,一些地方性生物多样性保护法规也在国家立法的指导下,结合各省资源状况纷纷出台,如《黑龙江省自然保护区管理条例》和《山东省森林和野生动物类型自然保护区管理办法》。这些法律法规涉及自然生态系统多样性、物种多样性、遗传基因多样性及外来物种控制等生物多样性保护的各个领域。这些法律的颁布和实施,对我国生物多样性的保护起到了重要的监督管理作用。

但是,中国环境保护的立法和执法目前还存在着很多亟待解决的问题或难题。生态环境包括生物多样性保护的立法应建立在有关自然科学和社会科学综合研究的基础上,然而中国对立法的科学研究工作开展得很少,加上管理体制上的不协调,使中国还未形成一个以《宪法》为指导,各种法律的制定和执行较完整的体系。目前,中国在这个领域的法制存在着不规范、不系统、不完备、不全面的缺憾;尤其是执法不严,甚至执法者违法的现象时有发生。有些重要自然资源的保护虽有立法,但既忽略了各种自然资源之间的密不可分的联系,又出现了某类自然资源由多个部门管理,它们常各自颁布行政法规,使所颁布的行政法规缺乏协调的状况,甚至出现相互冲突,造成立法上的不统一。因而在执法上,不仅执法机构不健全、不协调、缺乏侦破的技术、设施和执法人员的素质不高,使非法破坏生物多样性的犯罪行为难以被绳之以法;而且我国国民的环境生态意识和法制观念淡薄,加上人们的生活本身就与自然资源的开发、利用密切联系在一起、"靠山吃山,靠水吃水"和中国"地大物博"、生物资源取之不尽、用之不竭的传统观念,还没有因中国人口急剧上升、资源需求倍增和环境变化而改变。这样一来,一方面存在着对自然资源的任意开发、肆意破坏的严峻形势;另一方面存在着立法和执法上的弊端,因此目前还没有也不可能充分发挥法律在管理与保护我国生物多样性上应有的威力。这种局面正严重威胁着我国生物多样性保护与持续利用事业，务必纠正。

10.3.1 自然保护区管理法

保护野生生物的最直接方式在于保护其所栖息和繁衍的环境。通过建立保护区来保护野生生物及生物多样性，是国际上广泛采用的方式之一，在中国这是最有效的就地保护方式。国际上对保护区的概念不尽相同，在中国，保护区主要包括自然保护区、森林公园、风景名胜区、禁猎区等。至2015年底，中国林业部门已建立各级各类自然保护区2 228处，总面积1.24亿 hm^2，有效保护了90%的陆地生态系统类型、85%的野生动物种群、60%的高等植物群落。除上述有关立法中的一般性规定外，这方面的直接立法有《中华人民共和国自然保护区条例》《森林和野生动物类型自然保护区管理办法》及《风景名胜区管理暂行条例》等。

1.《中华人民共和国自然保护区条例》

该条例由1994年9月2日国务院第24次常务会议讨论通过，发布于1994年10月9日，12月1日起施行。制定该条例是为了加强自然保护区的建设和管理，保护自然环境和自然资源。本条例所称自然保护区是指对有代表性的自然生态系统、珍稀濒危野生动植物种的天然集中分布区、有特殊意义的自然遗迹等保护对象所在的陆地、陆地水体或者海域，依法划出一定面积予以特殊保护和管理的区域。其适用范围为凡是在中华人民共和国领域和中华人民共和国管辖的其他海域内建设和管理的自然保护区。国家采取有利于发展自然保护区经济、技术的政策和措施，将自然保护区的发展规划纳入国民经济和社会发展计划。同时规定，建设和管理自然保护区，应当妥善处理与当地经济建设和居民生产、生活的关系。明确了国家对自然保护区实行综合管理与分部门管理相结合的管理体制。

该条例内容针对自然保护区的建设和管理制定了详细的条文规定。条例认为，凡具有下列条件之一的，应当建立自然保护区：① 典型的自然地理区域、有代表性的自然生态系统区域及已经遭受破坏但经保护能够恢复的同类自然生态系统区域；② 珍稀、濒危野生动植物物种的天然集中分布区域；③ 具有特殊保护价值的海域、海岸、岛屿、湿地、内陆水域、森林、草原和荒漠；④ 具有重大科学文化价值的地质构造、著名溶洞、化石分布区、冰川、火山、温泉等自然遗迹；⑤ 经国务院或者省、自治区、直辖市人民政府批准，需要予以特殊保护的其他自然区域。

自然保护区分为国家级自然保护区和地方级自然保护区。在国内外有典型意义、在科学上有重大国际影响或者有特殊科学研究价值的自然保护区，列为国家级自然保护区。除列为国家级自然保护区外，其他具有典型意义或者重要科学研究价值的自然保护区列为地方级自然保护区。地方级自然保护区可以分级管理，具体办法由国务院有关自然保护区行政主管部门或者省、自治区、直辖市人民政府根据实际情况规定，报国务院环境保护行政主管部门备案。国家级自然保护区的建立，由自然保护区所在的省、自治区、直辖市人民政府或者国务院有关自然保护区行政主管部门提出申请，经国家级自然保护区评审委员会评审后，由国务院环境保护行政主管部门进行协调并提出审批建议，报国务院批准。地方级自然保护区的建立，由自然保护区所在的县、自治县、市、自治州人民政府或者省、自治区、直辖市人民政府有关自然保护区行政主管部门提出申请，经地方级自然保护区评审委员会评审后，由省、自治区、直辖市人民政府环境保护行政主管部门进行协调并提出审批建议，报省、自治区、直辖市人民政府批准，并报国务院环境保护行政主管部门和国务院有关自然保护区行政主管部门备案。跨两个以上行政区域的自然保护区的建立，由有关行政区域的人民政府协商一致后提出申请，并按照前两款规定的程序审批。建立海上自然保护区，需经国务院批准。

自然保护区一经批准建立不得随意改变，其撤销及其性质、范围、界线的调整或改变需经原批准人民政府的批准；单位和个人有保护自然保护区内自然环境和自然资源的义务，并有权检举和控告破坏、侵占自然保护区的行为。自然保护区可以分为核心区、缓冲区和实验区。自然保护区内保存完好的天然状态的生态系统及珍稀、濒危动植物的集中分布地，应当划为核心区，禁止任何单位和个人进入；禁止任何人进入自然保护区的核心区。因科学研究的需要，必须进入核心区从事科学研究观测、调查活动的，应当事先向自然保护区管理机构提交申请和活动计划，并经省级以上人民政府有关自然保护区行政主管部门批准；其中，进入国家级自然保护区核心区的，必须经国务院有关自然保护区行政主管部门批准。核心区外围可以划定一定面积的缓冲区，只准进入从事科学研究观测活动。缓冲区外围划为实验区，可以进入从事科学试验、教学实习、参观考察、旅游以及驯化、繁殖珍稀、濒危野生动植物等活动。

2.《风景名胜区管理暂行条例》

该条例于1985年6月7日由国务院发布实施，目的是加强风景名胜区的管理，更好地保护、利用和开发风景名胜资源。凡具有观赏、文化或科学价值，自然景物、人文景物比较集中，环境优美，具有一定规模和范围，可供人们游览、休息或进行科学、文化活动的地区，应当划为风景名胜区。按其景物的观赏、文化、科学价值和环境质量、规模大小、游览条件等，划分为国家、省和市县三级风景名胜区，分别由相应主管部门和人民政府划定和批准公布。

风景名胜区依法设立人民政府，全面负责风景名胜区的保护、利用、规划和建设。风景名胜区没有设立人民政府的，应当设立管理机构，在所属人民政府领导下，主持风景名胜区的管理工作。设在风景名胜区内的所有单位，除各自业务受上级主管部门领导外，都必须服从管理机构对风景名胜区的统一规划和管理。

风景名胜区的土地，任何单位和个人都不得侵占。风景名胜区内的一切景物和自然环境，必须严格保护，不得破坏或随意改变。在风景名胜区及其外围保护地带内的各项建设，都应当与景观相协调，不得建设破坏景观、污染环境、妨碍游览的设施。在游人集中的游览区内，不得建设宾馆、招待所，以及休养、疗养机构。在珍贵景物周围和重要景点上，除必需的保护和附属设施外，不得增建其他工程设施。

风景名胜区应当做好封山育林、植树绿化、护林防火和防治病虫害工作，切实保护好林木植被和动植物种的生长、栖息条件。风景名胜区及其外围保护地带内的林木，不分权属都应当按照规划进行抚育管理，不得砍伐。确需进行更新、抚育性采伐的，需经地方主管部门批准。古树名木，严禁砍伐。在风景名胜区内采集标本、野生药材和其他林副产品，必须经管理机构同意，并应限定数量，在指定的范围内进行。

10.3.2　野生生物物种保护法

物种保护是当前环境保护所面临的一个特别重要，困难而又紧迫的任务。这不仅由于物种是生命维持系统的基本组成单元，在生物多样性中占有核心位置，更为重要的是近代以来人类的干扰已使大量物种灭绝或濒危，这不仅危及生物进化的过程，而且会进一步威胁到人类自身的生存。由于物种灭绝后的不可复得性，人类将永远失去拯救和利用这些物种的可能。物种保护法的目的在于通过调整人们在环境开发利用、改善和保护中产生的各种社会关系，保护和改善物种的生存条件，控制猎捕和采集的强度以及外来种的引入，防止人为活动引起的物种灭绝或濒危，保障经济和社会的持续发展。除上述立法中皆有对物种保护的规定外，中国在这方面的专门立法还有《中华人民共和国野生动物保护法》《渔业法》《进出境动植物检疫法》《植物检疫条例》《家畜家禽防疫条例》《野生药材资源保护管理条例》等，以及相应的实施条例和细则，目前国家正在制定专门的植物保护管理条例。

1.《中华人民共和国野生动物保护法》

该法于1988年10月8日公布，1989年3月1日实施。为了更有效地实施该法，我国于1992年3月1日和1993年10月5日分别颁布了《中华人民共和国陆生野生动物保护实施条例》和《中华人民共和国水生野生动物保护实施条例》。该法的目的是保护和拯救珍贵、濒危野生动物，保护、发展和合理利用野生动物资源。该法规定野生动物资源属国家所有，公民有保护野生动物资源的义务；各级政府有责任管理野生动物资源，制定保护、发展和合理利用野生动物资源的规划和措施，并开展保护野生动物宣传月和爱鸟周活动，以提高公民保护意识。国家和地方政府分别制定国家和地方重点保护野生动物名录，保护野生动物及其生存环境，对珍惜、濒危物种给予重点保护。在野生动物主要栖息繁殖区域划定自然保护区，组织资源调查并建立资源档案，检测环境对野生动物的影响。在自然灾害威胁野生动物时要采取补救措施，政府补偿保护野生动物造成的损失。禁止猎捕、出售、收购国家重点保护的野生动物或其产品，因特殊情况或需要捕捉国家重点保护野生动物需申办特许猎捕证；驯养繁殖野生动物要持有驯养繁殖许可证并凭证向政府指定收购单位出售；野生动物的运输要有准运证；进出口要办理允许进出口证明书。自然保护区、禁猎区和禁猎期内禁止猎捕野生动物和从事其他影响其栖息繁衍的活动；其他情况下猎捕非国家重点保护的野生动物必须取得狩猎证并限额猎捕；经营利用野生动物及其产品的，应当交纳资源保护管理费。在法和条例中对奖励、惩罚和法律责任作了详细规定。

2.《中华人民共和国渔业法》

该法于1986年1月20日公布，7月1日起施行。制定该法的目的之一是加强渔业资源的保护、增殖、开发和合理利用。各级政府主管部门要按规定重点保护渔业资源品种和对其管理的渔业水域进行统一规划，采取措施，增殖渔业资源；向受益者征收增殖保护费，专门用于增殖和保护渔业资源。禁止炸鱼、毒鱼，禁止捕捞有重要经济价值的水生动物鱼苗，禁止围湖造田，对国家禁止捕捞的珍贵水生动物应当予以保护。不得使用禁止的工具和方法及不符合规定的网具捕捞，不得在禁渔期和禁渔区捕捞。在鱼、虾、蟹洄游通道建闸筑坝要有过鱼设施或相应补救措施。在苗种重点产区用水或引流时要采取措施保护鱼苗。各级政府应依法采取措施保护和改善渔业水域的生态环境，防止污染，并追究污染者和违法者的法律责任。

3.《中华人民共和国进出境动植物检疫法》《植物检疫条例》《家畜家禽防疫条例》

《中华人民共和国进出境动植物检疫法》是防止外来物种侵入导致物种灭绝和生态破坏、保护生态系统的重要保障措施。《中华人民共和国进出境动植物检疫法》于 1991 年 10 月 30 日公布，1992 年 4 月 1 日施行。制定该法的目的是防止动植物病虫害传入、传出国境，检疫范围包括进出境的动植物及其产品、装载包裹物和运载工具。该法规定禁止动植物病原体、有害生物、尸体、土壤和来自疫情区的动植物及其产品进入国境，国家对重大疫情传入要采取紧急预防措施，必要时封锁疫情区口岸。国家主管部门制定一、二类动物传染病、寄生虫病名录、植物危险性病、虫、杂草名录和禁止携带、邮寄入境动植物及其产品和其他检疫物名录。属名录所列内容的一旦被检出，分别按规定销毁或退回作除害处理。进口必须持输出国的检疫证书报检，检疫合格方可入境；出口应事先报检，检疫合格准予离境；过境只在入境口岸报检，检疫合格的出境不再检疫。违反规定的给予行政处罚，造成重大疫情的追究刑事责任。

《植物检疫条例》制定于 1983 年 1 月 3 日，1992 年 5 月 13 日重新修订发布，目的是防止危害植物的危险性病、虫、杂草传播、蔓延。凡局部地区发生的危险性大、能随植物及其产品传播的病、虫和杂草都是检疫对象。国家制定检疫对象和应实施检疫植物及其产品名单，地方根据需要制定补充名单。发生检疫对象的地区应划为疫区，要采取封锁、消灭措施防止检疫对象传出；发生较普遍的，则将未发生区划为保护区，防止检疫对象传入。列入上述名单的植物及其产品，种子、苗木和其他繁殖材料，必须进行检疫，检疫合格发给植物检疫证书，方可调出、调入，运输和邮政部门凭证承运或收寄。从国外引进种子、苗木应办理检疫；引进可能潜伏有危害性病虫植物体时必须隔离试种，证明确无检疫对象后方可分散种植。

《家畜家禽防疫条例》虽是针对家养动物的，但一些畜禽传染时对野生动物也有危害。该条例规定国家主管部门颁布畜禽防疫、检疫对象；家畜出售或转运前应经检疫，凭检疫证明出售和运输；发现严重的或当地新发现的畜禽传染病时，应将发病区划为疫区加以封锁，不得在疫区购买、运出畜禽和畜禽产品。

4.《野生药材资源保护管理条例》

该条例于 1987 年 10 月 30 日发布，12 月 1 日实行。制定该条例的目的是保护和合理利用野生药材资源，对野生药材资源实行保护、采猎相结合的原则，创造条件开展人工种养。国家主管部门制定国家重点保护野生药材物种名录，分三级区别进行保护、管理和适度采猎：属一级的禁止采猎，属自然淘汰的不得出口；采猎、收购二级和三级国家重点保护野生药材、物种必须持有规定的采药证并按批准的计划执行，凭采药证向有关部门申办采伐证或狩猎证，其中属于国家计划管理的品种由主管药材公司统一经营管理，出口实行限量；不得在禁止采猎区、禁止采猎期及用禁止工具采猎二级和三级国家重点保护野生药材物种。建立国家或地方野生药材资源保护区，对破坏野生药材资源情节严重、构成犯罪的，依法追究刑事责任。

10.3.3 《中国生物多样性保护行动计划》

1. 行动计划产生的历史背景及意义

据资料记载，近半个世纪以来，中国仅动物资源已经灭绝的物种就多达数十种，例如蒙古野马(*Equus przewalskii*)、高鼻羚羊(*Saiga tatarica*)、麋鹿(*Elaphurus davidianus*)等均在 20 世纪初或 50～60 年代于原产地绝迹。更多的是许多珍稀物种在原栖息地灭绝了，如野牛沟无野牛(*Bos mutus*)，野马滩无马，马鹿镇无马鹿(*Cervus elaphus*)，黄羊镇无黄羊(*Cazella subgutturosa*)等。此外，尚有数百种生物面临即将灭绝的境地，例如中国国家重点保护野生动物名录中，记录受保护的濒危野生动物有 400 多种，植物红皮书中记述的濒危植物高达 1 019 种。实际上还有许多名录之外的濒危生物物种如鸟类中的雁鸭类等近 10 种已极为罕见，对于更多的低等动植物种，很可能在被我们认识以前就已濒危甚至灭绝。

面对生物资源所受的威胁，中国政府在保护自然、保护生物多样性方面进行了长期不懈的努力，使相当一批具有代表性、典型性的自然生态系统得以保存。此外，全国还建立了许多野生植物保存基地和野生动物人工繁殖场，以及各种基因库。国家颁布了重点保护野生动植物名录，使257种珍稀濒危动物和354种珍稀植物得到重点保护。目前，在中国已初步形成以各种相互配套的法规为保证，由各级政府和有关部门积极参与、通力协作的自然保护体系。同时，通过广泛的宣传教育，公众的自然保护意识正在日益提高。

目前，中国政府虽然公布了如《野生动物保护法》《环境保护法》《海洋环境保护法》及《自然保护区条例》等法令、法规，在一定程度上保护了生态环境和生物物种，各种不同类型的自然保护区也在不同程度上发挥了保护环境和物种的作用。但是从总体上看，中国的自然景观和物种仍然受到严重的威胁，不断遭受破坏和毁灭。据估计，中国的自然生物物种仍然以每天一种的速度走向濒危甚至灭绝，因此保护和拯救中国的生物多样性及其赖以生存的多样化生境，已到了刻不容缓的关键时期。

1992年，里约联合国环境与发展大会上，通过了《生物多样性公约》，我国是最早缔约国之一，承担了保护我国生物多样性的义务。早在里约大会之前，全球环境基金(GEF)就资助不同国家和地区编写《生物多样性保护行动计划》，我国是仅次于印度尼西亚，被选中资助的第二个国家。"中华人民共和国生物多样性保护行动计划"(BAP)是由国家环保局成立了有关人员组成领导小组，对本项目进行全面监督、政策指导并加以协调，于1991年着手考虑编写提纲和编写部署等基础工作，1993年完成了《中国生物多样性保护行动计划》，于1994年6月得到了我国政府的批准问世。这个《行动计划》将成为我国生物多样性保护行动的纲领性文件，对推动全社会保护我国丰富、繁多、独特的生物多样性具有重要指导意义。

2. 主要内容简介

本行动计划是以联合国《生物多样性公约》的精神和原则为指导，从中国的国情出发，在充分利用已有资料，并考虑中国社会和经济发展现实及生物多样性现状的情况编写而成的。整个行动计划分四个部分：前两部分描述生物多样性及当前为保护生物多样性所作的努力；后两部分介绍行动计划的组成，以及中国为了保护其生物多样性需要采取的步骤。文件的主要内容包括：

第一章：对中国生物多样性的现状进行了全面分析与评估，并总结了中国生物多样性的丰富程度、开发利用与受威胁程度及其急需加强保护的紧迫性。

第二章：对就地和迁地保护、政策法规、机构体制、科学研究、教育培训、国际合作等现有保护措施进行了系统的论述和评价。

第三章：对生物多样性的直接保护，即物种和生态系统的直接保护的具体行动进行介绍。对生物多样性保护的目标及任务分解成目标、行动和优先项目3个层次，作了详细的阐述。首先是确定主要目标，再在每项目标下确定几项重要的行动，然后在每项行动下确定数项优先项目。这里总共确定了7项目标，包括建立和完善中国自然保护区网络、确定和规划对生物多样性有重要意义的野生物种的保护、规划栽培作物和家畜遗传资源的保护、评价野生物种在自然保护区以外的就地保护、建立全国范围的信息和监测系统，寻求生物多样性保护与持续利用的方法与手段。

第四章：对支持直接保护行动所需措施的论述，这一章共介绍了7类支持措施，包括：立法和政策保证、组织措施、科学研究、技术推广、宣传教育、资金、资金渠道和国际合作。

《中国生物多样性保护行动计划》对于中华民族具有重大意义，也是中国政府履行联合国《生物多样性公约》职责与义务的国家级方案的重要组成部分，它必将对世界生物多样性保护产生重大的积极影响。

10.4 与生物多样性保护相关的国际组织

随着自然保护事业的发展，一些自然保护组织，如世界自然保护联盟(International Union of Conservation of Nature and Natural Resources, IUCN)、世界自然基金会(World Wildlife Fund, WWF)等相继成立，并在全球自然保护事业中发挥作用。现介绍几个在我国具有一定影响的国际组织。

10.4.1 世界自然保护联盟(IUCN)

世界自然保护联盟，简称为IUCN，是International Union for Conservation of Nature and Natural Resources的缩写。1948年10月5日世界自然保护联盟在法国成立，当时名为国际自然保护协会，1956年

6月改为世界自然保护联盟,总部设在瑞士的格朗。世界自然保护联盟是政府和非政府机构都能参加的国际组织,其工作宗旨是在可持续发展的前提下,保护自然与自然环境,旨在影响、鼓励及协助全球各地的社会保护自然的完整性与多样性,并确保在使用自然资源上的公平性及生态上的可持续发展。

在生物多样性保护中,世界自然保护联盟在一些传统领域处于领先地位,如拯救濒危动植物物种、建立国家公园和自然保护区、评估物种及生态系统的保护并帮助其恢复。同时世界自然保护联盟在传统领域之外也有所发展。世界自然保护联盟认为自然资源的可持续利用是保护自然的良好方式,这种方式使得为满足其基本需求而利用自然资源的那些人成为保护自然资源的卫士。在促进生物多样性概念的完善方面所起的先锋作用已使世界自然保护联盟在推动生物多样性公约的实施中成为重要的角色,并在协助起草许多国际公约及各国国内的环境立法、社会政策等领域开展了大量工作。

世界自然保护联盟的组织形式包括:① 世界自然保护大会:由IUCN全体成员参加的世界自然保护大会,每4年召开一次,是联盟的最高层管理机构。大会制定世界自然保护联盟的政策、工作计划,并选举联盟主席及理事会成员。② 联盟成员的国家委员会和地区委员会:世界自然保护联盟的政府成员及非政府成员在得到理事会认可之后,这些成员可在某个国家或地区成立委员会,负责确定各个项目的优先顺序,协调各项规划和成员间的关系。③ 理事会:负责指导秘书处贯彻落实世界自然保护大会通过的各项政策和规划。④ 秘书处:秘书处为联盟全体成员服务,负责贯彻落实联盟的各项政策和项目。⑤ 专家委员会:6个由科学家、技术专家、政策专家组成的专家委员会,即生态系统管理委员会、教育和通信委员会、环境法委员会、环境政策委员会、国家公园和保护区委员会、物种生存委员会,分别在生物多样性保护的相关领域中进行工作。我们熟知的濒危物种红皮书、IUCN濒危动物红色名录和濒危植物红色名录等对世界物种保护具有指导作用的出版物,就是在物种生存委员会的指导下完成的。

中国在1996年加入联盟,成为联盟的一个重要成员。

10.4.2 世界自然基金会(WWF)

世界自然基金会是世界上最大的非政府保护组织,建立于1961年,原名为世界野生生物基金会,总部设在瑞士,负责组织、协调基金会在世界各地开展的生物多样性保护、政策协调和为其他国际保护组织提供服务。其目的是通过组织、宣传和教育等工作,促使有关方面重视自然环境面临的威胁,尽可能取得世界性的精神和物质的支持,并在科学的前提下,把这些支持付诸行动,向世界各国的野生动物保护项目提供资金和技术。其工作范围是保护地球上必不可少的自然环境和生态。

WWF在25个国家设立了机构,与政府和非政府组织合作建立了自己的工作网络,资助和参与世界各国的生物多样性保护工作。WWF在中国的工作始于1980年的大熊猫及其栖息地的保护,是第一个受中国政府邀请来华开展保护工作的国际非政府组织。1996年,WWF正式成立北京办事处,此后陆续在全国8个城市建立了办公室。发展至今,共拥有70多名员工,项目领域也由大熊猫保护扩大到物种保护、淡水和海洋生态系统保护与可持续利用、森林保护与可持续经营、可持续发展教育、气候变化与能源、野生生物贸易、科学发展与国际政策等领域。

10.4.3 世界野生生物保护学会(WCS)

世界野生生物保护学会(the Wildlife Conservation Society,WCS)建立于1895年,学会总部在美国纽约的布朗克斯(Bronx)动物园,当时的名称是纽约动物学会(the New York Zoological Society),也是美国的第一个保护组织,从刚成立学会开始,其会训明确为:推进野生生物保护,促进动物学研究,创办一流的动物园。其主要宗旨是通过科学研究、国际保护、教育及城市动植物公园系统的管理来保护世界野生生物及其栖息地。该组织从20世纪30年代开始在中国开展工作,WCS著名野生动物保护学家威廉·毕彼于20世纪30年代的时候在中国做过雉鸡类的研究,继威廉·毕彼后的首席科学家乔治·夏勒博士于20世纪80年代开始长期在四川和羌塘开展大熊猫与高原有蹄类的保护工作。

1996年,WCS在上海建立了中国项目办公室;2005年,中国项目的总部转移到北京。现在,WCS中国项目长期开展西部青藏高原和帕米尔高原有蹄类保护、东北地区跨国界东北虎保护,并在华南地区从事减少野生生物消费和贸易及野生动物保护宣传教育项目等。WCS注重与政府、社区合作,开展长期的野外科学研究，用收集到的野生生物与生态系统的第一手信息推动保护工作。

10.4.4　全球环境基金会(GEF)

全球环境基金会(Global Environment Facility，GEF)于1990年10月建立，最初由25个成员国组成，GEF秘书处在美国华盛顿，它作为一个国际资金机制，GEF由世界银行、联合国发展署(United Nations Development Programme，UNDP)和联合国环境规划署(United Nations Environment Programme，UNEP)等3个正式的执行机构共同管理，主要是以赠款或其他形式的优惠资助，为受援国(包括发展中国家和部分经济转轨国家)提供关于气候变化、生物多样性、国际水域和臭氧层损耗4个领域及与这些领域相关的土地退化方面项目的资金支持，以取得全球环境效益，促进受援国有益于环境的可持续发展。它是联合国《生物多样性公约》《气候变化框架公约》的资金机制和新近签署的《持久性有机污染物公约》的临时资金机制。中国是GEF的创始国、捐资国和受援国之一，十多年来与GEF一直保持着良好的合作关系，对我国生物多样性保护、工业节能、可再生能源等具有重要意义。

GEF的影响力大大超出了它资助各个单独项目所获得的成果。作为一个战略性联盟，它能够汇集其执行机构的最大效力，有效地实施国际公约。它也是全球环境科学技术有关信息的主要"消费者"。通过吸取各方面教训，传播其自身经验，GEF为全球环境的良好发展做出了积极贡献。目前，GEF正在发挥着其他基金所无法替代的作用，有潜力成为其他国际环境公约的国际资金机制。

思　考　题

1. 有关野生动植物保护的主要国际协定有哪些？它们的主要宗旨是什么？
2. 我国关于自然保护区的法规主要有哪些？其立法的主要目的是什么？
3. 我国关于野生生物保护的法规主要有哪些？其立法的主要目的是什么？
4. 简述《中国生物多样性保护行动计划》的主要任务和基本内容。
5. 有关生物多样性保护的国际组织主要有哪些？并简述它们在中国开展工作的情况？

推荐参考书与网站

国家林业局野生动植物保护司.2001.自然保护区现代管理概论.北京：中国林业出版社.
蒋志刚，马克平，韩兴国.1997.保护生物学.杭州：浙江科学技术出版社.
谢国辉，颜亨梅，张文辉，等.2001.生物多样性保护与利用.长沙：湖南科学技术出版社.
宋延龄，杨亲二，黄永青.1998.物种多样性研究与保护.杭州：浙江科学技术出版社.
郭忠玲，赵秀海.2003.保护生物学概论.北京：中国林业出版社.
王献溥，刘玉凯.1994.生物多样性的理论与实践.北京：中国环境科学出版社.
马建章.1992.自然保护区学.哈尔滨：东北林业大学出版社.
Andrew S P. 2005.保护生物学.贾竞波译.北京：高等教育出版社.
马建章，邹红菲，贾竞波.2004.野生动物管理学.哈尔滨：东北林业大学出版社.
世界自然保护联盟：https://www.iucn.org/.
世界自然基金会：http://www.wwf.org/.
世界野生生物保护学会：http://www.wcs.org/.
湿地公约：http://www.ramsar.org/.

第11章 保护生物学与可持续发展教育

提 要

本章系统地论述了可持续发展思想产生的过程、内涵和人类社会可持续发展的基本原则；从生态系统功能的完整性和生物资源可持续利用的角度，说明了保护生物多样性与可持续发展的关系；介绍了我国中小学可持续发展教育的理论、内容及实施策略。

自20世纪中后期以来，随着世界政治格局的变化和冷战的结束，“发展”逐渐成为全球的时代主题。无论是发达国家，还是发展中国家，都将发展科学技术和经济作为本国的首要奋斗目标。近代的工业化进程也促使世界经济突飞猛进的增长，人类在改造自然和发展经济方面取得了辉煌的业绩，创造了灿烂的现代文明。但是，长期以来，人们对“发展”的理解一般只集中在经济领域的产值增长、速度加快、规模扩大、人均GDP提高等方面上。因此，在经济增长过程中出现了世界人口爆炸性增长、自然资源的掠夺性开发和工业化国家的贫富差距日益加剧、生物多样性锐减等一系列问题。国内外一些有识之士已透过当时世界经济发展繁荣的表面，敏锐地察觉到了在人口、资源、环境与经济发展之间出现的一系列尖锐的矛盾，并成为影响社会、经济持续发展的严重问题。

随着文明的进步，人类自身的素质不断提高，人们迫切希望能实现与自然和平相处，以对地球最小的损耗来获得最大的回报。传统的发展观点和发展模式所带来的人类需求无限增长和地球资源、环境承载能力有限的矛盾迫使世界各国在发展的道路上面临着一次新的抉择。可持续发展这一理论概念和发展模式自1987年提出后，已被当今世界各国普遍接受。可持续发展是一种全新的现代社会发展观念，它的基本含义是保证人类社会具有长远的、持续发展的能力。可持续发展强调当今的事业既是社会发展的一个重要阶段，又是社会继续发展的重要基础，可以说可持续发展观是人类发展观的一次根本性变革，是人类面对生态环境不断失衡、生活环境不断恶化而进行的历史抉择。我国于1994年3月编制并正式通过了《中国21世纪议程》，党的十四届五中全会正式提出了“在现代化建设中，必须把实现可持续发展作为一个重大战略”。《中国21世纪议程》把我国的可持续发展战略目标确定为“建立可持续发展的经济体系、社会体系和保持与之相应的可持续利用的资源和环境基础”。

11.1 什么是可持续发展

传统的发展模式是以人类主宰自然界的思想为指导，以大量的消耗资源和污染环境为代价换取暂时经济的高速发展。从20世纪70年代起，人们开始反思这种发展模式，探索建立一种在目前资源、环境可承受范围内的长期稳定的人类发展新模式，先后提出了“有机增长”“全面发展”“同步发展”和“协调发展”的设想。经过十多年的研究与探索，可持续发展的思想理论逐渐成熟并得到了广泛的认同。

11.1.1 可持续发展理念的产生

1. 可持续发展的概念

可持续发展(Sustainable Development)是20世纪80年代提出的一个新概念。1987年世界环境与发展委员会(WECD)在《我们共同的未来》(*Our Common Future*)报告中第一次阐述了可持续发展的概念：即可持续发展是指既满足当代人的需求,又不对后代人满足其需求的能力构成危害的发展。

《我们共同的未来》报告在全面系统地分析了当代人类社会在经济发展和环境保护方面存在的共性问题的基础上,指出过去我们关心的是经济发展对环境带来的影响,而现在我们则迫切感到生态的压力,如土壤、水、大气、森林的退化对发展所带来的影响。在我们认识到国家之间在经济方面相互联系的重要性不久之后,又发现国家之间在生态方面的相互依赖,生态与经济从来没有像目前这样相互紧密地联系在一个互为因果的人类社会发展系统中。

2. 可持续发展思想产生的过程

事实上,朴素的可持续发展思想古已有之。从保护生物学的产生与发展中(本书第1章)我们已经看出,无论是在宗教和哲学方面,我国和西方的古代思想家、哲学家已经在分析总结人与自然关系中提出了"永续利用"和"崇尚自然,与万物生灵和平共处"的思想。早期的可持续发展思想主要是告诫人们应遵从自然的生态规律,注重可再生资源的自我更新、持续保存和永续利用。

现代可持续发展理论是在古代朴素的可持续发展思想的影响和经济发展引发的环境危机日益加剧的背景下产生的。现代可持续发展理论关注的领域更为广泛和多样,如生态破坏、环境污染、资源短缺、人口爆炸等。科学技术的进步和工业化程度的提高使人类可以在更大范围内以超乎想象的速度改造自然并获取更多的资源,同时,人类赖以生存发展的环境和资源也遭到了前所未有的破坏。种种始料不及的环境问题击破了单纯追求经济增长的美好神话,传统的发展模式面临严峻挑战。历史把人类推到了必须从工业文明走向生态文明的发展阶段。现代可持续发展理论是在环境与发展剧烈的矛盾冲突中逐步形成的。

自20世纪60年代以后,人类开始反思当时经济发展理念和模式所产生的负面影响,认识到以牺牲环境和资源为代价所取得的暂时的经济发展已经给后代的发展带来灾难性危机。人们开始将人口、资源、环境等进行综合性思考,一些学者和国际组织对当时的发展所带来的危机提出了警告和建议,其中最具有代表性的如下。

(1)《寂静的春天》(*Silent Spring*)

20世纪50年代末,美国海洋生物学家蕾切尔·卡逊(Rachel Karson)在潜心研究美国使用杀虫剂所产生的种种危害之后,于1962年发表了环境保护科普著作《寂静的春天》。作者通过对污染物富集、迁移、转化的描写,阐明了人类同大气、海洋、河流、土壤、动植物之间的密切关系,初步揭示了污染对生态系统的影响。她告诉人们:"地球上生命的历史一直是生物与其周围环境相互作用的历史……只有人类出现后,生命才具有了改造其周围大自然的异常能力。在人对环境的所有袭击中,最令人震惊的,是空气、土地、河流及大海受到各种致命化学物质的污染。这种污染是难以清除的,因为它们不仅进入了生命赖以生存的世界,而且进入了生物组织内。"她还向世人呼吁我们长期以来行驶的道路,容易被人误认为是一条可以高速前进的平坦、舒适的超级公路,但实际上,这条路的终点却潜伏着灾难,而另外的道路则为我们提供了保护地球的最后的机会。这"另外的道路"究竟是什么样的,卡逊没能确切告诉我们,但作为环境保护的先行者,卡逊的思想在世界范围内,较早地引发了人类对自身的传统行为和观念进行比较系统和深入地反思。

(2)《增长的极限》(*The Limits to Growth*)

1968年,来自世界各国的几十位科学家、教育家和经济学家等学者聚会罗马,成立了罗马俱乐部(The Club of Rome)。它的工作目标是,关注、探讨与研究人类面临的共同问题;使国际社会对人类面临的社会、经济、环境等诸多问题,有更深入的理解,并在现有全部知识的基础上推动采取能扭转不利局面的新态度、新政策和新制度。

受俱乐部的委托,以麻省理工学院梅多斯(Dennis L. Meadows)为首的研究小组,针对长期流行于西方的高增长理论进行了深刻反思,并于1972年提交了俱乐部成立后的第一份研究报告——《增长的极限》。报告深刻阐明了环境的重要性及资源与人口之间的基本联系。报告认为:由于世界人口增长、粮食生产、工业发展、资源消耗和环境污染这五项基本因素的运行方式是指数增长而非线性增长,全球的增长将会因为粮食短缺和环境破坏于下世纪某个时段内达到极限。就是说,地球的支撑力将会达到极限,经济增长将发生不可控制的衰退。因此,要避免因超越地球资源极限而导致世界崩溃的最好方法是限制增长,即"零增长"。

《增长的极限》一发表,在国际社会特别是在学术界引起了强烈的反响。该报告在促使人们密切关注人口、资源和环境问题的同时,因其反增长情绪而遭受到尖锐的批评和责难,因此,引发了一场激烈的、旷日持久的学术之争。一般认为,由于种种因素的局限,《增长的极限》的结论和观点,存在十分明显的缺陷。但是,报告所表现出的对人类前途的"严肃的忧虑"及唤起人类自身的觉醒,其积极意义却是毋庸置疑的。它所阐述的"合理的、持久的均衡发展",为孕育可持续发展的思想萌芽提供了土壤。

(3) 联合国人类环境会议

1972年,联合国人类环境会议在斯德哥尔摩召开,来自世界113个国家和地区的代表汇聚一堂,共同讨论环境对人类的影响问题。这是人类第一次将环境问题纳入世界各国政府和国际政治的事务议程。大会通过的《人类环境宣言》宣布了37个共同观点和26项共同原则。它向全球呼吁:现在已经到达历史上这样一个时刻,我们在决定世界各地的行动时,必须更加审慎地考虑它们对环境产生的后果。由于无知或不关心,我们可能给生活和幸福所依靠的地球环境造成巨大的无法挽回的损失。因此,保护和改善环境是关系到世界各国人民的幸福和经济发展的重要问题;是全世界各国人民的迫切希望和各国政府的责任,也是人类的紧迫目标。各国政府和人民必须为全体人民和自身后代的利益而做出共同的努力。

作为探讨保护全球环境战略的第一次国际会议,联合国人类环境大会的意义在于唤起了各国政府共同对环境问题,特别是对环境污染的觉醒和关注。尽管大会对整个环境问题认识比较粗浅,对解决环境问题的途径尚未确定,尤其是没能找出问题的根源和责任;但是,它正式吹响了人类共同向环境问题挑战的进军号。各国政府和公众的环境意识,无论是在广度上还是在深度上都向前迈进了一步(马光,2001)。

20世纪80年代是可持续发展思想的兴起、传播和形成阶段。1980年,联合国大会呼吁:"必须研究自然的、社会的、经济的及利用资源过程中的基本关系,确保地球可持续发展。"并为此于1983年成立了世界环境与发展委员会(WCED)。

"可持续发展"一词作为当代的科学术语,最早出现于1980年由国际自然保护联盟(IUCN)在世界自然基金会(WWF)的支持下制订发布的《世界自然保护策略》(The World Conservation Strategy)中。该报告从生态学角度最早定义了可持续发展,首次明确了可持续发展思想,为可持续发展概念的形成奠定了基础。1981年,奥尔里欧·佩奇在《世界的未来》和R·布朗在《建设一个持续发展的社会》(Building a Sustainable Society)著作中提出了"协调发展"的思想,首次对可持续发展概念做了进一步的阐述。

1987年,世界环境与发展委员会向联合国大会提交了《我们共同的未来》研究报告。该报告分为"共同的问题""共同的挑战"和"共同的努力"三大部分,重点关注人口、粮食、物种和遗传资源、能源、工业和人类居住等方面。在系统探讨了人类面临的一系列重大经济、社会和环境问题之后,提出了"可持续发展"的概念。报告明确指出:我们需要有一条新的发展道路,这条道路不是一条仅能在若干年内、在若干地方支持人类进步的道路,而是一直到遥远的未来都能支持全球人类进步的道路。这实际上就是卡逊在《寂静的春天》没能提供答案的、所谓的"另外的道路",即"可持续发展道路"。《我们共同的未来》所阐述的科学观点,把人们从单纯考虑环境保护引导到把环境保护与人类发展切实结合起来,实现了人类有关环境与发展思想的重要飞跃。

可见,可持续发展是在深刻认识环境与资源可持续的基础上提出的,是对现代文明反思的结果。促使可持续发展思想的形成在于三个理论认识的转变:一是由人类中心论向物种共同进化论转变;二是由现代主义向世代伦理主义转变;三是由效益至上向公平和合理至上转变。1992年,联合国在巴西里约热内卢召开了环境与发展大会,以可持续发展思想为指导,制定并通过了《21世纪议程》《里约热内卢环境与发展宣言》《关于森林问题的原则声明》《生物多样性公约》《联合国气候变化框架公约》等文件,可持续发展得到世界最广泛和最高级别的政治承诺。

从此,世界各国将可持续发展由理论和概念推向行动,使可持续发展成为当代人类发展的主题。这标志着可持续发展思想升华为可持续发展战略并在全世界范围得到理解和接受。人类对环境与发展的认识进入到了一个崭新的阶段,向着新的文明时代迈出了关键性的一步。

11.1.2 可持续发展思想的内涵

可持续发展是一个涉及经济、社会、文化、技术及自然环境的综合概念。它是一种立足于环境和自然资源角度提出的关于人类长期发展的战略和模式。可持续并不是一般意义上所指的在时间和空间上的连续,而是特别强调环境承载能力和资源的永续利用对发展进程的重要性和必要性。它的基本思想主要包括以下

3个方面。

1. 可持续发展鼓励经济增长

它强调经济增长的必要性，必须通过经济增长提高当代人福利水平，增强国家实力和社会财富。但可持续发展不仅要重视经济增长的数量，更要追求经济增长的质量。这就是说经济发展包括数量增长和质量提高两部分。数量的增长是有限的，而依靠科学技术进步，提高经济活动中的效益和质量，采取科学的经济增长方式才是可持续的。因此，可持续发展要求重新审视如何实现经济增长。要达到具有可持续意义的经济增长，必须考虑使用能源和原料的方式，改变传统的以"高投入、高消耗、高污染"为特征的生产模式和消费模式，实施清洁生产和文明消费，从而减少经济发展造成的环境压力。

2. 可持续发展的标志是资源的永续利用和良好的生态环境

经济和社会发展不能超越资源和环境的承载能力。可持续发展以自然资源为基础，同生态环境相协调。它要求在严格控制人口增长、提高人口素质和保护环境、资源永续利用的条件下，进行经济建设；保证以可持续的方式使用自然资源和环境成本，将人类的发展控制在地球的承载力之内。可持续发展强调发展是有限制条件的，没有限制就没有可持续发展。要实现可持续发展，必须使自然资源的耗竭速率低于资源的再生速率，必须通过转变发展模式，从根本上解决环境问题。如果经济决策中能够将环境影响全面系统地考虑进去，这一目的是能够达到的。但如果处理不当，环境退化和资源破坏的成本就非常巨大，甚至会抵消经济增长的成果而适得其反。

3. 可持续发展的目标是谋求社会的全面进步

发展不仅仅是经济问题，单纯追求产值的经济增长不能体现发展的内涵。可持续发展的观念认为，世界各国的发展阶段和发展目标可以不同，但发展的本质应当包括提高人类生活质量，提高人类健康水平，创造一个保障人们平等、自由、教育和免受暴力的社会环境。这就是说，在人类可持续发展系统中，经济发展是基础，自然生态保护是条件，社会进步才是目的。而这三者又是一个相互影响的综合体，只要社会在每一个时间段内都能保持与经济、资源和环境的协调，这个社会就符合可持续发展的要求。显然，在新的世纪里，人类共同追求的目标，是以人为本的自然—经济—社会复合系统的持续、稳定、健康的发展。

在分析可持续发展内涵的基础上，我们不难看出，从本质上说，可持续发展还是强调了当代与后代的关系即时间上的可持续性，相对削弱了生活在不同区域、不同发展阶段同代人目前发展水平上的差异。由于现代的可持续发展思想源于对西方发达国家面临发展危机的思考，难以体会到发展中国家生存和发展的基本要求。针对西方可持续发展思想的这一缺陷，我国学者在重点分析发展中国家现状的情况下，指出在发展中国家，可持续发展尤其强调的是"发展"。可持续发展把消除贫困当做是实现可持续发展的一项不可缺少的条件。特别是对发展中国家来说，发展权最为重要。目前，发展中国家正经受着贫困和生态恶化的双重压力，贫困是导致生态恶化的根源，生态恶化又加剧了贫困。贫困和生态恶化把发展中国家拖进了一个十分艰难的困境。因此，可持续发展对于发展中国家来说，第一位是发展，只有发展才能为解决生态危机提供必要的物质基础，也才能最终摆脱贫困和落后的境地。

我国学者的这一论述是对可持续发展原理的重要补充，反映了发展中国家的要求和利益，如果不能建立国际政治经济新秩序，任凭区域差距继续扩大，全球经济发展同样是不可持续的。

11.1.3 可持续发展的基本原则

可持续发展具有十分丰富的内涵。就其社会观而言，主张公平分配，既满足当代人又满足后代人的基本需求；就其经济观而言，主张建立在保护地球自然系统基础上的持续经济发展；就其自然观而言，主张人类与自然和谐相处。从中所体现的基本原则如下。

1. 公平性原则

所谓公平是指机会选择的平等性。可持续发展的公平性原则包括两个方面：

一是本代人的公平即代内之间的横向公平。可持续发展要满足所有人的基本需求，给他们机会以满足他们要求过美好生活的愿望。当今世界贫富悬殊、两极分化的状况完全不符合可持续发展的原则。因此，要给世界各国以公平的发展权、公平的资源使用权，要在可持续发展的进程中消除贫困。各国拥有按其本国的环境与发展政策开发本国自然资源的主权，并负有确保在其管辖范围内或在其控制下的活动，不致损害其他国家或在各国管理范围以外地区的环境责任。

二是代际间的公平即世代的纵向公平。人类赖以生存的自然资源是有限的，当代人不能因为自己的发展与需求而损害后代人满足其发展需求的条件——自然资源与环境，要给后代人以公平利用自然资源的权利。

2. 持续性原则

可持续发展有着许多制约因素，其主要限制因素是资源与环境。资源与环境是人类生存与发展的基础和条件，离开了这一基础和条件，人类的生存和发展就无从谈起。因此，资源的永续利用和生态环境的可持续性是可持续发展的重要保证。人类发展必须以不损害支持地球生命的大气、水、土壤、生物等自然条件为前提，必须充分考虑资源的临界性，必须适应资源与环境的承载能力。换言之，人类在经济社会的发展进程中，需要根据持续性原则调整自己的生活方式，确定自身的消耗标准，而不是盲目地、过度地生产、消费。

3. 共同性原则

可持续发展关系到全球的发展。尽管不同国家的历史、经济、文化和发展水平不同，可持续发展的具体目标、政策和实施步骤也各有差异，但是，公平性和可持续性则是一致的。并且要实现可持续发展的总目标，必须争取全球共同的配合行动。这是由地球整体性和相互依存性所决定的。因此，致力于达成既尊重各方的利益，又保护全球环境与发展体系的国际协定至关重要。正如《我们共同的未来》中写的“今天我们最紧迫的任务也许是要说服各国，认识回到多边主义的必要性”，“进一步发展共同的认识和共同的责任感，是这个分裂的世界十分需要的。”这就是说，实现可持续发展就是人类要共同促进自身之间、自身与自然之间的协调，这是人类共同的道义和责任(祝怀新，2005)。

11.2 保护生物学与可持续发展的关系

保护生物学是研究生物多样性保护的科学，即研究保护生物各个层面的多样性及其生存环境的科学。因此，保护生物学与可持续发展之间的关系，实质上是生物多样性保护的研究与可持续发展之间的关系，也是生态良性循环与可持续发展之间的关系。

11.2.1 发展的物质基础

可持续发展以自然资源为基础，同资源环境承载力相协调，讲究生态效益。可持续发展的根本问题是资源分配，核心是人与自然的和谐、发展与资源环境的协调、人地协同和时空公平。

自然资源是一切物质财富的基础，离开了自然资源，现代人类文明就失去了存在的条件，没有人类对自然资源的不断认识和开发利用，就不会有人类今天的繁荣和富裕。人类之所以在对自然资源开发利用时导致一系列生态、经济、社会问题，其根源是对自然资源价值、产权、开发利用和管理长期存在着非理性的认识。

1. 自然资源的概念

自然资源是指在自然界中经过一系列化学、物理、生物过程而自然形成并具有一定的时空格局、对人类生活和生存直接或间接产生影响的所有自然因素(物质和能量)的总和。广义的自然资源应包括一切具有现实和潜在价值的自然物质。也就是说，自然资源的存在不应以是否被人类认识并开发利用为前提；自然资源是否具有价值是其自身的性质决定的，是客观存在的，不以人的意志为转移，未被人类认识的自然物质不等于不存在或不是资源。

2. 自然资源的分类

自然资源的内涵随时代而变化，随社会生产力的提高和科学技术的进步而扩展。按自然资源的再生性特征，可分为：

再生资源：即在人类参与下可以重新产生的资源，如农田，如果耕作得当，可以使地力常新，不断为人类提供新的农产品。再生资源有两类：一类是可以循环利用的资源，如太阳能、空气、雨水、风和水能、潮汐能等；另一类是生物资源。

不可再生资源(或耗竭性资源)：这类资源的储量、体积可以测算出来，其质量也可以通过化学成分的百分比来反映，如矿产资源中的金属矿、非金属矿、核燃料、化石燃料等。

3. 自然资源具有如下特点

1）有限性：指资源的数量，与人类社会不断增长的需求相矛盾，故必须强调资源的合理开发利用与保护。

2）区域性：指资源分布的不平衡，存在数量或质量上的显著地域差异，并有其特殊分布规律。

3）整体性：每个地区的自然资源要素彼此有生态上的联系，形成一个整体，故必须强调综合研究与综合开发利用（王庆礼，2002）。

11.2.2 自然资源的科学合理利用

不可否认，人类对自然资源的开发利用是人类建设和绵延文明的必然要求，是人类社会发展的需要。因此，人类不可能停止对自然资源的开发利用，并随科学技术进步而更加深入地进行开发利用，但在开发利用的过程中会对自然资源造成不可避免的破坏。面对开发利用与保护的矛盾，人类应研究科学合理的开发利用策略，以尽量避免造成破坏；同时通过科学技术的应用来提高资源转化率和综合利用率，并在资源开采、加工、利用、回收再利用的全过程中实施最优化管理。此外，人类通过人工合成的方式来减少对自然资源的开发利用已经成为共识。

现代自然资源生态伦理观认为，当代人对待自然资源的行为必须兼顾子孙后代的利益，当代人承担着为子孙后代留有生存和发展充分空间的道德责任和义务，满足当代人的利益需求和维护子孙后代的利益需求是同等重要的。如果我们当代人只注意自己的短期利益，就会损害子孙后代的利益，就是不道德的行为（王庆礼，2002）。

11.2.3 保护生物学的生态资源观

保护生物学将合理科学利用自然资源中的生物资源作为资源可持续利用研究的重点。任何不可再生资源在理论上都有枯竭的时候，但生物资源不同。因为生物可以借助自然循环或生物的生长繁殖，不断自我更新，维持一定的储量，它们的合理持续利用，可以保证人类社会的长期稳定受益；但如果使用不当，会失去平衡，受到破坏，甚至枯竭而不能再生，从而给人类社会带来危机。生物资源的利用见图 11－1。

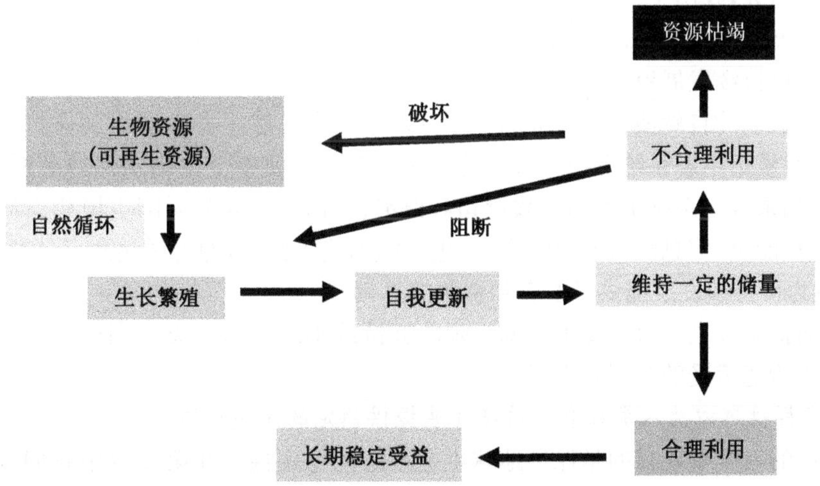

图 11－1 生物资源的利用

生态资源是人类生产发展的基础，生态资源的稳定取决于其物质流和能量流的平衡，在一定限度内人类可以改变这些流量，满足人类对生活的需要。但生态资源的承载力存在着干扰的上限和下限，如果超过了一定的限度，就会打破固有的平衡。

保护生物学追求的是人与自然之间的协同进化，使人与自然处于一种和谐平衡关系。人与自然之间的和谐并不等于人类与自然完全没有矛盾，人类要生存，就要向大自然索取，就要干预影响自然。而人与自然之间的这种矛盾的触发点就在于一个合理的度，在一个合理的度内，人类尽管也在不断地向大自然索取以满足自身的生存需要，但人与自然是可以处于一个平衡度上的。但是这一个度如果被倾覆，那么人与自然双方就将处于一种不平衡的状态中。这种度,就是人类的索取不能超出自然资源的自我更新的能力,不能破坏生态系统的结构和功能。

保护生物学知识告诉我们,目前地球生物圈生态系统提供了人类赖以生存的自然环境,生态系统服务功能的可持续是建立在生态系统的结构和功能完整性的基础上的,而生态系统结构和功能的维持是靠生物多样性的。所以,维持地球上物种的丰富度,以满足当代及未来自然界的各种食物与生殖链不断,保持生态系统结构和功能的完整,最终的意义并不仅在于保全自然,而在于保全人类的持续生存与发展。

由此而言,人类与自然的关系并不是一种简单的征服与被征服的关系,人类科学技术的进步除了改善人类的生存条件外,还应有不损坏自然的相应约束,应有维护人与自然和谐的功能,否则科学在某些方面的进步在一定意义上对于人类来说也是一场福祸相伴的悲喜剧,甚至是一场灾难。

此外,人类还必须关注其他生命资源存在和发展的权力,承担着保护地球生态系统的责任和义务。如果人类开发利用自然资源的过程中造成了环境污染、生态系统失衡、生境破坏,损害了其他生命和自然界的利益,也是不道德的行为。当今,人类还有责任和能力对某些受害生态系统进行整治、恢复或重建,尽管重建的人工生态系统在结构和功能方面与自然生态系统相比还有许多缺憾,但是经过人类不断的努力会使其逐渐完善。需要提醒的是,建设人工生态系统也是人类对自然的一种干扰,必须控制在有限和有效的范围内。我国是人口众多,资源相对不足的国家,在现代化建设中必须保护生态资源使人类的发展保持在地球的承载力以内,实现生态资源的持续性。

从实质上来讲,可持续发展就是要形成一种正确处理人与自然、人与人之间关系的新的发展理论,指导人类社会的经济发展。而其内容则是通过实行一种调控战略,以合理的方式调节人与自然的关系,调节自然资源的利用,保护好人类的生存环境,使人与自然和谐相处,从而实现发展的可持续性。

11.2.4 保护生物学与可持续发展的关系

1. 可持续发展思想源于保护生物学的野生资源管理理论

可持续发展概念源于保护生物学最初在人类对森林和鱼类的生产管理中,出现一种管理战略。在回答森林的采伐量或渔业的捞捕量,控制在什么数值,可使新成长的资源数足以弥补人们收获的数量时,生态学家与经济学家的合作研究,找出了在一定区域内的鱼类年自然繁殖量,最后由经济学家提出了可持续产量(低于自然繁殖量)的概念。这一新概念,很快在与生物学相关的生物应用科学中被应用,如农业、畜牧业和渔业等行业。后来的可持续发展思想也借鉴了该理论。

地球生物圈中经长期的自然演替所形成的上千万种生物在自然生态平衡得到保持的情况下,各自具有自己的生态地位,并对整个生态系统发挥着自己的作用和功能。使整个生物圈保持着循环再生的格局。一个完整的生态系统,如果各自系统中的物种数量相对稳定、结构合理并与周围生境相适应,保持一种和谐的关系,那么,它的物质、能量、信息流就能通畅进行,生态结构趋于稳定,即可说达到了持续稳定发展的状态。

2. 保护生物多样性为可持续发展提供了生态和资源的基础

可持续发展的前提条件之一就是要求资源必须能够持续不断地为人类所利用,而社会的发展和演进也是只能在资源和环境所能承受的范围内进行。

(1) 保护生物多样性可以为人类社会可持续发展提供稳定的生态环境

保护生物多样性的一个重要目的是保护地球生态系统的稳定性。在第5章中我们了解到,生态系统具有能量固定、调节气候、稳定水文、保护土壤、贮存必需的营养元素,促进元素循环、维持进化过程、对污染物质吸收和分解作用等间接价值。正是生态系统的这些功能为人类社会的可持续发展奠定了环境基础。

(2) 保护生物多样性可以为人类社会可持续发展提供生物资源

在经济、社会的可持续发展中,生物多样性发挥着重要的支撑作用。可持续发展的前提条件之一就是要求资源必须能够持续不断地为人类所利用。从理论上讲,只有种类繁多的生物能够循环不断地为工农业生产和人类的生活提供所需的基础原料。

1) 保护生物多样性,发现、开发和利用新的物种资源

保持生物物种的多样性,可为食品、化工、造纸、纺织、医药、工艺品加工等工业开拓新的原料来源。目前人类只是认识了自然界中的一小部分物种,而且对所了解物种的用途和价值还未完全开发出来;对于大多数

尚处于野生状态下的物种，人类尚未来得及认识和研究。如果大量物种由于不合理的经济行为而遭灭绝，后代人将失去研究利用这些资源的机会，这是对子孙后代的一种犯罪。

2）保护生物多样性，可为人类未来发展提供基因资源

保护生物多样性，就是保护了物种基因库的规模，使得物种的遗传变异能够在自然选择的压力下得以积累，有利于物种与环境的协同进化和新物种的产生，保护生物遗传信息的多样性。

3）保护生物多样性，可缓解资源危机和能源危机

目前，资源枯竭成为影响人类可持续发展的主要问题，尤其是诸如石油、煤炭以及金属等矿产资源。为了实现可持续发展，开发利用不可再生资源的替代产品的呼声越来越高，乙醇代替汽油、沼气代替天然气已经在一定范围内取得了成功。由此可见，以可再生资源替代不可再生资源是可持续发展的一个重要战略，这主要依赖于生物多样性。最近人们已在南美洲发现“石油树”，并取得了良好的试验效果，为石油替代产品开发开辟了美好的前景。

可持续发展是生态可持续发展、经济可持续发展和社会持续发展的有机统一体。其中，生态可持续发展是基础，经济可持续发展是主导，社会可持续发展是目的，三者相互依存，相互促进，共同构成了一个可持续发展的系统整体。因此，生物资源的持续利用是社会持续发展的一个重要组成部分。可持续发展的进程能否顺利进行的根本保证之一就是生物多样性的保护。保护生物多样性可以在为人类提供生产、生活资源等方面发挥重要作用。维持生物多样性有着不可替代的巨大生态功能，对于人类长期获取农业、医药和工业的资源提供重要保障。我们在进行经济建设和社会发展的同时，务必要保护生态环境，保护生物多样性，促进生态的可持续发展。

3. 保护生物学知识的学习有利于对可持续发展的理解

保护生物学以生态学原理为基础，从微观遗传和宏观生态系统角度阐述了地球生命保障系统的内部结构和其功能发挥的关系，指明了自然界物种之间的联系、群落结构演替的规律、生态系统稳定的基础；阐明了维持地球生态系统的重要意义和人类正确保护的途径。保护生物学知识对正确认识人与自然的关系，理解可持续发展的思想，建立正确的生态伦理观有着重要的作用。

4. 可持续发展战略促进保护生物学的研究和工作开展

可持续发展战略的提出和实施表明人类已意识到大自然的脆弱性，许多国家政府制定了旨在保护野生资源的一系列明确政策，世界上绝大多数国家政府都加入了各国际保护公约，并纷纷出台了本国或本地区的可持续发展纲领性文件。各国在力求本国经济发展的同时，切实将保护经济发展可持续性的生态环境建设纳入到政府的重点工作中。各种自然保护区和国家公园的建设速度大大超过以往，生态经济、生态农业、生态工业园区及生态产业不断发展。许多跨国企业、非政府组织也从各个方面积极参与自然生态保护。这一切都在促进保护生物学研究和实践工作的开展。

可持续发展是一种全新的世界观，它蕴涵着丰富的内容。可持续发展包含了当代与后代的需求、国家主权、国际公平、自然资源、生态承载能力、环境与发展相结合等重要内容。它体现了工业的高产低耗、能源的清洁利用、农业保障粮食的长期供给与食品安全、人口与资源相对平衡等诸多方面。显而易见，实施可持续发展意味着一场深刻的革命，是世界观、价值观、道德观的革命，也是整个人类思维方式、行为模式和生活方式的革命。实现这个变革的基础必定是教育，教育是可持续发展从概念到行动的关键所在，是可持续发展从认识到行动不可逾越的中间环节，因此，以可持续发展思想为指导和宗旨的环境教育也是可持续发展战略的重要组成部分（马桂新，2007）。

11.3 我国中小学的可持续发展教育

中小学时期正是学生世界观、价值观、人生观形成的关键时期，在基础教育中开展可持续发展教育尤为重要。保护生物学知识为我们奠定了进行可持续发展教育的基础，通过保护生物多样性的学习，可以培养学生树立正确的生态伦理道德观并影响他们今后的行为。当然，为了取得更好的教育效果，可持续发展教育还要在基础教育的各个学科中渗透，优化教学内容并结合新课程改革，实现真正意义上的培养具有可持续发展理念的高素质的人才。

11.3.1 什么是可持续发展教育

可持续发展教育是伴随可持续发展战略的提出而产生的，它是可持续发展战略的重要组成部分，又是实现可持续发展战略的手段之一。基础教育是可持续发展教育的支柱，是终身教育的重要组成部分。

1. 可持续发展教育的概念和内涵

国际社会关于可持续发展教育概念一直存在着多种表述形式，如 Education for Sustainability(EFS)、Sustainable Development Education(SDE)、Education for Sustainable Development(ESD)等。

2003 年，在联合国颁发的《联合国可持续发展教育十年国际实施计划(2005—2014)》中，使用的概念是 Education for Sustainable Development(ESD)，即"可持续发展教育"。这是国际社会对可持续发展教育涵义的认识趋向一致的重要标志。

中国可持续发展教育项目全国工作委员会秘书处认为，可持续发展教育是根据可持续发展需要而推行的教育，是以培养可持续发展价值观为核心的教育，是为解决可持续发展一系列实际问题而实施的教育，其目标是帮助受教育者形成可持续发展需要的科学知识、价值观念、行为习惯与生活方式，进而促进社会、环境与经济的可持续发展。

概括地说，可持续发展教育就是对受教育者所实施的有关可持续发展的观念和知识的教育。可持续发展教育的概念突破了过去仅以环境保护为主的理念，突出了教育肩负可持续发展的更大责任。可持续发展教育是培养公民获得维护和改善生存发展必需的价值观念、责任感，以及相关的知识与技能的教育。

2. 可持续发展教育的意义

教育在改变人性中发挥着重要作用。一般来说，教育是改变和保护社会思想的强有力的工具。观念的形成和行动的体现，需要靠教育来实现。

1992 年召开的联合国环境与发展大会通过的《21 世纪议程》中的第 36 章强调，教育对促进可持续发展和提高人们解决环境和发展问题的能力至关重要。它高度强调教育在尊重与爱护自然环境中的作用，重点是调整和重新定位教育的发展方向，使学习者形成尊重环境的价值观念和态度及学会这样做的手段与方法。当人们树立可持续发展观念之后，人们便根据自己的观念指导自身行动，逐步实现可持续发展。可持续发展依靠教育来实现，也为可持续发展理论所认同。国际社会一致认为，教育是可持续发展的必要支柱，是其他领域如科学、技术和生产领域取得进步的关键。可持续发展教育具有如下意义及价值。

(1) 可持续发展教育促进人的全面发展

现代教育的价值取向是追求人的全面发展。人的教育与发展不仅仅是要求知识的积累、观念的更新，更要求人的综合素质的培养和提高。人是可持续发展问题的核心，可持续发展教育强调与终身教育相结合，强调在不同阶段关注发展个人的意识、能力、态度与价值观，强调学会生存、学会生活和学会发展，使其能够有效地参与地方、国家的可持续发展行动，以建立更具有公平性及可持续性的未来；使其具有整合环境、经济与社会问题的决策能力。

(2) 可持续发展教育促进教育自身的变革

可持续发展教育是站在可持续发展战略的高度，重新审视教育的改革与发展，促进教育发展的理论与实践步入新的境界；可持续发展教育关注高质量的教育，这种教育使学习者集中关注生活中的重要问题，例如，不损害环境的生存途径；与周围的人和平相处的方式；解决不平等问题的办法；以及如何做一个积极的、有见识的、推动可持续发展未来的公民等。可持续发展教育要正视人类发展与进步所面临的问题，从教育的角度协调公民与社会创建适应可持续发展的价值观、行为方式、生活规范等，造就具有完善人类生存与发展环境的道德观念及相应知识与能力的一代新人——为代际公平与人类永续发展着想、具有对此类问题的判别与分析能力及综合解决人类发展所面临的问题的能力。与此同时，教育工作者的观念也必须要转变，从过去仅仅关注知识与技能的教授转变到全面关注人的发展与人类发展的困境与前景，全面考虑教育与个体及人类整体的和谐发展。

(3) 可持续发展教育促进文化建设

随着人类社会的飞速进步，特别是工业革命以来科学技术的迅猛发展，国际间的往来与沟通日益增多。20 世纪中后期以来，伴随着国际经济的一体化与全球化，世界文化之间的交流与碰撞日渐频繁，文化冲突此起彼伏。当前,多样性的世界文化正面临着前所未有的巨大挑战,某些大国文化或强势文化对小国文化或弱势文化构成了严重的冲击与威胁。因此,联合国教科文组织主张可持续发展应该关注世界文化多样性的格局与社会文化的多元化倾向,教育应该为世界文化的多样性与社会文化的多元化培养新型的公民。因此,有效地实施可持续发展教育,能够促进世界文化的和谐共存、共同繁荣与发展进步。

(4) 可持续发展教育促进社会整体进步

联合国教科文组织在"联合国可持续发展教育十年国际实施计划"中强调"可持续发展教育"基本上是价值观的教育,核心是尊重全世界所有人的尊严和人权,承诺社会和经济对所有人的公正,承诺代际间的责任;尊重差异与文化多样性,尊重环境,尊重我们居住的星球上的资源,承诺在地方和全球建设宽容、非暴力、和平文化。教育使我们能够理解自己和他人,以及我们与自然和社会环境的联系,这种理解是养成尊重的坚实基础。因此,从这个意义角度分析,全面实施可持续发展教育对全人类的健康、和谐、协调发展具有其他形式的教育不可替代的社会价值,对促进社会的整体进步具有不可或缺的重大意义(钱丽霞,2006)。

11.3.2 可持续发展教育的目标和原则

1. 可持续发展教育的特征

可持续发展教育的目的在于使学生认识到生态系统之间的相互依存关系,认识到人类自身的活动与决策在现在和将来对资源、对当地社区、对全球及整个环境所造成的影响,从而最终使学生形成保护环境的意识、价值观及可持续发展的生活观,掌握相应的知识与技能,并能有效地参与到当地、国家及全球的可持续发展战略中去。具体而言,可持续发展教育包括以下特征。

(1) 坚持整体协调的原则

可持续发展教育是通过教育过程来实现环境、经济、社会三个部分的和谐相处,是环境教育的延伸与发展。它不能仅仅关注其中某一方面而忽视其他方面的发展的要求。此外,这三个部分中的每一个方面都是由众多要素构成的整体,所以,可持续发展教育必须从整体的角度出发,孤立片面地进行教育是收不到良好效果的。

可持续发展教育中各个教育因素的协调作用,可以培养学生以一种全面的跨学科的观点来认识环境,认识环境与社会、经济之间的密切依赖性。因此,可持续发展教育是整体教育合力,特别是学校整体合力的结果,而不是简单地依赖于一门或几门学科来进行,它旨在培养具有敏锐思维和创造性解决问题能力的公民;具有自然科学、社会科学、应用科学知识和读写能力的公民,并且使其能够单独或集体地做出负责任的行为,这些将保护未来环境并保证经济的繁荣。

(2) 适应区域及文化特点

目前,可持续发展成为世界各国普遍认同的一种原则、一种发展战略,成为人类社会发展的共同目标。但同时,由于各国的文化、宗教等背景各不相同,各国各地区的环境问题也有所差异,从而导致不同的环境与发展观和解决环境问题与迈向可持续发展的策略的不同。为此,可持续发展教育应当关注于区域和文化特征。"全球思考,区域行动"是可持续发展教育的一个重要特征。由于全球区域及文化的差异性的存在,可持续发展教育必须以本土化、区域化为原则。公众的积极参与对于实现可持续发展教育具有重要意义。教育只有立足于社区、服务社区,才能得到公众的支持,继而得以蓬勃发展。如果没有公众的参与,就不可能有社会发展和文化发展,持续的经济增长也不可能实现。

文化及区域适应性要求,根据当地的具体情况定位可持续发展教育的具体内容、教育方法、管理方式等一系列环节。通过使学生进一步了解自己周围的世界,鼓励学生通过探讨消费观及工商实践如何影响他们的生活、全球大气污染的区域成因等问题,来探讨个人生活和环境与发展之间的关系。

(3) 促进可持续发展价值观的形成

可持续发展教育是一种以行动为取向的教育,其最终目的在于通过教育促使受教育者形成有利于可持续发展的行动和行为方式。可持续发展教育揭示的并不仅仅是人与自然的关系,它警示人们必须反思自己的生存方式和生活方式。人类发展程度越高,对环境破坏的隐患就越大。美国是世界上物质文明最为发达的国家之一,但是它的人均能源使用与消费也是世界上最高的,对生态的破坏(包括对全球生态)也是最大的。可持续发展教育目的在于塑造更为合适的生产与消费模式,使人们在提高生活水平的同时又不引发由此而来的对资源和消费产品的过度需求及大量污染物的产生。

价值观是反映于人的行为之中的某种信念、态度,它决定了策略和行为。人作为生产与消费的主体,具有能动的选择性,可以改变自己的行为,建立可持续发展的世界观与价值观,形成合理的思维模式和生活方式,从而实现人在环境、社会、经济间协调发展。价值观教育的根本在于使学生自觉养成价值意识,促进个性发展,提高理解他人的能力,进而促成积极的行动。仅仅依靠以往的以传授知识为主的方法难以达到这一效果;自觉做出有利于可持续发展的决策和行动,不仅仅依赖于认知领域,最为重要的是建立在情感基础之上的个人的动机、信念和产生于个人可持续发展环境伦理中的价值观与责任感。可持续发展环境伦理观在坚持人与自然和谐统一的价值观的基础上,更承认人类对自然的保护作用和道德代理人的责任。因此,价值观教育关键要帮助学生形成可持续发展的环境伦理观。

可持续发展教育与我国总体发展方向是一致的,是 21 世纪我国教育发展的必然趋势之一。可持续发展教育的一个重要宗旨是培养学生具有与"可持续发展"相一致的环境意识、道德意识、价值观、技能和行为,促进解决环境和发展问题的能力,实现公众对决策的有效参与(刘晓楠,2003)。

2. 可持续发展教育的目的和目标

(1) 可持续发展教育的目的

从广义的角度来讲,可持续发展教育目的有以下三点。

第一,确保可持续发展的意识和观念成为人们日常生活中主流意识形态之一。可持续发展的人口观、资源观、环境观、经济观、社会观、文化观必须牢牢扎根于人们的意识形态,并能够了解人类社会的发展和变化,及其二者之间的相互影响和作用。

第二,让公众充分地参与到可持续发展战略和计划中来。

第三,培养受教育者参与可持续发展实践的能力。

可持续发展教育不能仅停留在教授一些基本知识的层面上,而必须教给人们实用的技能,使他们在以后能够继续学习,追求一种可持续的生活方式。

(2) 可持续发展教育的目标

1996 年 4 月,在联合国总部召开的可持续发展委员会第四次会议上,指出了可持续发展教育的目标,主要包括 3 个方面的内容,即态度和价值观、技能和能力、知识和理解,具体见表 11-1。

表 11-1 可持续发展的教育目标 (引自王民,1999)

可持续发展教育目标	态度和价值观	生态保持(欣赏、关心和保护)
		对未来负责(不因自己的发展影响危及未来世代的发展)
		真正高质量的生活(社会、经济、生态三者的可持续发展)
		公平(同代人、代与代人之间的公平、公平分配有限资源)
	技能和能力	交流与合作的能力(表达自己的观点、倾听别人的意见,进行讨论与他人合作,个人和群体为可持续发展负责)
		学习与研究的能力(收集、分析解释和评价来自各种途径的信息,设计和组织研究活动计划)
		信息处理能力(搜集、整理和分析数据,解释统计结果,运用计算机管理和处理信息)
		解决问题能力(找出环境与发展问题的原因和结果,形成合理的意见和判断)
	知识与理解	地球上生物之间,生物与环境之间的相互依存关系
		人类的活动和决策对资源与环境的影响(生活方式和发展模式)
		环境与发展的过去、现在和未来
		地区及全球主要的环境与发展问题
		可持续发展的三个方面:社会可持续、经济可持续、生态可持续
		促进和阻碍可持续发展的因素
		地方、国家和国际上的可持续发展战略
		个体、群体、社区和国家可持续发展的关系
		采取有效行动,促进可持续发展的重要性

3. 可持续发展教育的原则

可持续发展教育目标中包括知识、技能、态度和价值观，它们只有通过各种各样的活动，才能为学生所掌握。在讲述和组织与可持续发展教育有关的内容和活动时，遵循一定的原则是必要的。这些原则既规范着教师的教，也指导着学生的学，应贯穿于教学过程的各个方面和始终。

(1) 启发性原则

将学生作为学习的主体，注意营造民主开放的氛围，注意调动学生的主动性，引导他们独立思考，积极探索，生动活泼的学习，自觉地掌握可持续发展教育所需要的知识、技能、态度等。如果教师能考虑学生的兴趣、爱好、需求等，因人因时采取启发式教学，学生就可以将可持续发展的意识和行为持续于学校之外，持续于终生，不再视之为仅是一种义务，而是一种责任。

(2) 参与性原则

参与性原则，要求教师促使每个学生透过其个人体验去学习，通过实地考察等活动形式，获取有关环境与发展方面的第一手资料，使得理论与实践结合起来。

参与性原则试图让学生更多地关注周围社区、关注周围环境。它能促使学生在参与过程中，对可持续发展所涉及的政治、经济、社会、生态等方面的问题有切身的体会，增加感性认识，同时也能使学生感到实施可持续发展战略的迫切性和必要性。贯彻参与性原则，还能使学生从理论与实际的联系上去理解有关环境与发展的各种知识，注意运用这些知识去分析问题和解决问题，达到学懂会用，学以致用的目的。

(3) 渗透性原则

可持续发展战略涉及社会、政治、经济、文化、生态等各方面，不是单一领域可以解决的，需要全社会地共同努力。可持续发展教育具有综合性和跨学科性，因此，它需要全体教师的共同努力，使可持续发展成为贯穿于各学科的一条"红线"。

渗透性原则要求教师从本学科的实际出发，通过各种各样的教学活动，将可持续发展的思想渗透其中，并且注意与其他学科及校园环境、校园文化活动、社区环境等的协调、配合，形成可持续发展教育的合力。既要让学生在课堂上获得可持续发展的知识、技能、态度等，也要在课堂之外巩固和发展这些成果，使可持续发展教育的目标得以实现。

在贯彻渗透性原则时，教师要注意结合学科教学内容，从学科特定的角度来联系可持续发展，注意自己的教学内容及组织的有关活动，尽量不要与其他科任教师重复，也不要牵强附会，为渗透而渗透，以免使学生产生厌烦心理。作为学校管理者来说，更要注意对各科教学活动进行统筹安排。

(4) 批判性原则

批判性原则鼓励学生重新审视自己、自己的过去和未来，对现有的生产方式和生活方式进行批判性地思考，认识环境与发展问题的本质和深层原因。注意发展学生对社会的理解、技能和态度，批判性原则可具体表现在以下各方面。

1) 批判性反思的知识：批判性地考察影响环境与发展问题的权力与决策的制度；批判性地考察决策如何影响产品的分配和资源的利用；批判性地考察不同的社会组织(结构)及他们对整个环境的影响；批判性地考察新闻媒介如何描绘和传达有关自然和环境的形象和信仰，帮助学生发现其中的偏见；批判性地考察学生的生活方式，找出他们能够为帮助与环境保持更可持续关系的可行的办法。培养学生考虑日常过程和事件如何与环境和发展相联系的批判意识。

2) 批判性思考的技能：学会批判地审视有关环境与发展问题的社会争端及争端背后的价值观(立场)；学会批判地思考各种问题及这些问题在社会中的角色(作用)。

3) 民主的技能与价值观：培养民主参与和解决环境与发展问题的洞察力、能力和承诺；尊重选择的自由，尊重真理和推论、宽容和公平。

4) 环境政治过程的经验：参与各层次的各种真实的或模拟的环境政治过程(王民，1999)。

11.3.3 可持续发展教育的核心主题

随着可持续发展教育的不断发展，一些国家提出了可持续发展教育的核心主题，使人们进一步明确可持续发展教育的内容和方向，对可持续发展教育的发展起到了推动作用。

联合国教科文组织在1997年的希腊会议上提出了可持续发展教育应该纳入下列七项主题：人口议题、民主议题、相互依赖的问题、贫穷问题、人权与和平议题、环境恶化问题和发展议题。由此以来，这七项主题便成为各国开展可持续发展教育的重要依据，以及制定可持续发展教育核心概念的重要依据。我国国情与西方发达国家有别，我国可持续发展教育主题也与西方发达国家有别。我国教育科学“十五”规划重点课题《可持续发展教育的缘起、国际比较与中国可持续发展教育基本概念框架建立研究》对可持续发展教育进行了系统的研究，并根据中国国情构建了可持续发展教育的七个核心主题：发展主题、人口主题、多样性主题、相互依赖、环境主题及资源和能源主题。

(1) 发展主题

中国作为世界上最大的发展中国家，“发展是硬道理”，发展是首要任务，是唯一的出路。消除贫困是发展中国家在实现可持续发展道路上面临的最严峻挑战之一。培养学生正确的发展意识，是可持续发展教育在中国的最具实践性和现实性的体现。对于中国而言，尤其是贫困地区，消除贫困与可持续发展是一个统一的整体，是一个问题的两个方面。不消除贫困就难以持续发展。学生不仅要认识到本地区的发展需要，还要认识到其他地区的发展需要；不仅认识发展需要，还要了解如何发展才能够可持续发展。

(2) 人口主题

中国是人口大国，人口的增长，相应地也会带来社会问题。正确认识中国的人口状况及其历史原因，及其对当前的环境、资源、能源、社会、政治、经济、文化各个方面的影响。

(3) 公平主题

让学生认识到造成我国与世界发达国家之间的差距的历史原因和现实原因，具有现实意义。理解缩小贫富差距，缩小不同地区的发展差异的必要性及其在防止富裕者为追求最大利润和奢侈享受而滥用资源，和防止贫困者为求温饱而不得不掠夺性利用资源中的作用。公平也是中国的重要内容之一，包括当代人之间的公平，当代人与后代人之间的公平等。了解社会为解决“公平”问题所采取的一系列措施，如西部大开发的战略、个人收入所得税政策等。与此同时，还要为后代人保留一个良好的生存与发展环境。

(4) 多样性主题

主要是两个方面的内容，即文化多样性和生物多样性。中国是一个多民族的、历史悠久的国家，有着丰富的民族文化遗产。让学生认识和了解在全球一体化形势下，如何对待我们自己的民族文化；在现代化的征途中，如何对待我们的传统文化；在以汉文化为主体的文化形式下，如何对待少数民族文化等问题。让学生认识到文化的多样性与生物的多样性一样，具有同等重要的价值，它是人类文明精髓的沉淀，是人类智慧和创造性的源泉。当前所面临的各种社会、环境与发展问题的解决，离不开我们的传统文化与价值观。保护和尊重文化的多样性也是各民族和谐发展的需要。

生物多样性的价值及保护意义是保护生物学课程的重点教学内容，同学们在可持续发展教育中应充分利用保护生物学的知识和原理，提高学生的生态保护意识和对可持续发展的深层次理解。

(5) 相互依赖

相互依赖是指个人与自然、个人与他人、个人与社会、本地区与其他地区、本国与他国、现在与未来、当代与后代之间的相互作用关系。由于这种相互依赖和相互影响的关系，我们的行为不仅会影响本地的自然和人文系统，还会影响到其他地方的人的生活，影响到后代人的生活。因此，认识相互依赖性是形成人与人之间、人与自然之间、人与社会之间和谐发展的重要前提。

(6) 环境主题

认识到环境变化的规律，认识环境的承载力是有限的；分析组成环境的各个要素之间的相互联系、相互影响和相互制约关系。了解影响自然环境变化的社会、政治、经济原因，以及环境变化对人们的生活所带来的影响；了解和认识个人的行为对环境的影响，及其对其他地方的环境和人们生活的影响。

(7) 资源和能源主题

在全球能源紧张的形势下，资源和能源主题十分重要。让学生了解资源的定义，了解本地资源和能源的优势和劣势，及其和本地经济、文化、交通的联系；了解人类利用各种资源和能源的历史及其变化；了解科学技术的发展对资源和能源利用的影响。了解可再生和不可再生的资源；了解资源和能源短缺问题及其对社会经济的影响；并能批判性地思考资源和能源短缺问题(王民，2006)。

11.3.4　实现可持续发展教育的途径

1997年10月，由中国教育部与世界自然基金会(WWF)、BP公司联合发起了一项全国性可持续发展教育项目——中国中小学绿色教育行动(Environmental Education Initiative，EEI)，该项目旨在推动中国的环境教育及可持续发展教育进程，将环境教育及可持续发展意识融入中小学教学过程中。经过十年不懈的努力，“中国中小学绿色教学行动”取得了极大的成效，有力地推动了我国基础教育可持续发展教育工作的开展。截至目前，项目已经在全国21所大学建立了环境教育中心，在119所中小学进行了试点；建立了一支由160多名高校教师组成的环境与可持续发展教育的专家队伍，举办了300多场次的培训班，为10 000余名大学生提供了相应的课程学习。项目通过学科渗透、综合实践活动、班团队活动、学校管理、校园建设、社区互动等方式使500多万人次的中小学生从中受益。

项目开展10年间，取得了丰硕成果，为中国的基础教育课程改革和环境与可持续发展教育积累了大量相关经验。

1. 学校可持续发展教育的途径

(1) 学科渗透

可持续发展教育具有跨学科性和综合性等特点，实现可持续发展教育的目标仅仅依靠单一学科的教育是不够的。可持续发展教育综合渗透原则，也要求在进行可持续发展教育过程中各个学科都要在本学科的知识领域中渗透可持续发展思想，推行素质教育。不仅要在与可持续发展有直接联系的生物、地理、自然、科学、德育等课程中根据教学内容，直接进行可持续发展知识、思想和道德的教育，也要在语文、物理、化学、英语、历史、数学等学科将相关课程内容及校内外相关信息综合起来，随机渗透可持续发展科学知识与科学思想。

(2) 校本课程开发与现行课程整合

校本课程是进行可持续发展教育的有效方式。由于可持续发展教育必须和本地区的具体情况与发展状况结合起来，因而学校有必要开发校本课程，使学生能够在了解周围环境的实践中，学用结合，学以致用。校本课程的开发，旨在充分利用当地的自然和社会资源，把学校教育与社区教育结合起来，通过参加校本课程的学习，让学生在主动探索中积累知识、发展批判思维能力、形成可持续发展的价值观，进而最终改变自己的生活方式。例如，利用学校所在地区的自然保护区、森林公园、自然博物馆、生态工业园区及社区资源，提出问题，让学生通过调查研究自己去寻找答案或提出建议，使他们在周围环境中接受教育，将课堂的知识与实际问题联系起来。

基于可持续发展的整体协调原则，整合现行课程也是实施可持续发展教育的必要途径，它能够消除学科间的分裂现象，把关于自然、人和社会等方面的因素综合为一个整体，使学生的理性与情感、精神与体魄等得到均衡发展。

(3) 综合实践活动

可持续发展教育的实践表明，单纯在教室中进行可持续发展教育具有一定的局限性，而通过社会实践活动对受教育者进行可持续发展教育，可达到相应的教育目标，在实践中提高受教育者的综合素质和各方面能力，是体现可持续发展教育核心思想的有效和有特色的教学方法。

我国目前基础教育中普遍存在学生实践机会少，其直接后果是导致理论教学与实践的脱离和创新意识难以形成。将可持续发展教育与基础教育的综合实践课程内容相结合，能够极大地提高综合实践教学的针对性和实效性。

可持续发展教育实践活动应遵循教育性、多样性、自主性的原则。因此活动设计应突出教育性，通过各种策略达到教育目的。

如综合实践活动应围绕可持续发展教育的七大核心进行选题，实践活动的形式与内容要统一，要在保证其教育性的基础上进行形式和内容的创新，活动开展要充分体现学生的主体地位。活动的选题、流程及联络、宣传等都由学生自主完成，将学生们的思想融入活动当中，使他们享受实践活动的乐趣，并形成可持续发展的观念。

(4) 创建绿色学校(green schools)

绿色学校是指学校在实现其基本教育功能的基础上，以可持续发展思想为指导，在学校全面的日常管理工作过程中纳入有益于环境的管理措施,并持续不断地改进,充分利用学校内外的一切资源和机会全面提高师生的环境素养的学校。

绿色学校不仅注重学校的环境建设,它更多体现的是一种办学方式与办学理念。可持续发展教育的本质是一种公民教育,它需要在学校整体的教育过程中实现。在绿色学校中,突破了单纯就环境保护方面对学生进行相关的教育,而是将绿色理念渗透到整个教育工作中,不仅通过课堂教学及实践活动等显性课程对学生进行环境与发展方面的直接教育,而且通过建设校园环境、树立良好的校风、班风等各种隐性的方式熏陶学生的环境综合素质。此外,绿色学校在使师生环境素养得以提高、学校环境品质得以改善的同时,还通过学生带动家庭、通过家庭带动社区、通过社区带动公民更广泛地参与到可持续发展的行动中来。

我国的《全国环境宣传教育行动纲要(1996—2010)》也提出,"要根据大、中、小学的不同特点开展环境教育,使环境教育成为素质教育的一部分","到 2000 年,在全国逐步开展创建'绿色学校'活动"。在 21 世纪的今天,与国家的可持续发展的大政方针相配合,以创建绿色学校为途径,培养学生的综合公民素质,形成有利于可持续发展的行为模式,构成我国素质教育的基本特征。绿色学校也成为一种新型的办学模式。

2. 可持续发展教育提倡的十种教学方式

保证学生能得到丰富的体验和丰富的学习情境,对于使学生逐渐形成关于环境的认识和正确的决策是非常重要的。另外,为了适应学生的个体需要、能力和兴趣的要求,使用多种教学方式也是必要的。

教育过程中采用何种教学方式取决于所要达到的目标。例如,全班参与的活动可能更适合于传递要求全体接受的一致的信息,如介绍某项工作或解释概念;但是对于小组活动来说,就更适于培养合作的精神,对他人观点的尊重及批判性的思维能力。根据国外可持续发展教育的实践,以下一些教学方式是可持续发展教育所提倡并经常采用的,它们可以促进与可持续发展教育相关的技能水平及个人素质的提高。

(1) 参与式学习

参与式学习要求学生参加到整个学习过程中,自己设定学习目标,设计和组织实施学习计划,评价自己的学习成就,鼓励学生对自己的学习负责有助于培养他们思考和行动的能力,无论是在校内还是校外,在涉及环境问题的情境中,学生都会应用到这种能力。

(2) 合作式学习

鼓励学生一起工作去达到一定的目标,建立良好的人际关系、集体做出决策,对培养他们对环境的个人和集体责任感是重要的。

(3) 探究式学习

可持续发展教育应当提供条件鼓励学生通过探究和调查,找出、分析、解释和评价关于环境与发展的信息。学习过程应当激发学生思考环境与发展问题,鼓励他们寻求问题的答案或设计自己的解决途径。

(4) 提供采取行动解决问题的机会

关心和改善环境的实践是发展年轻人环境意识和行为动机的有效方式,根据真实问题,提出解决途径,例如,解决当地的一条河流的污染问题及当地房屋建设的影响问题,能够帮助学生澄清他们自己的观点并探索不同的见解。这是培养学生关心环境的意识并形成行为的意愿的有效途径。

(5) 提供讨论不同见解和信仰的机会

孩子们应该有机会讨论他们关于环境问题的见解和信仰,调查有争议的问题更能增强他们的环境意识,并鼓励他们去辨别自己的见解,探索不同的观点。讨论可以由照片、模拟游戏、竞赛、戏剧及媒体发布的最近的信息的运用来引发。为了鼓励开放性和不同的见解,分成小组也是较好的形式。

(6) 积极地接触环境

孩子们要有机会去接触和欣赏环境,可持续发展教育常常发生在寻找环境问题解决方法的过程中。

(7) 直接的体验和实践

获取第一手资料:可持续发展教育重点应该放在学生自己的探索和研究上,包括直接的体验。因此,应该创造机会让学生在教室外、在学校场地上及其他地点活动,与不同环境的直接接触可以使学生运用直接环境作为学习的资源,增强他们的环境意识及对环境的好奇心。

(8) 参与当地社区活动

参与当地社区的活动可以使学生有机会与那些在现实中直接处理和环境有关问题的人员发生接触,如设计师、建筑师、经济学家、企业家、政府官员等，并且从他们的技巧、经验、态度和知识中学到许多在学校里学不到的东西。

(9) 通过现实生活中的问题来学习

年轻人对身边的问题和生活中的真实场景最感兴趣。实际上，联系实际可以有效地吸引学生。

(10) 提供给学生进一步学习的资料

应当让学生能够接触广泛的教学资源和材料，让他们了解他们所在当地的环境，并激发他们对其他地方环境的兴趣。这些材料可以是录像、照片、书籍等(王民，1999)。

总体上说，在中小学进行可持续发展教育要与基础教育改革中教学内容改革、教学方法、手段改革相结合，充分利用学校周边的环境资源，结合本地区的特点、有针对性的选题，使学生通过课程资源的整合，在课堂教学中认知可持续发展；在周围环境中感悟可持续发展，在实践活动中体验可持续发展，在自己的行动中践行可持续发展，真正成为新世纪具有可持续发展理念的高素质的人才。

思 考 题

1. 什么是可持续发展？你如何理解可持续发展的内涵？
2. 简述可持续发展思想产生的过程。
3. 可持续发展的基本原则有哪些？
4. 从保护生物学的角度分析如何科学合理利用生物资源？
5. 分析保护生物学与可持续发展的关系。
6. 为什么要实施可持续发展教育？
7. 可持续发展教育的核心主题有哪些？
8. 学校可以通过哪些途径实施可持续发展教育？
9. 可持续发展教育提倡的教学方式有哪些？

推 荐 参 考 书

张力.康宁.2007.中国教育与可持续发展.北京：科学出版社.

钱丽霞.2005.教育促进可持续发展——国际研究与实践趋势.北京：教育科学出版社.

王民.2006.可持续发展教育概论.北京：地质出版社.

王民.2005.可持续发展教育实践.北京：地质出版社.

王民.1999.中国中小学环境教育研究.北京：中国环境科学出版社.

北京师范大学环境教育中心，华东师范大学环境教育中心，西南师范大学环境教育中心.1999.2006.可持续发展教育教师培训手册.北京：北京师范大学出版社.

王民.2006.可持续发展教育研究项目与国际动态.北京：地质出版社.

史根东.2004.可持续发展教育报告.2003 年卷：中国 EPD 教育概论.北京：教育科学出版社.

祝怀新.林道辉.2005.环境教育的理论与实践.北京：中国环境科学出版社.

马桂新.2007.环境教育学.北京：科学出版社.

马光.2014.环境与可持续发展导论(第三版).北京：科学出版社.

主要参考文献

安树青，林金安.1994.生态学词典.哈尔滨：东北林业大学出版社.

艾山江·阿布都拉，文玉香，唐顺学，等.1997.一个多抗小麦—中间偃麦草新种质的选育和细胞分子生物学鉴定.遗传学报，24(5)：441-446.

蔡淇松.1999.关于生物多样性信息系统的问题与建议二、管理与对策.生物多样性，7(1)：68-72.

蔡清秀，林柳，潘文婧，等.2008.勐养保护区亚洲象微卫星位点筛选及种群遗传多样性分析.兽类学报，28(2)：126-134.

曹邓.2005.可持续发展思想的演变与诠释.当代财经，(11)：19-21.

曹丽敏，司马永康，曹利民，等.2001.保护生物学概述.云南大学学报(自然科学版)，23(植物学专辑)：65-70.

车晋滇，郭喜红.1999.北美一枝黄花.杂草科学，(1)：17.

陈领.1999.中国的濒危物种及其保护.动物学报，45(3)：350-354.

陈辉，范源洪.2003.甘蔗遗传多样性的分子检测.分子植物育种，Z1：713-720.

陈灵芝.1993.中国的生物多样性现状及其保护对策.北京：科学出版社.

陈灵芝，陈清朗，刘文华.1997.中国森林多样性及其地理分布.北京：科学出版社.

陈道海，钟炳辉.1999.保护生物学.北京：中国林业出版社.

陈大鹏，沈怀舜，丁亚平，等.2004.文蛤(*Mertrix meretrix*)地理种群ISSR分子标记的初步研究.南京师大学报，27(3)：74-77.

陈璎芳，徐宏发.2003.DNA分子标记及其在保护生物学中的应用.浙江师范大学学报(自然科学版)，26(1)：60-64.

陈伟烈.1988.(西藏)植被的植物区系特征//中国科学院青藏高原综合科学考察队.西藏植被.北京：科学出版社：41-84.

迟德富，孙凡，严善春.2005.保护生物学.哈尔滨：东北林业大学出版社.

丁建清，王韧，付卫东.1998.化学除草剂对恶性杂草水葫芦的控制效果.植物保护学报，25(4)：373-374.

丁炜，张正旺，常江，等.2005.基于RAPD的藏马鸡亲缘关系的研究.北京师范大学学报(自然科学版)，41(5)：507-509.

段小燕，廉振民，王文强.2008.保护中国生物多样性以实现可持续发展的问题与对策分析.延安大学学报(自然科学版)，27(1)：64-68.

杜恒俭，陈华慧，曹伯勋.1995.地貌学及第四纪地质学.北京：地质出版社.

傅德志，左家哺.1995.中国种子植物区系定量化研究——Ⅲ区系指数.热带亚热带植物学报，3(4)：23-29.

傅之屏.2001.保护生物学.成都：四川科学技术出版社.

冯祚建，蔡桂全，郑昌琳.1986.西藏哺乳类.北京：科学出版社.

高秀梅，贺善安，顾姻，等.1996.南京中山植物园活植物信息管理子系统.植物资源与环境，5(1)：43-47.

高增祥，季荣，徐汝梅，等.2003.外来种入侵的过程、机理和预测.生态学报，23(3)：559-570.

戈峰.2008.现代生态学(第二版).北京：科学出版社.

葛颂，洪德元.1994.遗传多样性及其检测方法//钱迎倩，马克平.生物多样性研究的原理与方法.北京：中国科学技术出版社.

葛颂，王海群，张灿明，等.1997.八面山银杉的遗传多样性和群体分化.植物学报，39(3)：266-271.

葛永奇，邱英雄，丁炳扬，等.2003.孑遗植物银杏群体遗传多样性的ISSR分析.生物多样性，11(4)：276-287.

顾万春.2004.白皮松交配系统及其种内遗传多样性分量比的研究.林业科学研究，17(1)：19-25.

郭传友，王中生，方炎明.2003.外来种入侵与生态安全.南京林业大学学报(自然科学版)，27(2)：73-78.

郝守刚，马学平，董熙平，等.2000.生命的起源与演化——地球历史中的生命.北京：高等教育出版社.

杭焱，金燕，卢宝容.2004.濒危植物华山新麦草(*Psathyrostachys huashanica*)的遗传多样性及其保护.复旦学报(自然科学版)，43(2)：260-266.

何浩，潘耀忠，朱文泉，等.2005.中国陆地生态系统服务价值测量.应用生态学报，16(6)：122-127.

贺善安，夏冰，钱俊秋.1999.植物园与城市生物多样性保护与利用.植物资源与环境，8(4)：47-51.

贺善安，顾姻.2002.植物园发展战略研究.植物资源与环境，11(1)：44-46.

黄百渠，曾庆华，尹东.1996.遗传多样性研究中的分子生物学方法.东北师大学报(自然科学版)，(3)：90-92.

黄磊，王义权.2004.扬子鳄种群的微卫星DNA多态及其遗传多样性保护对策分析.遗传学报，31(2)：143-150.

纪力强.2000.生物多样性信息系统建设的现状及CBIS简介.生物多样性，8(1)：41-55.

计宏祥，徐钦奇，黄万波.1980.西藏吉隆沃马公社三趾马动物群//中国科学院青藏高原科学考察队.西藏古生物(第一分册).北京：科学出版社：18-31.

蒋志刚.2000.物种濒危等级划分与物种保护.生物学通报，35(9)：1-5.

蒋志刚，马克平，韩兴国.1997.保护生物学.杭州：浙江科技出版社.

蒋志刚，马克平.2009.保护生物学的现状、挑战和对策.生物多样性，17(2)：107-116.

金燕，卢宝荣.2003.遗传多样性的取样策略.生物多样性，11(2)：155-161.

金燕，张文驹，傅大煦，等.2003.利用ISSR标记研究野大豆居群内遗传变异及其取样策略.植物学报，45(8)：995-1002.

廖信军，常洪，张桂香，等.2008.中国5个地方牦牛品种遗传多样性的微卫星分析.生物多样性，16(2)：156-165.

李难.1983.生物进化论.北京：人民教育出版社.

李博.1993.普通生态学.呼和浩特：内蒙古大学出版社.

李斌，顾万春.2004.白皮松交配系统及其种内遗传多样性分量比的研究.林业科学研究，17(1)：19－25.

李渤生.1988.西藏植被发展历史概述//中国科学院青藏高原综合科学考察队.西藏植被.北京：科学出版社：23－40.

李海生.2004.ISSR分子标记技术及其在植物遗传多样性分析中的应用.生物学通报，39(2)：19－21.

李力，王仁卿，王中仁，等.1996.青岛耐冬山茶的多样性(Ⅱ)——居群的遗传多样性分析.生物多样性，4(1)：1－6.

李俊清，李景文.2006.保护生物学(第二版).北京：中国林业出版社.

李珊，赵桂仿.2003.AFLP分子标记及其应用.西北植物学报，23(5)：830－836.

李珊，蔡宇良，钱增强，等.2004.云南金钱槭形态变异与遗传变异的相关性研究.生态学报，24(5)：925－931.

李中明.1994.论生物多样性发展史研究的现状及意义.生物多样性，2(3)：169－172.

李华章，刘清泗.1988.北京平原第四纪环境演变初议//中国地质学会第四纪冰川与第四纪地质专业委员会，江苏省地质学会.第四纪冰川与第四纪地质论文集：41－51.

李景文.1992.森林生态学.北京：中国林业出版社.

李义明.1995.保护生物学研究进展和趋势//生物多样性研究进展.首届全国生物多样性保护与持续利用研讨会论文集.北京：中国科学技术出版社.

李义明，李典谟.1994.种群生存力分析的主要原理与方法//钱迎倩，马克平.生物多样性研究的原理与方法.北京：科学出版社.

李振宇，解炎.2002.中国外来入侵种.北京：中国林业出版社.

李星学，周志炎，郭双兴.1981.植物界的发展和演化.北京：科学出版社.

李太武，李成华，宋林生，等.2003.5个泥蚶群体遗传多样性的RAPD分析.生物多样性，11(2)：118－124.

栗琪，李作洲，黄宏文.2004.猕猴桃野生居群的SSR分析初报.武汉植物学研究，22(2)：175－178.

林万华，黄路生，任军，等.2002.中外十个猪种 *H－FABP* 基因遗传变异的研究.遗传学报，29(1)：12－15.

刘伦辉，谢寿昌，张建华.1985.紫茎泽兰在我国的分布、危害与防除途径的探讨.生态学报，5(1)：3－8.

刘兰锁.1988.长江三角洲地区晚更新世以来自然环境的演变//中国地质学会第四纪冰川与第四纪地质专业委员会，江苏省地质学会.第四纪冰川与第四纪地质论文集：68－75.

刘苏，王祥荣.2002.生态入侵及其对植被生态系统服务功能的影响研究.复旦学报(自然科学版)，41(4)：459－465.

刘志毅，相建海.2001.微卫星DNA分子标记在海洋动物遗传分析中的应用.Marine Sciences，25(6)：11－13.

刘小莉，刘飞虎，李宗菊，等.2004.10种报春花亲缘关系的ISSR分析.云南大学学报(自然科学版)，26(5)：454－458.

刘登义，储玲，杨月红.2004.珍稀濒危植物天目木兰(*Magnolia amoena*)遗传多样性的RAPD分析.应用生态学报，15(7)：1139－1142.

刘磊，张青萍.2016.中国生物多样性面临严峻挑战.生态经济，32(4)：6－9.

刘晓楠.2003.可持续发展教育：全球教育发展的新取向.全球教育展望，32(6)：14－16.

刘亚令，李作洲，姜正旺，等.2008.中华猕猴桃和美味猕猴桃自然居群遗传结构及其种间杂交渐渗.植物生态学报，32(3)：704－718.

刘志敏.2007.生物多样性保护与可持续发展.中国环境管理干部学院学报，17(2)：17－19.

刘文燕，高珊珊.2016.森林外来物种入侵立法对策研究.学理论，(2)：118－120.

刘伟军.2016.生物入侵的政策与立法规制.中共青岛市委党校：青岛行政学院学报，(1)：91－95＋100.

柳建华.1994.中国移地保护的现状与展望//张友居，何光昕.成都国际大熊猫保护学术研讨会论文集.成都：四川科学技术出版社.

马渐新，周荣华，董玉琛，等.1999.小麦抗条锈病基因定位及分子标记研究进展.生物技术通报，(1)：1－6.

卢晓娜.2009.关于可持续发展教育中的教师问题的思考.教育探索，(5)：82－83.

马桂新.2007.环境教育学.2版.北京：科学出版社.

马克平.1993.试论生物多样性的概念.生物多样性，1(1)：22－24.

马克平.2016.生物多样性科学的热点问题.生物多样性，24(01)：1－2.

马敬能，孟沙，张佩珊，等.1998.中国生物多样性保护综述.北京：中国林业出版社.

马乃喜.1995.中国西北的自然保护区.西安：西北大学出版社.

孟杰.2016.自然保护区在保护生物多样性中的作用和意义.自然科学：文摘版，(1)：00305－00305.

牛继宗，张德全，盖文杰，等.2002.保护生物多样性，促进社会可持续发展.防护林科技，(1)：51－52.

欧阳志云，李振新，刘建国，等.2002.卧龙自然保护区大熊猫生境恢复过程研究.生态学报，22(11)：1840－1849.

彭少麟.2001.恢复生态学导论.北京：科学出版社.

彭云滔，唐绍清，李伯林，等.2005.野生罗汉果遗传多样性的ISSR分析.生物多样性，13(1)：36－42.

浦庆余，陈霞，陈明，等.1988.中国第四纪自然环境的基本特性和研究现状//中国地质学会第四纪冰川与第四纪地质专业委员会，江苏省地质学会.第四纪冰川与第四纪地质论文集：1－13.

Pielou E C. 1988.数学生态学.2版.卢泽愚译.北京：科学出版社.

Richard B P. 1996.保护生物学概论.祁承经译.长沙：湖南科学技术出版社.

钱丽霞.2006.可持续发展教育：促进基础教育改革的新理念.全球教育展望，35(8)：31－37.

钱迎倩，马克平.1994.生物多样性研究的原理和方法.北京：中国科学技术出版社.

强胜,曹学章.2000.中国异域杂草的考察与分析.植物资源与环境学报,9(4): 34-38.
权洁霞,戴继勋,尚迅.1999.海洋生物遗传多样性研究现状.青岛海洋大学学报,29(2): 283-288.
邱芳,伏健民,金德敏,等.1998.遗传多样性的分子检测.生物多样性,6(2): 143-150.
邱英雄,傅承新.2001.明党参的濒危机制及其保护对策的研究.生物多样性,9(2): 151-156.
任军,黄路生,艾华水,等.2002.24个中外猪种(群)的AFLP多态性及其群体遗传关系.遗传学报,29(9): 774-781.
Richard P.,季维智.2000.保护生物学基础.北京: 中国林业出版社.
沙伟,周福军,祖元刚.1999.东北地区豚草种群的遗传变异与遗传分化.植物研究,19(4): 452-456.
沈浩,刘登义.2001.遗传多样性概述.生物学杂志,18(3): 5-7.
邵丹,裴赢,张恒庆.2007.凉水国家自然保护区天然红松种群遗传多样性在时间尺度上变化的cpSSR分析.植物研究,27(4): 473-477.
史根东.2003.可持续发展教育的理论研究与实践探索.教育研究,(12): 44-50.
史根东,王巧玲.2007.科学发展观指导下的可持续发展教育.内蒙古师范大学学报,20(1): 1-4.
史根东.2008.中国可持续发展教育的创新特色——纪念中国可持续发展教育项目10周年.教育研究,(12): 81-83.
施立明,贾旭,胡志昂.1993.遗传多样性//陈灵芝.中国的生物多样性——现状以及其保护对策.北京: 科学出版社.
宋乃庆,唐智松.2009.试论可持续发展教育的目标.西南大学学报(社会科学版),35(2): 123-127.
宋延龄,杨亲二,黄永青.1998.物种多样性研究与保护.杭州: 浙江科学技术出版社.
宋卫华,李晓东,李新伟,等.2004.三狭库区稀有植物裸芸香的遗传多样性和保育策略.生物多样性,12(2): 227-236.
宿兵,施立明,何光昕,等.1994.大熊猫遗传多样性的蛋白电泳研究.科学通报,39(8): 742-745.
万方浩,关广清,等.1993.豚草及豚草综合治理.北京: 中国科学技术出版社.
谭荣,曲福田.2005.自然资源合理利用与经济可持续发展.自然资源学报,20(6): 797-805.
田青.2003.我国可持续发展教育初探.中国人口·资源与环境,13(3): 125-127.
田青.2004.从环境教育到可持续发展教育.学科教育,(8): 7-11.
田道勇,赵承福.2009.关于可持续发展教育概念的解析.教育研究,(3): 86-91.
王大力.1995.豚草属植物的化感作用研究综述.生态学杂志,14(4): 48-53.
王秉洛,郑淑玲.1998.迁地保护在动物多样性保护中的作用//宋延龄,杨亲二,黄水青.物种多样性研究与保护.杭州: 浙江科学技术出版社.
王庆礼,邓红兵.2002.自然资源生态伦理观及其可持续发展.应用生态学报,13(7): 892-894.
王中仁.1996.植物等位酶分析.北京: 科学出版社.
王洪新,胡志昂.1996.植物的繁育系统、遗传结构和遗传多样性的保护.生物多样性,4(2): 92-96.
王洪新,胡志昂,钟敏,等.1994.毛乌素沙地锦鸡儿(*Caragana*)种群形态变异.生态学报,14(4): 366-371.
王崇云.1998.植物的交配系统与濒危植物的保护繁育策略.生物多样性,6(4): 298-303.
王静波,胡长龙,徐宏发.2001.线粒体DNA(mtDNA)多态性在动物保护生物学中的应用.生物多样性,9(2): 181-187.
王民.1999.可持续发展教育的目标、原则与教学方式.学科教育,(7): 10-13.
王民.2006.可持续发展教育的核心主题.环境教育,(1): 27-30.
王祖良,丁丽霞,赵明水,等.2008.濒危植物天目铁木遗传多样性的RAPD分析.浙江林学院学报,25(3): 304-308.
汪小全,邹喻苹,张大明,等.1996.银杉遗传多样性的RAPD分析.中国科学(C辑),26(5): 436-441.
吴谡琦,张进兴,洪旭光,等.2001.分子标记技术的进展及其应用.高技术通讯,11(4): 102-106.
魏臻武.2004.利用SSR、ISSR和RAPD技术构建苜蓿基因组DNA指纹图谱.草业学报,13(3): 62-67.
魏辅文.2016.我国濒危哺乳动物保护生物学研究进展.兽类学报,(3): 255-269.
魏辅文,聂永刚,苗海霞,等.2014.生物多样性丧失机制研究进展.科学通报,(6): 430-437.
吴征镒.1989.中国植被.北京: 科学出版社.
吴征镒.1991.中国种子植物属的分布区类型.云南植物研究,(增刊Ⅳ): 1-139.
吴征镒,王荷生.1983.中国自然地理——植物地理(上).北京: 科学出版社.
肖宜安,时明芝,李晓红,等.2003.保护生物学研究进展及其与可持续发展的关系.聊城大学学报(自然科学版),16(4): 46-49.
谢国文,颜亨梅,张文辉.2001.生物多样性保护和利用.长沙: 湖南科学技术出版社.
谢佳燕,张知彬.2004.ISSR标记技术及其在遗传多样性研究中的应用.兽类学报,24(1): 71-77.
谢平.2016.浅析物种概念的演变历史.生物多样性,(9): 1014-1019.
谢孝福.1994.植物引种学.北京: 科学出版社.
徐成,王可玲,尤锋,等.2001.鲈鱼群体生化遗传学研究.海洋与湖沼,32(1): 42-49.
徐海根.1998.我国生物多样性信息系统建设若干问题研究.农村生态环境,14(4): 11-15.
徐海根,丁晖,欧阳志云,等.2016.中国实施2020年全球生物多样性目标的进展.生态学报,(13): 3847-3858.
徐立安,李新军,潘惠新,等.2001.用SSR研究榜树群体遗传结构.植物学报,43(4): 409-412.
徐汝梅,叶万辉.2003.生物入侵: 理论与实践.北京: 科学出版社.

许再富.1998.迁地保护在植物多样性保护中的作用//宋延龄,杨亲二,黄水青.物种多样性研究与保护.杭州：浙江科学技术出版社.

许再富.1998.稀有濒危植物迁地保护的原理与方法.昆明：云南科技出版社.

胥晓刚,张新全,吴彦奇.1999.我国草坪引种选育若干问题的探讨.中国草地,(1)：57-61.

杨怀仁,陈西庆.1988.中国末次冰期的古气候//中国地质学会第四纪冰川与第四纪地质专业委员会,江苏省地质学会.第四纪冰川与第四纪地质论文集：22-40.

杨君兴.2001,云南的外来鱼类和土著鱼类：影响方式和程度及相关问题研究//汪松,等.保护中国的生物多样性(二).北京：中国环境科学出版社：129-138.

杨清,韩蕾,许再富.2005.中国植物园保护稀有濒危植物的现状和若干对策.农村生态环境.21(1)：62-66.

杨世杰.2000.植物生物学.北京：科学出版社：430-438.

应俊生.2001.中国种子植物物种多样性及其分布格局.生物多样性,9(4)：393-398.

应俊生,张志松.1984.中国植物区系中的特有现象——特有属的研究.植物分类学报,22(4)：259-298.

姚大伟.2004.中学生可持续发展教育的理论与实践.南阳师范学院学报(自然科学版),3(3)：116-118.

于洪贤,覃雪波,何卓,等.2005.保护生物学在我国自然保护区生态旅游中的应用.东北林业大学学报,33(4)：67-69.

曾杰,王中仁,周世良,等.2003.广西区西南桦天然居群遗传多样性的研究.植物生态学报,27(1)：66-72.

曾建平.2004.绿色学校世纪教育的必然走向.湖南师范大学教育科学学报,3(2)：59-63.

赵平,彭少麟,张经纬.2000.恢复生态学——退化生态系统多样性恢复的有效途径.生态学杂志,19(1)：53-58.

赵凯,李军祥,张亚平,等.2001.青海湖裸鲤 mtDNA 遗传多样性的初步研究.遗传,23(5)：445-448.

张荣祖.1979.中国自然地理.北京：科学出版社.

张大铭,张富春,等.1996.褐家鼠在内陆干旱区的侵移及栖息地选择人类活动影响下兽类的演变//汪松,谢彼德,解焱.保护中国的生物多样性(二).北京：中国环境科学出版社：185-187.

张文辉.1998.裂叶沙参种群生态学研究.哈尔滨：东北林业大学出版社.

张正旺.1995.保护生物学——生物学的新分支.生物学通报,30(8)：7-9.

张国华,曹文宣,陈宜瑜.1997.湖泊放养渔业对我国湖泊生态系统的影响.水生生物学报,21(3)：271-280.

张恒庆,刘德利,金荣一,等.2004.天然红松遗传多样性在时间尺度上变化的 RAPD 分析.植物研究,24(2)：204-210.

张俊彬,黄良民.2004.紫红笛鲷遗传多样性的 AFLP 分析.热带海洋学报,23(5)：50-55.

张新叶,白石进,黄敏仁.2004.日本落叶松群体的叶绿体 SSR 分析遗传.遗传,26(4)：486-490.

张文辉,祖元刚,刘国彬.2002.十种濒危植物的种群生态学特征及致危因素分析.生态学报,22(9)：1512-1520.

张之桐.1988.湖南第四纪冰缘现象与古气候初探//中国地质学会第四纪冰川与第四纪地质专业委员会,江苏省地质学会.第四纪冰川与第四纪地质论文集：159-166.

赵建民.2003.我国生物多样性及其特点.杨凌职业技术学院学报,2(2)：50-53.

郑冰蓉,张亚平,肖春杰,等.2004.洱海鲤属鱼类同域分化形成的分子遗传学证据.遗传学报,31(9)：976-982.

郑师章,吴千红,王海波,等.1993.普通生态学——原理、方法和应用.上海：复旦大学出版社：177-181.

周春玲,戴思兰.2002.菊属部分植物的 AFLP 分析.北京林业大学学报,24(5)：71-75.

周本雄.1978.披毛犀和猛犸象的地理分布、古生态与有关古气候问题.古脊椎动物与古人类,(16)：47-59.

周明镇.1963.哺乳类化石与更新世气候.古脊椎动物与古人类,7(4)：362-367.

中国科学院青藏高原综合科学考察队.1984.西藏气候.北京：科学出版社.

朱允铸,钟坚华,李文生.1994.柴达木盆地新构造运动及盐湖发展演化.北京：地质出版社.

Ackery P R. 1984. Systematic and faunistic studies on butterflies. *In*：Vane-Wright R I, Ackery P R. The Biology of Butterflies.

Ames M H. 1991. Saviing some cetaceans may require breeding in captivity. Bio Science, 41(1)：746-749.

Balakrishnan C N, Monfort S L, Gaur A, et al. 2003. Phylogeography and conservation genetics of Eld's deer (*Cervus eldi*). Molecular Ecology, 12(1)：1-10.

Ballou J D. 1994. Strategies for maintaining genetic diversity in captive population through reproduction technology. Zoo Biology, 3：311-323.

Burnham K P, Overton W S.1979.Robust estimation of population size when capture probabilities vary among animals. Ecology, 60(5)：927-936.

Center for Plant Conservation. 1991.Genetic sampling guidelines for conservation collections of endangered plants. *In*：Falk D A, Holsinger K A. Genetics and conservation of Rare Plants. New York：Oxford University Press：224-238.

Cody M L. 1975. Towards a theory of continental species diversity bird distributions over Mediterranean habitat gradients. *In*：Cody M L, Diamond J M. Ecology and Evolution of communities. Cambridge：Harvard University Press.

Collins N M, Morris M G. 1995. Threatened and Swallowtail Butterflies of word. The IUNCN Red Data Book. IUNCN, Gland and Cambridge.

Conway W G. 1988. Can technology aid species preservation? *In*：Wilson E O, Peter F M. Biodiversity. Washington DC.：National

Academy Press: 263 - 268.

Costanza R, Arge R, Groot R, et al. 1997. The value of the world's ecosystem services and natural capital. Nature, 386: 253 - 260.

Courtillot V, Gaudemer Y. 1996. Effects of mass extinctions on biodiversity. Nature, 381: 146 - 148.

Currie D J. 1991. Energy and large-scale patterens of animal and plant-species richness. The American Naturalist, 137: 27 - 49.

Currie D J, Paquin V. 1987. Large scale biogeographical patterens of species richness of Trends in Evolution and Ecologys. Nature, 329: 326 - 327.

Dott R H, Batten R L. 1988. Evolution of the Earth. New York: McGraw-Hill Book Company.

Faith D P. 1994. Phylogenetic diversity: a general framework for the prediction of feature diversity. *In*: Forey P I, et al. Systematics and Conservation Evalutaion. Oxford: Clarendon Press, Systematics Association Spdcial Volum No: 251 - 268.

Falk D A, Holsinger K E. 1991. Genetics and conservation of rare plants. New York: Oxford University Press.

Flint R F. 1971. Glacial and Quaternary Geology. New York: Wilex.

Foote M, Septkoski J J. 1999. Absolute measures of the completeness of the fossil record. Nature, 398: 415 - 417.

Frankham R, Ballou J D, Briscoe D A. 2002. Introduction to conservation genetics. Cambridge: Cambridge University Press.

Geist V. 1987. On speciation in Ice Age mammals, with special reference to cervids and caprids.Canadian Journal of Zoology, 65(5): 1067 - 1084.

Goodman D. 1987. How do any species persist? Lessons for Conservation Biology.Conservation Biology, 1(1): 59 - 62.

Goodman D. 1987. The demography of chance extinction. *In*: Soule M E. Viable Population for Conservation. Cambridge: Cambridge University Press: 11 - 34.

Hastings A. 1988. Food web theory and stability. Ecology, 69(6): 1665 - 1668.

Hawksworth D L. 1991. The fungal dimension of biodiversity: Magnitude, significance, and conservation. Mycol. Res.

Hedrick P W, Lacy R C, Allendorf F W, et al. 1995. Direction in conservation biology: comments on Caughley. Conservation Biology, 10(5): 1312 - 1320.

Heywood V H, Watson R T, et al. 1995. Global Biodiversity Assessment. Cambridge: Cambridge University Pressi.

Houssard C J, Escarr J, Romane F. 1980. Development of species diversity in some Mediterranean plant communities. Vegetatio, 43(1): 59 - 72.

IUCN. 1988. Red List of Threatened Animals. IUCN, Gland, Switzerland.

IUCN/WWF. 1989. The Botanic Gardens Conservation Strategy. IUCN, Gland, Switzerland.

IUCN, UNEP, WWF. 1991. Caring for the Earth: A Strategy for Sustaninable Living. IUCN, UNEP, WWF.

IUCN. 1994. IUCN. Red List Categories. IUCN, Gland, Switzerland.

Kimmins J P. 1992.森林生态学.文剑平,等译.北京:中国林业出版社.

King A W, Pimm S L. 1983. Complexity, diversity, and stability: a reconciliation of theoretical and empirical results. The American Naturalist, 122: 229 - 239.

Lacy R C. 1987. Loss of genetic diversity from managed populations: Interaction effects of drift, mutation in migration, selection and population subdivision. Conservation Biology, 1(2): 143 - 158.

Latham R E, Ricklefs R E. 1993. Global patterens of Trends in Evolution and Ecology species richness in moist forests: energy-diversity theory does not account for variation in species richness. Oikos, 67(2): 325 - 333.

MacArthur R H. 1964. Environmental factors affecting bird species diversity.The American Naturalist, 98: 387 - 397.

Magurran A E. 1988. Ecological Diversity and Its Measurement. New Jersey: Princeton University Press.

Mayr E. 1969. Principles of Systematic Zoology. New York: McGraw-Hill, Inc.

McGowan J A, Walker P W. 1993. Pelagic diversity patterns. *In*: Ricklefs R, Schluter D. Species Diversity in Ecological Communities: Historical and Geographical Perspectives, Chicago: University of Chicago Press: 203 - 214.

McNeely J A, et al. 1990. Conserving the World's Biological Diversity. Washington D C and Gland Switzerland.

Meffe G K, Carroll C R. 1994. Princeples of conservation biology.Sinauer Associates, Inc., Sunderland, Massachusetts.

Moon T Y, et al. 1992. Towards diversity conservation of Vespine. Wasps in Korea. Entomology Research Bulletin (Korea), 18: 217 - 225.

Mooney A H, Cleland E E. 2001. The evolutionary impact of invasive species. Proc Natl Sci USA, 98(10): 5446 - 5451.

Mosseler A. 1995. Redpine: a model for the loss of genetic diversity in trees. SPBA cadimic Publishing: 359 - 370.

Pielou E C. 1975. Ecological Diversity. New York: John Wiley Sons, Inc.

Pimm S L. 1984. The stability of a feasible random ecosystem. Nature, 251: 607 - 608.

Ralls K, Ballou J. 1987. Captive breeding programs for population with a small number of founders. Trends in Evolution and Ecology, 1: 19 - 22.

Raven P H, Wilson E O. 1992. A fifty-year plan for biodiversity surveys. Science, 285 (13): 1099 - 1100.

Reid W V, Miller K R. 1989. Keeping Options Alive: The Scientific Basis for Conserving Biodiversity. Washington DC: World Resource Institute.

Rohde K. 1992. Latitudinal gradients in species diversity: the search for the primary cause. Oikos, 65(3): 514 - 527.

Saenger P, Moverley J, Stephenson W. 1988. Seasonal and longer term patterns in the macrobenthos versus benthic stability in a subtropical estuary. *In*: Kitching R L. The Ecology of Australia's Wet Tropics. Proceedings of the Ecological Society of Australia, 15(4): 229 - 237.

Smith A T. 1974. The distribution and disdersal of pikas: consequences of insular population structure. Ecology, 55(5): 1112 - 1119.

Soule M E. 1986. Conservation Biology. Sunderland, MA: Sinauer associates, Inc.

Soule M E. 1987. Viable Population. Cambridge: Cambridge University Press.

Soule M E. 1987. Where do we go from here? *In*: Soule M E. Viable Population for Conservation. Cambridge: Cambridge University Press: 175 - 183.

Soule M E, Kohn K A. 1989. Research Priorities for conservation Biology. Washington DC.: Island Press.

Vane-Wrigh R I, Humphries C J, Williams P H. 1991. What to protect? — systematic and the agony of choice. Biological Conservation, 55: 235 - 254.

Vrba E S. 1985. Environment and evolution: alternative cause of the temporal distribution of evolutionary events. South African Journal of Science, 81: 229 - 236.

Vrba E S. 1987. Ecology in relation to speciation rates: some case histories of Miocene-Recent mammal clades. Evolutionary Ecology, 1(4): 283 - 300.

Vrba E S. 1992. Mammals as a key to evolutionary theory. Journal of Mammology, 73(1): 1 - 28.

Washington H G. 1984. Diversity, biotic and similarity indices: a review with species relevance to aquatic ecosystems. Water Research, 18(6): 653 - 694.

WCMC. 1992. Global Biodiversity: Status of the Earth's living resources. London: Chapman and Hall.

Whittaker R H. 1970. Communities and Ecosystems. London: Macmillan.

Whittaker R H. 1972. Evolution and Measurement of species diversity. Taxon, 21: 213 - 251.

Whittaker R H. 1977. Evolution of species diversity in land communities. Evolutionary Biology, 10: 1 - 67.

Williams P H, Vane-Wrigh R I, Humphries C J. 1993. Measuring biodiversity for choosing conservation areas. *In*: LaSalle J, Gauld I G. Hymenoptera and Biodiversity, CAB. International, Wallingford, UK: 309 - 328.

Williams P H, Humphries C J. 1994. Biodiversity, taxonomic relatedness, and endemism in conversation. *In*: Foreey P I, Humphries C J, Vane-Wright R I. Systematic and Conservation Evaluation. Oxford: Clarendon Press, Systematic Association Special Volume No: 50: 269 - 287.

Wilson M V, Schmida A. 1984. Measuring beta diversity with presence absence data. Journal of Ecology, 72: 1055 - 1064.

Wilson E O. 1988. Biodiversity. Washington, DC: National Academy Press.

Wislson J B. 1990. Mechanisms of species coexistence: twelve explanations for Hutchinson's paradox of the plankton: evidence from NewZealand plant communitie. NewZealand Journal of Ecology, 13: 17 - 42.

Wright D H. 1983. Species-energy theory: an extension of species-area theory. Oikos, 41: 496 - 506.

Xu X, Dong G X, Hu X S, et al.2013. The genetic basis of white tigers. Current Biology, 23(11): 1031.